U0593691

高等院校国际贸易专业
精品系列教材

主 编 刘辉群

世界贸易组织

World Trade Organization

厦门大学出版社
XIAMEN UNIVERSITY PRESS

国家一级出版社
全国百佳图书出版单位

高等院校国际贸易专业精品系列教材

总　主　编:刘小军

副 总 主 编:王中华　刘辉群

编委会成员:(按拼音排序)

　　　　　　樊永岗　付信明　过晓颖　姜达洋　李锦江

　　　　　　刘辉群　刘小军　任永菊　汪小雯　王炳才

　　　　　　王　威　王玉婧　王中华　赵常华　周桂荣

前　言

2001 年 12 月 11 日,中国终于成功加入世界贸易组织(WTO),成为 WTO 的第 143 个成员。将"世界贸易组织"独立开设为一门课程的高校随之越来越多,WTO 这门课程在我国高校教学体系中也得到了确认。目前,国内世界贸易组织课程各种版本的教材非常多,分别适应不同层次学生学习的需要,在帮助学生掌握这门课程的基本体系和结构,并了解它的前沿发展方面起到了重要的作用。

本教材是天津市品牌专业国际贸易专业建设的成果之一。在编写过程中,我们在借鉴国内优秀同类教材的基础上,结合教学工作实践,融入自己的认识和理解。与其他同类教材相比较,本教材的特色主要体现在以下几个方面:

第一,内容重点突出,强调实用性。本教材体系简明扼要,分别对 WTO 成立、运行机制、决策机制、合作机制以及具体管辖协议的规则进行了系统的阐述,以经济学的角度去阐明 WTO 在当前世界贸易发展过程的重要地位和充当的角色。

第二,全书框架的编排突出了内容的内在逻辑关系,阐述、分析力求简明扼要,各章都配有"本章提要""本章结构图""学习目标""本章小结""案例""思考与练习",以帮助学生归纳、提炼本章的核心知识点,并通过练习加以巩固。

第三,本教材在保证本学科知识全面性的基础上,对同类教材中普遍缺乏的案例作了大量补充,使读者更能深刻理解所学的知识点。

第四,每章内容都插有小知识模块,介绍相关知识的背景,提高了可阅读性和趣味性。

　　本教材由天津商业大学长期从事世界贸易组织课程教学和科研工作的教师合作编写,适用于高等院校经济类、管理类专业本科生、研究生,也可供 MBA 学员学习,还可供从事国际经济、贸易和金融工作的专业人士参考。感谢对外经济贸易大学 FDI 研究中心主任卢进勇教授、天津财经大学经济学院副院长刘恩专教授;感谢天津商业大学经济学院的同仁们,他们不仅提供了大量原始资料,也为本教材提供了良好的软环境。感谢我的研究生褚红娟、王昌茂、刘文杰、王俊萍、程路天、王斌等同学,他们在部分章节编写、资料收集、案例整理、格式编排、校稿等方面做了大量工作。感谢厦门大学出版社吴兴友编辑,我们的合作愉快而富有成效。

　　本书在编写的过程中,参阅了大量的国内外有关教材、著作、论文以及大量的网站,并引用了许多观点和资料,如未注明,在此特表谢忱并致歉。由于作者水平有限,书中难免存在疏漏,敬请读者批评指正。

刘辉群

2013 年 12 月

目 录

第一章　WTO 的产生与建立

本章提要

　　世界贸易组织（WTO，World Trade Organization）成立于 1995 年 1 月 1 日，前身是关税与贸易总协定（GATT，General Agreement on Tariff and Trade）。作为一个永久性的机构，WTO 与世界银行和国际货币基金组织并驾齐驱，成为当今世界经济体系的三大支柱之一。本章主要介绍 WTO 的前身、产生背景与建立过程，以及多边贸易体制的含义、价值与特点。

本章结构图

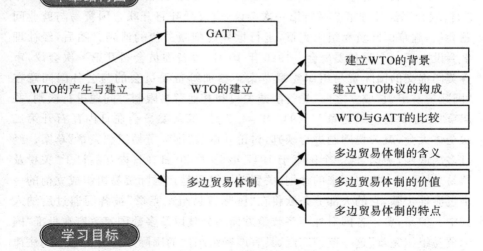

学习目标

- 了解 WTO 建立的背景。
- 掌握 WTO 与 GATT 的异同。
- 掌握多边贸易体制的含义及特点。

第一节　关税与贸易总协定

一、GATT 产生的背景

缔约于 1947 年,正式生效于 1948 年 1 月 1 日的关税与贸易总协定(GATT),其酝酿和发端可远溯至 20 世纪 30 年代。

20 世纪 30—40 年代,世界贸易保护主义盛行,国际贸易的相互限制是造成世界经济萧条的一个重要原因。二次大战结束后,解决复杂的国际经济问题,特别是制定国际贸易政策,成为战后各国所面临的重要任务。当时,一些国家开始进入垄断资本主义阶段。由于重商主义经济思潮在各资本主义大国占统治地位,各国的贸易政策一直朝着逐步提高关税、设置进口障碍的方向发展。这种发展倾向同当时资本主义各国生产过剩的矛盾纠合在一起,终于引发了 1929—1933 年历史上空前的、破坏性极大的世界性经济危机。

为了摆脱经济危机,各国逐步认识到贸易的国际协调的重要性。1946 年 2 月,联合国经社理事会举行第一次会议,会议呼吁召开联合国贸易与就业问题会议,起草国际贸易组织宪章,进行世界性削减关税的谈判。随后,经社理事会设立了一个筹备委员会。1946 年 10 月,筹备委员会召开第一次会议,审查美国提交的国际贸易组织宪章草案。参加筹备委员会的与会各国同意在"国际贸易组织"成立之前,先就削减关税和其他贸易限制等问题进行谈判,并起草"国际贸易组织宪章"。1947 年 4—7 月,筹备委员会在日内瓦召开第二次全体大会,就关税问题进行谈判,讨论并修改"国际贸易组织宪章"草案。经过多次谈判,美国等 23 个国家于 1947 年 10 月 30 日在日内瓦签订了"关税及贸易总协定"。按照原来的计划,关贸总协定只是在国际贸易组织成立前的一个过渡性步骤,它的大部分条款将在"国际贸易组织宪章"被各国通过后纳入其中。但是,鉴于各国对外经济政策方面的分歧以及多数国家政府在批准"国际贸易组织宪章"这一范围广泛、具有严密组织性的国际条约时所遇到的法律困难,该宪章在短期内难以被通过。因此,关贸总协定的 23 个发起国于 1947 年年底签订了临时议定书,承诺在今后的国际贸易中遵循关贸总协定的规定。该议定书于 1948 年 1 月 1 日生效。这就是我们通常所称的关税与贸易总协定,又称《1947 年关贸总协定》(《GATT 1947》),它成为战后缔约方调整对外贸易政策和措施以及国际经济关系方面的重要法律准则。此后,关贸总协定的有效期一再延长,并为适应情况的不断变化,多次加以修订。于是,"关税及贸易总协定"便成为确立各国共同遵守的贸易准则,协调国际贸易与各国经济政策的唯一的多边国际协定。

GATT 是一项规范关税与贸易准则的多边国际协定,也是第二次世界大战以后直至世界贸易组织(WTO)产生以前调整国际经济贸易关系的重要支柱之一。GATT 本身与后来经谈判签订并作为补充的一系列个别协议结合在一起,形成了一整套调整国际经济和贸易关系的规则和程序,对其成员之间的权利和义务作了具体的规定,其法律框架调节着 100 多个 GATT 缔约方和20 多个适用 GATT 的国家和地区之间的多边贸易关系。这些国家和地区分属于不同经济制度和发展水平,占世界国家总数 2/3 以上,贸易量占世界贸易总量的 85% 以上。GATT 的常设机构在日内瓦,定期召开缔约方大会和部长会议,发起过多轮全球性的多边谈判,讨论和解决国际经贸交往中存在的问题。它虽不是联合国的专门机构,但它是在联合国召开的国际会议上所订立的协定基础上产生的,在工作过程中同联合国发生一定的联系。因此可以将其称为"准国际贸易组织"。

二、GATT 的宗旨

GATT 的序言明确规定其宗旨是:缔约各国政府认为,在处理它们的贸易和经济事务的关系方面,应以提高生活水平、保证充分就业、保证实际收入和有效需求的巨大持续增长、扩大世界资源的充分利用以及发展商品生产与交换为目的。通过达成互惠互利协议,大幅度地削减关税和其他贸易障碍,取消国际贸易中的歧视待遇等措施,以对上述目的做出贡献。

三、GATT 的主要内容

《关税及贸易总协定》分为序言和四大部分,共计 38 条,另附若干附件。第一部分从第 1 条到第 2 条,规定缔约各方在关税及贸易方面相互提供无条件最惠国待遇和关税减让事项。第二部分从第 3 条到第 23 条,规定取消数量限制以及允许采取的例外和紧急措施。第三部分从第 24 条到第 35 条,规定该协定的接受、生效、减让的停止或撤销以及退出等程序。第四部分从第 36条到第 38 条,规定了缔约方中发展中国家的贸易和发展问题。这一部分是后加的,于 1966 年开始生效。

（一）适用最惠国待遇

缔约方之间对于进出口货物及有关的关税征收方法、规章制度、销售和运输等方面，一律适用无条件最惠国待遇原则。但关税同盟、自由贸易区以及对发展中国家的优惠安排都作为最惠国待遇的例外。

（二）关税减让

缔约方之间通过谈判，在互惠基础上互减关税，并对减让结果进行约束，以保障缔约方的出口商品适用稳定的税率。

（三）取消进口数量限制

总协定规定，原则上应取消进口数量限制。但由于国际收支出现困难的，属于例外。

（四）保护和紧急措施

因意外情况或因某一产品输入数量剧增，对该国相同产品或与它直接竞争的生产者造成重大损害或重大威胁时，该缔约方可在防止或纠正这种损害所必需的程度和时间内，暂停所承担的义务，或撤销、修改所作的减让。

缔约方大会是 GATT 的最高权力机构，一般每年举行一次会议，讨论和处理总协定执行中的重要问题，保证总协定条款的实施。大会一般根据协商一致的原则作出决定，很少投票。代表理事会在大会休会期间负责处理总协定的日常工作和紧急事务，下设专门委员会、贸易发展委员会和秘书处。

四、GATT 的发展

从 1947 年到 1993 年，GATT 主持了 8 轮多边关税与贸易谈判（参见表 1-1）。8 轮多边谈判使各缔约方的关税总水平大大降低，非关税措施也得到明显的遏制，为改善国际贸易环境做出了重大贡献。1994 年乌拉圭回合中对 GATT 进行了修订，产生了 GATT 1994 年文本，又称《1994 年关贸总协定》（《GATT 1994》）。新文本基本继承了原文本的精神，并构成 WTO 法律框架的基础。

表 1-1　GATT 框架下的多边贸易谈判一览表

回合	年份	地点与名称	谈判重点	参加方数目
1	1947	日内瓦	关税	23
2	1949	安纳西	关税	33
3	1951	托基	关税	38

续表

回合	年份	地点与名称	谈判重点	参加方数目
4	1956	日内瓦	关税	26
5	1960—1961	日内瓦(狄龙回合)	关税	26
6	1964—1967	日内瓦(肯尼迪回合)	关税与反倾销	62
7	1973—1979	日内瓦(东京回合)	关税、非关税及"框架"协议	102
8	1986—1993	日内瓦(乌拉圭回合)	全面而广泛的贸易谈判	123

（一）第一轮多边贸易谈判

1947 年 4 月至 10 月关税与贸易总协定第一轮多边贸易谈判在瑞士日内瓦举行。下调关税的承诺是第一轮多边贸易谈判的主要成果。关税减让的原则是坚持互惠、互利，并在缔约方之间平等、非歧视的基础上加以实施。谈判规则规定，谈判参加方只考虑对另一参加方提出减让要求的主要产品部分予以关税减让。包括中国在内的 GATT 的 23 个创始缔约方参加了谈判。在 7 个月的谈判中，就 123 项双边关税减让达成协议，使占进口值 54％的应税商品平均降低税率 35％，涉及应税商品 45 000 项，影响近 100 亿美元的世界贸易额。这轮谈判成为有史以来最大规模的关税减让谈判。在双边基础上达成的关税减让，无条件地、自动地适用于全体缔约方。

GATT 第一轮多边贸易谈判的特点是：它完成于 GATT 产生之前。在一定意义上讲，GATT 是第一轮多边贸易谈判的产物，因为当时 GATT 的产生，就是为了使已达成的关税减让协议尽早生效。该轮谈判的成功不仅为 GATT 的签订提供了保证，而且创立了大规模多边关税贸易谈判的成功先例，具有极其重要的意义。

这轮谈判依照关税与贸易总协定的原则，就众多商品达成较大幅度的关税减让协议，促进了战后资本主义国家经济贸易的恢复和发展。这轮谈判虽然在关税与贸易总协定草签和生效之前举行，但人们仍习惯视其为 GATT 第一轮多边贸易谈判。

（二）第二轮多边贸易谈判

1949 年 4 月至 10 月，关税与贸易总协定第二轮多边贸易谈判在法国安纳西举行，19 个国家参加了谈判。这轮谈判的目的是，给处于创始阶段的欧洲经济合作组织成员提供进入多边贸易体制的机会，促使这些国家针对各成员之间的关税减让做出努力。这轮谈判除在原 23 个缔约方之间进行外，又与

丹麦、多米尼加、芬兰、希腊、海地、意大利、利比里亚、尼加拉瓜、瑞典和乌拉圭等
10 个国家进行了加入谈判。这轮谈判总计达成 147 项关税减让协议,增加关税
减让 5 000 多项,使占应税进口值 5.6% 的商品关税水平平均降低 35%。

（三）第三轮多边贸易谈判

1950 年 9 月至 1951 年 4 月,GATT 第三轮多边贸易谈判在英国托基举
行。这轮谈判的一个重要议题是,讨论奥地利、联邦德国、韩国、秘鲁、菲律宾
和土耳其的加入问题。由于缔约方增加,GATT 缔约方之间的贸易额已经超
过当时世界贸易总额的 80%。在关税减让方面,美国与英联邦国家(主要指
英国、澳大利亚和新西兰)谈判进展缓慢。英联邦国家不愿在美国未做出对等
减让的情况下,放弃彼此间的贸易优惠,这使得美国与英国、澳大利亚和新西
兰未能达成关税减让协议。这轮谈判共达成 150 项关税减让协议,关税水平
平均降低 26%。

（四）第四轮多边贸易谈判

1956 年 1 月至 5 月,GATT 第四轮多边贸易谈判在瑞士日内瓦举行。美
国国会认为,前几轮谈判,美国的关税减让幅度明显大于其他缔约方,因此对
美国政府代表团的谈判权限进行了限制。在这轮谈判中,美国对进口只给予
了 9 亿美元的关税减让,而其所享受的关税减让约 4 亿美元。此次谈判共涉
及 3 000 多项商品的关税减让,所达成的关税减让协议涉及 25 亿美元的贸易
额,使应税进口值 16% 的商品平均降低关税 15%。英国的关税减让幅度较
大。这一轮谈判中日本加入了 GATT。

（五）第五轮多边贸易谈判

1960 年 9 月至 1962 年 7 月,关税与贸易总协定第五轮多边贸易谈判在
日内瓦举行,共有 45 个参加方。这轮谈判由美国副国务卿格拉斯·狄龙倡
议,后称为"狄龙回合"(Dillon Round)。谈判分为两个阶段:前一阶段从 1960
年 9 月至 12 月,着重就欧洲共同体建立所引出的关税同盟等问题,与有关缔
约方进行谈判。后一阶段于 1961 年 1 月开始,就缔约方进一步减让关税进行
谈判。这轮谈判使关税水平平均降低 20%,但农产品和一些敏感性商品被排
除在协议之外。欧洲共同体六国统一对外关税也达成减让,关税水平平均降
低 6.5%。

（六）第六轮多边贸易谈判

1964 年 5 月至 1967 年 6 月,关税与贸易总协定第六轮多边贸易谈判在
日内瓦举行,共有占世界贸易额 75% 的 54 个缔约方参加。由于此轮谈判是
当时美国总统肯尼迪根据 1962 年美国《贸易扩大法》提议举行的,故称"肯尼

迪回合"(Kennedy Round)。此次谈判涉及四方面内容：

1. 关税减让

美国提出缔约方各自减让关税 50％的建议,而欧洲共同体则提出"削平"方案,即高关税缔约方多减,低关税缔约方少减,以缩小关税水平差距。这轮谈判使关税水平平均降低 35％。从 1968 年起的五年内,美国工业品关税水平平均降低了 37％,欧洲共同体关税水平平均降低了 35％。

2. 非关税壁垒问题

这轮谈判首次涉及非关税壁垒问题。《关税与贸易总协定》第六条规定了倾销的定义、征收反倾销税的条件和幅度,但各国为保护本国产业,滥用反倾销措施的情况时有发生。这轮谈判中,美国、英国、日本等 21 个缔约方签署了第一个与实施关税与贸易总协定第六条有关的协议,该协议于 1968 年 7 月 1 日生效。

3. 发展中国家问题

为使发展中国家承担与其经济发展水平相适应的义务,在这轮谈判期间,《关税与贸易总协定》中新增"贸易与发展"条款,规定了对发展中缔约方的特殊优惠待遇,明确发达缔约方不应期望发展中缔约方做出对等的减让承诺。这轮谈判还吸收波兰参加,开创了"中央计划经济国家"参加关税与贸易总协定的先例。

4. 农产品问题

此轮谈判降低了某些农产品的税率,涉及的贸易额仅为 20 亿美元。

(七)第七轮多边贸易谈判

1. 东京回合的主要内容

第七轮多边贸易谈判因谈判的贸易部长会议在日本东京举行,故称"东京回合"(Tokyo Round)。其于 1973 年 9 月始于日本东京,后改在瑞士日内瓦举行,1979 年 4 月结束,共 99 个国家(含 29 个非缔约方)参加。讨论的内容主要包括农产品贸易、热带产品贸易自由化、数量限制和其他非关税措施、关税、多边贸易谈判协议安排、结构调整和贸易政策、冒牌货物贸易、国内禁销品的出口、资本货物的出口、纺织品和服装、某些自然资源产品的贸易问题、汇率波动及其对贸易的影响、双重定价和原产地规则等重大问题。不难看出,东京回合讨论的问题已扩大到包括非关税壁垒问题在内的新领域,参见表 1-2。

表 1-2　东京回合谈判的主要议题

项目	议题内容
1	采用最一般原则指导关税谈判,以达到减让、约束和消除关税的目的;
2	减少、消除非关税壁垒,或减少、消除这类壁垒对贸易的限制及不良影响,并将此壁垒置于更有效的国际控制之下;
3	检查多边贸易保障制度体系,尤其是对 GATT 第 19 条的引用;
4	农产品贸易自由化的方法、特点和步骤;
5	对热带产品予以优先考虑并给予优惠待遇;
6	对某些"部类"的所有贸易保障予以减除。

2.东京回合的特点

东京回合与总协定以往所有的谈判相比,有着许多不同之处。首先,从肯尼迪回合到东京回合期间,国际贸易中主要经济强国的相对力量有了很大的改变。欧洲共同体已成为世界上最大的贸易实体,日本的经济发展迅速,已成为三大贸易国家之一。其结果是东京回合中美国、日本和欧共体一起对谈判的步调和内容起着主导作用,并在很大程度上掌握着方向。其次,发展中国家第一次在 GATT 多边贸易谈判中占了重要的位置,反映出它们在国际事务中经济和政治地位的提升,以及它们参加会谈的重要性。由于发展中国家反对GATT 规则适用范围的扩展,修改 GATT 条款所需的 2/3 多数票未达到,东京回合的上述协议只能以"守则"的方式实施。缔约方可以有选择地参加守则,仅对签字方有效,没有签字的缔约方不受其制约。再次,本轮谈判对GATT《临时议定书》中的"祖父条款"(Grandfather Clause)进行了某些限制。按照这一条款,GATT 允许缔约方以协议与其现行国内立法的规定相抵触为由,而对协议不予适用。但该轮谈判则要求参加协议的政府在这些协议、守则生效之前,采取措施以保证本国法律、法规和行政程序与上述守则、协议的规定相一致,从而较好地限制了"祖父条款"的滥用。此外,本轮谈判还通过了"授权条款",把发达缔约方单方面给予发展中缔约方的优惠待遇——普惠制的规定,以法律的形式确定下来。

东京回合作为 5 年多以全面削减方式进行关税减让的结果,关税的减让和约束涉及 3 000 多亿美元贸易额,世界上 9 个主要工业市场上制成品的加权平均关税率由 7% 下降到 4.7%,其中欧共体为 5%、美国为 4%、日本为 3%,减让总值相当于进口关税水平下降了 35%,这一成果可与"肯尼迪回合"媲美。发展中国家以对其进口关税实行减让的形式,在削减关税方面作出承诺。

（八）第八轮多边贸易谈判

关税与贸易总协定前七轮谈判,大大降低了各缔约方的关税,促进了国际贸易的发展。但从 20 世纪 70 年代开始,特别是进入 80 年代以后,以政府补贴、双边数量限制、市场瓜分和各种非关税壁垒为特征的保护主义重新抬头。为了遏制保护主义,避免全面的贸易战争发生,美、欧、日等缔约方共同倡导发起了此次多边谈判,决心制止和扭转保护主义,消除扭曲现象,建立一个更加开放的、具有生命力的、持久的多边体制。1986 年 9 月在乌拉圭的埃斯特角城举行了 GATT 部长级会议,决定进行一场旨在全面改革多边贸易体制的新一轮谈判,故命名为"乌拉圭回合"谈判。这是迄今为止最大的一次贸易谈判,历时 7 年半,于 1994 年 4 月在摩洛哥的马拉喀什结束。谈判几乎涉及所有贸易,从牙刷到游艇,从银行到电信,从野生水稻基因到艾滋病治疗。参加方从最初的 103 个,增至谈判结束时的 125 个。

在 1986 年启动乌拉圭回合谈判的部长宣言中,明确了此轮谈判的主要目标:一是为了所有缔约方的利益特别是欠发达缔约方的利益,通过减少和取消关税、数量限制和其他非关税措施,改善进入市场的条件,进一步扩大世界市场;二是加强关税与贸易总协定的作用,改善建立在关税与贸易总协定原则和规则基础上的多边体制,将更大范围的世界贸易置于有效的多边规则之下;三是增加关税与贸易总协定体制对不断演变的国际经济环境的适应能力,特别是促进必要的结构调整,加强关税与贸易总协定同有关国际组织的联系;四是促进国内和国际合作以加强与其他影响增长和发展的经济组织之间的内部联系。

乌拉圭回合谈判议题包括传统议题和新议题。传统议题包括关税和非关税措施、热带产品、自然资源产品、纺织品服装、农产品、保障条款、补贴和反补贴措施、争端解决问题等。新议题则涉及服务、知识产权和与贸易有关的投资。

不断丰富和发展的《GATT 1947》"临时"适用了近半个世纪。在其适用的过程中,在关税减让等贸易自由化方面都取得了很大的成果,推动了国际贸易向自由化方向迈进。但是,《GATT 1947》的临时适用性质和协定本身存在的诸多缺陷,使其在国际贸易中发挥不了应有的作用。GATT 法律效力低,对各缔约方的约束力不强。同时由于 GATT 不是一个国际组织,在各缔约方发生贸易争端时,其司法裁决的权威也受到严重影响。另外,GATT 是各缔约方在经济贸易利益关系调整过程中妥协的产物,它由一些"规定"和一系列"例外"组成,是一个充满"假设"、"但是"及漏洞的折中产物,一个软法律文件。

这种先天不足使各缔约方在援引例外条款时的"越轨行为"难以受到约束。GATT 调整的对象基本上是货物贸易(即有形商品贸易)以及与之相关的关税与非关税措施,对长期游离于 GATT 规则之外的农产品贸易和纺织品及服装贸易的约束极其有限。

GATT 发起的八轮谈判的成果总的来说可以归纳为表 1-3。

表 1-3 GATT 发起的八轮谈判的成果

回 合	取得的成果
第一个回合:1947—1948 年	关税水平平均降低 35%
第二个回合:1949 年	关税水平平均降低 35%
第三个回合:1950—1951 年	关税水平平均降低 26%
第四个回合:1956 年	关税水平平均降低 15%
第五个回合:1960—1962 年,又称"狄龙回合"	关税水平平均降低 20%
第六个回合:1964—1967 年,又称"肯尼迪回合"	关税减让、反非关税壁垒、反倾销(关税水平平均降低 35%)
第七个回合:1973—1979 年,又称"东京回合"或"尼克松回合"	关税减让、反非关税壁垒(关税水平平均降低 33%)
第八个回合:1986—1994 年,又称"乌拉圭回合"	服务贸易、农产品贸易、知识产权,建立 WTO 等协定

五、GATT 的作用

40 多年来,经过多次关税减让谈判,缔约方关税已有大幅度的削减,世界贸易已增长十几倍,GATT 在国际贸易领域内所发挥的作用越来越大,主要表现在以下几个方面:

(一)为各成员制定了一套处理它们之间贸易关系的原则及规章

GATT 通过签署大量协议,不断丰富、完善多边贸易体制的法律规范,对国际贸易进行全面的协调和管理。

(二)为解决各成员在相互的贸易关系中所产生的矛盾和纠纷提供了场所和规则

GATT 为了解决各成员在国际贸易关系中所产生的矛盾和争议,制定了一套处理各成员争议的程序和方法。GATT 虽然是一个临时协定,但由于其协调机制有较强的权威性,它使大多数的贸易纠纷得到了解决。

（三）为成员方举行关税减让谈判提供了可能和方针

GATT 为各缔约方提供了进行关税减让谈判的场所。GATT 自成立以来，进行过八大回合的多边贸易谈判，关税税率有了较大幅度的下降。发达国家的平均关税已从 1948 年的 36％降到 20 世纪 90 年代中期的 3.8％，发展中国家和地区同期降至 12.7％。这种大幅度的关税减让是国际贸易发展史上前所未有的，对于推动国际贸易的发展起了很大作用，为实现贸易自由化创造了条件。

（四）努力为发展中国家争取贸易优惠条件

GATT 成立后被长期称作"富人俱乐部"，因为它所倡导的各类自由贸易规则对发达国家更有利。但随着发展中国家成员方的增多和力量的增大，GATT 不再是发达国家一手遮天的讲坛，已经增加了若干有利于发展中国家的条款，为发展中国家分享国际贸易利益起到了积极作用。

（五）为各国提供经贸资料和培训经贸人才

GATT 与联合国合办的"国际贸易中心"，从各国搜集统计资料和其他资料，经过整理后再发给各成员，并且举办各类培训班，积极为发展中国家培训经贸人才。

六、GATT 的局限性

由于 GATT 不是一个正式的国际组织，这使它在体制上和规则上有着多方面的局限性。

第一，GATT 的有些规则缺乏法律约束，也无必要的检查和监督手段。例如，规定一国以低于"正常价值"的办法，将产品输入另一国市场并给其工业造成"实质性损害和实质性威胁"就是倾销。而"正常价值"、"实质性损害和实质性威胁"难以界定和量化，这很容易被一些国家加以歪曲和用来征收反倾销税。

第二，GATT 中存在着"灰色区域"，致使许多规则难以很好地落实。所谓"灰色区域"是指缔约方为绕开总协定的某些规定，所采取的在总协定法律规则和规定的边缘或之外的歧视性贸易政策措施。这种"灰色区域"的存在，损害了 GATT 的权威性。

第三，GATT 的条款中对不同的社会经济制度带有歧视色彩。例如，对"中央计划经济国家"进入 GATT 设置了较多的障碍。

第四，GATT 解决争端的机制不够健全。虽然 GATT 为解决国际商业争端建立了一套制度，但由于 GATT 解决争端的手段主要是调解，缺乏强制性，容易使争端久拖不决。

第五,允许纺织品配额和农产品补贴长期存在,损害了 GATT 的自由贸易原则。

正是由于 GATT 的上述种种局限性,使这个临时性"准国际贸易组织"最终被世界贸易组织所取代。

第二节　WTO 的建立

一、建立 WTO 的背景

GATT 第八轮多边贸易谈判,从 1986 年 9 月开始启动,到 1994 年 4 月签署最终协议,共历时 8 年。这是 GATT 的最后一轮谈判。因发动这轮谈判的贸易部长会议在乌拉圭埃斯特角城举行,故称为"乌拉圭回合"。参加这轮谈判的国家,最初为 103 个,到 1994 年 4 月谈判结束时有 125 个。

在 GATT 乌拉圭回合谈判的埃斯特角城部长宣言中明确地将"建立一个更广泛、更强有力、更具有生命力的多边体系"作为该次谈判的主要目标之一。但在谈判开始时所拟定的谈判议题中并没有引入建立 WTO 问题,而只是设立了一个关于修改和完善 GATT 体制职能的谈判小组。然而,在新议题中已涉及货物贸易以外的问题,如知识产权保护、服务贸易以及与贸易有关的投资措施等。这些非货物贸易的重要议题,很难在 GATT 的旧框架内来谈判,而有必要创立一个正式的国际贸易组织通过分别谈判来解决。因此到 1990 年年初,当时担任欧共体主席国的意大利首先提出建立一个多边贸易组织(Multilateral Trade Organization,MTO)的倡议。后来以 12 个欧共体成员国的名义正式提出,得到了加拿大、美国等主要西方发达国家的支持。1990 年 12 月,乌拉圭回合布鲁塞尔部长会议正式做出决定,责成 GATT 下属的体制职能小组负责"多边贸易组织协定"的谈判。该小组经过一年的谈判,于 1991 年 12 月形成了一份《关于建立多边贸易组织协定草案》。1993 年 12 月 15 日,乌拉圭回合结束时,又根据美国的建议把"多边贸易组织"改名为"WTO"。《建立 WTO 协定》于 1994 年 4 月 15 日在摩纳哥的马拉喀什部长组会议上获得通过,被 104 个参加方政府代表签署。根据该协议,WTO 于 1995 年 1 月 1 日开始运行,与 GATT 并存一年后,自 1996 年 1 月 1 日起完全取代 GATT,成为规范和协调当代全球经济贸易关系的最权威的组织。

乌拉圭回合谈判的成果主要有以下这些:使多边贸易体制的法律框架更加明确,争端解决机制更加有效与可靠;进一步降低关税,达成内容更广泛的货物贸易市场开放协议,改善了市场准入条件;就服务贸易和与贸易有关的知识产权达成协议;在农产品和纺织品服装贸易方面,加强了多边纪律约束;成立 WTO,取代临时性的 GATT。

小知识 1-1

WTO 标识

1997 年 10 月 9 日,世贸组织启用新的标识。该标识由六道向上弯曲的弧线组成,上三道和下三道分别为红、蓝、绿三种颜色。标识意味着充满活力的世贸组织在持久和有序地扩大世界贸易方面将发挥关键作用。六道弧线组成的球形表示世贸组织是不同成员组成的国际机构。标识久看有动感,象征世贸组织充满活力。

标识的设计者是新加坡的杨淑女士,她的设计采用了中国传统书法的笔势,六道弧线带有毛笔书法起笔和收笔的韵律。

二、《建立 WTO 协定》的构成

《建立 WTO 协定》由序言、正文(16 条)和 4 个附件组成。正文本身并未涉及规范和管理多边贸易关系的实质性原则,只是就 WTO 的结构、决策过程、成员资格、接受、加入和生效等程序性问题做了原则规定。有关协调多边贸易关系和解决贸易争端以及规范国际贸易竞争规则的实质性规定均体现在四个附件中。具体内容见图 1-1。

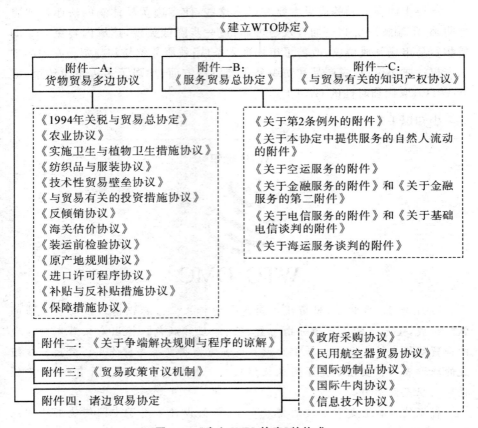

图 1-1 《建立 WTO 协定》的构成

三、WTO 与 GATT 的比较

1995 年 1 月 1 日建立的 WTO 与 1947 年 GATT 具有一脉相承的密切关系,既有其合理的历史继承性,更具有明显的实质性区别。

（一）WTO 与 GATT 的联系

1. 内在的历史继承性

WTO 继承了 GATT 的合理内核,包括其宗旨、职能、基本原则及规则等,而且还将这些原则和规则推广到服务贸易、知识产权保护、与贸易有关的投资措施等领域。

2. 组织机构的保留性

WTO 保留了 GATT 的秘书处,负责 WTO 的日常工作;GATT 最后一任总干事继续担任 WTO 总干事；WTO 的部长级会议也是从 GATT 的部长级缔约方全体大会发展而来的。

3. 对《GATT 1947》及其附件的保留

《GATT 1947》及其附件被 WTO 作为《GATT 1994》的重要组成部分予以保留，仍然是管辖各成员间货物贸易关系的核心规范和准则，并指导其他相关协定、协议的制定。此外，WTO 还保留了《GATT 1947》达成的几个诸边贸易协议，如《政府采购协议》、《民用航空器协议》等。

4. 争端解决机制的继承性

在运行机制上，WTO 继承了 1947GATT 的争端解决机制，并继续主张通过多边方式解决成员之间的贸易争端和纠纷。

（二）WTO 与 GATT 的区别

WTO 的建立，不仅继承和维护了 GATT 形成的多边贸易体制（二者在很多主要方面是相同的，比如基本精神和基本原则、成员的权利与义务等），而且改善和健全了这种多边贸易体制。二者相比较，区别主要有以下几个方面：

1. 机构性质

GATT 最初并不是一个组织，也没有常设机构，它只是一个临时性的协定，是个"准国际组织"。WTO 的成立，则改变了 GATT 临时适用和非正式性的状况。WTO 是一个具有法人地位的正式的国际组织，它与国际货币基金组织、世界银行具有同等地位，都是国际法主体，是经成员方的立法机构批准而具有凌驾于国内法之上的权威性的国际正式协定。

2. 管辖范围

GATT 只处理货物贸易问题。WTO 不仅要处理货物贸易问题，还要处理服务贸易和与贸易有关的知识产权问题，其协调与监督的范围远大于 GATT。

3. 争端解决

GATT 的争端解决机制，遵循协商一致的原则，对争端解决没有规定时间表。WTO 的争端解决机制，采用反向协商一致的原则，裁决结果除非所有成员一致反对，否则自动生效。其裁决具有自动执行的效力，同时明确了争端解决和裁决实施的时间表，因此，WTO 争端裁决的实施更容易得到保证，争端解决机制的效率更高。

4. 1947 年 GATT 转化为 1994 年 GATT

1947 年 GATT 从"准国际贸易组织"转化为 1994 年 GATT，成为 WTO 负责实施管理的多边货物贸易协定，不再具有"准国际贸易组织"的职能。

5.法律地位

WTO 是具有国际法人资格的永久性组织。WTO 是根据《维也纳条约法公约》正式批准生效成立的国际组织,具有独立的国际法人资格,是一个常设性、永久性存在的国际组织。而 GATT 则仅是"临时适用"的协定,不是一个正式的国际组织。

6.成员承担的义务

WTO 成员承担的义务是统一的。WTO 成员不分大小,对其所管辖的多边协议一律必须遵守,以"一揽子"方式接受 WTO 的协定、协议,不能选择性地参加某一个或某几个协议,不能对其管辖的协定、协议提出保留。但是,GATT 的许多协议,则是以守则式的方式加以实施的,缔约方可以接受,也可以不接受。

7.WTO 更具有广泛性

GATT 1947 年成立,到 1995 年,有成员 128 个。WTO 在 2010 年年底,成员已达到 153 个,另外还有许多国家和地区正在积极申请加入 WTO。目前,WTO 成员的贸易额已占世界贸易额的 97.6% 以上。

上述特征使 WTO 成员方比 GATT 缔约方更严格地受到规则约束,使多边贸易体制发挥更为重要的作用。

第三节 以 WTO 为基础的多边贸易体制

一、多边贸易体制的含义

多边贸易体制即 WTO 所管理的体制。在 WTO 事务中,"多边"是相对于区域或其他数量较少的国家集团所进行的活动而言的。大多数国家,包括世界上几乎所有主要贸易国,都是该体制的成员,但仍有一些国家不是,因此使用"多边(multilateral)"一词,而不用"全球(global)"或"世界(world)"等词。

多边贸易体制最重要的目的是在不产生不良影响的情况下,使贸易尽可能自由地流动。这一方面意味着消除壁垒,另一方面意味着保证个人、公司和政府了解世界贸易规则是什么,并使他们相信,政策不会发生突然的变化。《建立 WTO 协定》是涵盖范围广泛的各项活动的法律文本,冗长而复杂。但几个简单而根本的原则贯穿于所有这些文件,构成了多边贸易体制的基础。

　　多边贸易体制有五项主要原则：一是非歧视性，即一国不应在其贸易伙伴之间造成歧视，它们都被平等地给予"最惠国待遇"；也不应在本国和外国的产品、服务或人员之间造成歧视，要给予其"国民待遇"。二是更自由的贸易，即通过谈判不断减少贸易壁垒，这些壁垒包括关税、进口禁令或进口配额等有选择地限制数量的措施，以及繁文缛节、汇率政策等其他问题。三是可预见性，在 WTO 中越来越多的关税税率和市场规则受到约束，外国公司、投资者和政府应相信贸易壁垒不会随意增加。四是促进公平竞争。不鼓励"不公平"的做法，如出口补贴和为获得市场份额而以低于成本的价格倾销产品。五是鼓励发展和经济改革，给予欠发达国家更长的调整时间、更多的灵活性和特殊权利。上述原则显然有利于维护各个成员方在国际贸易中的基本利益，各国自然积极加入 WTO 这一国际组织。

二、多边贸易体制的价值

　　WTO 是当今唯一规范全球贸易的国际组织。从 GATT 到 WTO，多边贸易体制一如既往地以贸易自由化为宗旨。GATT 1947 在序言中开宗明义指出："期望通过达成互惠互利安排，实质性削减关税和其他贸易壁垒，消除国际贸易中的歧视待遇，从而为实现这些目标作出贡献。"《建立 WTO 协定》在保留这一论述的同时，进一步指出"决定建立一个完整的、更可行的和持久的多边贸易体制，以包含《关税与贸易总协定》、以往贸易自由化努力的结果以及乌拉圭回合多边贸易谈判的全部结果"。2008 年的金融危机衍生成为全球性贸易保护主义浪潮，在使 WTO 多边贸易体制经历着严峻时代考验的同时，也迫使 WTO 扛起了维护贸易自由化形象的旗帜，在对抗和遏制贸易保护主义过程中发挥着更多的价值。2008 年 12 月 14 日，西方著名经济学家鲍德温（Richard Baldwin）和埃文奈特（Simon J. Evenett）就曾撰文指出，为应对金融危机，维护国际贸易稳定，WTO 应立即采取三项应急措施：第一，迅速完成 WTO 贸易便利化谈判，WTO 成员每半年向 WTO 通报一次贸易便利化义务落实情况；第二，建立全球贸易保障机制，WTO 成员每周通报一次本国进口增长、关税变化及反倾销措施等情况；第三，所有 WTO 成员承诺约束现行贸易开放水平，不采取任何新的贸易限制措施，并每两年向 WTO 通报一次落实情况。事实上，WTO 正在通过多种方式和手段扮演着全球贸易保护主义"遏制者"和"终结者"的角色，为全球经济避免滑向深度衰退设置了一道"安全阀"。

（一）通过多种途径和渠道呼吁反对贸易保护主义

WTO 基本原则是开放市场、非歧视以及国际贸易的全球竞争有益于全世界各国的福利。WTO 是磋商和扩展多边贸易自由化以及对贸易和相关政策进行合作的场所，确保需要取消进口壁垒的政府进行国内贸易政策改革。金融危机爆发以来，WTO 总干事拉米应邀先后两次参加 G20 金融峰会，并促成反对贸易保护主义和推动多哈回合谈判连续成为华盛顿峰会和伦敦峰会的重要议题。拉米还在一份声明中呼吁，G20 集团领导人应该联合行动，避免实行任何进一步的贸易保护，否则贸易保护主义措施将会进一步延长危机的持续时间。2009 年 3 月 4 日，拉米在澳大利亚发出警告，如果美国奥巴马政府面对经济危机在贸易自由化方面倒退，多边贸易谈判将继续受阻。3 月 25 日，拉米在接受法国《论坛报》专访时表示，"新保护主义"已在一些国家的经济刺激方案中出现。WTO 将于 4 月召集全体成员就"新保护主义"问题举行工作会议。4 月 2 日，根据美联社报道，拉米还呼吁参加 G20 峰会的各国领导人要防范可能扭曲全球贸易的"低度"贸易保护主义。拉米表示，相信全球经济下滑不至于引起如 20 世纪 30 年代那样的"高度"贸易保护主义，因为现在有了更多的规范和约束。但 WTO 关于全球贸易的现有规则给"低度"贸易保护主义提供了钻空子的灵活性，如果 G20 各国领导人能够禁止这些灵活性的使用，将为尽早结束多哈回合谈判提供有力保障。

（二）通过政策审议对贸易保护主义措施实施监督

努力增强透明度和审议贸易政策占用了 WTO 很大部分的时间。这一过程被美国著名贸易专家巴格瓦蒂教授称为"德拉库拉原理"，即问题一旦曝光就会消失。2009 年 1 月，WTO 开始启动"特殊监督机制"，对各成员为应对金融危机采取的贸易措施进行集体审议，对遏制保护主义起到了重要的预警和监督作用。2 月 9 日，WTO 贸易政策审议机构举行非正式会议，审议 2008 年 9 月以来 WTO 各成员为应对金融危机采取的新贸易措施，标志着 WTO 对各成员在金融危机中所采取的贸易措施的定期审议机制正式形成。3 月 26 日，WTO 发布的调查结果显示，已有 23 个国家和地区实施了 85 项贸易保护主义措施，较 1 月末首次调查时的 19 件增加四倍以上。3 月 27 日，WTO 秘书处发布了第二份《关于金融危机、经济危机及与贸易有关的发展情况向贸易政策审议机构的报告》。尽管报告认为，目前 WTO 成员尚未显现贸易保护主义愈演愈烈的迹象，如普遍性贸易限制和贸易报复，但很多成员正面临着采取具有贸易保护主义性质措施的压力，与前一阶段提高关税和非关税措施的有限证据相比，形势开始逆转。WTO 要求各国为刺激经济发展采取的政策应有利于推动贸易增长,各国应不使用新的贸易限制措施和具有贸易扭曲效应的补贴措施,且各国应保证采取的措施以透明和非歧视的方式实施。

(三)通过"促贸援助"增强发展中国家的贸易自由化能力

作为多哈回合谈判的有益补充,"促贸援助"是 WTO 发起的一项倡议,旨在通过加强基础设施、提供技术援助和能力建设,帮助发展中国家和最不发达国家提高参与国际贸易的能力,促进其经济增长和社会发展。该倡议经 2005 年 WTO 香港部长级会议通过,被作为一项重要成果载入《香港部长宣言》。根据 2006 年 12 月确定的路线图,2007 年 WTO 在秘鲁、菲律宾和坦桑尼亚等三个亚、非、拉国家相继举行了三次地区性"促贸援助"审议会议,并成功举办了第一次全球审议大会。2008 年 2 月 25 日,WTO 通过 2008 年"促贸援助"工作路线图,旨在提高发展中国家在接受援助过程中的自主参与程度,加强对援助实施情况的监督,确定若干指标衡量援助活动的有效性和发展中国家的贸易能力。金融危机爆发后,WTO 已将"促贸援助"作为 2009 年工作重点,并计划在年中举行第二次全球"促贸援助"审议大会。毕竟,在当前全球同舟共济应对金融危机的形势下,增强发展中国家,特别是最不发达国家的贸易能力和强化贸易基础设施也符合发达国家自身的根本利益。

小知识 1-2

中国提出促贸援助三项建议

中国加入世界贸易组织十周年
The Tenth Anniversary of China Accession to the WTO
——2001.12—2011.12 濮州日报

2007 年 10 月 1 日到 2 日,商务部副部长易小准率团在坦桑尼亚达累斯萨拉姆出席了由 WTO、非洲开发银行(AFDB)、联合国非洲经济委员会(UN-EAC)和坦桑尼亚政府共同举办的"促贸援助(AID FOR TRADE)非洲区域高层对话会"。

商务部副部长易小准代表中国政府在大会上作主旨发言,阐述了我国在促贸援助问题上的立场,介绍了我国几十年来对非援助的各种举措,并提出三项建议:第一,从多边贸易体制中受益最多的发达成员应该作出表率,增加对发展中成员的能力和技术援助;第二,WTO、世界银行等国际机构和地区开发银行等区域组织应加强合作,协调立场,在促贸援助工作上发挥积极作用;第三,促贸援助不能代替多哈回合谈判的成果,发达成员应尽早在农业补贴和农业关税等方面作出让步,使发展中成员和最不发达成员早日从多边贸易体制中真正受益。易副部长的讲话获得与会代表广泛赞同。

(四)通过呼吁贸易融资为全球贸易自由化提供资金保证

贸易融资被认为是贸易的生命线,目前全球贸易的90%依靠贸易融资。然而,金融危机导致全球性资金紧缺,进出口商在获得贸易融资上遇到困难,外贸信用风险增大,特别是发展中国家资金更加紧张,导致全球贸易难以为继。根据WTO统计,目前全球贸易融资缺口已扩大至1 000亿美元,比2008年11月估算的250亿美元增加了三倍。早在金融危机初露端倪时,WTO即开始关注金融危机对贸易融资潜在的影响,并先后与一些多边机构、商业银行商谈此事。2008年10月14日,WTO宣布成立"贸易融资特别任务组",研究金融危机对贸易融资的冲击。受到贸易融资短缺影响的发展中国家也积极向WTO建议对贸易融资进行深入讨论,并加强与其他国际机构的联系,共同寻找解决办法,以真正实现多哈宣言中"防止多边贸易体制受到财政和货币不稳定性影响"的目标。

在此情况下,2008年11月12日,WTO在日内瓦召开了全球贸易融资会议,呼吁各国银行扩大贸易融资规模,加强信息分享和风险管理,重塑市场信心,确保国际市场平稳运行。2009年1月31日,WTO总干事拉米在参加达沃斯会议期间表示,中国和日本应在金融危机大背景下,增加提供贸易融资,帮助菲律宾、泰国、柬埔寨等亚洲国家摆脱困境。3月18日,WTO再次在日内瓦召集私营银行、国际金融机构和出口信贷机构的代表举行贸易融资专家会议。有关专家指出,目前贸易融资缺口不断增大,除了银行业的信用危机外,更多的是因为许多国家的进口需求下降了10%以上。目前,WTO正在大力推动建立"流动资金库",以解决贸易融资困难问题。

(五)通过争端解决机制对贸易保护主义国家实施制裁

争端解决机制是多边贸易体制的主要支柱,是WTO对全球经济稳定做出的最独特的贡献。根据WTO成员的承诺,如果他们认为其他成员正在违反贸易规则,他们将使用多边贸易体制的争端解决机制,而不是采取单边行动,这意味着遵守议定的程序和尊重判决。作为全球贸易争端的准司法机构,争端解决机制使全球贸易规则更为有效,为规则导向的体制运行进一步增添了安全性和可预见性。尤其是对于发展中国家和弱小国家而言，在面临单边主义威胁与挑战时，它们可求助于多边争端解决机制维护自身利益。

根据 WTO 统计，从 1995 年到 2007 年年底的十三年，在 WTO 争端解决机构受理的 369 起案件中，发展中国家提出的投诉案件有 141 件，约占 40%。如今，在金融危机阴影的笼罩下，伴随着贸易保护主义的兴起，许多国家都纷纷表示将拿起争端解决机制这一武器来维护本国利益。2009 年 3 月 12 日，在 WTO 农业例会上，中国强烈谴责美国最终通过的《2009 年综合拨款法案》中包含的歧视中国禽肉产品的"727 条款"，并表示中国将向 WTO 提起申诉。3 月 26 日，法国表示，将要求 WTO 审查美国汽车救助方案是否符合 WTO 规则。同日，欧盟也表示，正在评估美国的救助方案对欧洲汽车制造业的影响，如果存在不公平竞争，欧盟将考虑向 WTO 起诉。此外，巴西外长阿莫林称"购买美国货"条款已严重影响了巴西出口，指责美国此举仅是一片"止痛膏"，对根治经济危机毫无裨益。尽管巴西不是 WTO《政府采购协议》成员，但巴西正在积极研究向 WTO 起诉美国。印度也表示，将在未来三至四个月内完成对美欧非关税贸易壁垒证据的搜集工作，之后将向 WTO 提起申诉。

（六）通过推动多哈回合谈判提振各国对世界经济复苏的信心

20 世纪 30 年代经济大萧条催促了以自由贸易为基础的多边贸易体制的诞生。GATT/WTO 的创立和成功已经成为历史上曾以重商主义为准则的领域开展国际合作的杰出范例，给世界各国和地区经济带来了普遍的繁荣和福利。根据 WTO 统计，多边贸易体制 60 年来所倡导的多边贸易自由化为世界货物贸易的发展奠定了坚实基础，多边贸易体制被认为是发展的基础和经济贸易改革的工具。自 1950 年以来，世界贸易增长了 27 倍，为同期世界 GDP 增长速度的 3 倍。制造业产品贸易增长速度（年增长率 7.5%）是农产品贸易增长速度（年增长率 3.6%）的两倍以上。国际贸易这一增长速度在历史上是空前的。整体来看，在 1870 年至第一次世界大战开始期间（有时被称为第一次全球化浪潮），贸易增长速度约为 1950 年后的一半。根据麦迪森（Maddison,2001）的数据，世界贸易与世界 GDP 的比率在 2005 年达到 19.4%。无疑，通过推动多哈回合谈判达成平衡协议以建立一个更加公正、合理、稳定的多边贸易体制将对各国应对金融危机、提振全球信心、加快世界经济复苏发挥十分重要的作用。

此外，尽早结束多哈回合谈判的意义不仅在于对贸易保护主义的爆发形成机制性约束和威胁,还在于保护贸易利益,确保发展中国家和发达国家在全球产业链中相互倚重,共同受益。据 WTO 测算,多哈回合谈判成功将大幅度削减农业补贴,使全球关税水平在现有基础上下降 50％,每年至少将为世界经济创造 1 500 亿美元的收益。特别是在当今重塑国际经济秩序的努力中,多哈回合谈判将对今后二十年甚至更长一段时间的国际贸易起到规范作用。

小知识 1-3

安格斯·麦迪森

安格斯·麦迪森(1926—2010)出生在英格兰泰恩河畔的纽卡斯尔,早年在剑桥大学、麦吉尔大学和约翰·霍普金斯大学先后求学,之后曾短暂执教于苏格兰的圣安德鲁斯大学。1953 年至 1962 年他担任 OECD 的前身 OEEC 经济部的主任,1953 年至 1962 年他任新成立的 OECD 发展中心研究员。此后,他离开 OECD,参与了 20 世纪研究基金会以及哈佛大学发展顾问服务计划的研究工作。1971 年,麦迪森教授返回 OECD 发展中心主持其中央分析部的工作。1987 年他被聘为格罗宁根大学的经济学教授。在此后的 20 多年中他创立了格罗宁根增长与发展研究中心,领导了"国际产出与生产率比较"(LCOP)研究计划,发展了生产法购买力平价理论及其在国际比较中的应用。其创建的"麦迪森数据库"惠及很多研究者。其代表作有《世界经济千年史》、《世界经济千年统计》等。

三、以 WTO 为基础的多边贸易体制的特点

(一)以 WTO 为基础的多边贸易体制更为完整

WTO 成为当今世界多边贸易体制的组织和法律基础。世界上大多数国家加入了这个组织,目前 159 个国家和地区成为该组织的成员。而且 WTO

的建立有完整的法律文件和协议,其中包括各种多边贸易协定与协议。另外,WTO 有自己的范围、职能与地位,拥有完整的组织结构,并且举行定期的成员会晤和谈判,能够使得多边贸易体制更为完善。

(二)以 WTO 为基础的多边贸易体制具有更强的可行性

以 WTO 为基础的多边贸易体制具有更强的可行性,主要在于 WTO 有完善的争端解决与审议机制。WTO 争端解决体制为多边贸易体制提供可靠性和可预见性。这一机制用于保护该谅解适用协议所规定的权利和义务,并澄清这些权利与义务。争端解决机制的目的是为成员方提供积极的、在可能情况下共同接受的争端解决办法。最好的解决办法是撤销不符合《建立WTO 协定》的措施,如果不能撤销便应提供补偿。人们不希望看到实施报复,就是受到损害的成员在得到授权后,针对另一成员暂停实施贸易减让或履行义务。另一套重要原则包含在《关于争端解决规则和程序的谅解协定》的第23 条中,该条规定禁止 WTO 成员针对其认为违反义务或导致《建立WTO 协定》规定的任何利益丧失或减损的做法而采取单边行动,而要求成员使用WTO 争端解决程序来解决与这些问题有关的争端。

根据《贸易政策审议机制》第 3 条的规定,审议程序包括以下内容:第一,贸易审议组负责执行贸易政策的审议。第二,成员方都应接受定期的审议,但根据其在世界贸易中所占比重的不同,接受审议的周期也不一样。具体审议周期的规定是:在世界贸易中所占份额居前 4 位的成员方——欧盟、美国、日本和加拿大每 2 年接受一次审议;在世界贸易中所占份额为第 5~16 位的成员方将每 4 年接受一次审议;其他成员方每 6 年审议一次;对于最不发达国家审议周期可以再适当延长一些。上述周期规定也有"例外":当某一成员方的贸易政策与做法发生了对其他成员方可能造成重大影响的变更时,受其影响的成员方可请求贸易审议组提前审议该成员方的贸易政策与做法。第三,贸易审议组应根据以下文件进行审议工作:(1)由受审议的成员方提供的完整的报告。(2)由秘书处根据收集的资料起草的报告。秘书处应尽量提供机会让有关成员方自己阐明其贸易政策与做法。第四,由成员方和秘书处提供的报告以及审议组的所有会议记录应在审议结束后迅速予以公布。

(三)以 WTO 为基础的多边贸易体制更能持久

部长会议是 WTO 的最高决策机构,WTO 的最高决策机构是由所有成员主管外经贸的部长、副部长级官员或其全权代表组成的"部长会议",部长会议至少每两年举行一次,部长会议具有广泛的权力,主要有立法权、准司法权、在特定情况下豁免某个成员的义务、批准非 WTO 成员所提出的取得 WTO 观察员资格的申请等。非歧视进行贸易是 WTO 的基石,是各国间平等地进行贸易的重要保证,也是避免贸易歧视、贸易摩擦的重要基础。非歧视贸易要通过最惠国待遇和国民待遇原则加以体现。这些措施和原则使以 WTO 为基础的多边贸易体制得以持久。

1. 体制基础比较牢固

主要因为:(1)WTO 具有法人资格,WTO 每个成员均应给予 WTO 履行其职能所必需的法定资格。(2)WTO 每个成员均应给予 WTO 履行其职能所必需的特权和豁免。(3)WTO 每个成员应同样给予 WTO 官员和各成员代表独立履行与 WTO 有关职能所必需的特权和豁免。(4)WTO 每个成员给予 WTO、其官员及其成员的代表的特权和豁免应与 1947 年 11 月 21 日联合国大会批准的《专门机构特权及豁免公约》所规定的相似。(5)WTO 可订立总部协定。

2. 争端解决能力强于原多边贸易体制

WTO 中的贸易争端解决机制进行了有力的改革:(1)设立了争端解决机构,隶属于 WTO 总理事会,负责整个争端解决的事宜。(2)建立统一的争端解决程序,且覆盖到 WTO 负责实施管理的所有多边和诸边的贸易协定。(3)引入自动程序。WTO 争端解决机制对争端解决的各个阶段都确定了具体的工作时间。(4)增设上诉机构和程序。任一当事方均有上诉权,上诉机构可维持、修改或推翻专家组的结论。(5)加大了裁决的执行力度。(6)引入交叉报复的做法。(7)设立对最不发达成员的争端解决的特别程序。

3. 监督能力高于原多边贸易体制

除了提供争端解决机制之外,WTO 还是对成员贸易政策进行定期审议的场所。这些审议具有双重目的。首先,了解成员在多大程度上遵守和实施多边协议(在可能的情况下,包括诸边协议)的纪律和承诺。通过定期审议,WTO 作为监督者,要确保其规则的实施,以避免贸易摩擦。其次,提供更大的透明度,更好地了解成员的贸易政策和实践。

(四)以 WTO 为基础的多边贸易体制影响力大于原多边贸易体制

原来的 GATT 只是临时性的多边贸易协商体系,体制还很不健全。而 WTO 是在原来 GATT 的基础上诞生的,而且经过了多回合谈判,本身的体制已经有了很大的改善,部门更全,职能更全,可行性更强。WTO 与有关成员的政府和国际组织合作,提高新世界贸易体制的决策力和影响力。

总之,以 WTO 为基础的多边贸易体制,对世界经济的有序发展做出了重要的贡献。它在体制、影响力等方面的效应都反映在对世界各国经济的约束和促进之上。在了解了 WTO 的产生与建立之后,我们还需要对 WTO 的宗旨、职能进行学习,以更好地掌握 WTO 在世界经济中发挥的作用,并利用 WTO 的规则进行国际贸易。

本章小结

(1)WTO 的产生和建立经历了复杂的过程,与此同时也说明了 WTO 的产生和建立是世界经济发展到一定阶段的必然结果,是符合世界经济发展的总体趋势的。

(2)WTO 的建立给世界经济的发展带来很大的推动力量。它有利于 WTO 成员之间的经贸合作。同时,WTO 运行时基于规则而非强权,有利于发展中国家免受歧视性待遇;有利于 WTO 成员比较优势的发挥,使资源得到合理配置;有利于知识产权的保护和科技成果的传播;有利于 WTO 成员之间展开"开放、公平和无扭曲竞争",提高经济效率;有利于提高 WTO 成员的实际收入,使需求变成有效需求,使 WTO 成员的消费者成为真正的"上帝";有利于 WTO 成员参与经济全球化;有利于 WTO 成员政府管理水平的提高。

(3)WTO 与 GATT 既有联系又有区别。WTO 继承了 GATT 中的合理内核、职能、基本原则及规则等,还将这些合理的部分进行了改进和推广。更重要的是,WTO 与 GATT 相比,具有更强的先进性,能更好地为现代社会的世界经济服务。

(4)WTO 是最大、最完善的世界多边贸易体制。在 WTO 基础之上的多边贸易体制拥有很强的经济及政治价值。其通过多种途径和渠道呼吁反对贸易保护主义;通过政策审议对贸易保护主义措施实施监督;通过"促贸援助"增强发展中国家的贸易自由化能力;通过呼吁贸易融资为全球贸易自由化提供资金保证;通过争端解决机制对贸易保护主义国家实施制裁;通过推动多哈回合谈判提振各国对世界经济复苏的信心。

(5)以 WTO 为基础的多边贸易体制有其自身的特点,主要包括:以 WTO 为基础的多边贸易体制更为完整;以 WTO 为基础的多边贸易体制具有更强的可行性;以 WTO 为基础的多边贸易体制更能持久;以 WTO 为基础的多边贸易体制影响力大于原多边贸易体制。

练习与思考

1.简述 GATT 产生的历史背景。

2.WTO 成立前,GATT 共举行了多少次谈判?"乌拉圭回合"谈判的主要成果是什么?

3.与 GATT 相比较,WTO 的主要特点有哪些?

第二章 WTO 的宗旨、职能和成员

本章提要

WTO 是一个在全球范围内倡导自由贸易、协调各国的对外贸易政策、规范各国的对外贸易行为、协助解决国际贸易摩擦的全球性多边贸易组织。本章主要介绍 WTO 的宗旨、目标、职能、组织机构及其成员。

本章结构图

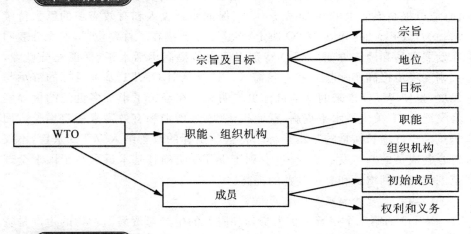

学习目标

- 重点掌握 WTO 的宗旨与职能。
- 明确 WTO 的组织机构。
- 了解 WTO 的成员及其权利和义务。
- 了解 WTO 各机构之间的合作流程。

第一节 WTO 的宗旨及目标

一、WTO 的宗旨

WTO 是在 GATT 的基础上建立起来的,因此,WTO 的宗旨,与 GATT 的宗旨从根本上讲基本是一致的,但又对 GATT 的宗旨进行了较大发展,更加适应当代经济全球化的趋势。GATT 的宗旨是:缔约方在处理它们的贸易和经济事务的关系时,应以提高生活水平、保证充分就业、保证实际收入和有效需求的巨大持续增长、实现世界资源的充分利用以及发展商品的生产与交换为目的。在乌拉圭回合通过的《建立 WTO 协定》的序言部分,阐明了 WTO 的宗旨,其归纳起来主要有以下五项。

（一）提高生活水平,保证充分就业和大幅度、稳步提高实际收入和有效需求

《GATT 1947》规定了各缔约方"在处理它们的贸易和经济事务的关系方面,应以提高生活水平、保证充分就业、保证实际收入和有效需求的巨大持续增长为目的"。而《建立 WTO 协定》将这一宗旨摆在了首要位置,这充分表明在发展贸易和经济方面,WTO 特别强调力争提高生活水平,保证充分就业,大幅度稳步提高实际收入和有效需求。这既是对 GATT 基本目标的继承与发展,也使 WTO 未来的基本目标更加明确。在经历了半个多世纪的世界经济发展后,有关生活水平提高、就业扩大、收入增加和有效需求稳定增长方面仍然是经济增长衡量的基本指标。将这些指标的改善纳入 WTO 宗旨,不仅符合各成员的基本发展要求,也有利于 WTO 明确其基本诉求在于谋求全球范围内的福利增长和总体利益的提高。

（二）扩大货物和服务的生产与贸易

WTO 的第二个宗旨是扩大货物和服务的生产与贸易。货物的生产是货物贸易的前提,而货物贸易的发展反过来又促进货物生产的扩大。随着全球经济的快速发展,服务贸易在全球贸易中所占的比重越来越大,可以说,服务贸易已经成为经济全球化的重要组成部分。因此,WTO 在强调扩大货物生产与货物贸易的基础上,还特别强调扩大服务贸易。1993 年 GATS 的签订和实施成为国际服务贸易发展的一个重大突破,它推动了服务贸易自由化进程,提供了服务贸易国际管理和监督的约束机制,为世界服务贸易的发展创造了一个稳定的、自由贸易的法律框架。根据 GATS 的规定,服务贸易范围包括

商业服务、通信服务、建筑服务、分销服务、教育服务、环境服务、金融服务、健康及社会服务、旅游及相关服务、文化、娱乐及体育服务、交通运输服务和其他服务等 12 大类。据此，银行、保险、旅游、咨询、广告、邮电、电信、建筑、销售、教育、医疗、运输等 100 多种服务都被纳入 WTO 的法律调整范围，这是 WTO 相比 GATT 的重大发展之处。

（三）坚持可持续发展，充分、合理地利用世界资源，保护环境

坚持走可持续发展之路，充分合理地利用世界资源，保护环境，是 WTO 相对于 GATT 而言又一重大发展。《GATT 1947》序言中明确强调各缔约方"在处理贸易与经济领域的关系时"应以"实现世界资源的充分利用"为目的。1994 年的《建立 WTO 协定》在此基础上进一步强调应"依照可持续发展的目标，考虑对世界资源的最佳利用，既保护和维护环境，又以符合不同经济发展水平下各成员需要的方式，加强采取相应的措施"。世界资源是货物贸易和服务贸易的基础，如果不能合理利用，就会造成资源浪费，影响国际贸易的发展；同样，如果过度利用，又会造成资源枯竭，影响人类生存环境。因此，应当从可持续发展的角度研究如何充分合理地利用世界资源。

将环境保护加入到 WTO 的宗旨之中，是基于可持续发展、着眼于未来的重要考虑。WTO 不希望看到由于人们急功近利的发展、过度的资源开发和工业化而造成环境破坏和污染。由于国际贸易是跨越国界、遍及全球的行为，因而对整个地球的环境保护负有责任，对严重污染环境、破坏生态平衡的产业和货物贸易的发展理应加以限制。因此，WTO 这一宗旨要求不仅处理好资源利用与持续发展的关系，处理好资源利用与环境保护和维护的关系，还要处理好资源利用与经济发展水平的关系。

（四）积极努力确保发展中国家成员贸易、经济的发展

对于占 WTO 绝大多数的发展中国家而言，《建立 WTO 协定》明确提出"应当做出积极努力，以保证发展中国家、特别是其中的最不发达国家，在国际贸易增长中获得与其经济发展需要相当的份额"的宗旨。这不仅体现了发展中国家在 GATT 中几十年的斗争结果，同时也标志着国际经济秩序正在朝着更加公正合理的方向发展。保障发展中国家贸易、经济的发展是当代国际经济法领域中公平互利原则的必然要求和具体体现。公平互利原则指所有国家在法律上一律平等；特别是有权通过相应的国际组织，公平分享经济全球化发展的成果。公平互利原则不仅适用于发达国家之间的经济关系，也适用于发达国家和发展中国家之间的经济关系，适用于拥有不同社会、经济和法律制度的国家之间的经济关系。

（五）建立一体化的多边贸易体制

1986 年,在发起乌拉圭回合的埃斯特角城部长宣言中,GATT 各缔约方就明确提出将"建立一个更广泛、更强有力、更具有生命力的多边体系"作为这次谈判的目标之一,但从真正的法律意义上讲,GATT 还只是一个临时性的协定。

WTO 的建立,标志着一个完整的、更具有活力的和永久性的多边贸易体制的诞生,它对于监督、协调、管理未来的世界经济秩序和贸易格局以及多边贸易法律关系,将起十分重要的作用。这个新的多边贸易体制不仅把长期游离于自由贸易体制之外的农产品和纺织品贸易纳入体系之内,而且将多边贸易体制的管辖范围扩大到服务贸易、知识产权和国际投资这三个重要经济领域。同时,WTO 作为一个正式的、永久的国际组织,在 GATT 原有的基础上为处理和协调成员之间的多边贸易关系提供了一个重要的框架机制,包括对各成员方的贸易政策评审机制和新的争端解决机制,从而进一步强化了多边贸易体系。

二、WTO 的目标

WTO 的目标是建立一个完整的,包括货物、服务、与贸易有关的投资及知识产权等内容的,更具活力、更持久的多边贸易体系,使之可以包括 GATT 贸易自由化的成果和乌拉圭回合多边贸易谈判的所有成果。

第二节 WTO 的职能及组织机构

一、WTO 的职能

作为世界上最大的专门性国际组织,WTO 在建立起合理有效的组织框架结构的同时,赋予其各个组成部门应有的职责权能,并通过一套新创设的运作机制,去促成 WTO 宗旨和目标的实现。根据《建立 WTO 协定》第三条的规定,WTO 作为一个正式国际组织,为处理和协调成员方间的多边贸易关系提供了一个重要的完整的机制。现将其主要职能概括如下。

（一）管理职能

根据《建立 WTO 协定》第 3 条第 1 款规定,WTO 应为该协定和多边贸易协定的执行、管理、运作和进一步目标的实现提供方便,并为多边贸易协定的执行、管理、运作提供框架。乌拉圭回合通过的《建立 WTO 协定》和其他各项多边贸易协定是由 120 多个国家和地区经过多年艰苦谈判而达成的，它们构成了国际贸易制度和秩序的基本法律框架和 WTO 法律体系的主要内容，是各成员方在进行国际贸易活动中必须遵循的国际贸易法律文件。WTO 制定和实施的一整套多边贸易规则涵盖面非常广泛，已经从原先纯粹的货物贸易延伸到服务贸易、与贸易有关的知识产权、投资措施等。因此，促进这些法律文件的切实执行、统一的管理和有条不紊的运作，以及不断推动其各项既定目标逐步实现，就成为 WTO 最主要的职能。

（二）组织谈判职能

《建立 WTO 协定》第 3 条第 2 款规定：WTO 在根据本协定附件所列协定处理事项时，应为其成员间就多边贸易关系进行的谈判提供场所。WTO 还可按部长级会议可能作出的决定，为其成员间就它们多边贸易关系的进一步谈判提供场所，并为实施此类谈判结果提供便利。

WTO 组织谈判的职能主要体现在两个方面：一是为各成员方在执行《马拉喀什建立 WTO 协定》及各附件所列协议遇到问题时，提供谈判场所，以解决有关的多边贸易关系问题；二是为各成员方继续进行新议题的谈判提供场所。当 GATT 主持的最后一轮谈判及乌拉圭回合谈判结束时，国际贸易中的许多问题因各成员方难以达成一致意见，而不得不留待以后继续谈判予以解决，如贸易与环境保护问题等。所以，成立后的 WTO 按照部长级会议举行有关谈判的决议，已组织了涉及服务贸易部门的多项谈判，并达成了《全球金融服务协议》、《基础电信协议》等有关协议。根据现实和未来的国际贸易的发展要求，选择合适的地点和场所，继续组织各类新议题的谈判，这仍将是 WTO 始终不渝的工作目标和任务。

自 1947 年以来，在 GATT 的发起下，各成员方间进行了一系列有关减让关税，消除贸易障碍及促进贸易发展的多边贸易谈判，这种贸易谈判的优点在于：各成员方间有机会就贸易等问题及时地磋商调节，使有关贸易分歧、争议能及时获得解决，以保障缔约方的权利和义务。

总之，WTO 的谈判职能将主要为促进多边贸易协定的执行和扩大国际贸易自由化领域这两个核心内容而进行。WTO 成立后的新一轮贸易谈判称为"多哈发展议程"的谈判，是 2001 年 11 月 WTO 第四届部长级会议通过的多哈部长级会议宣言所确定的谈判议程，议程原定于 2005 年 1 月前全面结束谈判，但至 2005 年年底为止仍未能达成协议，最终于 2006 年 7 月在 WTO 总理事会的批准下正式中止。

（三）解决贸易争端的职能

《建立 WTO 协定》第 3 条第 3 款规定：世界贸易组织应对本协定附录 2 《关于争端解决规则和程序的谅解协定》进行管理。这一条款表明，启动贸易争端解决机制，通过磋商、斡旋、调解等程序、途径，采取各种有效的措施，以解决各成员方在实施有关协议时发生的争议，并保证 WTO 所管辖的各项协议的顺利实施，这是 WTO 的重要职能之一。关于 WTO 解决贸易争端的职能应当强调的是，《关于争端解决规则和程序的谅解协定》的签订及 WTO 争端解决职能的确立，建立了一个比较合理的多边贸易争端解决制度，对多边贸易体制的深入发展起着提供安全保障和行为预测的重要作用。此外，应该注意的是 WTO 的争端解决机制不仅统一适用于货物贸易领域，同时也统一适用于服务贸易、知识产权等货物以外的新领域。

（四）审议贸易政策的职能

《建立 WTO 协定》第 3 条第 4 款规定：WTO 根据其附录 3 的规定，应当对贸易政策和评审机制进行管理。这一条款表明，WTO 作为有法律效力的正式的国际组织，它的全球统一性恰恰反映在新设立的审议贸易政策的职能上。通过定期对各成员方贸易政策的审议，以便促成对各成员方贸易体制的有效监督，进而以是否做到了"市场准入"为衡量砝码，对各成员方贯彻履行协议或新议题谈判的结果进行综合评判，以推动多边自由贸易体制的快速形成与长足发展。

WTO 的贸易审议机制创立于乌拉圭回合，是在 1979 年东京回合达成的《关于通知、协商、争端解决和监督谅解书》基础上形成的。所有成员方都应接受定期审议，但根据其在世界贸易中所占比重的不同，接受审议的周期也不一样。中国在申请加入 WTO 时，贸易量排名世界第 7 位，但中国在《加入 WTO 议定书》中承诺：加入 WTO 后 8 年内每年接受 1 次审议，10 年后终止。

WTO 对各成员方进行贸易政策审议的目的是通过定期的、集体的审议和监督，增强各成员方贸易政策与措施的透明度，检查成员方贸易政策与做法对多边贸易体制的影响，促进各成员方更好地遵守多边贸易协议及其接受的诸边贸易协议所确定的规则和纪律，更好地履行其所做出的各项承诺。

（五）帮助发展中国家的职能

WTO 中超过 3/4 的成员是发展中国家，其中还包括 30 个最不发达国家。为促进发展中国家的经济发展，WTO 专门设立了"贸易与发展委员会"

等专门机构,为发展中国家提供服务。通过对发展中国家提供技术援助和培训,增强它们参与多边贸易体制的能力,帮助这些国家在适应 WTO 规则要求的调整转变过程中,更好地履行自己的义务,行使自己的权利并获得以条约为基础的、开放的多边贸易体制的益处。

（六）与其他国际组织进行合作的职能

《建立 WTO 协定》第 3 条第 5 款规定:为了在全球性的经济决策方面进行较大程度的协调,WTO 应和国际货币基金组织、世界银行及其附属机构进行适当的合作。此外,总理事会有权做出适当的安排,与其他政府间或非政府间组织谋求协商与合作,加强 WTO 的协调合作职能,以使这些国际经济组织在全球性的经济决策等方面更加协调,避免法律文件和决策发生不必要的冲突,从而使世界经济贸易更加协调发展。

由此可见,WTO 是具有权威的专门性国际组织,在推动全球经济协调发展、规避大的经济动荡、解决国际经贸争端方面起着重大作用。

二、WTO 的组织机构

（一）部长级会议

部长级会议是 WTO 的最高决策机构,它由所有成员国主管外经贸的部长、副部长级官员或其全权代表组成。根据《建立 WTO 协定》第 4 条第 1 款之规定,部长级会议应当包括所有成员的代表,应当每两年召开一次。迄今为止,WTO 共召开过 8 届部长级会议。

部长级会议全权履行 WTO 的职能,并为此而采取必要的行动。如一成员提出请求,部长级会议有权依照《马拉喀什建立 WTO 协定》和有关多边贸易协定中关于决策的具体要求,对任何多边贸易协定项下的所有事项做出决定。

根据《马拉喀什建立 WTO 协定》,部长级会议具有广泛的权力,主要有以下几个方面:(1)对《建立 WTO 协定》及其附件做出解释和修改;(2)对成员之间发生的争议或其贸易政策是否与 WTO 相一致等问题做出裁决;(3)决定设立有关委员会;(4)批准 WTO 成员提出的取得 WTO 观察员资格的请求和决定接纳新成员;(5)审议互不适用多边贸易协定的执行情况,并提出适当的建议;(6)确定总干事的任职资格及其任期,确定秘书处工作人员的任职资格及其职责,任命总干事并确定其职权;(7)豁免某个成员在特定情况下承担的义务,并对超过一年期的豁免权进行审议以决定对豁免权的延长、修改或终止。

小知识 2-1

WTO 历次部长级会议(1996—2011 年)

第一次部长级会议 1996 年 12 月 9 日至 13 日在新加坡召开。会议主要审议了世贸组织成立以来的工作及上一轮多边贸易谈判即"乌拉圭回合"协议的执行情况,并决定成立贸易与投资、贸易与竞争政策、政府采购透明度 3 个工作组,同时将贸易便利化纳入了货物理事会的职责范围。会议最后通过了《新加坡部长宣言》。

第二次部长级会议 1998 年 5 月 18 日至 20 日在日内瓦举行。会议主要讨论了已达成的贸易协议的执行情况、既定日程和未来谈判日程等问题以及第三次部长级会议举行的时间和地点。会议的主要目的是为第三次部长级会议启动新一轮多边贸易谈判做准备。

第三次部长级会议 1999 年 11 月 30 日至 12 月 3 日在美国西雅图市召开。由于非政府组织的示威游行和干扰所产生的压力以及成员间在一系列重大问题上的意见分歧,会议未能启动拟议中的新一轮多边贸易谈判,最终以失败告终。

第四次部长级会议 2001 年 11 月 9 日至 14 日在卡塔尔首都多哈举行。会议启动了被称为"多哈发展议程",即"多哈回合"的新一轮多边贸易谈判。会议最后通过了《部长宣言》等 3 个文件。

第五次部长级会议 2003 年 9 月 10 日至 14 日在墨西哥坎昆举行。由于发达国家在削减农业补贴和农产品关税问题上不肯做出实质性让步,会议无果而终。会议仅通过了《部长会议声明》。

第六次部长级会议 2005 年 12 月 13 日至 18 日在中国香港举行。与会者围绕多哈回合议题经过 6 天谈判发表了《部长宣言》,在取消棉花出口补贴和农产品出口补贴以及向最不发达国家开放市场问题上取得了进展,但多哈回合谈判仍未全面完成。此外,WTO 总理事会正式批准太平洋岛国汤加加入世贸组织。

第七次部长级会议 2009 年 11 月在瑞士日内瓦举行。本次会议围绕"WTO、多边贸易体系和当前全球经济形势"这个主题回顾和审议了世贸组织的工作。虽然根据安排,会议没有就多哈回合展开谈判,但多哈回合仍是各方讨论的焦点。

第八次部长级会议于 2011 年 12 月 15 日至 17 日在瑞士日内瓦召开。为期三天的该届会议在全球经济金融形势日趋复杂的情形之下,就"多哈发展议程"、"多边贸易机制的重要性"等议题展开讨论。俄罗斯、萨摩亚和黑山等在该届部长级会议上成为世贸组织新成员。

(二)总理事会

总理事会是 WTO 的常设机构,由 WTO 全体成员组成。总理事会在部长级会议休会期间履行部长级会议职责,负责对 WTO 的日常管理,它监督 WTO 工作的各个方面,并处理一些紧急事务。总理事会根据需要定期召开会议,通常每年大约召开六次,出席会议的大多数成员的代表是各国常驻日内瓦代表团的团长。

总理事会的职能主要包括:制定自己的议事规则,并审批各专门委员会制定的议事规则;履行《关于通知、协商、争端解决和监督谅解书》规定的争端解决机构的职责;履行贸易政策机制所规定的贸易政策审议机构的职能;就与 WTO 有关的政府间组织、非政府组织进行有效合作做出适当安排;根据诸边贸易协定设立各个机构,定期向总理事会报告其活动。

(三)理事会

为了充分、有效地履行《马拉喀什建立 WTO 协定》赋予的职能,总理事会下设货物贸易理事会、服务贸易理事会和与贸易有关的知识产权理事会三个理事会。

(1)货物贸易理事会。货物贸易理事会在总理事会的领导下,具体负责《GATT 1994》及其他货物贸易协议有关事宜,监督各项货物贸易协议的执行情况。该理事会下设 11 个委员会,分别为:市场准入委员会、农业委员会、卫生检查委员会、技术性贸易壁垒委员会、补贴与反补贴措施委员会、反倾销措施委员会、海关估价委员会、原产地规则委员会、进口许可程序委员会、与贸易有关的投资措施委员会、保障措施委员会。另外还设立了纺织品监督机构等。

(2)服务贸易理事会。服务贸易理事会在总理事会的领导下,具体负责监督 GATS 的执行,以及服务贸易的有关事宜。该理事会下设两个委员会,即金融服务贸易委员会和具体承诺委员会。

(3)与贸易有关的知识产权理事会。该理事会在总理事会的领导下,具体负责监督《与贸易有关的知识产权协定》的执行情况。

上述三个理事会可视情况自行拟定议事规则,经总理事会批准后执行。每一理事会每年至少举行 8 次会议,所有成员均可参加各理事会。

(四)专门委员会

根据《建立 WTO 协定》规定,在部长级会议下设立各专门委员会,这是WTO 所设立的第二组附属机构,负责跨部门的更广泛的职能,各专门委员会的委员应当从所有成员方的代表中产生,各专门委员会向总理事会负责。目前已设立以下委员会:贸易与发展委员会,负责处理有关最不发达成员方优惠待遇的事务等;国际收支限制委员会,负责审议以国际收支困难为理由而采取的贸易限制措施;预算、财务与行政委员会,负责 WTO 财政和预算方面的事务;区域贸易协议委员会,负责审查区域贸易协议,并考察这类协议对于多边贸易体制的影响;等等。在必要的情况下,WTO 可以为了履行某些职能设立其他委员会。目前酝酿中的有"投资""竞争规则""劳动标准或贸易与劳工"等专门委员会。

(五)秘书处与总干事

根据《建立 WTO 协定》规定,WTO 成立由一位总干事领导的 WTO 秘书处,秘书处的工作人员及其职责、任职条件由总干事决定。WTO 秘书处设在瑞士日内瓦,秘书处工作人员由总干事指派,并按部长级会议的规则决定他们的职责和服务条件。总干事是 WTO 秘书处的首脑,其人选由部长级会议任命,总干事的权力、职责、服务条件和任期均由部长级会议以立法形式确立。

总干事的职责主要是建立秘书处,确定组织结构的设置以及 WTO 的近期工作。

秘书处的主要职能是为 WTO 的各个机构提供秘书性工作。例如,为WTO 的各种会议进行会务安排;应理事会和各委员会要求准备资料;出版秘书处各种文件;等等。除此之外,秘书处的经济学家对国际贸易和世界经济增长以及贸易政策进行分析,其法律专家主要是起草文件,协助组织国际会议、谈判及向代表团提供法律咨询,并协助 WTO 争端解决机制解决贸易争端。

需要注意的是,WTO 总干事及秘书处工作人员作为国际职员,必须具有国际性质,在履行职责时不得寻求或接受任何政府组织或 WTO 之外机构的指示,也不得做可能会对其职务产生任何不利影响的事情。同时,各成员亦应尊重总干事及秘书处工作的国际性质,不得影响他们履行职责。表 2-1 是WTO 历任总干事。

表 2-1　WTO 历任总干事

时　间	任职时间	国籍	人　名
1995.1.1—1995.4.30	4 个月	爱尔兰	萨瑟兰
1995.1.1—1999.4.30	4 年	意大利	雷纳托·鲁杰罗
1999.9.1—2002.8.31	3 年	新西兰	麦克·穆尔
2002.9.1—2005.8.31	3 年	泰国	素帕猜
2005.9.1—2009.8.31	4 年	法国	帕斯卡尔·拉米
2009.9.1—2013.8.31	4 年	法国	帕斯卡尔·拉米
2013.9.1	—	巴西	罗伯托·阿泽维多

（六）争端解决机构与贸易政策审议机构

WTO 的争端解决机构和贸易政策审议机构直接隶属于部长级会议。这两个机构分别负责 WTO 争端解决机制的运行和实施贸易政策审议的安排。争端解决机构下设专家小组和上诉机构，负责处理成员方之间基于各有关协定、协议所产生的贸易争端。其中，专家组一般由 3 至 5 名来自不同国家的专家组成，由其负责审查证据并决定谁是谁非。专家组报告提交给争端解决机构，该机构在协商一致的情况下才能否决这一报告。每一个案件的专家组成员可以从一份常备的符合资格的候选人名单中选择，或从其他地方选择。他们以个人身份任职，不能接受任何政府的指示。贸易政策审议机构定期审议各成员方的贸易政策、法律与实践，并就此做出指导。图 2-1 为 WTO 结构图。

第三节　WTO 的成员

WTO 的规则和例外规定，是各成员的行动准则，因而不是任何国家和地区都能随便加入 WTO。为确保 WTO 的各项准则、例外规定得以贯彻执行，使其宗旨不至于被扭曲，《建立 WTO 协定》对成员的资格、加入程序、退出的方式都做了比较具体的规定。WTO 的成员，无论是创始成员还是新加入或拟加入的成员，都应全面了解这些规定，并严格按规定行事，这是 WTO 运行机制得以正常运行、各成员能切实从多边贸易合作中受益的前提。

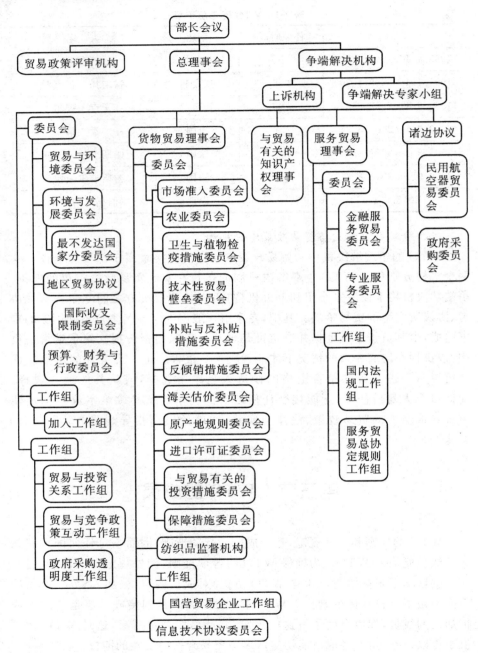

图 2-1 WTO 组织结构

一、WTO 的创始成员

根据《建立 WTO 协定》规定,凡具备以下条件,即可成为 WTO 的创始成员:①WTO 协议生效时,已是 GATT 的缔约方;②签署参加并一揽子接受乌拉圭回合所有协议;③在乌拉圭回合中做出关税和非关税减让,以及服务贸易的减让。

几乎所有符合条件的缔约方,都在 1996 年年底前成为 WTO 的创始成员,唯一的例外是刚果(布)到 1997 年 3 月才成为创始成员。我国香港和澳门都是 1947 年 GATT 缔约方,按 WTO 上述规定,1995 年 1 月 1 日,它们都成为 WTO 原始成员。

二、WTO 的加入和退出

（一）WTO 的加入

1.加入 WTO 的主体资格

《建立 WTO 协定》第 12 条规定:"任何国家或在处理对外贸易关系及本协定和多边贸易协定规定的其他事项方面拥有完全自主权的单独关税区,可按它与 WTO 协议的条件加入本协定。"依照该项条款,中国作为主权国家可以申请加入 WTO,中国台湾作为单独关税区也有资格申请加入 WTO。

在 WTO 协议生效后,任何国家或对外商业关系上拥有充分自主权的单独关税地区,均可以向 WTO 提出加入申请,进行全面谈判,按谈妥的条件加入 WTO,成为一般成员。其加入须经部长会议 2/3 以上多数表决通过。

由于 WTO 的成员不仅仅包括主权国家,还包括一些主权国家的单独关税地区,故其成员不能像联合国、国际货币基金组织等国际组织的成员那样称为成员国,而只能称为成员方。

2.加入 WTO 的程序

（1）提出申请阶段

申请方政府向 WTO 提出申请,即,将加入的申请提交 WTO 总干事,并由 WTO 秘书处将申请发送给 WTO 全体成员。此外,申请方还要提交一份详细列出有关符合世界贸易组织协议的贸易及经济政策的备忘录,这份备忘录是工作组审查申请方加入申请的基础。

与此同时,WTO 总理事会设立专门的工作组,任命工作组的领导人。按照规定,WTO 的任何成员,只要有需要,都可参加工作组,工作组通常由所有因各种经济利益而对该国感兴趣的成员方所组成,工作组的主要工作就是为申请方与WTO成员方提供一个多边磋商的舞台。

(2)申请方的对外贸易制度审议阶段

申请方提出加入申请后,应尽快向WTO专门工作组提交涉外贸法律、法规及其他相关文件。如中国当年提交的文件包括:中国经济体制改革概况;中国对外开放政策;中国外贸体制改革;中国海关制度;中国商品检验制度;中国经济特区;中国进出口产品作价方法;中国外汇管理制度;中国经济特区和沿海开放城市概况;中国参加有关国际经贸组织的概况。由于申请方的国情不同,所提交的有关法律、法规文件也不尽相同,但其共同之处是从中可以了解申请方的贸易制度与WTO规则之间存在的差距,从而可以判断该申请方是否具备入世的条件。在审议过程中,申请方应对工作组提出的问题作出书面答复。

(3)双边或多边谈判阶段

当工作组在原则和政策方面取得足够进展时,申请加入WTO者与WTO成员方之间进行一对一的谈判,即双边谈判。这里的WTO成员方理应包括WTO所有成员方,但往往有许多国家放弃谈判权利,而无条件地同意申请者加入WTO。申请者与WTO成员方双边谈判的内容涉及关税、具体的市场准入承诺、货物与服务等相关政策。双方就履行各项政策协议作出承诺。在任何双边谈判中达成的内容,将根据非歧视原则自动地适用于其他WTO成员方,其中当然也包括那些不要求与申请者进行谈判的成员方。

(4)订立加入议定书阶段

在完成双边谈判以及贸易政策审议后,工作组将起草新成员《加入议定书》及《工作组报告》。加入议定书包括申请加入方市场准入和减让的详细清单,工作组报告包括此前有关新成员双边、多边谈判的概况和协商一致的意见。工作组讨论同意新成员加入的条件后形成同意新成员加入的决定,并提交WTO部长级会议。

(5)报告的提交、表决和生效阶段

最终报告由工作组提出,其内容包括加入议定书草案以及双边谈判达成的承诺表。该报告被提交给总理事会或部长级会议以备通过,如果WTO成员的2/3投赞成票,那么WTO总干事就会接受申请,与申请方签订议定书。最后,申请方向WTO递交正式通知书,30天后成为成员。

2011年12月,WTO总理事会在日内瓦召开特别会议,正式宣布接纳俄罗斯成为该组织第156个成员。到2013年年底为止,WTO正式成员已经达到 159 个。表 2-2 展示了 WTO 成员。

表 2-2 世界贸易组织成员(截至 2011 年年底)

阿尔巴尼亚, 2000 年 9 月 8 日	埃及, 1995 年 6 月 30 日	卢森堡, 1995 年 1 月 1 日	中国台湾 (单独关税区), 2002 年 1 月 1 日
安哥拉, 1996 年 11 月 23 日	萨尔瓦多, 1995 年 5 月 7 日	中国澳门(单独关税区), 1995 年 1 月 1 日	塞拉利昂, 1995 年 7 月 23 日
安提瓜和巴布达岛, 1995 年 1 月 1 日	爱沙尼亚, 1999 年 11 月 13 日	马达加斯加, 1995 年 11 月 17 日	新加坡, 1995 年 1 月 1 日
阿根廷, 1995 年 1 月 1 日	欧盟, 1995 年 1 月 1 日	马拉维, 1995 年 5 月 31 日	斯洛伐克, 1995 年 1 月 1 日
澳大利亚, 1995 年 1 月 1 日	斐济, 1996 年 1 月 14 日	马来西亚, 1995 年 1 月 1 日	斯洛文尼亚, 1995 年 7 月 30 日
奥地利, 1995 年 1 月 1 日	芬兰, 1995 年 1 月 1 日	马尔代夫, 1995 年 5 月 31 日	所罗门群岛, 1996 年 7 月 26 日
巴林, 1995 年 1 月 1 日	法国, 1995 年 1 月 1 日	马里, 1995 年 5 月 31 日	南非, 1995 年 1 月 1 日
孟加拉, 1995 年 1 月 3 日	加蓬, 1995 年 1 月 1 日	马耳他, 1995 年 1 月 1 日	西班牙, 1995 年 1 月 1 日
巴巴多斯, 1995 年 1 月 1 日	冈比亚, 1996 年 10 月 23 日	毛里塔尼亚, 1995 年 5 月 31 日	斯里兰卡, 1995 年 1 月 1 日
比利时, 1995 年 1 月 1 日	格鲁吉亚, 2000 年 6 月 14 日	毛里求斯, 1995 年 1 月 1 日	苏里南, 1995 年 1 月 1 日
伯利兹, 1995 年 1 月 1 日	德国, 1995 年 1 月 1 日	墨西哥, 1995 年 1 月 1 日	斯威士兰, 1995 年 1 月 1 日
贝宁, 1996 年 2 月 26 日	加纳, 1995 年 1 月 1 日	摩尔多瓦, 2001 年 7 月 26 日	瑞典, 1995 年 1 月 1 日
玻利维亚, 1995 年 9 月 12 日	希腊, 1995 年 1 月 1 日	蒙古, 1997 年 1 月 29 日	瑞士, 1995 年 7 月 1 日
博茨瓦纳, 1995 年 5 月 31 日	格林纳达, 1996 年 2 月 22 日	摩洛哥, 1995 年 1 月 1 日	坦桑尼亚, 1995 年 1 月 1 日
巴西, 1995 年 1 月 1 日	危地马拉, 1995 年 7 月 21 日	莫桑比克, 1995 年 8 月 26 日	泰国, 1995 年 1 月 1 日
文莱, 1995 年 1 月 1 日	几内亚比绍, 1995 年 5 月 31 日	缅甸, 1995 年 1 月 1 日	多哥, 1995 年 5 月 31 日
保加利亚, 1996 年 12 月 1 日	几内亚, 1995 年 10 月 25 日	纳米比亚, 1995 年 1 月 1 日	特立尼达和多巴哥, 1995 年 3 月 1 日

续表

布基纳法索， 1995年6月3日	圭亚那， 1995年1月1日	荷兰， 1995年1月1日	突尼斯， 1995年3月29日
布隆迪， 1995年7月23日	海地， 1996年1月30日	新西兰， 1995年1月1日	土耳其， 1995年3月26日
喀麦隆， 1995年12月13日	洪都拉斯， 1995年1月1日	尼加拉瓜， 1995年9月3日	乌干达， 1995年1月1日
加拿大， 1995年1月1日	中国香港 （单独关税区）， 1995年1月1日	尼日尔， 1996年12月13日	阿联酋， 1996年4月10日
中非， 1995年5月31日	匈牙利， 1995年1月1日	尼日利亚， 1995年1月1日	英国， 1995年1月1日
乍得， 1996年10月19日	冰岛， 1995年1月1日	挪威， 1995年1月1日	美国， 1995年1月1日
智利， 1995年1月1日	印度， 1995年1月1日	阿曼， 2000年11月9日	乌拉圭， 1995年1月1日
中国， 2001年12月11日	印度尼西亚， 1995年1月1日	巴基斯坦， 1995年1月1日	委内瑞拉， 1995年1月1日
哥伦比亚， 1995年4月30日	爱尔兰， 1995年1月1日	巴拿马， 1997年9月6日	赞比亚， 1995年1月1日
刚果（布）， 1997年3月27日	以色列， 1995年4月21日	巴布亚新几内亚， 1996年6月9日	津巴布韦， 1995年3月5日
哥斯达黎加， 1995年1月1日	意大利， 1995年1月1日	巴拉圭， 1995年1月日	越南， 2006年11月7日
科特迪瓦， 1995年1月1日	牙买加， 1995年3月9日	秘鲁， 1995年1月1日	亚美尼亚， 2003年2月5日
克罗地亚， 2000年11月30日	日本， 1995年1月1日	菲律宾， 1995年1月1日	马其顿共和国， 2003年4月4日
古巴， 1995年4月20日	约旦， 2000年4月11日	波兰， 1995年7月1日	尼泊尔， 2004年4月23日
塞浦路斯， 1995年7月30日	肯尼亚， 1995年1月1日	葡萄牙， 1995年1月1日	柬埔寨， 2004年10月13日
捷克， 1995年1月1日	韩国， 1995年1月1日	卡塔尔， 1996年1月13日	沙特阿拉伯， 2005年12月11日
刚果（金）， 1997年1月1日	科威特， 1995年1月1日	罗马尼亚， 1995年1月1日	汤加， 2007年7月27日
丹麦， 1995年1月1日	吉尔吉斯斯坦， 1998年12月20日	卢旺达， 1996年5月22日	乌克兰， 2008年5月16日

续表

吉布提， 1995 年 5 月 31 日	拉脱维亚， 1999 年 2 月 10 日	圣基茨和尼维斯， 1996 年 2 月 21 日	佛得角， 2008 年 7 月 23 日
多米尼克， 1995 年 1 月 1 日	莱索托， 1995 年 5 月 31 日	圣卢西亚， 1995 年 1 月 1 日	俄罗斯， 2011 年 12 月 16 日
多米尼加， 1995 年 3 月 9 日	列支敦士登， 1995 年 9 月 1 日	圣文森特和格林纳丁斯， 1995 年 1 月 1 日	黑山共和国， 2011 年 12 月 19 日
厄瓜多尔， 1996 年 1 月 21 日	立陶宛， 2001 年 5 月 31 日	塞内加尔， 1995 年 1 月 1 日	萨摩亚， 2011 年 12 月 19 日

（二）WTO 的退出

《马拉喀什建立 WTO 协定》第 15 条规定，任何成员都可自愿退出 WTO。在 WTO 总干事收到书面退出通知之日的 6 个月期满后，退出生效。退出应同时适用于《马拉喀什建立 WTO 协定》和其他多边贸易协定。退出以后，与其他 WTO 成员的经贸关系从多边回到双边，不再享受 WTO 成员的权利，同时，也解除了作为 WTO 成员应尽的义务。

三、WTO 成员的权利和义务

为将各成员方的经贸活动纳入 WTO 的规则框架，就必须通过明确设定各成员方的权利和义务，创设各种行之有效的管理、监督机制和措施，来保证 WTO 规制下的世界多边贸易体制的健康发展。

为推进 WTO 宗旨和目标的实现，WTO 为所有成员做出了权利与义务相捆绑的设定，即每一位 WTO 成员必须在承担应尽义务的前提下享受各自的权利。这也就是通常所说的"权利与义务"的平衡。

1. 各成员应享受的基本权利

这包括：(1)在现有成员中享受多边的、无条件的和稳定的最惠国待遇。(2)享受 WTO 成员开放或扩大货物、服务市场准入的利益。(3)发展中国家可享受一定范围的普惠制待遇及发展中国家成员的大多数优惠或过渡期安排。(4)利用 WTO 的贸易争端解决机制和程序，公平、客观、合理地解决与其他成员的经贸摩擦，营造良好的经贸发展环境。(5)享有 WTO 成员利用各项规则、促进本国经贸发展的权利。

2. 各成员应履行的基本义务

这包括：(1)在货物、服务、知识产权等方面，根据 WTO 规定，给予其他成员最惠国待遇。(2)根据 WTO 有关协议规定，降低货物、服务的市场准入门槛,具体来说,要降低关税和规范非关税措施,逐步扩大服务贸易市场的开放。(3)按《与贸易有关的知识产权协定》的规定,进一步规范知识产权的保护措施。(4)根据 WTO 贸易争端解决机制与程序,和其他成员公正地解决贸易摩擦,不能搞单边报复。(5)增加贸易政策和有关法规的透明度。(6)按在世界出口中所占比例缴纳一定会费。

总之,WTO 成员每享受一种权利,都必须承担相应的义务。随着 WTO 组织新谈判与制定新规则工作的不断继续,将要求各成员方承担起更多的义务,但同时也将赋予其相应的权利。以上所列的只是 WTO 成员方的一些基本权利和义务,它们都是根据 WTO 的宗旨与法律制度框架的原则、内容作出的。事实上,WTO 的各项基本协定、多边协定中都包含了大量涉及成员方权利和义务的规定。

四、WTO 的互不适用条款

任何一部完整的法律都是基本规则和例外条款的有机结合。如果一部法律没有在特定情况之下的例外规定,法的不灵活性将会最终扼杀它的生命,这是很久以来法学家们的共识。GATT 的缔造者和捍卫者们,深刻认识到法律的这一重要特性,始终把总协定普遍规则与例外规则的有机结合视为维系总协定生命与活力的关键,使得在瞬息万变的国际背景之下,总协定能始终保持着勃勃生机。互不适用条款就是这样一个在 GATT 和 WTO 协议中十分重要的例外条款,它是成员对另一方采取的保留措施。该条款源于 GATT 第三十五条,但是,在 WTO 协议第十三条中,谈判各方已经对互不适用条款的内容做了一些改变。互不适用条款在《马拉喀什建立 WTO 协定》中是这样规定的:(1)如果双方中任何一方在另一方成为成员时不同意彼此之间适用本协定及附件 1 和附件 2 所列多边贸易协定,则本协定和附件 1 及附件 2 中的多边贸易协定在有关成员之间将互不适用。(2)原 GATT 缔约方转变成 WTO 原始成员已采取的互不适用可以沿用。(3)对新加入成员,在部长级会议批准前已通知部长级会议的前提下,可以使用。(4)多边贸易协议参加成员之间的互不适用,按该协议的规定执行。此外,互不适用可以撤销,但不得重新启用。

本章小结

(1)WTO 是与国际货币基金组织和世界银行齐名的世界经济体系三大支柱之一,它以提高生活水平、保证充分就业、保证实际收入和有效需求的巨大持续增长、实现世界资源的充分利用以及发展商品的生产与交换为宗旨。

（2）WTO以"建立一个完整的,包括货物、服务、与贸易有关的投资及知识产权等内容的,更具活力、更持久的多边贸易体系,使之可以包括GATT贸易自由化的成果和乌拉圭回合多边贸易谈判所有成果"为目标。

（3）WTO具有管理职能、组织谈判职能、审议贸易政策的职能、帮助发展中国家的职能和与其他国际组织合作的职能。

（4）WTO的组织机构成金字塔形状,分四个层次构成紧密的体制框架,以确保WTO宗旨、原则及其职能的实现和发挥。部长级会议是最高权力机关和决策机构,总理事会负责监督各项协议和部长级会议所作决定的贯彻执行情况,分理事会有三个,即货物贸易理事会、服务贸易理事会和知识产权理事会,分别监督各自协议的执行。同时设秘书长和总干事1人,处理日常工作,次一级的专门委员会处理有关方面的专门问题和监督相关协议的执行情况;WTO的争端解决机构和贸易政策审议机构直接隶属于部长级会议。这两个机构分别负责WTO争端解决机制的运行和实施贸易政策审议的安排。争端解决机构下设专家小组和上诉机构,负责处理成员方之间基于各有关协定、协议所产生的贸易争端。

（5）WTO对成员的资格、加入程序、退出的方式都做了比较具体的规定。WTO的成员,无论是创始成员还是新加入或拟加入的成员,都应全面了解这些规定,并严格按规定行事,这是WTO运行机制得以正常运行、各成员能切实从多边贸易合作中受益的前提。

本章案例

案例:两岸经贸关系与互不适用条款

随着2001年年底多哈会议的一声锤响,中国大陆经过15年的艰苦谈判,经在卡塔尔首都多哈举行的WTO第四次部长级会议的正式批准,终于成了WTO的一名成员。在此之后,台湾于2002年1月1日,也以"台湾、澎湖、金门、马祖单独关税区"(简称中国台北)的名义加入了WTO。

所谓"单独关税区",在关贸总协定第24条第2款中规定,"为本协定所称的关税领土,应理解为一个与其他领土之间的大部分贸易保持着单独税率或其他单独贸易规章的领土",第24条第1款规定,"每一个这样的关税领土,从本协定的领土使用范围来说,应把它作为一个缔约方来对待",而在关贸总协定第26条第5款中规定,"单独关税区经其负国际责任的缔约方提议,并声明和证实该领土在外贸关系上享有自治,应被视为本协定的一个缔约方,被视为是起草者有意选用的"。他们认为,"被视为"不同于"成为",它包括两种情况,一种是一些殖民地争取民族解放后,具有高度自治权的单独关税地区,以完全缔约方身份参加关贸总协定;另一种是仍由宗主国在关贸总协定中代其行使权利义务的单独关税区。因此,单独关税区在关贸总协定中只是"被视为"一个缔约方,根据原来的关税及贸易总协定和WTO的有关规定,都允许主权国家属下的单独关税区单独加入。

中国只有一个,台湾是中国领土不可分割的一部分,加入WTO后的两岸经贸关系性质,仍然是作为"中国主体同单独关税区之间的经贸关系"这样一种性质,不涉及解决两岸的政治争议,中国大陆是绝不会使用"互不适用条款"的。

台湾地区是否采用"互不适用条款"要看当局决策是否明智,台湾起初试图对中国大陆提出互不适用,主要是企图以互不适用条款为筹码,顽固坚持"两国论"。随着两岸经济相互依赖愈加紧密,两岸实际上存在一种"共存共荣"的客观经贸现实。在经济形态上,台湾属于海岛型经济,缺乏自然资源,地理纵深又不够。1997年以来,东南亚先后发生金融危机和柬埔寨事件,使台湾当局推动台商到该地区投资的"南向政策"受挫;至于"东进"中南美,由于相距遥远,语言习俗迥异而难度较大。从战略和长远看,台湾经济发展很难离开祖国大陆腹地。因此,台湾当局在考虑是否对大陆适用"互不适用条款"时,不得不着重考虑经济因素特别是两岸经济互补、共存共荣的现实。如果台湾当局采用"互不适用条款",不仅无法保持两岸经济互补和共荣共存的现状,而且将使两岸经贸关系在现有基础上大大倒退,从而出现严峻的局面。首当其冲地将使台湾在祖国大陆的经济利益遭受沉重打击,而且大陆还会采取智慧的决策和强有力的手段加以抗争和制约。因此,台湾当局没有采用"互不适用条款"是相当明智的选择。共同发展才符合两岸人民的根本利益。

练习与思考

1. 简述WTO的宗旨与职能。

2. 简述WTO的组织机构。

3. 简述WTO的加入需要哪些程序。

4. 简述互不适用条款。

5. 结合本章内容,对以下案例进行分析。

(1)2009 年 9 月,美国政府宣布启动"特保"措施,对从中国进口的小轿车和轻型卡车轮胎实施为期 3 年的惩罚性关税,即在 4％的原有关税基础上,3 年中分别加收 35％、30％和 25％的附加关税。中国政府随后就此案启动了 WTO 争端解决程序。程序第一步是与美方进行磋商。在磋商未果的情况下,中方启动了争端解决程序的第二步,即要求设立专家组。2010 年 12 月 13 日,WTO 争端解决机构向 WTO 成员分发了中国诉美轮胎特保措施 WTO 争端案(DS399)专家组报告。专家组没有裁定美国针对中国输美轮胎所采取的特保措施违反 WTO 规则。中国商务部于是在 2011 年 5 月启动了争端解决程序的第三步,向 WTO 争端解决机构就中美轮胎特保争端案专家组报告提出上诉申请。中国诉美轮胎特保措施 WTO 争端案成为少数进入 WTO 争端解决机制上诉程序的案件之一。2011 年 9 月,WTO 上诉机构就中国诉美轮胎特保措施世贸争端案发布裁决报告,维持了美轮胎特保措施。中方对此表示非常遗憾。

在美国对中国产轮胎实施"特保"以后,其示范效应已使得中国轮胎接连遭受贸易保护主义打击。印度商工部反倾销局随后对原产于中国和泰国的子午线轮胎反倾销案做出终裁,裁定征收 24.97％到 88.27％不等的反倾销税。印度跟风美国,巴西跟风印度,阿根廷又跟着巴西。试对此案例进行分析。

(2)2006 年 10 月,美国 New Page 纸业公司就中国、印度尼西亚和韩国的铜版纸企业向美国商务部提出诉讼,称这三个国家的造纸企业因政府提供不合理的补贴,使得这些公司的铜版纸价格低于美国造纸企业,美国造纸企业遭到不公平的竞争。2007 年 3 月美国商务部公布了对三国出口的铜版纸产品反补贴调查初裁结果,其中对中国铜版纸产品征收 10.9％～20.35％的临时反补贴税。2007 年 5 月美国商务部又公布了对三国出口的铜版纸征收反倾销税的初裁决定,其中对中国产品征收 23.2％～99.65％的反倾销税。2007 年 10 月 17 日美国商务部宣布两案的终裁结果,决定对来自中国、印度尼西亚和韩国的铜版纸征收反倾销税和反补贴税。对中国的铜版纸征收 21.12％～99.65％的反倾销税和 7.4％～44.25％的反补贴税,远高于对印度尼西亚和韩两国的征收税率。试对此案例进行分析。

第三章　WTO 的基本原则

本章提要

WTO 基本原则中最核心的部分主要有三,分别为"无歧视原则"、"公平贸易原则"、"透明度原则",此外还包括贸易关税减让原则、禁止数量限制原则、市场准入原则、例外和保障措施原则、发展中国家优惠待遇原则、经济发展原则、例外制度原则。WTO 所有原则的共同有序运行,才推动了世界经济的发展。其中各个原则在运用上也存在着差别,特别是在发达国家和发展中国家之间,对原则的遵循和运用不尽相同。这也体现 WTO 促进发展中国家经济发展的宗旨和促进世界经济共同发展的目标。

本章结构图

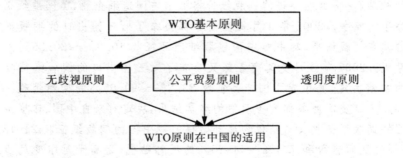

学习目标

- 重点掌握 WTO 的基本原则有哪些。
- 重点掌握无歧视原则、公平贸易原则、透明度原则的主要内容。
- 了解 WTO 在发展中国家如中国的应用情况。

第一节　WTO 基本原则

为了有效地实现其宗旨，WTO 的各项协议与条款中贯穿了一系列的基本原则。这些基本原则主要来自《GATT 1994》，并在其所管辖的国际货物贸易领域以及服务贸易、与贸易有关的知识产权和投资措施领域中予以适用和加以扩展。WTO 基本原则的基本结构如图 3-1 所示。

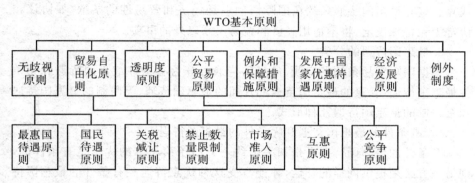

图 3-1　WTO 原则框架

一、无歧视原则

无歧视原则(trade without discrimination)，是指一成员方在实施某种优惠和限制措施时，不得对其他成员方实施歧视待遇。无歧视原则一直是多边贸易体制的支柱，《GATT 1947》的主要条款就宣布缔约方相互之间及国产商品与进口商品之间的歧视性待遇是非法的。该原则在 GATT 和 WTO 中具体通过最惠国待遇原则和国民待遇原则来实现。

(一)最惠国待遇原则

1.最惠国待遇的含义

最惠国待遇原则(principle of most-favored nation treatment)是指缔约一方现在和将来给予任何第三方的一切特权、优惠和豁免，也同样给予缔约对方。其基本要求是使缔约一方在缔约另一方享有不低于任何第三方享有或可能享有的待遇。《GATT 1947》第一条就规定了最惠国待遇这项制度，并且各缔约方必须无条件适用。WTO 建立以后，这项制度被扩大适用到服务贸易和知识产权领域。

最惠国待遇原则具有以下几个特征：(1)最惠国待遇一般是相互给予的、平等的待遇，而不是独自享有特殊利益；(2)缔约双方给予的最惠国待遇应当是不需要对方给予任何补偿的；(3)缔约双方对于最惠国条款所规定的优惠、特惠或豁免必须是自动地适用缔约对方，不需要对方的申请手续和法律程序；(4)缔约方根据待遇条款给予缔约对方的优惠、特惠或豁免，在时间上不仅包括以往在缔约前所给予任何第三方而现时仍继续有效的一切优惠、特惠或豁免，同时也包括缔约以后在条款有效期内所给予任何第三方的一切优惠、特惠或豁免；(5)最惠国待遇条款在国际惯例上是经济和贸易性的条款，如协议和协定中无特殊规定，将不适用经济和贸易关系以外的事项。

2.最惠国待遇的分类

根据国际贸易条约的实践，最惠国待遇可分为有条件最惠国待遇和无条件最惠国待遇、互惠的最惠国待遇和片面的最惠国待遇、无限制的最惠国待遇和有限制的最惠国待遇几种形式。

(1)有条件的最惠国待遇和无条件的最惠国待遇

有条件的最惠国待遇是指如果缔约一方给予第三方的优惠是有条件的，则另一方必须提供同样的补偿，才能享受这种优惠待遇。有条件的最惠国待遇最先是在美国与他国签订的贸易条约中采用的，所以又叫"美洲式"的最惠国待遇条款。无条件最惠国待遇是指缔约一方现在和将来给予任何第三方的一切优惠待遇，立即无条件地、无补偿地、自动地给予缔约对方。无条件的最惠国待遇由于最早在英国与其他国家签订的通商条约中使用，所以又叫"欧洲式"的最惠国待遇条款。

有条件的最惠国待遇和无条件的最惠国待遇的区别在于授予第三方的利益、优惠、豁免或特权是否附有条件，亦即受惠国享有利益、优惠、豁免或特权是否需要提供某种条件。因而"有条件的"最惠国待遇中的条件并不是有人认为的给予最惠国待遇是以对方给予为条件，而是提供最惠国待遇是否要求对方"相应的补偿"作为获得最惠国待遇的前提，如果缔约一方享受缔约另一方给予的各种优惠待遇而并不被要求提供"相应的补偿"，则为无条件的最惠国待遇，否则是有条件的最惠国待遇。

(2)互惠的最惠国待遇和片面的最惠国待遇

互惠的最惠国待遇是指缔约双方相互给予对方最惠国待遇；片面最惠国待遇往往是缔约一方享有最惠国待遇，缔约另一方只有义务给予对方最惠国待遇，而无权利享受此种待遇。

(3)无限制的最惠国待遇和有限制的最惠国待遇

无限制的最惠国待遇是指对该最惠国待遇条款的适用范围不规定任何限制;有限制的最惠国待遇是指该最惠国待遇条款的适用范围有着商品类别或来源地等限制性规定。

3.WTO 中的最惠国待遇原则

(1)货物贸易方面的最惠国待遇

在货物贸易方面,WTO 的《GATT 1994》及其他协定在有关条款中规定了成员之间应相互给予最惠国待遇。最惠国待遇要求在 WTO 成员间进行贸易时只要其进出口的产品是相同的,则享受的待遇也应该相同,不能附加任何条件,并且是永久的。

货物贸易最惠国待遇原则主要针对以下几个方面:第一,进出口关税。第二,对进出口本身征收的任何形式的费用,如进口附加费。第三,与进出口相关的任何形式的费用,如海关手续费、领事发票费、质量检验费等。第四,对进出口的国际支付与转账所收取的费用,如由政府对进出口国际支付收取的一些税或费用。第五,征收上述税、费的方法,例如征收关税时对进口商品的价值进行评估时评估的标准、程序、方法均应在所有成员间一律平等。第六,与进出口相关的所有法规及手续,如对进出口在一定时间内规定特定的信息披露要求或说明。第七,国内税或其他国内费用的征收,如销售税、由地方当局征收的有关费用等。第八,任何影响产品在国内销售、购买、提供、运输、分销等方面的法律、规章及要求等,如对进口产品的品质证书的要求,对进口产品移动、运输、储藏或零售渠道的要求,对产品的特殊包装及使用的限制等。

(2)服务贸易方面的最惠国待遇

WTO 的 GATS 第 2 条规定,在服务和服务的提供者方面,各成员应该立即无条件地给予任何其他成员的服务及服务提供者相同的待遇。

鉴于服务贸易发展的水平参差不齐,GATS 允许少数成员在 2005 年以前,存在与最惠国待遇不符的措施,但要将这些措施列入一个例外清单。这些措施是暂时性的,在 2005 年之后要取消。在那之后,最惠国待遇原则上应无条件地、永久地在所有成员间实施。

GATS 的最惠国待遇与《关税与贸易总协定》第 1 条最惠国待遇,原则上都是无条件最惠国待遇原则。但对某些国际协议则予以例外处理,如 GATS 规定本条约不适用于有关税收、投资保护和司法协助的国际协议;也暂时不适用于 GATS 附则中没列入的,而由其他国际协议管辖的具体部门。

在 GATS 的谈判初期,曾有不少西方国家要求采用有条件的最惠国待遇。美国由于其服务业力量强大,主张实行对等开放,即只对愿意对等地向美国开放服务业市场的国家提供最惠国待遇,欧共体和其他一些发达国家认为服务贸易难以实行无条件的最惠国待遇,应采用互惠方式以杜绝"免费乘车"。而广大发展中国家则坚持采用无条件最惠国待遇,因为"有条件的最惠国待遇"将意味着:如果发展中国家不达到一定水平的自由化,就不能分享 GATS 的减让措施,而以发展中国家当时的服务业发展水平,实施服务贸易的自由化仍有许多困难。最后,经过彼此争论与妥协,将最惠国待遇条款定为"无条件的"最惠国待遇。

有条件的最惠国待遇也称为"美国式"最惠国待遇。但美国的有条件的最惠国待遇已逐渐发展到无条件的最惠国待遇。1923 年美国和德国签订了无条件的最惠国协定,规定"同时和无条件地,不需请求和补偿"给予最惠国待遇。根据美国贸易法规定,美国给予所谓的非市场经济国家以最惠国待遇,是以该国有移民自由为前提条件的。即美国认为对方国家有移民自由才可以给予该国最惠国待遇,而且每年都必须对该国的移民状况进行一次审查,以确定是否要对该国延长一年的最惠国待遇。根据中美两国于 1980 年 2 月签订的中美贸易关系协定,双方在平等互利和非歧视待遇原则的基础上,对相互进口或出口的产品在关税、手续和费用方面,相互给予最惠国待遇;向对方的商号、公司和贸易组织提供的待遇,不低于给予任何第三国或地区的待遇;在最惠国待遇的基础上对金融财务、货币和银行交易,按尽可能优惠的条件提供一切必要的便利;允许对方金融机构在本国开展业务等。但这种最惠国待遇每年都要进行审查。在这里,审查是指国会对条款的审查,是其国内对国际法的适用问题,而并非是指对条款内容的审查,因此,也是无条件的最惠国待遇。

自 20 世纪 70 年代以来,美国国会在批准国际协定时明确规定,如果美国所参与签订的协定中的内容与美国国内法相冲突,则适用美国法。而无条件最惠国待遇的"无条件",是用来概括最惠国待遇规则内在特征使用的词,不能与其赖以存在的外在条件(如受各种政治、经济或法律条件的限制或干扰)混为一谈,二者是并行不悖的。例如,美国给予我国的最惠国待遇,虽然附加有审查条件,但从内在性质上分析还是属于无条件的最惠国待遇。根据 GATS,无条件最惠国待遇原则在服务贸易中的实施是必然的。但 GATS 又规定,一个国家可以在 10 年过渡期内维持与最惠国待遇原则不符的措施,但要将这些措施列入一个例外清单。

自 1993 年 12 月 15 日以来,已有 77 个国家提出了关于最惠国待遇义务的免除项目,其中发达国家列入的免除比发展中国家多。毗邻地区交换、经济一体化、劳动一体化、政府采购都不适用最惠国待遇。GATS 第 14 条规定"本协定的规定不得解释为阻止任何成员维护国家安全、公共秩序、人类健康"。换言之,这些理由可以排斥最惠国待遇的实施。这使得无条件的最惠国待遇在实践中往往是不可能得到执行的。可见,最惠国待遇原则在实践中有许多的障碍,也存在着一定的不公平因素。

（3）与贸易有关的知识产权方面的最惠国待遇

WTO 的《与贸易有关的知识产权协定》将最惠国待遇规定为其成员必须普遍遵守的一般义务和基本原则。其第 4 条规定,在知识产权保护方面,某一成员提供给其他成员国民的任何利益、优惠、特权或豁免,均应立即无条件地给予全体 WTO 其他成员的国民。也就是说,WTO 要求在知识产权保护方面,各成员的国民应当享受同等的待遇,而不能对某一成员的国民实行歧视。

4. 最惠国待遇原则的例外

尽管 WTO 体制规定了一成员必须主动给予其他成员无条件的多边最惠国待遇,但允许在特定情况下背离最惠国待遇原则。因此,掌握各种例外是我们运用最惠国待遇的重要前提。

GATT 第 1 条第 2、3、4 款规定了关于最惠国待遇的例外和实行例外的条件:（1）GATT 规定的一成员为保障动植物及人民的生命、健康、安全或出于一些特定目的对进出口采取的所有措施。（2）国家安全的例外。当一国的国家安全受到威胁时,可以不履行最惠国待遇的义务。（3）特定成员方之间不适用。特定成员方之间不适用,其条件是:a. 两个缔约方之间没有进行关税谈判;b. 缔约方中的任何一方在另一方成为缔约方时不同意对它实施本协定或本协定的第二条所规定的优惠。第 35 条第 2 款还规定,经任何缔约方提出请求,缔约方全体可以检查在特定情况下本条规定的执行情况,并提出适当建议。例如,建议两个成员方进行关税减让谈判,达成协定后实行最惠国待遇。（4）对发展中国家的单方面优惠安排。例如发达国家给予发展中国家的工业品及半成品更加优惠的差别关税待遇;在非关税措施方面给予发展中国家更为优惠的差别待遇;对最不发达国家实行特殊优惠。发达国家单方面承诺对来自发展中国家的货物实行免税进入市场的单方贸易优惠,成为非互惠安排。根据 GATT 和东京回合 1979 年 11 月 28 日 GATT 缔约方全体大会的决定,这种单方面优惠有:普惠制,发达国家允许来自所有发展中国家的工业品和部分农产品适用更优惠的税率和免税税率;洛美协定,欧盟成员国允许来自一些非洲和加勒比海地区国家及亚太地区的最不发达国家的进口货物免税进入欧盟市场;加勒比海盆地安排,美国允许免税进口来自加勒比海地区国家的货物。(5)自由贸易区、关税同盟及边境贸易。少数国家享受的待遇可不给予其他 WTO 成员:经济一体化组织内部的待遇可不给予其他非该组织的 WTO 成员;欧盟内部成员国之间的零关税待遇可以不给予美国、加拿大等。这一例外的意义是,关税同盟和自由贸易区的成员之间可以适用更低或者免税的优惠,可以不扩展到 WTO 的其他成员。GATT 第 2 条对此作了肯定:"各缔约方认为,通过自愿签订协定发展各国之间经济一体化,以扩大贸易自由化是有好处的。"该条第 5 款规定:"本协定的各项规定,不得阻止各缔约方在其领土之间建立关税同盟或自由贸易区,或为建立关税同盟或自由贸易区的需要采用某种临时协定。"GATT 还规定了实行关税同盟和自由贸易区的条件:①区域成员之间的贸易取消了关税和其他贸易限制;②同盟不应导致对其他成员实施新的贸易壁垒,对同盟外的缔约方家的贸易实施同样的关税税率。2003 年 6 月 29 日,中央政府与香港特区政府在港正式签署《内地与香港关于建立更紧密经贸关系的安排》就是这一例外的体现。(6)GATT 允许采取的其他措施,主要包括反补贴、反倾销及在争端解决机制下授权的报复措施。(7)多边贸易协定(政府采购协定、民用航空器协定)中规定的最惠国待遇,对于不加入该种协定的成员没有约束力。

(二)国民待遇原则

1.国民待遇的含义

国民待遇原则(principle of national treatment)是 WTO 的基本法律原则之一,是对其他成员方的产品、服务或服务提供者及知识产权所有者和持有者所提供的待遇,不低于本国同类产品、服务或服务提供者及知识产权所有者和持有者所享有的待遇。国民待遇原则是最惠国待遇原则的重要补充。在实现所有 WTO 成员平等待遇的基础上,WTO 成员的商品或服务进入另一成员领土后,也应该享受与该国的商品或服务相同的待遇,这正是 WTO 非歧视贸易原则的重要体现。国民待遇原则严格讲就是外国商品或服务与进口国国内商品或服务处于平等待遇的原则。

国民待遇原则包括三个要点:第一,国民待遇原则适用的对象是产品、服务或服务提供者及知识产权所有者和持有者,但因产品、服务和知识产权领域具体受惠对象不同,国民待遇条款的适用范围、具体规则和重要性有所不同;第二,国民待遇原则只涉及其他成员方的产品、服务或服务提供者及知识产权所有者和持有者,在进口成员方境内所享有的待遇;第三,国民待遇定义中"不低于"一词的含义是,其他成员方的产品、服务或服务提供者及知识产权所有者和持有者,应与进口成员方同类产品、相同服务或服务提供者及知识产权所有者和持有者享有同等待遇,若进口成员方给予前者更高的待遇,并不违背国民待遇原则。

2.WTO 中的国民待遇原则

(1)《GATT 1994》关于国民待遇原则的适用

GATT 体制的国民待遇的适用范围较小,仅适用于货物贸易,更具体地说,仅适用于对进口商品的国内税收和政府对进口商品的法规、规章等管理措施方面。GATT 文本第 3 条是"国内税与国内规章的国民待遇"条款。根据该条的规定,每一成员对来自任何一个其他成员的进口商品所直接或间接征收的国内税或其他国内收费均不得高于其本国的同类产品;在进口商品从通过海关进入进口方境内至该商品最终被消费期间经过的销售、推销、购买、运输、分配或使用的法令、条例和规章方面,所享受的待遇应不低于相同的国内商品所享受的待遇。GATT 订立该国民待遇条款的目的,是防止政府实行保护主义,干预进口货物,保证各成员享受关税减让带来的利益,并保障进口商品与国内同类商品获得同等的竞争条件。

(2)国内税收及其他各项费用

国内税收指政府对进口商品征收的营业税、增值税、消费税及各种附加税等;其他各项费用指处于流通过程的进口商品应承担的仓储费、运费和保险费及有关服务费用。按国民待遇条款的规定,各成员政府在对进口商品的征税和收费方面,都必须将适用于国内同类商品的税种、税率、征收方法、征收程序和减免税优惠等同样适用于进口商品。凡对进口商品设置了更高的税率或收费标准,或更烦琐的征收程序,或更为不便的征收方法等等,都会提高进口的成本,使其与国内同类商品处于不同的地位,导致不公平的竞争。

(3)进口商品的混合或加工

某些进口商品进口后有必要经过混合或加工后才能投放市场,这就必然涉及原材料或配料的供应或购买。依国民待遇条款的规定,各成员不得制定条例以限制进口商品的混合或加工的原材料或配料的供应数量和供应渠道。违反了这一规定,即会对有关进口商品的进口形成数量限制。

(4)进口商品流通的各环节

首先,在商品销售方面会涉及销售渠道、销售方式、销售价格等;其次,在推销环节则会涉及推销方式、推销手段问题,其中包括广告的制作,如制作标准或要求及制作费用;再次,在运输方面会涉及运输工具的安排、装运要求、运费等;最后,在购买、分配或使用方面则会出现对购买行为的限制,商品的市场投向分配、市场数量分配、消费数量分配，或对使用某商品加以限制等现象。依国民待遇条款，各成员在进口商品各流通环节中涉及的诸方面，均应将其与国内同类商品同等对待，即对国内商品与进口商品适用相同的规定或采用相同的措施，以避免对进口商品的正常流通造成各种障碍。

3. GATS 关于国民待遇的适用

经过长期的谈判和各方的妥协让步，GATS 终于将国民待遇作为具体承诺的义务。GATS 第 17 条第(1)款规定：每一成员方应在其承诺表所列服务部门或分部门中，根据该表内所述任何条件和资格，给予其他成员方的服务和服务提供者，就所有影响服务提供的措施而言，不低于给予其本国相同的服务和服务提供者的待遇。第(2)款规定："一成员方可通过给予其他任一成员方的服务或服务提供者与己方相同或不同的待遇，来达到本条第(1)款的要求。"这意味着，国民待遇义务属于承诺义务，缔约方可以根据自己的具体情况进行承诺，可以自己决定在哪些部门或分部门实施国民待遇，并可为实施国民待遇的条件和限制开列清单。

GATS 的一个重要特征，就是不将市场准入和国民待遇作为普遍义务，而是作为具体承诺与各个部门的开放联系在一起，这样可以使分歧较小的国家早日达成协议，否则就加重了它们在服务贸易和国际收支中的负担，这是有悖于服务贸易总协定的宗旨的。因此，WTO 成员在平等的基础上通过谈判方式达成协议，在协议的基础上确定在不同服务行业中不同程度地履行国民待遇。另外，服务贸易国民待遇原则的实施应本着"利益互惠"的原则，但这种利益互惠不应是绝对数量上的"对等优惠"，而是"相互优惠"，以符合水平不同国家的需要。GATS 第 17 条第(3)款规定："如果一成员方修改其服务或服务贸易提供者的竞争条件，以有利于自己的服务和服务提供者，则形式上相同的待遇或形式上不同的待遇，应被认为对其他成员方的同类服务提供者不利。"这一规定要求国民待遇必须是实质上的，而非形式上的。

根据 GATS，与最惠国待遇不同，国民待遇属承诺义务而非普遍义务，加上各国服务业及服务贸易的发展不平衡，决定了国民待遇难以得到普遍执行，实际上许多国家都只实行对等互惠的国民待遇。在国际服务贸易实践中，世界各国均采用对等、互惠的国民待遇，并且有一定的限制范围。1989 年 12 月 15 日，欧共体通过了"关于协调有关从事信贷机构业务的法律、规则和行政规章以及修改 77/780 号欧共体指令的第二项理事会指令"，即第二项银行业指令。根据该指令，如第三方存在对欧共体信贷机构的歧视待遇，即欧共体信贷机构未能享有国民待遇，未得到同样的竞争机会和"有效的市场准入"，欧共体委员会可发起谈判,对形势进行补救。美国 1996 年新颁布的电讯法案规定,美国将根据对等原则给予他国电讯服务者进入美国市场的机会和待遇,对尚未开放电讯和新闻媒介市场的国家则仍维持原有限制。我国对国际服务贸易也实行"对等、互惠"的国民待遇。

4.《与贸易有关的知识产权协定》关于国民待遇的适用

《与贸易有关的知识产权协定》的总则和基本原则中明确规定了有关知识产权的国民待遇原则。它规定在保护知识产权方面,成员一方对其他成员方国民提供的待遇不得低于对本国国民所提供的待遇。这一规定将 GATT 仅适用于外国进口产品的国民待遇扩大适用到包括商标权、专利权和版权等内容的知识产权领域。

5.《与贸易有关的投资措施协定》关于国民待遇的适用

《与贸易有关的投资措施协定》中明确而又具体地规定了使用 GATT 的国民待遇原则,即任何成员方都不应使用与《GATT 1994》第 3 条或第 11 条不一致的任何与贸易有关的投资措施。该协议还列举了与国民待遇不相符的与贸易有关的投资措施,这些措施包括:①要求企业购买或使用国内产品或来源于国内渠道供应的产品,不论这种具体要求是规定特定产品、产品数量或价值,还是规定购买与使用当地产品的数量或价值的比例;②限制企业购买或使用进口产品的数量,或与其出口当地产品的数量或价值相联系。

6.国民待遇原则的例外

与最惠国待遇原则一样,国民待遇原则同样存在着各种例外。

(1)最惠国待遇原则在货物贸易领域的例外和实行例外的条件

GATT 对国民待遇原则作了例外规定,集中体现在第 20 条"一般例外"条款中。例如,成员方可依据该条款的规定,为维护公共道德和保障人民或动植物的生命或健康,对进口产品实施有别于本国产品的待遇。又如,在国内原料价格被压至低于国际价格水平,作为政府稳定计划的一部分时,为了保证国内加工工业对这些原料的基本需要,有必要采取限制这些原料出口的措施。

此外,在 WTO 其他多边货物协议中也规定了国民待遇例外,如《补贴与反补贴措施协定》规定,从 WTO 协定生效之日起 5 年内,允许发展中国家成员对使用国内产品进行补贴,对于最不发达国家成员这一期限可延至 8 年。

(2)国民待遇在服务贸易领域的例外和执行例外的条件

服务贸易总协定将国民待遇作为成员方经谈判而承担的具体义务,而不是必须遵守的一般义务,这一规定与总协定的其他原则规定是有区别的,成员方谈判承担义务时可在承诺表中列出不遵照国民待遇的安排,包括那些有关服务提供者或服务产品的条件、标准或许可等。此外,它还规定了不少例外,如一般例外和安全例外等。

(3)国民待遇在与贸易有关的知识产权领域的例外和执行例外的条件

《与贸易有关的知识产权协定》也规定了不少例外,如有关保护知识产权方面的《巴黎公约》、《伯尔尼公约》、《罗马公约》以及《有关集成电路知识产权条约》中的各自有关国民待遇例外的规定均构成该协议的例外。此外,还包括司法和行政程序方面的例外,如对服务地点的指定,对代理人的规定等。

(4)国民待遇在与贸易有关的投资措施领域的例外和执行例外的条件

《与贸易有关的投资措施协定》关于国民待遇例外的规定范围更广,它不仅规定所有例外规定都适用于该协议的各项规定,而且规定发展中国家成员可以暂时自由地背离适用国民待遇原则和数量限制规定,发展中国家成员和最不发达国家成员的这一期限分别为 5 年和 7 年。

(三)最惠国待遇与国民待遇的区别和联系

1.联系

二者都建立在非歧视原则的基础上,且最终都是为了减少或消除贸易障碍,实现国际贸易自由化。

2.区别

(1)二者所强调的重点不同

最惠国待遇强调的是"外外平等",WTO 成员方给予其他成员方的优惠待遇不得低于该成员给予任何第三方的优惠待遇,即保证外国间的待遇平等。国民待遇强调的是"内外平等",保证成员方进口的产品和服务或服务提供者在进口方获得与进口方国内同类产品和服务或服务提供者同等的待遇。

(2)规定方法不同

最惠国待遇必须由条约规定,而不能由国内立法规定;国民待遇既可以在国内立法中也可以在国际条约中规定。最惠国待遇的受惠国可以根据最惠国条款的规定,自动取得与第三国同等的待遇,无须再与施惠国订立新条约或再作请求;国民待遇不涉及第三方,而且需要在法律或条约中明确规定。

(3)适用范围不同

最惠国待遇的适用范围一般限制在经济贸易领域,通过自然人、法人、货物、商船等所享受的待遇表现出来;国民待遇的适用范围一般是在物权、债权、婚姻家庭、财产继承等民事关系方面。

(4)作用不同

最惠国待遇的作用是保证在本国的有关各外国公民和法人的民事权利地位平等,从而排除或防止某一外国的公民和法人的权利地位低于第三国公民或法人;国民待遇是以本国人的待遇为标准,作用是使在本国的外国人在某些领域与本国人的民事法律地位相同。

二、自由贸易原则

(一)自由贸易原则的含义

WTO 的宗旨是推动贸易自由化,实现这一宗旨的手段是通过谈判削减各种贸易壁垒和消除歧视性待遇,在 WTO 的各项协议及其主持的多边贸易谈判中都体现了这一基本原则。

贸易自由化是一个极其重要的原则,也是一个根本性的原则。所谓贸易自由化原则,从本质上来说,就是减少和取消一切妨碍和阻止国际贸易开展的障碍,包括法律、法规、政策和措施等。最初由 GATT 创立的这一原则,从传统货物贸易领域一直延伸至服务贸易领域,并经由 WTO 取得了新的突破性发展。

自由贸易原则体现了 WTO 实现全球贸易自由化的宗旨。为了实现贸易自由化目标,WTO 协定确立的规则要求各成员:以"多边谈判为手段",逐步削减关税和减少非关税贸易壁垒,开放服务部门,减少对服务提供方式的限制;"以争端解决为保障","以贸易救济措施为安全阀",通过援引有关例外条款或采取保障措施等贸易救济措施,消除或减轻贸易自由化带来的负面影响。

(二)自由贸易原则的内容

自由贸易原则,又是通过关税减让原则、禁止数量限制原则、市场准入原则等来实现的。

1. 关税减让原则

关税减让(concession of tariff)始终是从 GATT 到 WTO 的多边国际贸易谈判的主要议题。它以互惠互利为基础,要求各成员方通过谈判,采取关税减让方式相互约束部分或全部产品的关税税率,以此降低进出口关税的总体水平,尤其是降低阻碍商品进口的高关税。关税减让谈判一般在产品主要供应者与主要进口者之间进行,其他国家也可参加。双边的减让谈判结果,其他成员按照"最惠国待遇"原则可不经谈判而适用。

关税减让原则,是多边贸易体系自始倡导的基本原则,也是非歧视原则和互惠等原则的实际执行载体。与名目繁多的非关税措施相比,关税的最大优点在于它具有公开性和可计量性,能够清楚地反映对国内产业的保护程度,所以关税被 WTO 视为各成员方保护其国内工业的唯一合法手段。在多边贸易谈判中该原则体现为以下几种形式:(1)直接降低关税税率;(2)不得提高现行税率,不得增减免税税目;(3)固定现行各项税率;(4)规定税率的最高限。表3-1 显示了乌拉圭回合前后关税水平的变化。

表 3-1 乌拉圭回合关税削减完成前后加权平均关税水平的变化

单位:%

	GATT 所有缔约方	发达成员方	发展中成员方	经济转轨国家和地区
乌拉圭回合前	9.9	6.2	20.5	8.6
乌拉圭回合后	6.5	3.7	14.4	6.0
降低幅度	34.3	40.3	29.7	30.2

不断稳定地降低关税是 WTO 最重要的原则之一。目前,国际关税的总体水平,大体维持在发达国家约 3% 以下、发展中国家约 10%。虽然,关税减让原则在特殊情形下也有其适用例外,但该原则的既定目标之一,就是促使WTO 成员的国别关税保护不断明朗化,并使之对国际贸易的扭曲减少到最低程度。

2.禁止数量限制原则

除了关税减让以外,消除非关税壁垒、禁止数量限制也是 WTO 的基本原则之一。禁止数量限制原则又称为只允许关税保护原则,是指在各成员方实施规则允许的贸易保护措施时,禁止实行数量限制,消除形形色色的非关税壁垒,并增强各国贸易政策的透明度,消除歧视性待遇,促进国际贸易公平、公正地进行。

通常说来,数量限制是非关税壁垒中最常用的方法,是政府惯用的行政手段,常被用来限制进出口数量,这对国际贸易的正常进行影响极大。数量限制的主要形式是:配额、进口许可、自动出口约束和禁止。

禁止数量限制原则的适用前提是数量限制构成了国际贸易的障碍。它主要通过多边货物贸易规则第 11 条、第 12 条与第 13 条的规定来具体实施。在货物贸易方面,WTO 仅允许进行"关税"保护,而禁止其他非关税壁垒,尤其是以配额和许可证为主要方式的"数量限制"。但禁止数量限制原则也有一些重要的例外,如国际收支困难的国家被允许实施数量限制,发展中国家的"幼稚工业"也被允许加以保护等。不过,这些例外都必须在非歧视和最惠国待遇原则的基础上进行。

3.市场准入原则

市场准入原则是贸易自由原则在服务贸易领域的延伸和发展,它是WTO 创立的一项旨在推进服务贸易自由化进程的重要原则。所谓市场准入,是指一成员方允许另一成员方的货物、劳务与资本参与本国市场的程度。市场准入原则旨在通过增强各成员对外贸易体制的透明度,减少和取消关税、数量限制和其他各种强制性限制。

降低市场准入的非关税壁垒,以及通过各成员方对开放其特定市场所作出的具体承诺,切实改善各成员市场准入条件,保证各成员的商品、资本和服务可以在世界市场上公平自由竞争。但是必须注意的是,市场准入是一个渐进的过程。

市场准入原则是在国际服务贸易迅速发展但各国为保护本国服务业设定种种限制的大背景下提出的。现存的各类限制影响了世界各国对服务领域的相互开放,以及服务业资源的有效配置,不利于服务业的公平竞争和服务质量的提高,如不减少这些限制,对货物贸易和世界经济的发展都会造成不利的影响。因此,GATS 要求各成员方为服务产品和服务提供者提供更多的投资和经营机会。WTO 建立以后,首先就金融服务和电信服务达成具体的协议,加深了这两个领域的贸易自由化。

三、透明度原则

(一)透明度原则的主要内容

透明度原则(principle of transparence)是指,成员方应公布所制定和实施的贸易措施及其变化情况(如修改、增补或废除等),不公布不得实施,同时还应将这些贸易措施及其变化情况通知 WTO。成员方所参加的有关影响国际贸易政策的国际协议,也在公布和通知之列。透明度原则的主要内容,包括贸易措施的公布和贸易措施的通知两个方面。透明度原则对公平贸易和竞争的实现起到了十分重要的作用。根据该原则,WTO 成员需公布有效实施的、现行的贸易政策法规,见表3-2。

表 3-2　WTO 成员需公布有效实施的、现行的贸易政策法规

1	海关法规,即海关对产品的分类、估价的规则,海关对进出口货物征收的关税税率和其他费用;
2	进出口管理的有关法规和行政规章制度;
3	有关进出口商品征收的国内税、法规和规章;
4	进出口商品检验、检疫的有关法规和规章;
5	有关进出口货物及其支付方面的外汇管理和对外汇管理的一般法规和规章;
6	利用外资的立法及规章制度;
7	有关知识产权保护的法规和规章;
8	有关出口加工区、自由贸易区、边境贸易区、经济特区的法规和规章;
9	有关服务贸易的法规和规章;
10	有关仲裁的裁决规定;
11	成员方政府及其机构所签订的有关影响贸易政策的现行双边或多边协定、协议;
12	其他有关影响贸易行为的国内立法或行政规章。

WTO 透明度原则包括以下几个层次的内容:

1.第一层次:专门的透明度条款

GATT 第 10 条(贸易条例的公布与实施)、GATS 第 3 条、TRIPS 第 63 条要求:(1)各成员应迅速公布其普遍适用的有关管理对外贸易的各项法律、法规、司法判决和行政裁定(laws,regulations,judicial decisions,administrative rulings of general application),以便让其他成员方政府和贸易经营者熟悉;(2)在实施上述行为后,若在执行中有所改变,必须提前公布,否则新措施不得实施;(3)各成员方政府之间或政府机构之间签署的影响国际贸易政策的现行协定和条约也应加以公布;(4)对于已经公布的涉及对外贸易的所有法律、法规、司法判决和行政裁定,各成员方应以统一、公正和合理的方式实施;等等。简言之,要求各成员的所有有关法律、法规、司法判决和行政裁定都应公布于众。

2.第二层次:通知(notification)条款

WTO 存在大量的通知要求,需要各成员建立适当的机制来达到通知要求。有学者做过统计,在整个 WTO 协议中,货物贸易协定所包含的通知要求达 175 项,加上 GATS 和 TRIPS 协定中的通知要求,共计 215 项。此外,各成员政府应为与贸易有关的法律制度的公开、透明提供必要的条件,如设立咨询点等

（主要表现为 SPS 协议附件 2、TBT 协议第 10 条，以及 GATS 第 3 条等）。

3.第三层次：贸易政策审查机制

为在全球范围内从宏观上协调各成员的对外贸易政策，从而确保 WTO 协议得到切实执行，乌拉圭回合作出了建立贸易政策审查机制（trade policy review mechanism，TPRM）的决定，要求各成员向 WTO 专设的贸易政策审议机构定期报告贸易政策及实践。建立贸易政策审查机制的一个重要目的就是加强对 WTO 成员贸易政策和措施的理解，提高国际贸易透明度。

透明度原则规定各成员应公正、合理、统一地实施上述的有关法规、条例、判决和决定。统一性要求在成员领土范围内管理贸易的有关法规不应有差别待遇，即中央政府统一颁布有关政策法规，地方政府颁布的有关上述事项的法规不应与中央政府有任何抵触。但是，中央政府授权的特别行政区、地方政府除外。公正性和合理性要求成员对法规的实施履行非歧视原则。

透明度原则还规定，鉴于对海关行政行为进行检查和纠正的必要，各成员应保留或尽快建立司法的、仲裁的或行政的机构和程序。这类法庭或程序独立于负责行政实施的机构之外。除进口商在所规定允许的上诉期内可向上级法庭或机构申诉外，其裁决一律由这些机构加以执行。

（二）透明度原则的例外

1.紧急情况下的豁免

从 GATS 第 3 条第(1)、(2)款的规定来看，在紧急情况下，成员方可以不用在生效前将涉及服务贸易的有关措施予以公布，但也应将此情况（即情况紧急来不及公布）予以公布。

2.机密资料的例外

GATS 第 3 条附则规定，不要求任何成员方提供那些一旦泄露会阻碍法律的实施或有害于公众利益，或损害包括国营和私营企业合法商业利益的机密资料。GATS 对哪些资料属于一旦公布会阻碍法律实施、有害于公共利益或有害于商业利益，没有提出具体的标准，这需要在实践中达成共识。这其中，对阻碍法律实施和有害于公共利益的资料还相对容易判断一些，对有害于商业利益的资料则比较难以判断。实践中可能出现多种利益交织在一起的情况。例如，公开某公司的资料可能有损该公司的利益，但可能有利于法律的执行（如法院的判决），而该公司若是上市公司，就会涉及更多人的利益。

四、公平贸易原则

公平贸易原则又称公平竞争原则，是 GATT 和 WTO 主要针对出口贸易而规定的一个基本原则。这一原则的基本含义是指各成员和出口经营者都不得采取不公正的贸易手段进行国际贸易竞争或扭曲国际贸易市场竞争秩序。

（一）互惠原则

互惠原则是指 WTO 成员方之间相互给予对方贸易上的优惠待遇。任一成员方在享受其他成员方的优惠待遇时，必须给其他成员方以相同的优惠待遇；相应地，任一成员方在给予其他成员方优惠待遇的同时，也享有其他成员给予的同样的优惠待遇。一成员方如果实行贸易保护政策，必将引起其他成员方的制裁和报复。互惠原则贯穿了乌拉圭回合谈判的始终。如发展中国家要求发达国家在纺织品、热带产品等方面做出让步，发达国家则要求发展中国家在服务贸易和知识产权保护方面做出让步。

（二）公平竞争原则

WTO 是建立在市场经济基础上的多边贸易体制。公平竞争是市场经济顺利运行的重要保障。众所周知，市场竞争的基本观念是，竞争应当以"平等赛场"为基础。《GATT 1994》有关降低关税、取消数量限制、消除歧视待遇、约束国营贸易企业经营特权的规定反映了公平竞争原则的内涵。同时，WTO 的其他协议如《反倾销协议》、《补贴与反补贴措施协议》、《保障措施协议》、《农业协议》等针对倾销、补贴、保障措施予以规范，以维护国际货物贸易的公平市场竞争秩序。公平竞争是市场经济顺利运行的重要保证。

1.公平竞争原则的含义

所谓公平贸易，从狭义上讲是让生产商和贸易商能够按市场供求形成的价格从事国际贸易活动，避免人为扭曲价格和市场条件所造成的障碍；从广义上讲，是让生产商和贸易商能够在各成员市场上开展自由竞争。

所谓公平竞争原则，也被称为反倾销原则和反补贴原则，是指成员应避免采取扭曲市场竞争的措施，纠正不公平贸易行为，在货物贸易、服务贸易和与贸易有关的知识产权领域，创造和维护公开、公平、公正的市场环境。

2.公平竞争原则的要点

第一，公平竞争原则体现在货物贸易领域、服务贸易领域和与贸易有关的知识产权领域；

第二，公平竞争原则既涉及成员方的政府行为，也涉及成员方的企业行为；

第三，公平竞争原则要求成员维护产品、服务或服务提供者在本国市场的公平竞争，不论它们来自本国或其他任何成员方。

3.公平竞争的表现

（1）通过反倾销和反补贴等措施防止因倾销和出口补贴而形成的不公平

竞争

出口倾销和出口补贴一直被认为是典型的不公平贸易行为。倾销是企业以低于正常价值的价格出口产品,对进口方相关产业造成损害。出口补贴是政府对本国特定出口产品提供资助,人为增加产品竞争优势,使进口方同类产品处于不平等地位,对其产业造成损害。《反倾销协议》、《补贴与反补贴措施协议》允许进口成员方征收反倾销税和反补贴税,抵销出口倾销和出口补贴对本国产业造成的实质损害。

同时,WTO 也防止成员方出于保护本国产业的目的,滥用反倾销和反补贴措施,造成公平贸易的障碍。为此,《反倾销协议》、《补贴与反补贴措施协议》对成员实施反倾销和反补贴措施,规定了严格的条件和程序,包括如何认定进口产品正在倾销或享有补贴,如何认定倾销或享有补贴的进口产品正在对本国产业造成实质性损害,或构成实质性损害威胁,以及发起调查、收集信息、征收反倾销税或反补贴税等方面应遵循的程序。

(2)在服务贸易领域,WTO 鼓励各成员通过相互开放服务贸易市场,逐步为外国的服务或服务提供者创造市场准入和公平竞争的机会

为使其他成员的服务或服务提供者在本国市场上享有同等待遇,进行公平竞争,GATS 要求成员方实施最惠国待遇,无论有关服务部门是否列入服务贸易承诺表。

对于本国的垄断和专营服务提供者,GATS 要求成员方保证服务提供者的行为符合最惠国待遇原则及该成员方在服务贸易承诺表中的具体承诺。

(3)在知识产权领域,公平竞争原则主要体现为对知识产权的有效保护和反不正当竞争

《与贸易有关的知识产权协定》要求成员方加强对知识产权的有效保护,防止含有知识产权的产品和品牌被仿造、假冒、盗版。无论是本国国民的知识产权,还是其他成员方国民的知识产权,都应得到有效保护。

反不正当竞争也是知识产权保护的一个重要方面。一些限制竞争的知识产权许可活动或条件,妨碍技术的转让和传播,并对贸易产生不利影响。《与贸易有关的知识产权协定》专门对知识产权许可协议中限制竞争的行为作出了规定,允许成员采取适当措施,防止或限制排他性返授条件、强制性一揽子许可等。

(4)约束政府采购金额,扩大公平竞争机会

《政府采购协议》把采购范围从货物扩展到服务,包括建筑服务、地方一级和公用事业单位的采购。此外,协议中对采购金额都作了约束,加强了保证公

平和无歧视的国际竞争条件的规则。

（5）规范国营贸易企业的贸易行为

为防止国营贸易企业的经营活动对贸易造成扭曲影响，WTO要求成员方的国营贸易企业按非歧视原则，以价格等商业因素作为经营活动的依据，并定期向WTO通报国营贸易企业情况。WTO对国营贸易企业的贸易行为进行了规范，防止出现与其他贸易企业不公平竞争的现象。

（三）公平贸易原则的例外

WTO在实行公平贸易原则中也存在例外。在一些情况下，为了维护公平竞争，维持国际收支平衡，或出于保护公共健康、国家安全等目的，一成员在WTO授权下可以采取措施，以维护市场竞争秩序。如《农业协议》目的在于提高农业贸易的公平性；GATS将进一步规范国际服务贸易的竞争环境；知识产权方面的协议，将改革智力成果和发明的竞争条件等。这些协议为实现市场竞争中的实际公平，推动国际贸易的发展，作出了一些例外规定。

五、例外和保障措施原则

允许例外和保障措施原则即在某些特殊条件下，WTO成员可以不履行已承诺的义务，对进口采取一些紧急的保障措施，如提高关税、实施数量限制等。当成员方出现表3-3所列情况时，可以实施例外条款。

表3-3　WTO实施例外条款的情况

1	为保障人民和动植物的生命健康所必需的措施。
2	为维护公共道德所必需的措施。
3	为保护本国具有艺术、历史和考古价值的文物而采取的措施。
4	有关输入黄金或白银的措施。
5	有关劳改产品的措施。
6	在国内原料价格被压至低于国际价格水平，作为政府稳定经济计划的一部分时，为了保证国内加工工业对这些原料的基本需要，有必要采取限制这些原料出口的措施。
7	为了保证某些与本协定规定并无抵触的法令或条例贯彻执行所必需的措施。
8	与国内限制生产和消费的措施相配合，为有效保护可能用竭的自然资源的有关措施。
9	如果国际商品协定所遵守的原则已向成员方全体提出，成员方全体未表示异议，为履行这种国际商品协定所承担的义务而采取的措施。

六、发展中国家优惠待遇原则

WTO 体制对最不发达国家几乎不要求其承担任何义务,但允许其享受WTO 成员的一切权利。WTO 体制对发展中国家成员的优惠安排主要体现在五个方面:第一,较低水平的义务;第二,更灵活的实施时间表,即较长的过渡期安排;第三,发达国家尽最大努力对发展中国家成员开放其货物和服务市场;第四,对最不发达国家更优惠的待遇;第五,提供技术援助和培训人力资本。

东京回合的主要成就是在 GATT 体制中,为发展中国家的优惠待遇提供了一个永久性的法律基础。东京回合达成的有关非关税壁垒的守则和决定也充分地体现了对发展中国家实施优惠待遇的原则。具体表现在这些守则都包括向发展中国家提供特殊的差别待遇的条款,在发展中国家执行守则遇到困难时对其提供技术援助,允许发展中国家在适用这些守则时有一个更为宽松的时间间隔,及在程序上有更大的灵活性和对某些规则的例外,具体内容如下。

(一)《建立 WTO 协定》中的优惠安排

WTO 明确指出其目标是促进所有成员的经济贸易发展。最不发达国家仅承担与其经济发展水平相当的义务;通过对发展中国家提供技术援助和培训,增强它们参与多边贸易体制的能力,并使其因此而获益。为此,WTO 专门设立了"贸易与发展委员会"等专门机构,以便为发展中国家提供服务。

(二)《海关估价》协议中的优惠安排

《海关估价》协议对发展中国家的优惠安排如下:发展中国家执行《海关估价协议》的过渡期为 5 年,到 2000 年后,可酌情考虑进一步延长过渡期。

(三)《农业协议》中的优惠安排

《农业协议》充分认识到发展中国家农产品出口及补贴对其农业和经济发展的重要意义,在履行减让义务、实施市场准入承诺、国内支持等方面给予一系列优惠安排。

(四)GATS 中的优惠安排

GATS 考虑到发展中国家服务业发展较落后,而促进其服务发展又极为重要,规定了对发展中国家开放服务市场的优惠安排。

(五)《知识产权协定》中的优惠安排

《知识产权协定》允许发展中国家有较长的过渡期,也在一定程度上照顾了发展中国家的利益。

(六)《进口许可证手续协议》中的优惠安排

《进口许可证手续协议》第 3 条第 12 款规定:"在考虑到需要对有经济意义的、一定数量的产品发放许可证的客观需要时,应考虑确保许可证能合理分配给新的进口商。在这方面,对进口原产在发展中国家尤其是最不发达国家的产品的进口商应给予特殊考虑"。

(七)《补贴和反补贴税守则》中的优惠安排

《补贴和反补贴税守则》第 14 条规定:"补贴是发展中国家经济发展规划的组成部分;发展中缔约方可以采取扶持本国工业(包括出口部门)的措施和政策;发展中国家政府对其经济的干预(如政府对企业的资助、财政鼓励,政府提供或资助提供营运性或支持性的劳务或便利条件)在本质上不应视为补贴。"

(八)《政府采购协议》中的优惠安排

《政府采购协议》第 5 条规定:"各缔约方在制定和实施影响政府采购的法律、法规和程序时,应便利来自发展中国家的进口的增长";"发达国家在拟定适用于本协议规定的实体名单时,应尽可能列入购买与发展中国家出口有利害关系的产品的实体";"发展中国家可同参加本协议谈判的其他国家商谈,共同确定将其实体名单中的某些实体或产品作为适用国民待遇原则的例外"。

(九)《反倾销措施协议》中的优惠安排

《反倾销措施协议》第 13 条规定:"在审议本守则中反倾销措施的申请时,发达国家应对发展中国家的特殊情况给予特殊考虑。如果反倾销税影响到发展中国家的基本利益,则应在实施反倾销税前仔细研究本守则提供建设性补救措施的可能性。"

(十)《技术贸易壁垒协议》中的优惠安排

《技术贸易壁垒协议》第 12 条规定:"发展中国家可按照它们的技术和社会经济的特殊情况采取某些技术条例和标准(包括检验方法),旨在保持适合它们发展需要的当地技术,生产方法和加工方法",而"不必采用不适合它们的发展、财政和贸易需要的国际标准作为它们自己的技术条例或标准的基础"。另外,要促进建立与发展中国家有特殊利益的产品有关的国际标准制度。

(十一)《关于为国际收支目的所采取的贸易措施宣言》中的优惠安排

《关于为国际收支目的所采取的贸易措施宣言》也作出了差别及更优惠对待发展中国家的规定。宣言的第 2 段规定:"如果某个发达国家出于国际收支原因不得不实施限制性进口措施,它在决定采取措施时,应考虑欠发达国家的出口利益,并且可以不对关系到那些国家出口利益的产品实施这种措施。"而且,宣言的第 12 段规定:在协商过程中,国际收支限制委员会应对通过由发达国家采取措施以利于扩大发展中国家的出口利益,从而缓解和克服其国际收支困难的可能性予以特别的注意。

(十二)《关于为发展目的所采取的保障措施》中的优惠安排

《关于为发展目的所采取的保障措施》把发展中国家所能采取的行动的适用范围从最初限制于特定工业的建立,扩展至创新的生产体系或对现有生产体系进行改造或扩大,以根据其经济发展的优先事项实现对资源的更充分和更有效利用。另外,在经济发展计划和政策实施中的困难,也可能成为发展中国家采取与之在 GATT 下所应承担的义务相抵触的行动的理由。

(十三)《关于通知、协商、争议解决和监督的协议》中的优惠安排

《关于通知、协商、争议解决和监督的协议》也规定在协议所涉及的事项方面,发达的缔约方应对欠发达缔约方的具体困难和利益予以特别的注意,并对欠发达国家提供技术援助。发展中国家争取差别待遇和更加优惠待遇的努力在乌拉圭回合谈判中已充分表现出来,尽管乌拉圭回合还没结束,但可以预料发展中国家在 GATT 多边贸易体制中的地位会进一步得到提高,发展中国家也必将对国际贸易体制作出自己的贡献。

(十四)其他

其他相关协议对发展中国家的优惠安排,如 WTO 中的《装船前检验协议》、《争端解决谅解》贸易政策评审机制等均规定了发展中国家和最不发达国家成员的低水平减让义务,发达国家应尽力提供技术援助和人员培训,增强发展中国家利用多边贸易体制的能力,促进其经济发展。

七、经济发展原则

经济发展原则也称鼓励经济发展与经济改革原则,该原则以帮助和促进发展中国家的经济迅速发展为目的,针对发展中国家和经济接轨国家而制定。它给予了这些国家一些特殊优惠待遇,如"政府对经济发展援助"条款允许发展中国家在一定范围内实施进口数量限制或是提高关税,"贸易和发展条款"仅要求发达国家单方面承担义务而发展中国家无偿享有某些特定优惠,此外它还确立了发达国家给予发展中国家和转型国家更长的过渡期待遇和普惠制待遇的合法性。

八、例外制度

这是 GATT 自 1947 年建立以来能够不断发展壮大的重要法律原则和制度。在坚持原则的同时,GATT 承认各缔约方的差异,在一定的条件下,给予

例外的待遇,即例外制度(system of exceptions)。这些例外主要包括:第一,最惠国待遇制度的例外。如区域经济一体化协议、发展中国家的普遍优惠制以及《GATT 1994》第 35 条规定的缔约方之间在特殊情况下的互不适用。第二,国民待遇制度的例外。如发展中国家享受《GATT 1994》第 18 条待遇的例外。第三,消除数量限制的例外。如《GATT 1994》第 19 条规定的保障制度、第 25 条规定的免除义务的制度、第 13 条规定的收支平衡的例外、第 11 条规定因食品短缺而限制出口的例外以及按第 23 条实施报复措施。第四,为维护公共秩序的例外与国家安全的例外。

例外制度之所以存在,主要有三方面的原因:一是为了防止因履行 WTO 的义务而导致成员方进口过度,造成经济困难;二是为了照顾建立自由贸易区和关税同盟的需要;三是世界各国发展程度的不同以及 WTO 对各国主权的尊重。

第二节　WTO 基本原则在中国的适用

一、无歧视原则在中国的适用

(一)最惠国待遇原则在中国的适用

最惠国待遇原则的基本意义是通过相互承诺给予最惠国待遇,为所有其他成员的相同产品和服务在任一成员的国内市场上公平竞争提供保障,也为任一成员相同产品和服务在一个更广阔的市场上面临最充分的竞争提供约束,对任一成员做出的任一单方面让步,都将变成对全体成员的普遍义务。因此,我们在做出任一关税减让或市场开放等优惠的承诺时,必须从 WTO 全体成员的整体角度来全面考虑,而不能仅仅考虑满足某一成员的某种特殊要求,否则就是对最惠国待遇的直接违反,将不可避免地引起国际贸易争端,甚至遭受 WTO 争端解决机制的制裁。

入世前,我国最惠国待遇的基本形式是双边互惠无条件的,它通过双边协议中的最惠国条款给予规定,这些条款主要适用于外国人在华投资和贸易等经济领域以及航运方面。在投资方面,我国与外国签订的 70 多个双边投资保护协定中,缔约双方给予对方在其境内的投资者在投资与投资有关的活动中的最惠国待遇,以及由于战争和革命造成的损失的补偿等方面的最惠国待遇。在贸易与航运方面,我国与意大利、澳大利亚、加拿大、日本、美国、泰国、马来西亚、巴西等国家签订了百余个通商、航海条约,贸易协定,以及贸易和支付协定或议定书,这些条约、协定或议定书中均载有最惠国条款。

入世后,在 GATT 的无条件最惠国待遇的保障下,我国的对外货物贸易在更广阔与更公平的空间内开展。而 GATS 的最惠国待遇如果严格按照无条件方式贯彻实施,也会给我国的某些优势服务产业,诸如劳务输出、旅游业、娱乐业等不受歧视地进入更为广阔的世界服务业投资市场创造机会。当然,我们应当看到 GATS 确立的是有条件的最惠国待遇,其基本理由在于避免"不公平的免费搭车"现象,即如果实施无条件的最惠国待遇,许多发展中国家就能在不对等开放服务市场和不对等提供较高水平的服务业贸易和投资待遇的情况下,自动享受发达国家更高水平的市场开放和服务贸易及投资待遇。GATS 在实际运作过程中,将最惠国待遇与各国关于市场准入和国民待遇的具体承诺结合起来,使各国具体承诺的市场准入和国民待遇构成最惠国待遇的具体内容。因此,对于我国国内相对落后的服务业投资者来说,也是机遇,使落后的服务业有更多的时间进行调整,以适应全球竞争的需要。

(二)国民待遇原则在中国的适用

1. 货物贸易领域

关于在《GATT 1994》中规定的国民待遇义务,以及在《技术性贸易壁垒协议》中规定的国民待遇义务,我国承诺,对于所有外国个人与企业,包括未在中国投资或注册的外国个人和企业,在贸易权方面给予其不低于中国企业的待遇。但是,我国保留了对粮食、原油、化肥、烟草等 8 大类大宗商品的进口实行国营贸易管理的权利,即国营企业拥有这 8 类商品的专有经营权和特殊权利。

2. 服务贸易领域

在 GATS 中规定的国民待遇义务包括在 38 个服务业部门中按照承诺表所列条件和限制,给予其他 WTO 成员的服务和服务提供者的国民待遇。基于 GATS 中的国民待遇原则,以各成员方承诺的市场准入和开放范围为基础,我国实施国民待遇的程度也因服务贸易减让表中各行业的国民待遇限制的不同而不同。服务贸易减让表中的承诺方式有三种。第一种是"没有限制",即对以这种方式提供服务的外国服务提供者,承诺不采取任何国民待遇的限制,即给予其完全的国民待遇;第二种方式是"不作承诺",即不承担给予国民待遇的任何义务,保留了充分的自由;第三种方式是详细列明所采取的国民待遇方面的限制内容。

3. 与贸易有关的知识产权领域

在《与贸易有关的知识产权协议》(Agreement on Trade-Related Aspects

of Intellectual Property Right,TRIPS 协议)中规定的国民待遇义务,即给予其他 100 多个 WTO 成员在知识产权保护方面的国民待遇。针对一些 WTO 成员方对我国实施国民待遇的彻底性的质疑,我国政府表示,我国的知识产权保护法律规定,对任何外国人应依照我国与该国签订的协议,或依照两国均为缔约方的任何国际公约,或根据互惠原则予以对待。同时,我国将修改有关法律、法规及其他措施,以保证外国权利持有人在所有知识产权方面的国民待遇符合 TRIPS 协议的相关规定。

4. 与贸易有关的投资措施领域

《与贸易有关的投资措施协议》(Agreement on Trade-Related Investment Measures,TRIMs 协议)中也规定了国民待遇义务。根据 TRIMs 协议,我国不在法律、法规和部门规章中强制实施外汇平衡要求、当地含量要求、出口实绩和技术转让要求等不符合国民待遇原则的与贸易有关的投资措施。国家和地方主管机关在分配进口许可证、进口配额、关税配额或对进口、进口权或投资权行使任何其他批准方式时,不以下列内容为条件:此类产品是否存在与之竞争的国内供应商;任何类型的实际要求,例如使用当地投入物、提供补偿、技术转让、出口实绩或在中国进行研究与开发等;技术转让的条款和条件、生产工序或其他专有知识(特别是在投资的范围内,只要投资双方同意,企业的合同自由将得到中国的尊重)。

除了上述一般性的、每个 WTO 成员都需承担的国民待遇义务之外,我国还承担了主要成员国在谈判中针对我国具体情况而提出的一些特别义务,也就是"WTO 附加义务"。其他国家加入 WTO 议定书中,极少有专门对国民待遇另作进一步规定的附加条款,但是在《中国加入议定书》和《中国加入工作组报告书》中却有多次和多项条款对国民待遇原则作出特别规定,足见国民待遇原则在我国加入多边贸易体制中的重要性和复杂性。

二、关税减让原则在中国的适用

我国关税改革特别是关税减让势在必行。中国入世推动中国海关全面提高执法能力和通关效率。入世后中国的关税制度发生三大变化:一是按照承诺继续分步降低关税税率。到 2005 年,中国关税税率按照承诺,降到发展中国家的平均水平以下,工业品的进口平均关税税率则降至 10% 左右。二是全面实施 WTO 海关估价协议,中国为全面实施 WTO 海关估价规则做好了立法上的准备工作,具体的操作方法也正在研究制定之中。三是按照非歧视原则在全关境内实行公平、统一的关税税率。在关税税率逐步降低的基础上,分阶段地调整和清理减免税政策,完善纳税争议的申诉和复议制度,促进关税征收工作的规范、公正、透明、高效。

2010 年 5 月 31 日,WTO 对中国加入以来的第三次贸易政策全面审议会议在日内瓦 WTO 总部举行。商务部副部长易小准率中国代表团参加审议。易小准在会议上说,中国认真履行加入 WTO 时的承诺,进一步降低关税水平,不断完善与贸易投资相关的政策和法律法规。目前,中国已全部完成所承诺的关税减让义务,关税总水平已从 2002 年的 15.3% 降至 2010 年的9.8%,在发展中国家中是最低的。他还说,过去两年中,尽管自身受到全球金融危机冲击,中国仍然通过刺激内需的一揽子计划带动大量进口,为贸易伙伴在全球需求疲软的情况下创造了一个庞大的市场。中国还恪守在二十国集团(G20)峰会和 WTO 中的承诺,没有在危机中采取任何违反多边规则的新的贸易和投资保护主义措施。不仅如此,中国还组织了 13 个投资贸易促进团,赴海外采购商品和扩大投资合作,帮助伙伴国解决出口低迷的困境,对世界经济复苏发挥了重要的拉动作用。[①]

中国商务部对外贸易司司长王受文在 2012 年 9 月 6 日举行的"2012 中国国际进口产品洽谈会"主题论坛上表示,中国市场开放程度不断提高,目前已在削减关税、取消配额等多方面超出其在 WTO 作出的承诺。未来中国将继续积极扩大进口,促进对外贸易平衡发展。

截至 2012 年,中国已将 737 个税号的产品进口关税降至承诺水平以下,取消超过 800 个品种产品的进口许可。除粮食、食糖、羊毛、棉花等少数产品外,中国已取消对其他所有进口产品的配额限制。目前,中国对来自最不发达国家进口产品实行零关税待遇正在稳步推进。官方数据显示,入世以来,中国关税总水平已由 15.3% 降至 9.8%,其中工业产品关税水平降至 8.9%,远低于发展中国家 46.6% 的平均关税水平。自 1978 年至今,中国进口总额增长 160 倍,占世界货物进口比重由不到 1% 提高到 9.5%。

三、互惠原则在中国的适用

互惠原则是以 WTO 为核心的国际贸易法律体系的基本原则之一,强调成员方在关税减让及履行其他 WTO 义务方面的对等性和相互性。然而,由于发展中国家与发达国家在经济实力方面的巨大差距,以及发达国家长期以来对多边贸易谈判议程的操控,广大发展中国家难以从形式上的"互惠"中真

---

① 张意轩.中国已完成所承诺关税减让义务[J].人民日报海外版,2010,(05).

正获益,中国在这一方面也是如此。

首先,由于历史形成的原因,发展中国家与发达国家在经济的发展阶段和经济发展的实力上都有较大的差距。而 WTO 中所规定的互惠原则,如果被统一应用到发达与发展中国家之上,那么对于发展中国家来说这无疑会对其经济的发展带来不利的影响。事实也证明,在对等的开放市场上进行关税减让之后,发达国家的优势产业涌入发展中国家,对发展中国家相关产业的发展造成了极大的冲击。而在关税之外,发达国家对进口产品设置的原产地规则、技术性壁垒、动植物卫生检疫措施等非关税壁垒依然大量存在,发展中国家的产品往往因为无法满足这些严厉的标准而失去出口机会。

其次,更值得关注的是,发达国家往往在国际贸易规则的谈判中占据主导地位,在关税减让和市场开放等方面实行"互惠"的领域,主要是由发达国家根据其发展优势决定的,发展中国家很难在其优势领域中通过"互惠"获利。

因此,互惠原则在发展中国家的执行会受到现实条件的制约。根据这一现状,作为对等互惠原则的例外,特殊与差别待遇(Special and Differential Treatment,SDT)应运而生。互惠原则的例外是指根据其特殊情况和需要,发展中成员可在一定的范围和条件下,背离 WTO 各协定所规定的一般权利和义务而享有更为优惠的特殊待遇。特殊与差别待遇的实质是允许发达成员背离最惠国待遇原则,给予发展中成员更为优惠的待遇;允许发展中成员背离互惠原则,在非对等的基础上享受优惠。

特殊与差别待遇是发展中国家长期集体努力争取的结果,是对绝对互惠所隐含的实质不公的矫正,在更深刻的意义上体现了公平、公正的要求。自其实施以来,发展中国家也的确从中有所获益。[①] 这在一定程度上说明发展中国家在国际舞台上的话语权的增强,也向我们说明,在参与国际贸易的同时,要积极利用各种国际条款,积极应对谈判磋商以维护本国经济利益。

本章小结

(1)为了保障 WTO 宗旨的实现,WTO 在谈判过程中规定了一系列的原则。这些原则涵盖了世界经济发展的所有领域。而为了更好地促进发展中国

---

① 廖凡.构建更加公平的国际贸易体制——对 WTO 互惠原则的再思考[J].国际贸易,2007,(06).

家经济的发展,在原则的适用与实施上,发达国家与发展中国家是有区别的。

(2)WTO 中的无歧视原则包括两个方面的内容,即最惠国待遇原则和国民待遇原则。两个原则都有各自的特点,并且在货物贸易、服务贸易、与贸易有关的知识产权方面都做了详细的规定。无歧视原则在实施时也遵循一定的例外原则,以使该原则更能灵活地应用于现实经济发展之中。

(3)WTO 的宗旨是推动贸易自由化,实现这一宗旨的手段是通过谈判削减各种贸易壁垒和消除歧视性待遇,在 WTO 的各项协议及其主持的多边贸易谈判中都体现了这一基本原则。WTO 中的自由贸易原则包含关税减让原则、禁止数量限制原则和市场准入原则。而其中关税减让原则是对 WTO 宗旨的最直接体现。

(4)透明度原则主要指成员方应公布所制定和实施的贸易措施及其变化情况(如修改、增补或废除等),不公布不得实施,同时还应将这些贸易措施及其变化情况通知 WTO。透明度原则的实施对公平贸易和竞争的实现起到了十分重要的作用。而在紧急情况之下和涉及机密资料的时候透明度原则则规定了其例外。

(5)公平贸易原则主要包括互惠原则和公平竞争原则。公平贸易原则的主要目标是维护世界经济发展的正常健康的秩序,不至于使世界经济因为不公平发展而走上畸形发展的道路。该原则也在一定程度上维护了世界各方面发展的秩序。

(6)例外和保障措施原则规定,WTO 成员可以在特定的条件下,不履行已承诺的义务。

(7)发展中国家优惠待遇原则体现了 WTO 对发展中国家充分发展其经济的支持,也充分体现了 WTO 的宗旨。WTO 体制对最不发达国家几乎不要求其承担任何义务,但允许其享受 WTO 成员的一切权利。

(8)经济发展原则以帮助和促进发展中国家的经济迅速发展为目的。

(9)中国加入 WTO 以来,一直在致力于兑现入世承诺,并取得了可观的成果。WTO 基本原则也在中国与世界经济的联系与发展中得到了很好的应用。

本章案例

案例一:美国石油歧视案

20 世纪 90 年代,为了提高市场份额,美国国内和国外的汽油销售公司竞争异常激烈。在销售量衰退和新的要求提高汽油质量的环保标准压力下,美国大型石油公司发现了阻挡进口商的良机。美国石油公司积极支持美国环保局修订《净化空气法》。在 1990 年法案的修改中,商会指导环保局规定:在美国一些重污染区,采取新的规章来提高工期质量。只有经改良的、减少有毒物放射的汽油和天然气才能在这些地区销售。环保局负责签署改良汽油和惯用油标准原则。

1991 年,美国环保局提出了针对国内和国外炼油商的不同标准,他们认为国外炼油商缺乏 1990 年检测的、足以证明汽油质量的真实数据,只能通过一个"法令的底线"显示他们汽油的质量。而国内炼油商可以通过 3 种可行方法制定"独立的底线"。这一标准对外国炼油商采取了歧视政策,造成市场竞争的不均衡,从而引起一场贸易纷争。

委内瑞拉在给 WTO 的诉状中强调,美国石油标准违背了 GATT 中的最惠国待遇原则,因为它对从某一第三国家(加拿大)进口的石油采用了"独立底线"方案。同时,美国也违背了国民待遇原则,因为它给予国内石油公司更优惠的待遇。

WTO 最终裁决美国败诉。这主要是因为最惠国待遇和国民待遇是 WTO 给予各成员的最基本的权利和义务。违背国民待遇或最惠国待遇原则,就会引起贸易争端。WTO 多个案例都运用了这一原则,说明一个看似简单易懂的原则却有着最丰富的内容。这就要求我们在关税、政策、规则等各个层面进行调整,避免出问题。此外,我们还要学会"真正"运用国民待遇原则,并且要在现实经济中谨慎地运用"超国民待遇原则"。①

案例二:美国对中国彩电反倾销案

一、案件概括

2003 年 5 月 2 日,美国五河电子创新有限公司、美国电气工人国际兄弟会、美国工人联合会产业部对来自中国和马来西亚的 52 厘米及以上 CRT 彩电向美国商务部和国际贸易委员会提出反倾销调查申请。调查期为 2002 年 10 月至 2003 年 3 月,调查对象为来自中国和马来西亚的对角线 52 厘米及以上(21 英寸及以上)的阴极射线管彩色电视接收机(对应于美国海关编码

---

① 资料来源:http://www.hecom.gov.cn。

85281228、85281232、85281236、85281240、85281244、85281248、85281252、85281256 项下产品)。表3-4 为本案针对中国彩电的调查程序。

表3-4　本案针对中国彩电的调查程序

排序	生效日	措　施
1	2003 年 5 月 2 日	申诉方向商务部和国际贸易委员会提交反倾销调查申请,委员会发起调查
2	2003 年 5 月 29 日	商务部发起调查公告
3	2003 年 6 月 16 日	国际贸易委员会做出初裁
4	2003 年 11 月 28 日	商务部做出初裁
5	2003 年 11 月 28 日	国际贸易委员会就调查的最后阶段安排做出公告
6	2003 年 12 月初	商务部核查组进行实地核查
7	2004 年 3 月 3 日	商务部举行终裁前的听证会
8	2004 年 4 月 15 日	国际贸易委员会举行终裁前的听证会
9	2004 年 4 月 16 日	商务部做出终裁
10	2004 年 4 月 16 日	国际贸易委员会通知终止对马来西亚的反倾销调查
11	2004 年 5 月 14 日	国际贸易委员会终裁表决日
12	2004 年 5 月 26 日	国际贸易委员会终裁决定送达商务部

二、应诉情况

　　厦门华侨电子股份有限公司在涉案之初并未被列入美方的申诉名单,但是依据企业应诉欧盟对我彩电反倾销案的经验,公司决心参与美国的反倾销调查以保住美国的市场。在美国发布立案公告后,公司立即聘请律师应诉,并主动申请作为单独核查的对象,经过积极的争取,最终被美国商务部选中为特别调查对象,成为美国商务部审理本案选取的四家单独核查企业之一,为最后获得单独税率迈出成功的第一步。在具体应诉工作上,公司配备了解情况、具有协调能力的人员,准确了解美方需求,详细准备数据,认真填写表格,充分相信依靠律师,内外通力合作,最终以出色的工作、准确翔实的资料获得美方现场核查小组的认可。

　　2003 年 11 月 24 日美国商务部就倾销幅度做出初裁,四家被单独核查的企业倾销幅度分别为:长虹 45.87%、康佳 31.35%、TCL 31.70%、厦华 27.94%。虽然厦华电子获得最低的初裁税率,但此结果仍和企业的实际情况大相径庭,企业坚信自己的产品在美国市场销售不构成倾销,于是企业认真寻找美方计算的错误,为此准备了大量的证据,在终裁调查阶段向美国商务部提出。

2004年4月13日美国商务部做出终裁,终裁税率相对初裁时有所调整,其中长虹24.48%、康佳11.36%、TCL 22.36%、厦华4.35%,厦华电子的努力终于取得了回报。

2004年5月14日美国商务部发布公告,对终裁税率进行调整,调整后的税率分别为:长虹26.37%、康佳9.69%、厦华5.22%、TCL 21.25%、海尔、海信、苏州飞利浦、创维、上广电集团、星辉等应诉企业22.94%,其他未应诉企业78.45%。厦华电子取得了美国对华彩电反倾销案中国应诉企业中的最好结果。

三、案件评析

该案中,中国的应诉企业都提出了"市场导向产业"的申请,但均未获得通过。厦门华侨电子股份有限公司在未被列入美方申诉名单的情况下,主动应诉并积极申请作为抽样核查的对象,通过积极应对实地核查,最终获得最低的单独税率,这对于许多企业有着积极的指导意义。

案例三:巴西、阿根廷对中国小汽车橡胶轮胎实行反倾销

巴西政府决定,自2009年9月9日起,对从中国进口的65、70两个系列的13寸、14寸,型号为165、175、185的小汽车用轮胎征收每公斤0.75美元的附加税,实施期限为5年。为了刺激巴西的国内消费需求,巴西暂缓对中国产65、70两个系列的13寸(型号为165、175、185的)客车用轮胎实施反倾销措施,暂缓期为6个月。

9月16日,来自商务部的信息显示,阿根廷将参照巴西的做法,对原产于中国的汽车轮胎进行反倾销调查。届时不排除仿效巴西,对中国生产的小汽车用轮胎征收反倾销税。一旦这一做法蔓延,中国轮胎出口南美洲的大门或将关闭。

2009年9月17日阿根廷生产部宣布,将对从中国等亚洲国家进口的自行车橡胶轮胎实施反倾销措施。

阿根廷生产部工业秘书处发布的公告称,调查证实,从中国、泰国和印度尼西亚进口的自行车橡胶轮胎存在倾销行为,对阿根廷相关企业造成了严重影响。阿海关将对上述国家出口到阿市场的自行车橡胶轮胎征收惩罚性关税,上述反倾销措施有效期为五年。

该案例只是外国对我国发起的反倾销案件的冰山一角。我国遭受反倾销的数量多、频率大、范围广。详见表 3-5。

表 3-5　1995—2012 年 6 月其他国家和地区对中国反倾销投诉的具体数据(共 884 起)

	阿根廷	澳大利亚	巴西	加拿大	智利	哥伦比亚	埃及	乌拉圭	欧盟	印度
中国	88	35	55	29	1	28	15	1	109	150
	印度尼西亚	以色列	牙买加	日本	韩国	马来西亚	墨西哥	委内瑞拉	摩洛哥	新西兰
中国	16	7	1	1	23	2	32	9	1	9
	巴基斯坦	秘鲁	菲律宾	波兰	中国台北	泰国	土耳其	乌克兰	美国	南非
中国	11	21	22	2	8	14	60	8	109	35

数据来源:WTO 数据库 Statistics on Antidumping。

由表 3-5 可以看出,美国、欧盟是对我国发起反倾销数量最多的经济体。其次是印度、阿根廷、土耳其和巴西。对我国发起反倾销的国家主要集中于发达国家,以及发展中国家中发展速度较快的国家。我国在面临如此之多的反倾销案例时,也并非一直处于不利的地位,近些年我国在应对反倾销方面也做了许多积极的工作。图 3-2 展示了 1995—2012 年其他国家和地区对我国发起反倾销的情况。

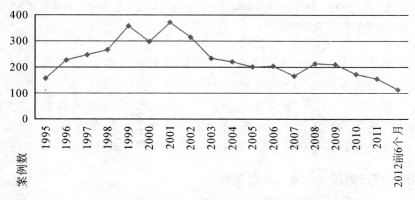

图 3-2　1995—2012 年其他国家和地区对我国发起反倾销案件数
数据来源:WTO 数据库。

在图 3-2 中,在 1995 年到 2001 年,其他国家和地区对我国发起的反倾销案件数总体呈上升趋势,在 2001 年到 2007 年则有大幅度的下降。2007 年以后受美国次贷危机的影响,我国遭受反倾销诉讼的案件数又有了新的上升但上升幅度较小。2009 年以后遭受反倾销案件的数量又下降了。其主要原因是我国在国际经济中的地位有所上升,并且在面临反倾销时我国企业和政府也开始积极应对。与此同时我国遭受的反倾销调查占全球反倾销调查的比例也相应有所下降,见图 3-3。

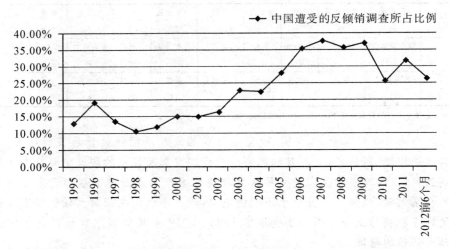

图 3-3 1995—2012 年 6 月中国遭受的反倾销调查占全球反倾销调查比例
数据来源:WTO 数据库。

从图 3-3 可以看出,我国遭受反倾销调查的比例在 1995 年到 2007 年基本上处于上升阶段,但在 2008 年以后这一比例先略微上升,然后下降,接着又小幅上升,最后又下降,整体的增长势头已经趋弱。但是我国作为遭受反倾销调查重灾区的事实还是没有改变,依然需要我国的政府和企业联合起来共同应对来自国际的反倾销压力,为我国企业走出国门营造良好的世界市场环境。

案例四:欧盟诉印度产品数量限制案

一、案件概括

为了维持国内相关产品的市场平衡及其外汇收支平衡,印度政府于 1997 年 4 月 1 日发布了一项政令。自 1997 年 4 月 1 日起,对 3 000 种以上的农产品、纺织品和工业品实施进口数量限制,并于同年 5 月 22 日向 WTO 进行了通报,文号为 WT/BOP/N24。农产品中包括鱼、肉、禽、蔬菜、调味品、奶制品、饲料等;纺织品中包括各种面料、男女服装、鞋帽、童装、运动服装、内衣裤等;工业品包括加工食品、葡萄酒、糖果以及化妆品原料和化妆品、洗涤/护发用品、五金工具、摩托车、越野车、通信器材、文印设备、厨卫用品、装饰装修材料、钟表首饰等。由于这项措施涉及的产品范围广泛，涉及的贸易总额十分巨大，措施延续时间较长，所以很快引起了印度主要贸易伙伴的强烈反响。

1997 年 7 月 18 日，欧盟依据《关于争端解决规则和程序的谅解》第 4 条、《GATT 1994》第 22 条、《进口许可程序协议》第 6 条和《实施卫生与植物卫生措施协议》第 11 条的规定，率先向印度常驻日内瓦使团和 WTO 争端解决机构提出磋商要求。欧盟指出，印度坚持的数量限制违背了《GATT 1994》第 11、13 和 18 条，《农业协议》第 4 条 2 款，《进口许可程序协议》第 1 和 3 条，以及《实施卫生与植物卫生措施协议》第 2、3 和 5 条的规定。

日本紧随其后，于 7 月 25 日提出加入磋商的要求。其理由是"事关日本的实质性贸易利益"。接着，美国于 7 月 29 日提出了加入磋商的要求，并且给出了具体受限贸易额的估算。随后，加拿大、澳大利亚、瑞士、新西兰也都提出了加入磋商的请求。

此后，印度与欧盟、美国、日本等进行了长达 8 个多月的艰苦磋商，1997 年 11 月至 12 月间，印、欧双方通过换函商定了对这一诉讼案的解决方案。1998 年 4 月 7 日，印度常驻日内瓦使团和欧盟常驻日内瓦代表团共同致函 WTO 争端解决机构，双方已就印度的进口数量限制"达成协商一致的解决办法"。1997 年 11 月 25 日，印度、日本通过换函，亦对这一诉讼案的解决方案达成了一致意见，并于 1998 年 12 月 27 日就此共同致函 WTO 争端解决机构。这两个方案几乎完全一致，但都是双边性的。其内容是分三个阶段取消数量限制：第 1 阶段为 1997 年 4 月 1 日至 2000 年 3 月 31 日，第 2 阶段为 2000 年 4 月 1 日至 2002 年 3 月 31 日，第 3 阶段为 2002 年 4 月 1 日至 2003 年 3 月 31 日。执行情况双方共同按年度进行审核。在各自的和解方案中，欧盟和日本分别承诺协助印度寻求多边范围的和解。至此，本诉讼案通过磋商得以解决，并且解决方案立即付诸实施。

二、案件评析

由本案可以看出 WTO 框架下的贸易争端常常涉及多个协定的管辖范围。仅出于某项协定的条款而制定限制进口的措施，且没有充足的理由，必然会遭到其他 WTO 成员群起而攻之。印度政府制定这项措施的理由是其外汇收支情况恶化，而 IMF 提供的数据表明，"印度的外汇储备是充足的"，"不存在严重衰退的威胁"。除此之外，印度也没有提供其储备不足的其他证据。在与其他成员的磋商中达成和解方案，避免招致进一步的惩罚，对印度而言是明智之举。

针对食品、动物和动物产品、植物和植物产品的措施属于 SPS 协定的管辖范围。本案涉及的农产品和食品的种类很多、范围广泛。印度对这些产品的进口数量限制措施超出了"保护人类、动物或植物的生命或健康所必需的限度",既未基于科学原理,又无充分的科学证据,显然是毫无道理的。

由于 WTO 的多边性质及其非歧视原则,成员间的双边协议自动在多边范围内生效。因此在 1998 年期间所有提出与印度进行磋商的成员方,均与印度共同通知争端解决机构达成和解。

本案是 WTO 争端解决机制的又一成功案例。尽管在程序上,该机制包括磋商、调停、斡旋、专家组裁决等步骤,但是在争端解决的任意阶段,WTO 都鼓励发生贸易争端的各方以磋商的方式解决问题。

练习与思考

1. 简述 WTO 的基本原则。

2. 简述最惠国待遇原则与国民待遇原则的异同点。

3. 关税减让原则的体现形式有哪些?

4. 简述透明度原则的例外情况。

5. 发达国家和发展中国家在 WTO 基本原则的适用上是否完全一致,如果不完全一致区别有哪些?

第四章 WTO 的决策机制

本章提要

WTO 的决策机制是使 WTO 谈判能达成最终协议的最有力保障。当前 WTO 决策机制主要包括"协商一致原则"和"多数投票原则"。而在现实的应用中协商一致原则往往达不到预期的效果,而多数投票原则更是被束之高阁。究其原因,最主要是因为各个成员之间存在着利益冲突,尤其是发达国家与发展中国家之间的利益冲突。发达国家在世界贸易额中所占比重大,而发展中国家在世界贸易成员中所占比例较大。所以 WTO 两种最基本的决策机制都未能得到很好的发挥。对 WTO 现行决策机制的思考和改进则成为相当重要的研究问题。

本章结构图

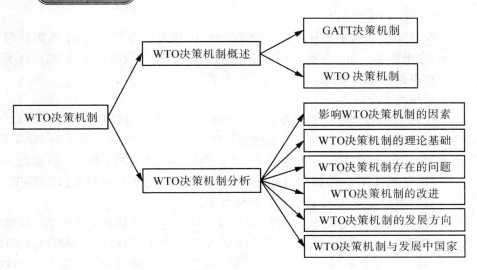

- 重点掌握 WTO 决策机制的主要内容。
- 掌握 WTO 决策机制在运行中存在的问题。
- 了解 GATT 决策机制与 WTO 决策机制的关系。
- 了解发展中国家在 WTO 谈判中存在哪些劣势。

第一节　WTO 决策机制概述

WTO 的决策机制是指 WTO 对有关事项诸如条文的解释、修改、义务的豁免以及接受新成员、贸易争端的解决等做出决定的机制。WTO 的决策机制对于各国经济的发展和 WTO 的运行来说都是十分重要的,因为它直接关系到各成员之间权利与义务的分配问题。

WTO 是由 GATT 发展而来的,在决策机制上 WTO 也在一些方面继承和延续了 GATT 的相关内容。在学习 WTO 的决策机制之前,有必要对GATT 的决策机制进行一些了解。

一、GATT 决策机制

(一)GATT 的机构设置

GATT 的机构主要有缔约方全体大会、缔约方代表理事会、十八国顾问集团、总干事等。而且这些机构并不是通过可循的条款设置而得的,而是在不同时期根据 GATT 的实际需要应运而生的。

1.缔约方全体大会

GATT 的各项法律文件英文文本中的“CONTRACTING PARTIES”(以全大写字母出现)译成中文是“缔约方全体”,它代表作为一个整体的 GATT所有缔约方。缔约方全体大会是 GATT 的最高权力机构,决定一切重大事宜,至少每年召开一次,偶尔也有一年举行两次的。遇到特殊情况,经 GATT过半数的缔约方同意,也可以召开特别大会。

缔约方全体大会的权力来自 GATT 的条款,主要体现在 GATT 的第25 条及其他一些条款,概括起来可以分为五个方面:①修订和解释 GATT条文,这是实际上的缔约方全体的立法权;②接受新缔约方;③监督各国政府实施 GATT 的情况；④参与调解缔约方之间的纠纷；⑤豁免缔约方的某项义务。[①]

2.代表理事会

代表理事会是 1960 年成立的，是缔约方全体大会在闭会期间的常设组织。这一机构是通过实践的摸索历经曲折才建立起来的，有着非凡的意义。美国法学教授评论说："代表理事会的建立标志着 GATT 从一个隔一段时间开一次会的社团组织发展成了真正的国际组织。"代表理事会由所有要求成为其成员的缔约方派出代表组成，以便参加每年 9 至 10 次的理事会会议。如果遇到讨论特别问题，与此问题有利害关系的国家表示愿意参加的，都可以参加。此外 GATT 还允许非成员方、国际组织派代表列席代表理事会。

代表理事会的权力主要来自缔约方全体大会的授权，以及在实践中发展起来的习惯，因为 GATT 文本中根本就没有提到代表理事会这样一个机构，当然也就没有任何关于代表理事会的权力范围及组织机构的规定。它的权力主要体现在：①在缔约方全体大会闭会后对它在会议期间所讨论的所有问题继续进行讨论，并对闭会期间发生的任何紧急情况加以审议；②负责监督缔约方全体大会的议题和日常安排；③根据需要建立附属机构，并决定它们的职权范围，审查其工作报告并负责向缔约方全体大会提出意见；④根据解决争议的程序，任命专家调查小组，决定专家组的职权范围，审查专家组的报告；⑤负责对各国的贸易政策进行审查。由于代表理事会的努力，很多问题得到了迅速解决，即使是需要由缔约方全体讨论的问题，由于事先作了准备，大会的讨论也相对顺利。

3.十八国顾问集团

十八国顾问集团是 1965 年 7 月 1 日成立的临时机构，1979 年缔约方全体大会决定将其改为常设机构。20 世纪 60 年代以来，GATT 和代表理事会的成员大量增加，给一些问题的协商带来了困难。缔约方经过多次讨论，决定成立一个由各方面代表参加的机构，并得出结论：十八国顾问集团由 7 个发达国家、10 个发展中国家和 1 个非市场经济国家的代表组成，这个数字在一个代表各种贸易体制、不同经济发展水平、有限制的机构中最能保证均衡。

顾问集团是高水准的，成员方出席集团会议的代表都是贸易政策的头面人物，通常是高级公务员。顾问集团每年举行 3 至 4 次会议，主要对重大的贸

---

① 曹建明.关税与贸易总协定[M].北京：法律出版社,1994.

易政策问题进行研究,预测国际贸易关系的发展,预测未来国际贸易政策,并为此打好基础。集团研究后,向代表理事会提出建议,每年向代表理事会提交一份报告。由于集团的顾问性质,集团的合议实际上可能会在理事会或缔约方全体大会中得以通过。这样,集团的主张最终会形成法律上的权利与有约束力的义务。

4.总干事、秘书处

《哈瓦那宪章》①规定总干事是国际贸易组织的最高行政长官,但直到1965 年 3 月 23 日 GATT 才决定设立这一头衔,而且 GATT 条文并没有作相应的调整与修改,除了后来缔约方全体大会通过的一些决定与程序规则授予总干事某些情况下进行活动的权力外,总干事的职责完全是在实践中发展起来的,并与担任该职务的人的活动能力有很大的关系。GATT 第二任总干事奥利佛·隆对总干事的职责作了形象的概括,认为他是集监护人、引导者、调停者、经理等角色于一身的人。尤为重要的是总干事要主持贸易谈判委员会,他是每一轮多边贸易谈判的主席,当缔约方在谈判中发生利益冲突时,他应以自己中立的地位为当事人提供保证。

秘书处同样也是实践的产物,在总干事的领导下负责 GATT 的日常事务,其主要任务是为 GATT 的各种会议进行会务安排,出版秘书处各种文件。另外,秘书处的经济专家和统计专家对贸易实绩和贸易政策进行分析,其法律工作专家协助解决涉及 GATT 规则和程序的贸易争端。秘书处所有工作都是事务性的,它本身没有决策权。

(二)GATT 的决策机制

1.GATT 的相关规定

按照 GATT 第 25 条的规定,只有缔约方全体才有决策权,每个缔约方在各种缔约方全体会议上应有一票投票权。这说明,在 GATT 内,只要是缔约方,不论大小,也不论经济发展水平高低,都有平等的决定权。

缔约方全体的决议,除 GATT 另有规定的以外,应以所投票数的多数通过(第 25 条第 3、4 款)。根据《缔约方全体大会程序规则》的规定,全体缔约方的简单多数(即过半数)构成投票的法定人数。

第 25 条所讲的"另有规定",是指应以所投票数 2/3 多数通过某项决议的情形,主要有:(1)第 24 条第 10 款规定,只有经缔约方全体 2/3 的多数通过,

---

① 1947 年 11 月至 1948 年 3 月,在古巴哈瓦那举行了联合国贸易和就业会议。会议审议并通过了《国际贸易组织宪章》,又称《哈瓦那宪章》。

GATT 方可批准与该条第 5 款至第 9 款的要求不完全相符合,但系为建立该条所称的关税同盟或自由贸易区的建议;(2)第 25 条第 5 款规定,缔约方全体决定免除某个缔约方对 GATT 所承担的某项义务,应以所投票数的 2/3 多数通过,并且这一多数应包括全体缔约方的半数以上;(3)第 33 条规定,缔约方全体在决定接纳新的成员时,应由全体缔约方的 2/3 多数通过。

此外,根据 GATT 第 30 条的规定,以下决定须经所有缔约方一致通过方始生效:(1)对 GATT 第一部分,即对第一条"一般最惠国待遇"和第二条"减让表"的各项规则进行修改的决定;(2)对第 30 条本身即"GATT 的修改"规则进行修改的决定。

除了第 25 条与第 30 条两种情形外,对 GATT 其他条款的修改,当 2/3 的缔约方接受时,在接受这些修改的缔约方之间有效。

2.GATT 实际中的决策机制

根据 GATT1993 年 4 月公布的统计资料,仅欧共体 12 国、美国、日本、加拿大等 15 个国家 1992 年的商品出口就占了全世界商品出口量的 52.8%,其中美国一国就占了 16%,这 15 国进口占世界商品进口量的 62.6%,其余一些缔约方在进出口量中的比例非常之小,根本无法和这 15 国相比。由此可见,GATT 各缔约方的经济发展水平差距太大,加上发展中国家在缔约方数量上的优势,一个成员一票的原则基本上被束之高阁,实际上的投票规则使用范围十分有限。一般情况下,缔约方全体大会的决议是以协商一致的方式(consensus)做出的。只有在 GATT 明确规定对于某项决定必须进行投票时,缔约方全体才进行投票,但投票表决之前还是要进行谈判,谈判是一个必经的程序,而且谈判对最后的决定有着重要影响。

二、WTO 决策机制

(一)文本中的 WTO 决策机制

1.协商一致

WTO 以 GATT 所遵循的决定、程序和惯例作为指导,在决策中继续沿用 GATT 所遵循的"经协商一致作出决定"的习惯做法。

GATT 的决策惯例是,谈论一项提议或拟议中的决定时,应首先寻求协商一致。所有缔约方都表示支持,或者没有缔约方反对,即为协商一致通过。1995 年 11 月,WTO 总理事会议定了一项有关决策规则的说明,强调在谈论有关义务豁免或加入请求时,总理事会应寻求以协商一致方式达成协议,只有在无法协商一致的情况下才进行投票表决。

2.投票表决

在部长级会议或总理事会表决时,每一成员拥有一票。总的原则是,部长级会议和总理事会依据成员所投票数的多数作出决定,除非《建立 WTO 协定》或有关多边贸易协定另有规定。

(1)关于条款解释的投票表决

部长级会议或者总理事会拥有解释《建立 WTO 协定》和多边贸易协定的专有权。对多边贸易协定条款的解释,部长级会议或总理事会应根据监督协定实施的相应理事会的建议进行表决,获得成员的 3/4 多数支持才能通过。

(2)关于义务豁免的投票表决

按照《建立 WTO 协定》和多边贸易协定的规定,任何成员既享受一定的权利,也履行相应的义务。但在特殊情况下,对某一成员应承担的某项义务,部长级会议应确定不超过 90 天的期限进行审议。首先应按照协商一致原则作出决定;如果在确定的期限内未能协商一致,则进行投票表决的成员的 3/4 多数通过才能作出义务豁免决定。

成员提出的义务豁免请求,若与货物贸易、服务贸易、与贸易有关的知识产权等任一多边贸易协定及其附件有关,应首先分别提交给货物贸易理事会、服务贸易理事会和知识产权理事会审议,审议期限不超过 90 天。审议期限结束时,相应理事会应将审议结果向部长级会议报告。

部长级会议作出的义务豁免决定有明确的适用期限。如义务豁免期限不超过 1 年,到期自动终止;如期限超过 1 年,部长级会议应在给予义务豁免后的 1 年内进行审议,并在此后每年审议一次,直至豁免终止。部长级会议根据年度审议情况,可延长、修改或终止该项义务豁免。

(3)关于修正案的投票表决

WTO 的任何成员,均可向部长级会议提出修正《建立 WTO 协定》和多边贸易协定条款的提案。部长级会议应在 90 天或确定的更长期限内,首先按照协商一致原则,作出关于将修正案提请各成员接受的决定。若在确定的期限内未能协商一致,则进行投票表决,需由成员的 2/3 多数通过,才能作出关于将修正案提请各成员接受的决定。

对某些关键条款的修正,必须经所有成员接受方可生效。这些关键条款是:《建立 WTO 协定》第 9 条"决策"和第 10 条"修正",《1994 年关税与贸易总协定》第 1 条"最惠国待遇"和第 2 条"减让表",GATS 第 2 条第 1 款"最惠国待遇",《与贸易有关的知识产权协定》第 4 条"最惠国待遇"。

除上述关键条款的修正外,对《建立 WTO 协定》、《货物贸易多边协定》和

《与贸易有关的知识产权协定》所列其他条款的修正,如果不改变各成员的权利和义务,在成员的 2/3 多数接受后,对接受修正的成员生效,此后接受修正的成员自接受之日起生效。

对 GATS 第四部分"逐步自由化"、第五部分"机构条款"、第六部分"最后条款"及相应附件的修正,经成员的 2/3 多数接受后,对所有成员生效。

对第一部分"范围和定义"、第二部分"一般义务和纪律"、第三部分"具体承诺"及相应附件的修正,经成员的 2/3 多数接受后,对接受修正的成员生效,此后接受修正的成员自接受之日起生效。

对未在部长级会议规定的期限内接受已生效修正的成员,部长级会议经成员的 3/4 多数通过作出决定,任何未接受修正的成员可以退出 WTO,或经部长级会议同意,仍为 WTO 成员。

对《与贸易有关的知识产权协定》第 71 条第 2 款关于"修正"的要求作出的修正,可由部长级会议通过,无须进一步的正式接受程序。

对《建立 WTO 协定》附件二《关于争端解决规则与程序的谅解》的修正,应经协商一致作出,经部长级会议批准后,对所有成员生效;对附件三《贸易政策审议机制》的修正,经部长级会议批准后,对所有成员生效;对附件四"诸边贸易协定"的修正,按诸边贸易协定中的有关规定执行。

(二)实践中的 WTO 决策机制

WTO 决策机制在实践中的运用往往受到许多因素的干扰,并不能像在文件中规定的那样顺利地进行,甚至对文件规定的决策原则进行了巨大的改动。就多边谈判中的决策机制而言,总体上呈现出以下三大特征。

1. 投票表决被弃之不用

在实际操作过程中,全体一致原则主导着 WTO 的会议谈判与讨论的全部过程,排除了投票表决的使用。尤其是在规则制定的过程中,通常全体一致的方式成为通过草案的唯一选择。为何投票表决程序被束之高阁,有学者认为:由于世贸成员中发展中国家和地区增多,发达国家所占比例急剧下降,并且双方阵营在很多问题上分歧严重,如果启动投票表决,发达成员将面临不利的局面。在乌拉圭回合中,美国担心 GATT 中的决策"根据一国一票制会被较小的国家支配",建议缔约方"确认 GATT 现有的通过共识决策的做法",以期废除邓克尔草案①中关于投票表决机制的规定。在第二次选举 WTO 总干

---

① 政府间缔结的旨在降低关税、减少贸易壁垒的有关关税和贸易政策的多边国际协定。

事的全体会议上,美国更明确表达了"我们从来不支持这一组织内的投票表决"的强硬态度,并得到许多国家的支持,投票机制从此被弃之不用。

2."同心圆"模式成为谈判的障碍

"同心圆"模式一直以来都存在于 WTO 相关决策的谈判过程中。所谓的同心圆模式,是指 WTO 相关决议的通过通常是在有限的范围内征询意见,而后再将相关结果通知至更大范围。而在某种程度上这种小范围之内的讨论结果对于整个决议的最终通过往往起着决定性影响。客观地说,将影响全球贸易的重大问题,交由贸易份额很小的一群国家即大多数的经济不发达国家来决策与管理,也是不利于全球贸易体系健康快速发展的,这应该也是许多国家支持美国立场的原因。然而,频繁地使用"同心圆"模式使正式决策机制从此没了实施的保障。为弥补投票机制的作用,乌拉圭回合中,总干事邓克尔最先开始尝试以私人身份邀请部分贸易大国代表开展小范围、不公开的"谈话会",以期在主要贸易国之间首先达成小范围共识,再将会晤结果在全体会议中进行铺开,该种方法有效解决了乌拉圭回合的谈判僵局。由于早年会场选在总干事在日内瓦的私人会客室,且该房间又有"绿屋"的雅号,故从此便以"绿屋会议"称呼此类非正式决策会议。

3.主席在决策过程中发挥重要作用

WTO 主席如何影响 WTO 的决策过程及其不同策略的效用是文献中较少涉及的研究领域。主席可以在 WTO 决策过程中采取三种基本的调解手段。第一种也是最基本的一种方式是观察、诊断和沟通。第二种是所谓的陈述方式。而较少采用的方式即第三种方式是直接的干预或控制手段。即使是在标榜"成员驱动"的机制中,这些协调者运用的手段也可能对合议的达成、利益的分配乃至谈判的合法性都有极为重要的影响。因此,相关实践证明,在未来的机制运作中,有必要通过非正式的改革,进一步加强主席的协调作用以推动谈判进程。可以看出,实践中的 WTO 决策机制是非常特别的。相对于法律文本规定的决策方式而言,实践中的表决方式更为单一。但是与此同时,这种单一的表决方式在运作中又辅以非常灵活的非正式渠道。

(三)"绿屋会议"

1."绿屋会议"概述

根据 WTO 秘书处的解释,"绿屋"并不是一个新生事物。它早在 20 世纪 70 年代的 GATT 时代就已经存在,而且在东京回合和乌拉圭回合中逐渐变得引人注目。实际上,最早的"绿屋"只是一间普通的会议室 ——GATT 总干事的会议室,确切的地理位置在瑞士日内瓦湖畔,洛桑大道 154 号,WTO 秘书处总部大楼二层。

至于为什么叫作"绿屋(green room)",迄今大致有四种不同的说法。第一种说法认为"绿色"是源自总干事会议室的绿色墙壁;第二种说法认为"绿色"是指会议室铺设的绿色地毯;第三种说法认为"绿色"是指会议室的绿色天花板;最后一种说法则认为"绿屋"只是借喻,英文里"绿屋"的意思是英国戏剧里演员上台前的休息室。关于"绿屋"起源的考证可以一直进行下去,但是唯一可以确定的是,在所谓的"绿屋"里召开的会议的性质与绿色没有什么关系。

20 世纪 80 年代中期,为了推动发起乌拉圭回合谈判,时任 GATT 总干事邓克尔开始以个人身份召集少数主要缔约方,在他的"绿屋"会议室召开非正式会议。这或许是最早的"绿屋会议"。会议就 GATT 当时关注的热点问题进行了讨论,先在与会方之间形成初步共识,然后总干事在 GATT 正式会议上再向全体成员提出建议,最后在大会上通过。参加早期绿屋会议的缔约方不超过 10 个,主要是"四方"(美国、欧共体、日本、加拿大)及澳大利亚、挪威、瑞士等,鲜有发展中国家参加。绿屋会议的非公开性,使得许多 GATT 成员被排除在会议之外。绿屋会议在当时引起了很大争议,被排除在绿屋会议之外的大多数发展中缔约方对绿屋会议的意见很大。为避免过大的反对意见对会议的进行产生阻挠性的影响,邓克尔后来只好把绿屋会议搬到他的私宅,以晚餐会的形式继续下去。

随着时代的变迁,绿屋会议的参加范围和形式均发生了变化。WTO 成立后,绿屋会议的参加方不断增加。多哈回合以来,绿屋参会成员根据每次会议的不同议题会有所变化,但基本"阵容"不变,大致保持在 25～30 个成员之间。同时,一些非正式磋商已不在绿屋会议室召开,开始在日内瓦,或在日内瓦以外的其他地方举行。

实际上,"绿屋会议"的正式名称应是"非正式磋商",按照会议的级别和开会地点,可以分为两大类:第一类是在日内瓦由 WTO 总干事召集二十几个成员常驻 WTO 的大使举行的团长会(heads of delegation),一般历时半天;第二类是部长级绿屋会议。部长级绿屋会议又分为两种。一种是在 WTO 举行部长级会议期间进行的非正式磋商,此类会议一般是从晚上开始一直谈判到深夜甚至到次日黎明。另一种是在日内瓦之外,由某个 WTO 成员召集的小型部长会议,比如在 OECD 部长级会议、APEC 部长级会议、达沃斯世界经济论坛期间等由一些 WTO 成员部长主持的小型部长会议,以专题形式讨论 WTO 问题。此类会议一般持续半天到一天不等。

总之,绿屋会议在概念上是一种由 20 到 30 名 WTO 成员部长或代表团团长(大使)参与的非正式磋商机制,会议一般在发起新一轮多边贸易谈判之前和谈判过程中进行得较多,其频繁程度受谈判进展和形势影响。

2008 年 7 月 21 日,小型部长级会议在日内瓦 WTO 总部正式开始。35 个成员的贸易部长应邀出席,其中有 5 个成员同时派来了农业部长。另外,还有 50 多个未受邀请成员的部长也来到日内瓦,在会场外随时跟踪谈判的进展。经过紧张的谈判,2008 年 7 月 29 日,WTO 总干事拉米宣布 35 个主要成员参加的小型部长级会议谈判破裂,多哈回合谈判再次遭受重挫。然而在 2008 年 7 月的 WTO 小型部长会议中绿屋机制又有了两项新的发展,均被总干事拉米称之为(绿屋参与方的)"可变组合"。一是在大范围绿屋磋商过程中,参会方总数维持不变(30 个),核心成员维持不变(近 20 个),非核心成员(近 10 个)参会情况随着每次绿屋会议讨论主题的不同而变化。比如,在讨论优惠侵蚀时,邀请孟加拉作为 G90 的代表参会;在讨论棉花问题时,邀请贝宁代表棉花四国参会;在讨论香蕉问题时,邀请厄瓜多尔代表中美洲香蕉生产国参会。二是在由三十几个成员部长参加的绿屋会议进行 3 天未能取得任何进展的情况下,为了加速谈判,拉米被迫暂停绿屋会议,转而召集美国、欧盟、印度、巴西、日本、澳大利亚、中国这"七方"(G7)的部长进行小范围磋商。WTO 秘书处对此的解释是,七方磋商的任何结果都将提交大绿屋讨论,最终提交贸易谈判委员会(TNC)全体成员并经协商一致通过。这一过程也就是"同心圆"程序。

小知识 4-1

2008 年小型部长级会议中中国的表现备受称赞

2008 年 7 月的小型部长级会议谈判破裂,主要成员间总会互相指责、推卸责任。但除了美国出于政治需要攻击中国以外,拉米与其他各方均对中国在谈判中的作用表示了高度赞赏。

商务部部长陈德铭率领商务部、发改委、财政部、农业部等组成的中国代表团参加了此次会议。代表团成员中还有农业部副部长牛盾、商务部副部长易小准、中国常驻 WTO 大使孙振宇。这一高规格的代表团阵容充分体现了中国对这次会议的重视。

陈德铭部长在 7 月 21 日第一次贸易谈判委员会上就表明了中国的气度和决心:"在经济全球化的今天,我们大家都在一个一起升降的电梯里,而不是你起我落的跷跷板上。在谈判的最后关头,特别是在世界经济目前面临重重困难的关键时刻,我们应同舟共济,拿出足够的智慧和勇气,为谈判走向成功铺平道路，实现多哈发展目标，实现互利共赢。"

在这次会议上，中国应邀参加了 G7 磋商。实际上，此前的谈判先后尝试过 FIPS（美、欧、印、巴、澳）、G6（美、欧、印、巴、澳、日）、G4（美、欧、印、巴）等磋商机制，此次是首次邀请中国参加核心谈判圈。中国也确实利用自身优势发挥了重要作用。

G7 第一天的讨论就面临崩溃，当拉米给出"结束谈判"和"继续努力"的选项时，陈德铭部长立即发言，敦促各方"应承担起全球经济的责任，继续努力"，得到了欧盟、巴西的呼应。中国的及时表态，对谈判峰回路转、避免过早夭折起到了决定性的作用。在随后的 G7 磋商中，中国也多次为弥合各方分歧作出了贡献。

会议谈判破裂后，印尼贸易部长冯慧兰、秘鲁贸易部长阿劳丝称赞中国是"讲道理、顾及各方利益、发挥积极作用的成员"；巴西外长阿莫林认为，中国第一次参加核心层的谈判就发挥了引领作用；澳大利亚贸易部长克林"对中国的积极推动谈判表示赞赏"；欧盟贸易委员曼德尔森认为，"陈德铭部长及其同事在谈判中表现出的尊严、气度和丰富的专业知识给人留下深刻印象"。

历来对中国苛刻的西方媒体也给予了中国积极评价，认为"中国在 WTO 最高层次谈判桌上占据一席"，"谈判战术很不一般"。《纽约时报》刊文指出，中国开始成为全球贸易谈判的主要角色，并成为务实、不说空话的谈判者。

2."绿屋会议"特点

（1）"绿屋会议"的场所

绿屋会议室的面积一般都很小。前 WTO 总干事穆尔在回忆录中指出，绿屋的会议室不能太大，否则就需要用麦克风，因此，绿屋必须比较小，带桌子，里面的空调温度要调得比较低，让人在即将进行的马拉松谈判中保持清醒。

为在 2006 年 6 月底召开 WTO 的部长级"绿屋会议"，WTO 总干事拉米精心地在 WTO 的图书馆里布置起绿屋会议的会场。他之所以选择这里，可谓煞费苦心。因为图书馆里有很多书架可以移动，这样就可以人为地控制会场的空间，做到刚好人挨人地装下三十几位部长，从而制造出一种压抑、紧张的气氛。

在香港会议期间，"绿屋是一个环境很差的屋子。好客的香港人提供了很多可供选择的场所，但是世贸选择了一个最小、最狭窄的屋子，而且把这个屋子分成两半，我们坐的地方都很局促。地方很小而且要谈那么长的时间，尤其是到了凌晨，里面的空气不是很好。据说这是一种谈判的逻辑，让谈判的参与者在狭小的环境里，尤其是半夜谈判，精疲力竭的时候就容易达成协议。我不知道世贸是不是这种逻辑"。

在 2008 年 7 月 WTO 小型部长会期间，绿屋会议的地点在 WTO 总部的谈判间。"绿屋是谈判的核心地带。我们像沙丁鱼一样挤坐在椅子上,这是世界上最不舒服的地方。难道这是拉米总干事存心安排的,想逼迫我们尽快达成协议以逃出这个拥挤的地方?然而,现实是,我们不得不在这个狭小的屋子里,长时间地艰苦谈判。至少窗外的树叶、湖水还有山脉是美丽的。我怀疑今后几天我会没有时间再欣赏这些风景了。"参加过绿屋会议的代表在会议结束后这样形容绿屋会议的会场和参会的感受,可见绿屋会议所带的神秘感。

(2)"绿屋会议"的准入

绿屋会议虽然没有"门票",也没有会议通知,但却对参会者有着严格的限制,只有受到"邀请"的成员才能参加。会议不对外公开会议情况,没有录音,也没有任何文字记录。会议门口会有 WTO 秘书处官员手持一张参会者名单,对照名单一一放行。各方代表必须是正部长或获得部长授权的副部长,可以携带一名助手参会。主要成员有时候有双部长参会(如美国、欧盟、日本等成员的贸易部长和农业部长共同与会)。部长级会议期间的绿屋会议一般由 WTO 总干事以谈判委员会主席身份主持,其他小型部长会则由主办会议的某成员部长作为东道主主持。各谈判组主席有时会以观察员身份参会。在某些小型部长会上,有时候会允许参会成员的代表在绿屋的隔壁用视频"听会"。

(3)"绿屋会议"的氛围

非正式性,是绿屋会议的一大特色。绿屋的工作语言为英文(不配备翻译),某些成员部长需要现场配备无线耳机,通过自带的译员参会。与会部长都身着便装,不打领带,谈判桌上不放置成员的牌子,不用麦克风,更不允许录音。部长之间直呼其名。整个会议的氛围显得十分随意,但是会议的内容和会议期间的谈判却不是十分轻松。绿屋会议决策原则是协商一致,不采用投票表决。为达成协商一致,参会方会使尽浑身解数,有的唇枪舌剑,有的苦诉委屈,有的舌战群儒。会议期间的讨论气氛与正式会议形成强烈反差,外交辞令和彬彬有礼与绿屋会议都是格格不入的。参会的成员方都十分了解这个小型会议的重要性,因此都会使出自己所有的谈判招数,为自己在谈判中争取有利的地位。

3."绿屋会议"的优势

绿屋会议通过小范围的会议达成共识,再将这种初步的共识如波浪般向外延伸,客观上解决了全体会议中众口难调的局面,有效提升了决策效率。乌拉圭回合中取得的《TRIPS 协议》、《服务贸易协议》等成果,都是借助这种机制才得以最终出台的。可见"绿屋会议"在推动决策进程上功不可没。

作为非正式机制,由于所达成的共识并非正式决议,不产生法律效力,会谈气氛比较轻松融洽,全无通常谈判当中的紧张激烈,这种环境为成员代表们更深入地探讨问题,更直接地进行利益协调提供了适合的土壤。同时"绿屋会议"在程序设计上采用不公开模式,局外人根本无从知晓,会谈代表能够避开本国利益集团施加的压力,在磋商中开出更为真实的谈判条件,这些正是"绿屋"的价值。

4."绿屋会议"的缺陷

(1)程序上违反"规则导向"原则

非正式决策机制目前还只是一种惯例,WTO 对此并无任何明文规定。但是,一项措施如果长期游离于 WTO 规则之外,就非常容易为个别国家的恣意妄行提供空间。"绿屋会议"这种非正式决策机制没有一个固定的模式,对这一决策机制的实施更没有一个公认的程序规定,这就很可能导致决策过程中不公正现象的发生。许多发展中国家对"绿屋会议"大加指责,就是直指"绿屋"中发达国家排除了发展中国家参加会议的资格并任意使用政治施压和经济威胁促成共识的不公正现象。

(2)缺少透明度

缺少透明度是"绿屋会议"被诟病最多的问题。秘密会晤固然会有利于谈判成员们在会议之中畅所欲言,在没有其他国家施加压力的情况下,提出对自己最有利的谈判条件,但这种封闭式的谈判形式对于被隔离于场外的成员而言就是一种信息的不对称。由于最终议题还需经过部长大会全体通过才形成正式决议,若部分国家对于"绿屋"所生文件的来龙去脉根本不了解,匆匆出席会议,那么根本就不会有仔细、认真思考的过程,又怎么能够达成满意的谈判结果呢?

(3)贸易大国主导会议

在"绿屋会议"执行的过程中,许多参加过非正式决策会议的成员深刻体会到了什么叫"边缘化"。一次"绿屋会议",通常由美欧等发达的贸易大国决定会议议题,确立讨论范围,有时甚至连参会成员名单也是由这些国家来挑选的,中小国家在这些场合中简直没有一点立足之地。虽然近几年"绿屋会议"的参加成员普遍能够达到 25~30 人的规模,当中也不乏众多发展中成员,但是,会议上照旧是贸易份额和国家实力两者说了算,而其他中小国家所提出的主张和建议,要么不被写入会议记录,要么由于"位卑言微",不被理睬。在"绿屋会议"最终提交的文件中根本看不到中小国家的利益诉求,可以说,非正式决策会议仍然是发达成员支配下的"一言堂"。正如学者所说,"既然美欧同意,其他国家也都遵从,它们(中小发展中成员)对议程的影响微乎其微。"

通过对"绿屋会议"的以上了解,可以看出"绿屋会议"这样一种非正式决策机制在 WTO 谈判过程中扮演着多么重要和神秘的角色。对这种模式在 WTO 谈判过程中所起的作用,众口不一。但无可否认的是,"绿屋"的存在在一定程度上有损于 WTO 公平、公开的原则,但与此同时,它也在一定程度上为各种协议的达成做出了很大的贡献。

第二节 WTO 决策机制分析

一、影响 WTO 决策机制的主要因素

在 WTO 谈判的过程中,所有与会成员大致可以分为两种类型。一种是代表发达国家的成员,另一种是代表发展中国家的成员。在各种协定的谈判过程中发达国家和发展中国家往往在各自的利益方面存在着冲突。但是事实也证明在各种博弈中发达国家都占据主动地位。

(一)大国的国家利益和国内政治

美国作为世界贸易大国,在 WTO 各种谈判中扮演着主要的角色。从 20 世纪 60 年代开始,大量的在世界贸易总额中占比非常小的发展中国家加入了 GATT,美国开始质疑 GATT 的决策机制,也开始担心大量发展中国家的加入会使 GATT 的决策机制偏离了它一度主导的方向。因此美国坚持认为,占世界贸易总额 2/3 以上的美、日、加等大国和许多贸易额占比不到 0.2% 的中、小发展中国家具有同样的决策权力是很不合理的。图 4-1 反映了 WTO 成员的分布情况。

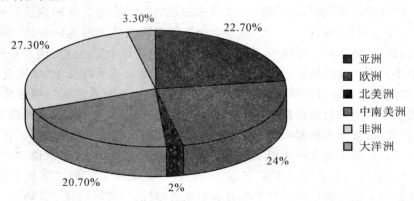

图 4-1 WTO 成员按大洲分布图

从图 4-1 中可以看到,WTO 大部分成员来自经济发展水平并不高的非洲、南美洲和亚洲。这也正是像美国这样的大国所担心的问题所在。如果 WTO 决策机制完全依靠投票表决并一国一票的话,那么对如美国那样的经济大国来说无疑是有害无利的。

带着这样的担心和疑虑,美国国会在《1974 年贸易法》中授权行政部门代表在东京回合谈判中,把 GATT 决策机制列为优先课题,并一度主张仿效国际货币基金组织那样的"加权表决制",把各国在 GATT 谈判中的权数按在国际贸易总额中所占份额来分配,或者像欧共体那样按成员国家的大小、实力的强弱来分配表决权。然而,在实际的世界贸易发展过程中各国进出口贸易额是不断变化的,"加权"和表决票数的比例分配都很难获得稳定的基数。因此照搬国际货币基金组织和欧共体的做法是行不通的。

当过于松散和灵活的 GATT 不能满足美国的利益时,它就需要一个议题更加广泛、执法更加权威的 WTO。美国通过自由市场的范例,通过乌拉圭回合产生的众多协议,通过其决策机制,加强其在全球贸易中的竞争优势。甚至连欧洲和日本人都认为 GATT 和 WTO 是美国全球霸权的设计图。

然而,随着发展中国家的不断加入,以及这些国家经济实力的不断上升和民主参与意识的不断增强,美国在 WTO 决策机制中的影响力逐渐受到了挑战,它越来越难以控制决策过程。因此,美国逐渐将精力转向双边或区域贸易合作领域。在坎昆会议失败后,美国更公开宣布将更多的精力用于双边或区域协议谈判。

(二)发展中国家参与决策的意识增强

随着发展中国家经济水平的逐渐上升,其在国际社会中的政治地位也有了提升。发展中国家参与国际谈判决策的意识也有所增强。一方面,发展中国家的经济实力逐渐上升,它们产生了参与决策的强烈要求;另一方面,决策机制的不民主性和不透明性,将大多数发展中国家排除在议事日程之外,而这些议程的结果将影响它们的经济发展和人民生活。这就促使越来越多的发展中国家联合起来,形成该组织中的新力量,积极抗衡不合理的、陈旧的决策机制,要求对像"绿屋会议"这样的决策过程进行改革。然而在谈判议题不断扩展的过程中,弱小的发展中国家显得不堪重负,应接不暇,退让的余地也逐渐减少。而这些议题对发展中国家提出更加苛刻的条件,影响到更多发展中国家的利益。以它们目前的经济水平,根本无法满足发达国家的要求,否则将对其国家的经济发展和国内人民的生活水平产生不利的影响,这与其参加 WTO 的目的不符,也不符合 WTO 的宗旨。它们强烈要求 WTO 的决策机制能够使其在损失与收益之间达到一个合理的平衡。

（三）跨国公司、商业利益集团

跨国公司、商业利益集团或贸易联盟在国际政治舞台上一直都是影响政府或国际贸易组织贸易政策的强大利益群体。这些机构利用其强大的影响力，从国内、国家和国际三个层次上对与自己利益紧密相关的贸易政策和规则的决策进行积极的游说和院外活动。[①]

在国内层次上，它们通过游说本国的贸易代表以及对贸易制定有重要影响力的顾问或咨询机构，使其在与他国进行贸易谈判时提出有利于自己的方案，保护自己在国际贸易市场上的竞争力。那些强大的跨国公司、商业利益集团对于国际贸易相关专业的人才培养非常注重，使其可以在国际谈判和国内游说的"战场"之上掌握主动权并增加成功的几率。

在国家层次上，为了扩大其国内产业的出口，这些利益群体强烈要求其他国家降低关税和减少服务贸易保护措施以及促进贸易便利化等。而与此同时，它们又不希望自己国家的关税降得太多，并期望提高本国进口的门槛，给他国出口设立更高、更严格的标准。这样就可以为国外产品进入本国市场设下障碍，使其在国内市场的份额受到保护。因此，这些利益群体的经济实力越强大，它们在国家层次上对本国贸易决策部门制定谈判底线和目标的影响力也越大。

在国际层次上，这些利益群体也发挥着积极的作用。跨国公司也是乌拉圭回合中的积极分子，并在目前的 WTO 活动中继续扮演着重要角色。

（四）非政府组织

在 GATT 框架下的 47 年历史中，它没有与非政府组织或其他民间社会组织建立任何正式的联系。这些非政府组织的成分非常复杂，它们组织反全球化的街头示威游行，给 WTO 的决策造成困境。在国家和国际两个层次上，各种联盟或协会在许多国家中是一股强大的政治力量，环境保护和人权组织对与其领域相关的贸易政策也可以产生重要影响。它们关注可持续发展，维持生态平衡，要求保障人权，保护环境、社会和文化。这些组织常常是跨国性

---

① 西方国家中，为了某种特定利益而组成的、企图影响议会立法和政府决策的组织，其活动常在议会的走廊（lobby）或接待处进行，称为院外活动集团、罗比分子或走廊议员。因它们可在很大程度上左右议会立法过程和结果，故又被称为议会两院之外的第三院。

的,以松散的形态组织起来,通过互联网进行联系。与利益集团不同,它们更倾向于选择通过媒体吸引民众的注意,宣传自己的主张。消费者组织对国际贸易政策也有一定的影响。[①]

二、WTO 决策机制的理论基础

在一定程度上说,WTO 现行决策机制的形成绝非偶然,而是一种必然。从根本上而言,它是由 WTO 体制的性质所决定的。

（一）WTO 是建立于主权平等原则基础上的国际组织

成员之间的一致同意是创设有拘束力的法律规范的前提。全体一致的原则确保每一成员不会被强制接受其所不认同的义务。在理论上,主权平等的原则使每一成员都有平等的权利阻止一项决议的通过。因此,由全体一致的方式通过的草案更具有国际法上的合法性。

（二）WTO 是在本质上倾向于普遍性的贸易组织

在国际贸易中,由于经济和法律的原因,贸易协议总是倾向于吸收更多的成员。在全体一致原则的保证之下,各国将会更加积极参与国际贸易组织以及批准相关协议。

（三）全体一致原则与 WTO 体系的法律架构相一致

在 WTO 框架下,成员批准条约的方式主要是"一揽子协议"。一般而言,申请加入方并无选择性批准部分条约的权利,而必须将 WTO 协议作为整体接受。而且,WTO 争端解决机制的启动也无须成员的进一步同意,上诉机构的裁定自动对成员具有约束力。因此,对于 WTO 体系下的有执行力的义务而言,全体一致是较为合适的通过方式。

总体而言,与其他的决策机制相比,全体一致原则对于 WTO 成员而言应当是最无害的抉择方式。由于发达国家在 WTO 成员中占少数,因而它们并不希望在 WTO 中采用多数投票表决的决策方式,以免出现由占多数的发展中国家控制决议通过的情况。从法律层面而言,全体一致是 WTO 协议合法性和决策过程有效性的微妙平衡。从政治层面而言,它反映了 WTO 体系中占少数的经济强国和占多数的弱国之间的博弈和妥协。[②]

---

① 徐成伦.改革 WTO 决策机制的系统思考[J].牡丹江大学学报,2011,(09).

② 林灵、陈彬.试析 WTO 决策机制及其对多哈回合的影响[J].WTO 动态与研究,2008,(02).

三、WTO 决策机制存在的问题

(一)谈判中的不平等

WTO 的运作是由各个成员共同推动的,即 WTO 是一个成员驱动型的组织。WTO 之外的实力不均往往在 WTO 的"谈判政治"中得到最直接的反映,最强大的成员即政治经济实力最强的国家拥有最好的资源并有能力通过谈判得到它们想要的结果。对于那些弱小的国家来说,它们面临的问题是它们所拥有的资源能否满足其有效地参与 WTO 各种活动的要求,特别是有效地参与到决策中去使自己的意见被采纳、利益被满足。事实是它们做得很不好,而且随着 WTO 的管辖范围不断扩大,其成员驱动特性对各成员的参与能力提出了更高的要求。

WTO 以协商一致为主要的决策方式,在很大程度上是其成员驱动特性的反映。这种决策方式的主要好处在于,依此方法做出的决定更易获得所有成员的接受,尤其是经济发展水平更高的国家,因为它为各成员利益得到适当的考虑提供了保证,在一定程度上就是对各成员的利益与实力进行权衡掂量的过程。但是,协商一致决策方式的实际运作表明,这种形式上高度民主和平等的决策程序,在大小国家主权平等的表面现象之下,掩盖着各国在参与决策和谈判方面巨大的不平等。

实践中的协商一致通常是从大国谋求在特定事项上取得共识开始的,大国达成一致后,才会去寻求其他国家的意见,但这个时候对于那些弱小的国家来说,提出明确的反对意见是很困难的,即使确实存在反对意见要想使之被会议接受也几乎是不可能的,而坚持反对大国之间达成的一致意见将要付出很高的代价。在协商一致原则下 WTO 所有成员集体参加决策,并不等于平等参与或平等获益,达成协商一致关键的是谈判实力而非数量优势。另外,以协商一致为基础的决策方式把以一国一票为基础的投票表决机制搁置起来,发展中国家的成员数量优势从未得到过体现。一国一票所体现的国家主权平等原则只停留在书面的文字中。

(二)发展中国家参与能力弱

发展中国家促进管理国际贸易规则的体制朝着有利于它们的方向转变的能力,很大程度上取决于它们参与 WTO 事务的有效性。这种有效性主要体现在两个方面:一是参与正在进行的组织事务,包括各种协定和争端解决机制的审议,并在审议的过程中充分发表自己的意见,且能够被采纳和执行;二是参加 WTO 主持下的多边贸易谈判,包括谈判的准备过程,并且在谈判的准备过程及谈判的过程中拥有一定的话语权。① 这种"有效性",要有充足的资源即经济实力和在国际政治舞台上的影响力作保障。"WTO 在发挥职能的过程中,主要有三类资源:驻日内瓦的代表团、国内政府中的协助人员、WTO 秘书处。"②前两类资源是成员自己应具备的,取决于各国自己的经济和政治实力。第三类是 WTO 组织自身为保证所有成员都能充分参与所要具备的组织能力,属于组织的建设情况。三类资源都对 WTO 成员的有效参与有着十分重要的影响,而驻日内瓦的代表团尤为关键,他们应善于谈判和外交,是与WTO 发生联系的"先头部队"。"成员方代表在 WTO 日常事务中扮演的角色更加积极主动,这也正是 GATT 和 WTO 不同于其他国际组织的显著特点之一。换句话说,驻日内瓦的代表团是 WTO 资源中极其重要的组成部分。与其他一些国际组织完全不同,一些代表团喜欢强调 WTO 成员的重要性,它们认为 WTO 是由成员主宰的组织。因此,代表团的人员数量、自身的规模、职员对 GATT/WTO 事务的专业素养、国内政府对它们的支持以及部长级会议的频率,这些因素对 WTO 的正常运作至关重要。"③

　　WTO 的各种理事会、委员会经常定期地召开会议,大量重要议案的提出和决定的做出都是在这些会议上进行的。WTO 的成员驱动特性保证各成员代表都有权平等地出席和参与这些决策场合,但同时也要求各成员及其代表自行开展各种分析工作、形成提案并进行谈判,同时承担派遣和维持常驻代表的费用。如果一些成员无法在这些领域保证足够的人力和财政资源,缺乏足够的人员出席会议,也缺乏相应的能力分析相关议题与自身的利害关系,这就可能使它们根本无从利用成员驱动和协商一致原则带来的程序性"机会均等"。而这些困难,正是发展中国家在参与 WTO 决策活动时所面临的问题。

四、WTO 决策机制的改进

　　WTO 的议事决策方法还是已经解散的 GATT 在 50 年前制定的,这种

　　①　[美]康斯坦丁·米查洛普罗斯.WTO 中的发展中国家[M].黄震华译,中国商务出版社,2004,144.

　　②　[瑞士]理查德·布莱克赫斯特.WTO 履行其使命之能力,载于[美]安妮·克鲁格主编,作为国际组织的 WTO[M].黄理平等译,上海人民出版社,2002.

　　③　[瑞士]理查德·布莱克赫斯特.WTO 履行其使命之能力,载于[美]安妮·克鲁格主编,作为国际组织的 WTO[M].黄理平等译,上海人民出版社,2002.

做法不再适用于现在的复杂情况。经济不发达国家抱怨在会议期间被排挤在外,就突出反映了 WTO 内部组织上的缺陷。因为按目前规定,部长级会议中只有 25 个国家真正参加了谈判,这就意味着还有 115 个国家被排除在外。当然,发展中国家缺乏技术熟练的贸易谈判人员,也是它们无法参加重要的委员会议的一个原因。两年一度的 WTO 部长级会议不符合实际情况需要,因为部分会议有时并没有实质性的问题需要讨论;同时两年一次的会议不是碰上美国总统选举就是遇到美国国会选举,美国是世界上最强大的国家,其国内政治因素必然会对国际事务产生影响。

对"协商一致"的决策机制也应进行反思。WTO 成员众多,各成员的文化背景、经济发展阶段、贸易谈判重点有着不小的差异,一味实行协商一致的原则,使得关于多边贸易的谈判和磋商非常复杂和艰难,难免遭受一些挫折。如围绕着新一轮谈判,各成员提出了 100 多项建议,涉及 10 多个领域,如果逐一协调立场,并使所有成员在所有主要问题上都能达成一致,显然难度相当大。怎样找到一个既照顾全体成员的利益,又能迅速做出决策的运行机制是摆在 WTO 面前的一个新课题。

全球化的发展,客观上要求有配套的国际组织、国际协定、国际规则和国际惯例,这就是新的国际经济秩序的内容。但迄今为止的国际经济秩序,都是由发达国家主导的,仍然属于旧秩序。例如,国际货币基金组织的投票权,取决于成员国以特别提款权计算的份额的大小,因而使美国实际上享有了否决权。

WTO 的决策权实际上掌握在美国等少数发达国家手中。事实上,现存的国际经济秩序终归取决于经济实力的对比(传统和习惯也起一定作用)。这种不公平、不合理的国际经济旧秩序正在阻碍经济全球化的进一步发展。同时,全球化需要建立新型有效的国际合作机制。因为当前各国的经济发展,一般都有本国政府的宏观调控,而全球经济发展则没有一个固定的组织机构去调控,因而全球经济的运行是盲目的、无序的,在其生产和流通领域中发生某些失衡、振荡和危机也是很难避免的。鉴于各国经济间的相互依赖程度日益加深,单靠一国力量不可能维护经济安全,建立新型有效的国际合作机制,对全球经济进行适当和有效的宏观调控,以使经济全球化的运行更加平稳和健康,是摆在各国面前的迫切任务。但是,目前世界上还没有这样一个权威机构,它的建立尚需较长的时间。

(一)改进协商一致决策方式

无论是发达国家还是发展中国家都不赞同以投票的决策方式取代协商一

致决策方式,绝大多数学者与 WTO 研究专家也支持这一点。与存在较明显"输赢情势(可能会有 49％的成员不同意通过的决定)"的多数表决机制不同,协商一致这一决策方式让利益差异较大的成员有机会反复协商、讨价还价,并保证最终通过的决定是所有成员至少都能够"容忍"的,为决定的实施减少了障碍。如果片面地坚持多数表决,只会使少数投反对票的国家特别是大国不合作也不接受有关规定。所以在 GATT 时代,就有专家声明,"如果你想毁了多边贸易体制,最好的方法就是让投票表决成为主要的决策方式"。因此,从发达国家的政治和经济立场出发,为了抵消发展中国家在 WTO 中存在的数量优势,它们自然不愿放弃协商一致的决策方式。对于发展中国家来说,一方面,它们认识到,即使以多数的优势通过了决定也很难得到发达国家的遵行,通过的协议难逃成为一纸空文的命运;另一方面,发达国家经常威胁说,如果用投票的表决方式,它们就转向其他论坛来追求自己的利益(例如在乌拉圭回合期间,美国要就服务议题进行谈判,否则,它就会转向区域协议),而这些其他的论坛,发展中国家更难参与进去。

对协商一致的决策方式进行改进和调整是目前比较现实的做法,而且协商一致的决策方式也存在改进的可能。要克服当前协商一致决策实践中的缺陷,应该把消极的协商一致(passive consensus)转变为积极的协商一致(active consensus)。所谓消极的协商一致,是对传统的协商一致决策实践作出的一种描述,即不出席会议,或出席会议但保持沉默、不提出反对意见就视为同意。积极的协商一致,是指"对正在讨论的问题形成的草案,要有成员的积极的认可,而不仅仅是没有正式的反对意见"。但这种积极的协商一致不同于原始的全体一致同意的表决机制。全体一致同意意味着所有参与谈判的代表以自己国家的名义对讨论形成的协议作有法律效力的签署。而在积极的协商一致的决策方式过程中,所有成员都知道正在谈判议题的实际含义,对经过谈判形成的意见十分明了。为了能做到这一点,特别是能保证一些资源不足的小国不被排除在外,应该通知所有成员会议召开的时间、会议内容、议程安排等,并能提供一些要讨论内容的技术资料。一些国家实在不能参加,但又牵涉它们的利益时,可以考虑允许它们通过电子邮件或其他方式来表达意愿和要求。

另一个改进的途径是打破无论什么议题都用协商一致决策方式的做法。在 WTO 论坛中讨论的议题是可以划分为不同层次的,对那些影响到成员方重大利益,需要在各方之间协调、平衡的议题,可以使用积极的协商一致决策方式;对一些行政性或是内部管理的事务则可以以投票的方式予以表决。例如,每次部长级会议召开时,各种会议的主席就可以让参加该会议的成员代表投票表决产生,这样不仅体现了民主,也可减少对这些主席在决策程序中做法的不满。在一定程度上使用投票表决机制,可以减少协商一致原则带来的负面效应。

(二)建立执行委员会

在提高决策效率问题上,一些 WTO 成员希望能按照国际金融组织和联合国安理会的模式进行改革,建立一个由少数成员组成的"执行委员会(executive board)"。加拿大建议建立一个新的临时委员会,该委员会只允许有限的成员参加,与联合国安理会比较,参加委员会的成员要有区域代表性,而且是非常任的,过一段时间就重新选任;欧盟则建议重建一个类似于 GATT 时代 18 国顾问集团的新机构;日本则倾向于建立一个顾问理事会;墨西哥提议把非正式决策机制制度化,并提出了具体的设想,把"绿屋会议(green room)"改造成"玻璃屋会议(glass room)",1/4 的 WTO 成员能够参加进来,一部分贸易额份额大的成员可以享有永久的参会资格,另一部分参会成员则按照区域代表性的标准来产生。这些成员提议设立的具有执行职能的新机构,都只以达到协商一致为目的,不具有决策的权力。

总的说来,绝大多数发展中国家反对建立任何形式的执行委员会,它们强调,WTO 的成员驱动特性只能强化,而不能以建立一个执行委员会来削弱或颠覆它。发展中国家反对的主要原因有:①WTO 的成员驱动特性让大多数成员的主权得到尊重并享有平等参与决策的权利,它们并不愿意把自己的话语权交给能参与执行委员会的国家,特别是当要讨论的议题关系到这些国家的重大利益并存在较大分歧时,它们更想通过自己来参加决策的过程从而达成对本国有利的决策结果。②执行委员会一旦建立将会使"把多数发展中国家排除在决策程序之外"的做法制度化,使一些最不发达国家更加边缘化,丧失争取充分参与决策机制的权利。这种机构的设立是对现有的以经济实力为基础的国家之间的关系的承认,而这种机构一旦建立起来就很难使决策机制的程序再得到变化,换句话说就是不利于适应将来可能会发生的经济实力、地缘政治以及国家之间经济关系等的变化。③WTO 各成员之间的政治、经济条件差异较大,WTO 的管辖范围急剧扩张,在不同的议题上,大家的利益和要求的分歧更大,多数发展中国家担心自己的利益不能得到充分的考虑和代表。④对于发展中国家来说,资源的不足仍是一个关键的问题。而要成为参与执行委员会谈判的国家,就要在其所属的区域内在人力、财政、技术和资源等方面都有占有很高的地位。如果在这些方面不能拥有较强的实力,那么派代表参加执行委员会,并为国家争取利益是不可能的。

　　不论协商一致的决策机制在现阶段是否存在各种各样的缺陷,就现存的决策机制而言,协商一致的决策方式仍须作为 WTO 决策机制的核心。要改革协商一致的决策方式不能以牺牲成员主权和平等参与决策过程的权利为代价。而建立执行委员会的提议则会在一定程度上损害发展水平较低的成员平等参与决策的权利,更有可能使部长级会议和总理事会作为 WTO 决策主要场所的地位受到威胁。而这样的可能性对制定世界范围内的决策来说是有害而无利的。因此,以执行委员会来代替协商一致的决策机制显然是缺乏可行性的。协商一致的决策机制应该在改进的基础之上被保留。

　　(三)强化秘书处的职能

　　面对 WTO 决策机制中如"绿屋会议"这样的决策程序,大多数发展中国家建议提高 WTO 决策的透明度来增强它们的参与能力。但有人指出,如果要通过在小型集团会议之后再召开公开通报会的方式来提高 WTO 决策机制的透明度,这样的做法只是增加了会议的数量,反而给本就穷于应付的发展中国家代表团加重了负担。因此,让繁重的议程得以简化,降低工作计划的目标,会更有利于建立一个公平的决策体系。从程序性事项来说,安排好开会的时间,可以避免会议的过度重叠。而减少理事会、委员会和工作组的数量也是避免议程繁重的方法之一。但各成员应清醒地认识到,减少实质性议题的数量、缩小 WTO 的管辖范围才能显著减少 WTO 各种会议的数量。实际上,从乌拉圭回合开始,发展中国家就已经反对扩大 WTO 的管辖范围。西雅图会议上,发展中国家十分强调执行议题的重要性,并反对在这个议题谈成之前就任何其他议题展开谈判。

　　而 WTO 在决策程序上的复杂性并非一日就能解决的问题。为应付日益繁重的议程,发展中国家的"能力建设(capacity-building)"起着内因性作用。对于能力建设来说,尤为重要的是加强 WTO 秘书处的技术援助职能,这对于解决很多发展中国家的现实困难有着非常重要的意义。大多数国家、非政府组织和学者都认为技术援助的力度需要进一步加大,希望 WTO 秘书处在这方面事务上起到更大的作用。然而秘书处的规模始终较小,成员方并没有赋予秘书处更多的职权。

　　(四)改进部长级会议

　　西雅图部长级会议的失败,让大家开始反思部长级会议程序本身存在的问题。一些建议认为,实质性的准备工作必须在会议召开之前完成,特别是主要的分歧应于会议前在主要成员方之间花更多的精力进行磋商。西雅图会议召开之前,这一点做得很不好,直接导致了会议的失败,降低了人们对 WTO

的信任度。会后大家纷纷指出,在召开部长级会议之前,至少应公布一个工作计划,避免像突然提出劳工议题那样的事情再度发生。各种会议主席的恰当选择、确保透明度、避免会议议程的过度重叠是不再重蹈西雅图会议覆辙的关键。一些学者建议,部长级会议应该在日内瓦举行,这不仅可以充分发挥WTO 秘书处在会议准备方面的作用,还可以避免东道主作为会议主席与WTO 总干事之间职权的混淆。美国举办的西雅图会议,让大家更清醒地认识到,东道主作为会议主席,应只限于主持由全体成员出席的大会,其余的会议程序只能交由总干事及其副手和相关职员来主持。这样可以减少非正式决策程序的不透明性。

另外,大会的开幕式在本质上应仅仅是礼节性的。它不应被用来通过会议议程或工作计划、通过会议谈判基础的文本草案或确定会议官员的任命;任何延长部长级会议或修改议程的提议,都应在大会或全体委员会上由全体成员决定。其他涉及会议程序的决定,应以同样的方式做出;部长级会议期间,秘书处尤其是总干事的重要作用是保证各项程序和决策系统的公平、平衡并允许发展中国家完全参与,应花更大的力气确保在部长级会议期间的中立和公正。

五、WTO 决策机制发展的方向

(一)建立更透明和更具代表性的分组集团

在讨论、辩论议题和协商决议草案时,建立更为透明和具有代表性的分组集团将有助于推进谈判进程。较之目前的"绿屋会议",这种小组应当更具透明度,在成员的参与和决议的做出上充分体现公平、公正、公开。一个基本的方向是根据议题来确定不同的讨论小组,通过小组讨论的方式取得初步意见,而后在更大的范围内进行谈判和最终表决。但是如何在具体的参与标准和讨论程序上既体现效率,又确保公平,还需要进一步的研究论证。

(二)根据不同的议题适用不同的谈判规则

不论是在日益激烈的经济竞争之中,还是在日趋复杂的政治竞争之下,贸易利益和政治利益通常是错综交叉的。尽管 WTO 一再宣扬其"非政治化"的特性,但还是不可避免地成为发达成员和发展中成员交换经济利益和政治利益的平台。在这一情势下,如果成员能够在贸易谈判中对于不同的议题加以区分,采用不同的表决规则,对最终决议的形成将极为有利。

(三)贸易谈判过程的便利化

基于各个成员之间的复杂关系,在贸易谈判中,各式各样的波折、冲突和妥协不可避免。一个运作良好的决策机制应当起到便利谈判过程的作用,而不是使谈判变得更加复杂多变。在这一点上,WTO 总干事应当能够发挥更大的作用,促进谈判过程的效率性和合法性,影响谈判结果的利益分配。这一协调作用的基石与"绿屋会议"有着本质的不同。然而,如何在这方面进行改革,仍然取决于 WTO 成员的意愿。从本质上而言,WTO 决策机制的发展有赖于成员们在正式与非正式,政治与经济,透明度和效率等方面的综合权衡。①

小知识 4-2

〰〰〰〰〰〰〰〰〰〰〰〰〰〰〰〰〰〰〰〰〰〰〰〰〰〰〰〰〰〰〰〰〰〰〰〰〰

西雅图会议

西雅图会议是自世贸组织成立以来的第三次部长级会议,因于 1999 年 11 月 30 日至 12 月 3 日在美国西雅图召开而得名。与前两次会议不同的是,本次会议将为启动下一轮多边贸易谈判制定框架和内容,其成败将对 21 世纪的世界贸易与经济发展产生重大影响。

该次部长级会议于 12 月 3 日在美国的西雅图结束,共有 130 多个国家的贸易部长参加,中国外经贸部部长石广生率代表团作为观察员出席了会议,这次会议讨论的重点是下一个世纪的贸易自由化问题,因此被称为千年回合谈判。会议在结束时发表了西雅图宣言,正式宣布新一轮的全球多边贸易谈判启动。

部长级会议是世贸组织的最高决策权力机构,至少每两年举行一次,与会的各国贸易部长讨论进一步开放市场,实现贸易自由化的问题。本次会议的重点有四个,分别是农业、上一回合及乌拉圭回合谈判协议的执行情况、市场准入和原则等问题。世贸组织的西雅图会议只是新一轮谈判的开始。西雅图会议是一次各开价码、讨价还价的会议,各方为了自身的利益展开了激烈的辩论,欧盟、日本起草了一份文件,建议审议并澄清关于反倾销的规则,韩国、瑞士等国对这份文件表示支持,但遭到美国的抵制。美国要求世贸组织建立一项机制,对被认为侵犯劳工的国家实行制裁,但遭到发展中国家的一致反对。它们认为,不能因为它们商品的低廉就受到歧视。

而最终西雅图会议未能就启动新一轮多边贸易谈判问题达成共识,从而成为该组织自 1995 年诞生以来第一次没有通过宣言的部长级会议。

---

① 林灵、陈彬.试析 WTO 决策机制及其对多哈回合的影响[J].WTO 动态与研究,2008,(02).

六、发展中国家与 WTO 决策机制

发展中国家由于历史、政治和环境等方面的原因,在经济发展方面始终处于劣势地位,从而在许多国际性组织和谈判机制中,也因经济发展的落后而处于不利的地位。在 WTO 决策机制的实践过程中,也确实存在不公平对待发展中国家的现象。面对这样的局面,发展中国家应该施以积极的回应,或者说,发展中国家应该做出积极的努力来提高自身争取利益的能力。

（一）提高自身参与能力

WTO 成员要参与 WTO 决策过程需要具备两种资源,即驻日内瓦的代表团、国内政府中的协助人员,这两种资源也是成员是否能顺利参与决策最为关键的因素。因此,发展中国家要有效参与 WTO 决策机制,首要和最重要的途径就是提高自身的能力。

在参与 WTO 决策过程中,发展中国家处于被边缘化危险的诸多原因之中,非常重要的一条是这些国家的利益被认为是微乎其微的。一位发展中国家的代表指出,它们完全处于被动的状态,连选择遵守或是违反 WTO 规则的机会都没有。国内的官员则选择了几乎是听之任之的态度,既不寻求增强国内相关政策的研究力量,也不愿意增强驻日内瓦代表团的力量。不少发展中国家严重缺乏国内政策与代表团谈判立场之间的协调,这意味着代表团虽拥有较大的自主权,但由于没有政策研究和国内政治上的支持,根本不可能有效参与谈判。庆幸的是,大多数发展中国家已经认识到这一点,它们已经开始为增强自己代表团的工作力度采取了一定的措施,主要是提高国内的政策研究水平、健全与对外贸易相关的机构建设、加强国内与驻日内瓦代表团的联系和协调等。这与 GATT 时代发展中国家视 GATT 为"富人俱乐部",消极参与的情况形成鲜明的对比。而事实也证明,发展中国家积极的参与是有机会为自己获取较大利益的,有几个已变成了主要的制成品出口国。

（二）加强南南合作以及与各界的沟通

在保证有效参与 WTO 决策机制上,发展中国家除了加大国内的支持力度之外,一个很好的途径是把有共同利益的国家捆绑在一起参加谈判。加强南南合作可以更有效地利用发展中国家原本有限的人力和财力资源。对一些国家来说,它们的资源相当匮乏,在日内瓦成立一个代表团也许不是对短缺的人力和物力资源的最佳使用。这些国家的主要目标应该是确保它们能就 WTO 所处理的事项,以及这些事项将对它们的利益带来什么影响得到足够的信息,然后参加一个有共同利益基础的群体,与它们进行经常性的磋商,从

而使它们的利益得到反映并能更进一步。在这方面有两种选择,一是通过它们所属的地区集团把资源和在日内瓦的代表合在一起,二是向有共同利益国家在日内瓦的代表团派出 1 名或以上的代表。另外,这种联盟可以增加谈判的力量和政治影响,改善和提高讨价还价的地位和力度。

　　然而,发展中国家之间的结盟面临着许多困难。由于在收入水平、贸易利益、融入国际经济的程度、机制能力和参与 WTO 事务方面的差别越来越大,特别是在各个议题上利益出现多元化,在所有问题上构建一个共同的发展中国家的立场正变得越来越具有挑战性。

　　另外,发展中国家联合积极提出自己的议题,不仅是提升决策能力的表现,也是提升决策能力的途径。发达国家正是不断提出劳工标准、环境、电子商务等新议题以避免深入讨论农产品、纺织品等协议中的进一步承诺和已有承诺的履行问题。发展中国家也需要掌握这种策略,提出和自身利益切实相关的经济安全、现有规则的改进和完善、知识产权的合理定价、国际垄断的控制、直接投资中东道国的权利、自然人的流动等议题,以回应发达国家的"进攻"。而保持与国内企业的联系,了解企业的需求状况,对于修改和完善现有规则,提出符合自己利益的议题是非常必要的。非政府性国际组织在国际制度建设乃至国际关系的发展中起着越来越重要的作用,这是显而易见的现实,为此,发展中国家需要加强与它们的联系和沟通。而就非政府性国际组织与发展中国家的关系而言,也不是简单的"我们"或"他们"所能说明的,要学会正确对待一些非政府性国际组织的立场,予以区分和甄别。

　　总的来说,发展中国家要想在 WTO 决策机制的运作过程中拥有更多的话语权,首先应该从提升自身的实力开始。只有这样才能从根本上改善在国际谈判中的被动局面。

本章小结

　　(1)GATT 决策机制为 WTO 决策机制的发展奠定了基础。GATT 决策机制中的相关规定被 WTO 决策机制所继承和保留。

　　(2)WTO 决策机制主要包括协商一致和投票表决。其中协商一致为 WTO 谈判中最常用的决策原则。

　　(3)实践中的 WTO 决策机制与文本规定的大有不同。实践中,投票表决被弃之不用,以"绿屋会议"为主的"同心圆"模式被广泛使用。

　　(4)"绿屋会议"以少数代表参加谈判来形成初步协定的方式,在 WTO 会议中实行的时间可以追溯到 20 世纪 70 年代。该种模式在现实运用中有一定的优势,但更多的是带来了广大发展中国家成员的反对与不满。

(5)影响 WTO 决策机制的主要因素有大国的国家利益和国内政治,主要以美国为例;发展中国家成员数较多,也对 WTO 决策机制的形成起了促进作用;大的跨国公司、商业利益集团及非政府组织也密切地影响着 WTO 决策机制的运行。

(6)WTO 决策机制的形成也基于一定的理论基础。

(7)WTO 决策机制存在着较多的问题,大致可以归结为两个方面:一是谈判中不平等现象始终存在;二是发展中国家参与谈判能力较弱。

(8)基于 WTO 决策机制中存在的问题,应该思考对其进行改进。一是改进协商一致的决策方式;二是建立执行委员会;三是强化秘书处的职能;四是改进部长级会议。

(9)通过对 WTO 决策机制的认识和分析,应该明确 WTO 决策机制在未来的发展方向,即建立更透明和更具代表性的分组集团、根据不同的议题适用不同的谈判规则、贸易谈判过程的便利化。

(10)显而易见,WTO 决策机制中存在的很多问题都是围绕着发达国家与发展中国家的分歧而进行的。主要是发展中国家一般在 WTO 谈判中处于不利的地位,因此改进和加强发展中国家参与 WTO 谈判的能力至关重要。发展中国家可以从以下方面努力:提高自身参与能力和加强南南合作以及与各界的沟通。

本章案例

案例:从总干事的选任看 WTO 的决策机制

一、总干事的职责

《建立 WTO 协定》(简称《WTO 协定》)正式规定了总干事在 WTO 中的地位与职责。秘书处由总干事领导。总干事应任命秘书处职员,并依照部长会议通过的条例,确定他们的职责和服务条件。总干事应向预算、财务与行政委员会提交 WTO 的年度概算和决算。预算、财务与行政委员会应审议总干事提交的年度概算和决算,并就此向总理事会提出建议。年度概算应经总理事会批准。

二、选举总干事的决策方式

《WTO 协定》第 6 条明确规定:"部长会议应任命总干事,并通过条例列出总干事的权力、职责、服务条件和任期。"但该条并没有特别规定部长会议任命总干事的决策程序。因此,其任命程序应遵循 WTO 协定对决策程序的规定。

根据 WTO 协定对 WTO 职能的界定,WTO 应便利该协定及多边贸易协定的实施、管理和运作,促进其目标的实现,并为诸边贸易协定提供实施、管理和运用的体制。WTO 为成员提供谈判场所,处理成员间的贸易争端,审查成员的贸易政策,并与其他国际组织进行合作。而"部长会议履行 WTO 的职能,并为此采取必要的行动。如任何成员提出请求,部长会议有权依照本协定和有关多边贸易协定中有关决策的具体要求,对任何多边贸易协定项下的所有事项做出决定"。部长会议休会期间,其职能由总理事会行使。部长会议和总理事会都由所有成员的代表组成。"诸边贸易协定项下规定的机构履行这些协定规定的职责,并在 WTO 的组织机构内运作。各机构应定期向总理事会报告其活动。"

综观 WTO 协定对其决策方式的条文规定,其决策方式可以分为两类,一类是协商一致决策方式,另一类是投票表决决策方式。协商一致决策方式又称共识决策式。这一决策方式与要求每一成员都明确表示同意的全体同意式有所不同。"在共识决策中,少数派通常跟随多数派,除非其严重反对。反过来,多数派也不会通过投票表决强行做出决策,而是处理少数派的反对意见。共识决策需要花费大量的时间。"但尽管有上述表决决策的条文规定,实践中,WTO 的决策均是共识式的。WTO 继承和遵循了 GATT 时期的共识式决策惯例。无疑,WTO 对总干事任命做出的决策,也需遵循共识决策方式。

1995 年 11 月,经过总理事会讨论同意,总理事会主席以主席声明的方式,就根据 WTO 协定第 9 条和第 10 条的决策程序做出了说明。该决策程序主要适用于义务豁免请求和加入 WTO 的批准。在不能通过共识做出决定的情况下,应投票表决。在讨论有关事项时,相关成员应当在场;相关成员不在场,视为该成员没有意见或不反对。在总理事会讨论该豁免和加入决策程序时,印度指出,投票表决不应成为其他事项的先例,不影响有关共识决策的规定。总理事会表示同意。印度的意见意味着,诸如选举总干事之类的事项,不应遵循投票表决法。

三、前两次总干事的任选及问题

1. 首任总干事的选任

签订于 1994 年 4 月 15 日的《WTO 协定》本身并没有规定该协定生效、该组织开始运作的具体时间,但该协定第 16 条第 2 款规定:"在可行的情况下,GATT 1947 的秘书处应成为 WTO 秘书处,GATT 1947 缔约方全体的总干事在部长会议依照本协定第 6 条第 2 款任命总干事之前,应担任 WTO 总干事。"制定这一条款,不知是因为预见到批准 WTO 协定的困难,还是预见到选任 WTO 总干事的困难。从实际发生的情况来看,WTO 于 1995 年 1 月 1 日顺利成立了,而首任总干事却难产了。

1994 年 12 月,即 WTO 正式运作前的最后一个月,WTO 成员仍未能就总干事的人选达成共识。美国和加拿大推荐墨西哥即将离任的总统卡罗斯,欧盟支持意大利人鲁杰罗,韩国推荐其贸易部长竞选总干事。GATT 最后一任总干事萨瑟兰只好同意留任到 WTO 总干事选出为止,以保障 GATT 向 WTO 的平稳过渡。到 1995 年 2 月上述三名候选人都没有获得 WTO 成员对其担任总干事职位的必要共识,总干事的选举陷入僵局。虽然从成员支持的数量上看,鲁杰罗领先,但其他候选人及其支持成员均没有退出的打算。萨瑟兰只好再次延长留任的期限。之后,墨西哥卸任总统卡罗斯因其兄弟卷入暗杀墨西哥政治家事件以及墨西哥爆发金融危机而退出。美国转而支持欧盟支持的鲁杰罗。而作为交换,韩国候选人将被任命为特设的第四位副总干事。这样,1995 年 3 月 27 日,WTO 正式接受意大利的鲁杰罗为 WTO 的第一任总干事,结束了几个月来对这一职位人选的恶战,韩国竞选人被安排为副总干事。鲁杰罗上任后即任命韩国候选人为副总干事。

首任总干事的选任,引起了发展中国家的极大关注,它们感觉被冷落了,WTO 总干事的选任成了欧美之间的交易。决定总干事人选的地方不是日内瓦这一 WTO 总部,而是成员的都市。地区之间的争斗也似乎影响了 WTO 的威信。除了效率上的问题外,总干事的选任好像毫无章法。大国主导的共识痕迹比较明显。

2. 第二次总干事选任

第二次选任不但没有解决第一次的问题,而且使问题更加复杂化、扩大化了。

鲁杰罗的任期到 1999 年 4 月 30 日。1998 年 12 月 WTO 开始了第二任总干事的选任工作,成员确定 1999 年 1 月为达成一致意见的目标期限,以便为 1999 年年底召开的西雅图部长会议作准备。候选人有四个,分别是泰国的素帕猜、新西兰的穆尔、摩洛哥的哈桑和加拿大的罗伊。与第一次选任不同的是,美国没有明确其支持人选,欧共体内部 15 个成员国意见不一,发展中国家普遍支持来自发展中国家的人选。实践证明,缺乏大国主导的共识更难于达成,并且每一次设定的最后期限都被打破。在之后的选任过程中,加拿大的候选人明显缺乏支持,但加拿大仍然明确表示支持其候选人;摩洛哥的候选人宣布正式退出。于是,素帕猜和穆尔成为总干事的剩余人选。

　　但候选人的减少没有减轻选任的难度,反而使矛盾更集中化了。素帕猜有中东国家和其他亚洲国家的支持,穆尔有美国、一些拉美国家和南部非洲国家的支持,欧共体成员分为两派。美国和欧共体均表示不否决任何一个仍然处于竞选过程中的候选人。这实际上是延长了选任过程。1999 年 4 月 30 日是鲁杰罗原定离任的日子,但 WTO 成员仍然未能就总干事人选达成共识。一些国家提议就穆尔寻求共识,另一些国家则表示反对,要求就素帕猜寻求共识。总理事会主席提议就穆尔达成共识,认为素帕猜已经被有效排除,并建议素帕猜主动退出,美国和穆尔的支持者也建议素帕猜退出。但素帕猜的支持者反对这样的建议,认为总理事会主席没有这样的权限,同时强烈支持素帕猜。双方阵营中,一方越反对,另一方则越支持,但双方都反对进行表决。在乌拉圭回合谈判中,由美国、欧共体、加拿大和日本组成的四巨头往往起到火车头的作用,但这次四巨头也失去了影响:在 5 月份的四巨头会议上,美国支持穆尔,日本支持素帕猜,欧共体成员分成两派,加拿大仍支持自己的候选人。5 月底的总理事会会议也没有结果,但反对另外寻求候选人或重新开始选任程序。总理事会主席要求新西兰和泰国两国政府找出相互都能接受的方法。外部调解、民意调查、投票表决等方法,都被拒绝。

　　在 1999 年 6 月底结束的亚太经济合作组织会议上,提出并讨论了穆尔和素帕猜分期担任总干事或依次连续担任总干事的选择方案。穆尔和素帕猜也同大家讨论了打破僵局的可能方法。在不放弃任何一个候选人的前提下,大家开始寻求解决的办法。先后次序、任职期限又成为需要解决的新问题。1999 年 7 月 20 日,WTO 成员的非正式会议批准了孟加拉和澳大利亚提出的方案,由穆尔和素帕猜二人平分 6 年的任期,穆尔从 1999 年 9 月 1 日起担任总干事,素帕猜从 2002 年 9 月 1 日起担任总干事。任何一个候选人都不能获得重新任命,其任期也不能延长。7 月 22 日,WTO 总理事会正式批准了穆尔与素帕猜分期分享总干事职位的方案。

　　3. 总干事的选任暴露出来的问题

　　WTO 前两次选任总干事的过程表明,除了"共识选任"这一总的要求之外,总干事的选举没有具体、明确的规则可以遵循。如果说在其他事项中各自退让、相互妥协比较容易达成共识的话,在总干事的选任中却无法各让一步。第二次总干事的选任明显地说明了这一问题。任何一方退让,都是对自己利益或主张的全盘否定。穆尔和素帕猜二人分享职位的这种妥协,不可能再次发生。采用共识方式选任总干事应有具体规范。

在如何就候选人达成共识上,大家存在不同的主张。是仅就某一个候选人达成共识,还是看所有候选人的"人气"？在征求成员意见时,是只征求对其中一个候选人的意见,还是一同征求对各位候选人的意见？如果可以对多个候选人发表看法,第一选择与第二选择乃至第三选择的权重应有多大？支持率低的候选人的退出机制是什么,是否可以强制退出,谁有权强制候选人退出？确定共识的标准是什么,得出结论的依据是什么,绝大多数同意是否是共识,谁来评估？与这些问题相联系,选任过程的不透明是暴露出的另一重要问题。几乎所有的信息都掌握在总理事会主席手中,成员之间不了解各候选人的支持率,这又反过来强化了对自己支持的候选人的支持力度。利益交换、职位承诺,这些做法又损害了大多数成员的利益。

四、第三次总干事选任

经历了前两次选任总干事的"噩梦"之后,WTO 决心规范总干事的任命程序。2002 年 12 月 10 日,总理事会即未雨绸缪地通过了《总干事任命程序》,期望能够避免前两次的痛苦经历。该文件的内容包括了任命程序的进行、协调人、任命程序的期限、候选人的资格、任命程序、候选人的代表性、对候选人的面试、磋商程序、最后投票、任职期限、一揽子报酬及任命合同等事项。其事项远远超出了选任过程本身,实际上是第一次明确地对总干事职位相关事项作出规定,是《WTO 协定》第 6 条第 2 款的具体化。该任命程序提出了总干事任命的总要求:为了 WTO 的最大利益;尊重候选人及提名成员的尊严;所有阶段充分透明、具有包容性;坚持过去确立的内部透明度和所有成员参与方面的良好做法;根本目标是通过磋商达成共识;整个过程由总理事会主席经与成员磋商、主导。

2005 年 1 月,WTO 开始了第三次的总干事选任。共有四个人正式角逐总干事职位,分别是乌拉圭的前驻 WTO 大使、巴西时任 WTO 大使、毛里求斯外交部部长、欧盟前贸易委员法国人拉米。就地区分布看,南美出现了两名候选人,亚洲没有候选人。就候选人代表的国家的发展水平看,三名候选人来自发展中国家,一名候选人来自发达国家。发展中国家的候选人均主张这次应由来自发展中国家的人担任总干事职位。四名候选人都强调共识决策,拒绝分享任期。

上述四名候选人得到的成员支持不尽相同。美国态度初时不明朗,欧盟成员一致支持法国人拉米,巴西期望得到中国、印度等人口数量多的国家的支持。巴西与乌拉圭候选人分散了发展中国家的支持。巴西候选人获得支持的成员数量少,最先被排除。之后,毛里求斯候选人宣布退出竞选。这样,来自乌拉圭的候选人与来自法国的候选人展开了竞争。2005 年 5 月,总理事会主席宣布法国人拉米是最可能获得共识的候选人。在这样的情况下,乌拉圭候选人宣布退出竞选。于是法国人拉米成为向总理事会推荐的供成员建立共识的唯一人选。5 月 26 日,法国人拉米正式获得总理事会的任命,成为下一届的 WTO 总干事。第三次总干事的选任,由于之前制定了选任程序,尤其是规定了候选人的末位退出机制,整个过程进行得比较顺利和平稳,在规定的时间框架内完成。这表明,与前两次的总干事选任相比,WTO 对总干事选任的决策程序、WTO 的共识决策制度得到了完善和发展。

三次总干事的选任,体现了 WTO 的真正决策制度。这就是共识决策。《WTO 协定》中规定的投票表决式决策,在 WTO 的决策实践中根本不存在。这是惯例,也是制度使然,更是利益使然。

此处所谓的惯例,是指 GATT 时期的惯例。WTO 接受了这样的惯例。GATT 临时适用初期有过投票表决的做法,但这种做法是建立在预期国际贸易组织正式运作、适用组织决策机制之上的临时做法。随着几次建立正式组织机构的努力的失败,GATT 原本寄希望于国际组织运作机制的愿望落空,只好按照一般协议的方式来管理。而协议的变更、协议事项的决定,是需要协议各方共同同意的。1959 年,GATT 的共识决策制度形成了,自此之后,无论遇到多大的分歧、无论达成共识有多大的困难,都没有采取投票表决的方式做出决定。而《WTO 协定》第 9 条"决策"第 1 款开宗明义地郑重宣布:"WTO 继续实行 GATT 所遵循的共识决策的惯例。"WTO 的决策制度就此注定。

随着 WTO 的成员越来越多,成员间的差异也越来越大。在贸易实力相差很大而贸易规则又没有反映这种差别的情况下,WTO 的决策只能通过磋商的方式,通过共识的方式进行。这是一种现实的选择。"这种共识决策方式,与加权投票相比,强制性更小,更能维护多数成员的利益。"这样的决策方式可能以效率为代价,但从 GATT 到 WTO,就是这样一步步走过来的。除非有一天 WTO 的成员以共识的方式将决策机制改为投票表决制,否则这种做法还会继续。就具体成员来说,多边框架下的双边关系仍然是努力的重点。

第五章　WTO 的争端解决机制

本章提要

在国际贸易实践中,有些国家或地区经常运用其国内法对其他国家采取单方面的贸易制裁措施,从而导致贸易战的爆发。因此,如何和平有效地解决国际贸易争端,始终是世界各国普遍关注的问题。作为 WTO不可或缺的一部分,贸易争端解决机制一向被视为 WTO 各项协议得以实施,世界贸易体制得以安全、正常运行的"卫士",它是各成员方解决贸易争端的唯一有效手段,也是多边贸易机制强有力的支柱。

本章结构图

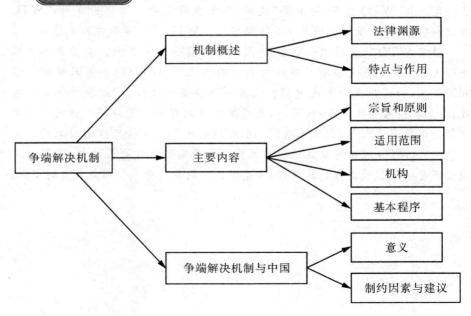

- 重点掌握 WTO 争端解决机制的主要内容。
- 掌握 WTO 争端解决机制的宗旨及原则。
- 了解 WTO 争端解决机制的产生背景、适用范围。
- 了解我国利用争端解决机制的对策。

第一节　WTO 争端解决机制概述

自 1995 年 1 月 1 日开始运行的争端解决机制,是在 1947 年 GATT 48 年试验的基础上,根据国际贸易关系的新发展创立的一种崭新的制度。在国际贸易的实践中,有些国家运用其国内法对其他国家采取多方面的贸易制裁措施,从而导致贸易战的爆发。因此,如何有效地解决国际贸易争端,始终是世界各国普遍关注的问题。作为 WTO 不可或缺的一部分,贸易争端解决机制一向被各成员方认为是解决贸易争端的唯一有效手段,也是多边贸易体制的支柱。

一、WTO 争端解决机制的形成与相关法律渊源

(一)产生背景

WTO 争端解决机制是从《GATT 1947》的有关条款及其 40 多年的争端解决实践发展而来的。1947 年 GATT 关于争端解决的规定,主要体现在《GATT 1947》的第 22 条和第 23 条,这两条规定了执行 GATT 各项协议过程中缔约方之间争端解决的核心原则,包括协商、申诉、专家组建议及执行等方面的规定。一般认为,这两条是《GATT 1947》争端解决机制的主要规则和法律基础。

据统计,从 1948 年至 1995 年 3 月,《GATT 1947》受理的争端共计 195 起(不包括根据"东京回合"各守则争端解决程序所受理的 22 起争议)。其中,提交专家组调查的 98 起争议,有 81 起通过了专家组报告。但是,《GATT 1947》争端解决机制存在一些严重缺陷。例如,在时间上,由于没有明确的时限规定,争端解决往往久拖不决;在程序上,由于奉行"协商一致"的原则,被专家组裁定的败诉方可借此规则阻止专家组报告的通过。这些问题损害了缔约方对 GATT 争端解决机制的信心,影响了多边贸易体制的稳定性。

在此背景下,"乌拉圭回合"将争端解决纳入谈判,达成了 WTO 争端解决机制的基本法律文件——《关于争端解决规则与程序的谅解》(Understanding on Rules and Procedures Governing the Settlement of Disputes,简称 DSU),建立了 WTO 争端解决机制。该机制适用于多边贸易体制所管辖的各个领域,并克服了旧机制的缺陷,通过迅速有效地解决成员方之间的贸易争端,使多边贸易协定的遵守和执行得到更大的保障。同时,进一步拓宽了争端解决机制的使用范围,丰富了解决争端的手段。

(二)争端解决机制的基本法律文件

争端解决机制的基本法律文件集中体现在《GATT 1994》第 22 条和第 23 条。详见表 5-1。

表 5-1　GATT 1994 第 22 条和第 23 条

协商	(1)当一缔约方就影响本协定执行的任何事项向另一缔约方提出要求时,另一缔约方应给予同情的考虑,并应给予适当的机会进行协商。
	(2)经一缔约方提出请求,缔约方全体对经本条第一款协商但未达成圆满结论的任何事项,可与另一缔约方或另几个缔约方进行协商。
利益的丧失或损害	(1)如一缔约方认为,由于(甲)另一缔约方未能实施其对本协定所承担的义务,或(乙)另一缔约方实施某种措施(不论这一措施是否与本协定的规定有抵触),或(丙)存在着任何其他情况,它根据本协定可直接或间接享受的利益正在丧失或受到损害,或者使本协定规定的目标的实现受到阻碍,则这一缔约方为了使问题能得到满意的调整,可以向其认为有关的缔约方提出书面请求或建议。有关缔约方对提出的请求或建议应给予同情的考虑。
	(2)如有关缔约方在合理期间内尚不能达成满意的调整办法,或者困难属于第一款(丙)项所述类型,这一问题可以提交缔约方全体处理。缔约方全体对此应立即进行研究,并应向它所认为的有关缔约方提出适当建议,或者酌量对此问题作出裁决。缔约方全体如认为必要,可以与缔约各方、与联合国经社理事会和与适当的政府间组织进行协商。如缔约方全体认为情况严重以致有必要批准某缔约方斟酌实际情况对其他缔约方暂停实施本协定规定的减让或其他义务,它可以如此办理。如对一缔约方的减让或其他义务事实上已暂停实施,则这一缔约方在这项行动采取后的 60 天内,可以书面通知缔约方全体执行秘书长拟退出本协定,而自秘书长收到通知书后的 60 天开始,退出应即正式生效。

(三)《关于争端解决规则与程序的谅解》

《关于争端解决规则与程序的谅解》(DSU)含有 27 个条款和 4 个附件。主要内容包括协议的适用范围,关于争端解决中的协商、调停、斡旋、调解、仲裁、专家组程序、上诉机构审查等的一般原则和基本程序,以及有关争端解决建议或裁决的执行与监督等。其中,专家组程序是 DSU 协议的核心,担负着审查争端案件的重要任务。

DSU 协议的管辖范围覆盖了几乎所有的多边贸易协议,即适用于货物贸易、服务贸易、与贸易有关的知识产权及投资措施等,对于诸边协议的政府采购协定也同样适用,具体包括在执行以下协定、协议时所提起的争端:(1)《建立 WTO 协定》;(2)附件 1 项下的各项多边贸易协定,即附件 1A《货物贸易多边协定》及其项下的 13 个协议、附件 1B《服务贸易总协定》(General Agreement on Trade in Services,简称 GATS)、附件 1C《与贸易有关的知识产权协定》;(3)附件 2,即 DSU 本身;(4)附件 4 项下的各项诸边协议。

在 WTO 各项协议中,有些协议本身就具备特定的争端解决条款。DSU 协议的附录 2,列出了所有含有争端解决特别规则和程序的协议,如《实施卫生与植物卫生措施协定》、《纺织品与服装协定》、《技术性贸易壁垒协定》、《反倾销协定》、《海关估价协定》、《补贴与反补贴措施协定》、GATS 及相关附件等。

上述几个协议或协定关于争端解决的特别规则、特别程序在适用时,如果与 DSU 协议的一般规则发生冲突,其特别规则和特别程序具有优先适用的效力。

按照 DSU 协议的规定,当 WTO 任一成员认为另一成员的行为损害了它在上述协议、协定中所规定的权利时,或它在实现上述协议、协定的目标时遇到了阻碍,该成员可以启动争端解决程序。这就是说,WTO 的任何成员在两种情况下可以启动争端解决程序:其一,其他成员所颁布的经济贸易措施违反了一项或多项 WTO 协议所规定的实际条款(即"违法之诉"),给该成员造成了损失;其二,尽管被指控成员颁布的措施并没有违反 WTO 的实际条例,但它对该成员的利益造成了损害(即"非违法之诉")。

二、WTO 争端解决机制的特点

同 GATT 争端解决机制相比较,WTO 新的争端解决机制的特点如下:

(一)建立统一的争端解决程序

WTO 争端解决机制综合了 GATT 成立以来在解决贸易争端方面逐步形成的原则和程序。它既适用于《建立 WTO 协定》,又适用于多边贸易协定和诸边贸易协定。这样 DSU 不仅扩大了管辖范围,而且在适用程序的选择方面有了明确的规定,这样就避免在适用法律上出现分歧,从而为解决程序的迅速启动奠定了基础。

（二）增加了上诉程序

同 GATT 的争端解决程序相比，WTO 争端解决机制的程序中设立了上诉程序，并建立了相应的常设上诉机构受理上诉的文件。机制规定，任一当事方都享有上诉权，但上诉须限制在专家组报告所涉及的法律问题和专家组作出的解释范围内。该上诉机构可维持、修改或推翻该专家组的裁决和结论。

（三）实行"反向协商一致"的决策原则

在争端解决机构审议专家组报告或上诉机构报告时，只要不是所有的参加方都反对，则视为该报告通过。从 GATT 的"一致同意"原则，转变为除非"一致同意"反对，这一转变大大增强了执法的力度。因为在一般情况下，"一致同意"否定某项决议的意见很难达成，从而排除了败诉方单方面阻挠报告通过的可能。

（四）引入交叉报复的做法

如果成员在某一领域的措施被裁定违反 WTO 协定或协议，并且该成员未在合理期限内纠正，利益受到损害的成员经争端解决机构授权，可以进行交叉报复。报复应首先在被裁定违反 WTO 协定或协议的措施的相同领域进行，称为平行报复；若平行报复很难进行或其效力很小，报复可以在同一协议项下的不同部门中进行，称为跨领域报复；如仍不行，报复可以跨协定或协议进行，称为跨协议报复。通过授权进行交叉报复、使有关当事方可挑选更有效的方式对违反协议的情况进行报复，这就从另一方向促使败诉方认真考虑执行裁决。可进行交叉报复的规定被视为提高 WTO 争端解决机制效力的有力措施之一。

（五）严格规定了争端解决的时限

谅解及其附件对于争端解决的各个阶段都确定了严格、明确的时间表。例如，专家小组的审案时间一般不超过 6 个月；若有紧急情况，则应在 3 个月内完成。但无论遇到何种情况，审案的时间都不得超过 9 个月。这既有利于及时纠正成员违反 WTO 协定或协议的行为，使受害者得到及时救济，也有助于增强各成员对多边争端解决机制的信心。

（六）设立对最不发达成员的特别程序

在确定涉及一个最不发达国家成员争端的起因和争端解决程序的所有阶段，应特别考虑最不发达国家的特殊情况。在此方面，各成员在根据这些程序提出涉及最不发达国家的事项时应表现适当的克制。如认定利益的丧失或减损归因于最不发达国家成员所采取的措施，则起诉方在依照这些程序请求补偿或寻求中止实施减让或其他义务的授权时，应施加适当的限制。

此外,在涉及一个不发达国家成员的案件中,如在磋商中未能找到令人满意的解决办法,如有最不发达国家成员请求,应在设立专家组之前,进行斡旋、调解和调停,协助各方解决争端。

WTO 争端解决机制的这些特点,一方面弥补了原 GATT 争端解决机制存在的缺陷,另一方面也有所创新,更加完善。

三、WTO 争端解决机制的作用

WTO 争端解决机制在 WTO 制度中处于核心地位。它对于促进 WTO 目标的实现、保证各成员的贸易利益,以及约束各方的贸易政策都起着至关重要的作用。DSU 第 3 条 2 款规定:WTO 争端解决体制是为多边贸易体制提供可靠性和可预测性的一个重要因素。各成员认识到该体制用于保护各成员在适用协定项下的权利和义务,以及依照国际公法的习惯解释规则澄清这些协定的现有规定。争端解决机构的建议和裁决不能增加或减少该协定所规定的权利和义务。

然而,WTO 争端解决机制的作用并不仅仅如此。作为一个人为制定的国际制度,WTO 贸易协定具有两个最基本的特征:不完全性和自我执行。首先,WTO 是由多方参与谈判达成的贸易协定,不免存在许多遗漏和模糊不清的语句,从而造成 WTO 协定的不完全性。这些遗漏与模糊的语句需要弥补与澄清。其次,由于不存在第三方的强制执行机构,因而 WTO 协定需依靠各成员的自觉遵守。用博弈的语言讲,就是只有当合作的收益大于违约的成本时,各方才选择合作。因而对那些违反协定者实施惩罚对维持合作至关重要。具体来说,WTO 争端解决机制的作用体现在以下五个方面。

(一)促进各成员间的经贸合作

WTO 已拥有 150 多个会员,且主要贸易国皆参与 WTO 活动,因而它已成为名副其实的国际组织。然而,WTO 法律体系要具备有效性,就必须满足三个条件:(1)会员同意协定并遵守;(2)会员清楚认识自身在 WTO 中的权利和义务;(3)具备一套有效规范非法行为的制度。

WTO 争端解决机制通过利用国际公法的习惯解释规则来阐明 WTO 条文,使成员明确自己的权利与义务,并通过授权受害方中止减让等措施来制裁非法行为,从而成为促进国际经济合作的关键制度。可以说,WTO 争端解决机制对 WTO 体系的发展,对客观地实现 WTO 宗旨,以及促进国际贸易合作及世界经济成长等方面,都有着重大贡献。

（二）迅速有效地解决国际贸易争端

很多情况下 WTO 争端是因各国在解释 WTO 法律条文上的分歧造成的。通常一国的政策措施非常复杂，且对于这些政策措施是否符合 WTO 的规定，各国都有自己的理解。这是因为，一项政策措施可以同时实现多个目标，并且它还通常涉及 WTO 的多个条款或多个协定。而 WTO 协定并没有在非法措施与合法措施之间划出一条清晰的界限。许多政府的政策处于所谓的"灰色区域"地带，即政策措施既不存在明显违反 WTO 协定的地方，又不是明显地符合 WTO 协定。各国都是根据自身的利益来解释 WTO 法律义务的。WTO 透过争端解决机制来统一公正地解释 WTO 协定。这包括：(1)审查当事国的贸易政策及政策意图；(2)明确解释 WTO 相关协定的含义；(3)澄清会员在适用协定项下的权利和义务。各国都同意遵守 WTO 争端解决程序及裁决，从而有助于贸易争端的迅速有效解决。

（三）作为再谈判场所

WTO 协定具有不完全性，存在许多遗漏和模糊不清的地方。造成这一现象的原因主要有：一是语句的模棱两可或不清楚造成 WTO 协定的模棱两可或不清晰；二是谈判方因为疏忽未把有关事项纳入协议中；三是因为谈判订立某一条款以解决某一特定事项的成本超过其收益而未考虑；四是因世界经济形势发生变化而致使现有协议出现漏洞。这些漏洞和模棱两可的语句需要弥补和澄清，不然会影响到 WTO 协定的有效执行。然而 WTO 对于正式解释条款这个问题，设定了一个非常严格的条件，即需要 3/4 以上的全体成员通过。由于经常有 1/4 的成员不出席重要会议，因此 WTO 正式解释条款很难被启用。于是，弥补漏洞和解释模棱语句的任务自然就落在争端解决机制身上。于是，一国参与 WTO 争端解决程序可以了解并影响 WTO 协定的解释与应用，甚至影响 WTO 法的发展，并使自己在 WTO 中处于有利的地位。不过，WTO 争端解决机制在弥补现行协定的漏洞方面不能也不应该承担过多的任务，因为 DSU 第 3 条 2 款要求，争端解决机构的裁决和建议不能增加或减少适用协定规定的权利和义务。

（四）使成员更好地履行其国际义务

在一个自我执行的制度中，受害国对违反 WTO 协定者的最后威胁是贸易报复。而小国的贸易报复不可信。因而从这个角度看，是否遵守争端解决机构的裁决只是一个道德问题。不过，事实上 WTO 争端解决机制的执行情况非常好。这是因为在 WTO 的重复博弈中，一个成员的信誉至关重要。国际经济关系中因各国主权的存在及国家利益的现实考虑，更需要各国的诚信合作来解决争端。国家不分大小,经济主权都是平等的,任何协议的达成,都需要各国的配合、妥协甚至让步。WTO 争端解决机制发挥着收集与发布违约信息的作用,影响着一国的声誉。各国也从争端解决过程中吸取经验与教训,进一步推进改革和贸易自由化,从而保证 WTO 协定得到切实履行。

(五)使国际经贸关系朝"规则导向"方向发展

WTO 争端解决机制有助于建立一种"规则导向"的国际经贸关系。WTO 已建立一个统一的争端解决机制,除了保留了传统的 GATT 协商方法外,还大大强化了争端解决专家组的"司法"性质。争端解决机构(DSB)对专家组报告采取"反向协商一致"决策模式,即除非 DSB 成员一致反对,否则有关决议视为通过。此决策模式意味着专家组报告将自动通过。"反向协商一致"因此成为 WTO 争端解决机制走向"规则导向"之重要设计,排除了有关成员对专家组报告的"政治审查"或不当干扰。另外还成立了上诉机构对专家组报告进行"法律审查",避免专家组报告可能出现的严重法律错误。由专家组和上诉机构组成的 DSB"两级终审制",使得 WTO 争端解决机制具有浓厚的司法程序及强制性色彩。WTO 作为国际贸易关系方面的最高法律,对其成员来说,是一种强制性的"法律秩序"。各国贸易法规与政策必须遵守 WTO 的规定,尤其在对外贸易关系方面,才会进一步取得"合法性"。

第二节 WTO 争端解决机制的主要内容

《关于争端解决规则与程序的谅解》共包括 27 个条款和 4 个附件(见表 5-2),内容主要涉及 WTO 争端解决机制的宗旨和原则、适用范围、管理机构、基本程序和特殊程序等。

表 5-2 《关于争端解决规则与程序的谅解》条款及附件

第一条	Coverage and Application	范围和适用
第二条	Administration	管理
第三条	General Provisions	总则
第四条	Consultation	磋商
第五条	Good Offices, Conciliation and Mediation	斡旋、调解和调停
第六条	Establishment of Panels	专家组的建立

续表

第七条	Terms of Reference of Panels	专家组的职权范围
第八条	Composition of Panels	专家组的组成
第九条	Procedures of Multiple Complainants	多个起诉方的程序
第十条	Third Parties	第三方
第十一条	Function of Panels	专家组的职能
第十二条	Panel Procedures	专家组的程序
第十三条	Right to Seek Information	寻求信息的权利
第十四条	Confidentiality	机密性
第十五条	Interim Review Stage	中期审议阶段
第十六条	Adoption of Panel Report	专家组报告的通过
第十七条	Appellate Review	上诉审议
第十八条	Communication with Panel or Appellate Body	与专家组或上诉机构的联系
第十九条	Panel and Appellate Body Recommendations	专家组或上诉机构的建议
第二十条	Time-Frame of DSB Decisions	DSB 决定的期限
第二十一条	Surveillance of Implementation of Recommendations and Rulings	监督建议和裁决的执行
第二十二条	Compensation and Suspension of Concessions	补偿和减让的暂停
第二十三条	Strengthening of the Multilateral System	多边体制的加强
第二十四条	Special Procedures Involving Least-Developed Country Members	涉及最不发达国家成员的特殊程序
第二十五条	Arbitration	仲裁
第二十六条	*	*
第二十七条	Responsibilities of Secretariat	秘书处的职责
附录一	Agreement Covered by the Understanding	本谅解的适用协定
附录二	Special or Additional Rules and Procedures Contained in the Covered Agreements	适用协定所含特殊或附加规则与程序

资料来源:WTO 秘书处编.乌拉圭回合协议导读[M].法律出版社,2004.

一、WTO 争端解决机制的宗旨和原则

WTO 争端解决机制的宗旨是：保持各成员方权利和义务的平衡，保障各缔约方享有根据协定所产生的权利以及需要履行的义务，积极解决成员之间产生的纠纷，提供安全保证和可预见性，促进 WTO 职能的有效发挥和自由贸易的发展。基于这一目的，在 GATT 争端解决机制的基础上，一个具有准司法性质的 WTO 争端解决机制被建立起来，使得各成员能有效解决纷争，从而促进国际贸易的繁荣和发展，促进国际经济一体化进程。

WTO 争端解决机制的基本原则是：平等（equitable）、迅速（fast）、有效（effective）、双方接受（mutually acceptable）。全体 WTO 成员同意，如果它们认为其他成员正在违反贸易规则，受到贸易侵害的成员将使用多边争端解决机制，而不是采取单边行动，这意味着所有 WTO 的成员将遵守议定的程序和尊重裁决，不管是受到贸易侵害的成员还是违反议定的成员。

GATT 及 WTO 的贸易争端解决机制在程序方面与法庭有一定的相似之处，但最大的区别在于，在争端解决机制下，引起贸易争端的成员将首先进行磋商，并自行解决贸易争端。因此，贸易争端解决机制的第一阶段是由成员政府之间进行贸易磋商，甚至当案件已经发展到其他阶段时仍然可以进行磋商和调解。

二、适用范围

WTO 争端解决机制的适用范围包括所有多边贸易协议，如货物贸易协定、服务贸易协定及与贸易有关的知识产权协议等，同时也适用于《WTO 协定》和 DSU 协议本身，但是否适用于复边协议则要由这些协议的成员方决定。对于非违法之诉，即由于成员方实施并不违反 WTO 各协定的措施而引起的争端的申诉，以及对由于存在任何其他情况而引起的争端的申诉，DSU 协议并未做出不予受理的具体规定，因此，一般应予受理。另外，在反倾销、反补贴、技术标准、海关估价、卫生和植物检疫、纺织品和服装贸易中，有若干争端解决的特殊规定，若与 DSU 协议相冲突，则服从这些协议中的特殊规定；如特殊规定之间发生冲突，而且争端当事方未能在专家小组设立后 20 天内就适用何种规则和程序达成一致，则由 DSB（Dispute Settlement Body，争端解决机构）来确定采用哪种规定。

若从争端的主体来看，争端解决机制仅适用于 WTO 成员方之间的争端，而不适用于成员方与非成员方之间、成员方与国际组织之间的争端。对于是否适用于成员方与私人之间的争端，虽然理论上认为将私人诉权引入 WTO

争端解决机制是未来发展的一种趋势，但是现存的争端解决机制并没有体现出来。换言之，WTO 争端解决机制现在只是成员方政府的机制。

三、争端解决机制的机构设置

1. 争端解决机构（DSB）

DSU 协议第 2 条规定，为管理争端解决规则与程序及有关协议中争端解决的专门条款，设立"争端解决机构"（DSB）。它直接隶属于部长会议，由 135 个成员方参加，受总秘书处的领导，没有自己的主席、工作人员、工作程序等。应当注意的是，根据 DSU 第 1 条第 1 款的规定，在处理涉及只适用于部分成员方的诸边贸易协议的争端时，只有该协议的签字方才可参与争端解决机构，对该争端作出决定和采取行动。

根据 DSU 协议第 2 条的规定，争端解决机构应向 WTO 各有关理事会和委员会通报与其有关协议相关的各项争端的进展情况。争端解决机构可根据需要召开会议，以期在规定时限内完成争端处理的任务。争端解决机构在就贸易争端作出决定时，应采取协商一致的方式进行。

WTO 争端解决机构的主要职责是：（1）成立专家小组并通过其报告；（2）建立常设上诉机构并通过其报告；（3）监督裁决和建议的履行；（4）根据有关协议授权成员方中止减让和其他义务。

2. WTO 秘书处（Secretariat）

DSU 第 27 条规定了 WTO 秘书处在争端解决中的责任。该条共三款，见表 5-3。

表 5-3 WTO 秘书处在争端解决中的责任

秘书处职责	秘书处有责任协助专家小组的工作，特别是在处理争端的法律、历史和程序方面，向专家小组提供资料和帮助，并为专家小组提供文秘和技术支持。
	秘书处应该在发展中成员方遇到贸易争端并提出请求时，提供一名来自 WTO 的合格法律专家，向它们提供额外的法律帮助和法律咨询。
	秘书处为有兴趣之 WTO 成员方举办争端解决规则和程序的培训班。

3. 专家小组（Panels of Experts）

作为 WTO 争端解决机制的组成部分之一，专家小组程序在 WTO 的争端解决机制中占有举足轻重的地位，在国际贸易争端解决的实践中也发挥着不可替代的作用。WTO 争端解决机制中的专家小组程序主要规定在作为 WTO 的基本法律文件的《建立世界贸易组织协议》的附件 2《关于争端解决规则和程序的谅解》及其附件中。其内容主要涉及专家小组的职能、专家小组的工作程序、专家小组报告的通过、专家小组对争端的审理期限等。

（1）专家小组的职能

专家小组的职能主要包括：①对审议的事项做出客观的评估，包括对该案件的事实，有关适用协定的适用性，以及与有关适用协定的一致性的客观评估；②做出可协助 DSB 提出建议或提出适用协定所规定的裁决的其他调查结果；③应定期与争端各方磋商，并给予它们机会以形成令双方满意的解决办法。

（2）专家小组的工作程序

根据 DSU 第 12 条的规定，除非争端当事方同意采用其他程序，否则专家小组应采用 DSU 附件三规定的程序。专家小组的工作程序应具有充分的灵活性，以保证其能够提供高质量的工作报告。DSU 附件三所规定的专家小组的具体工作程序主要包括：①在专家小组组成和职权范围确定后，专家小组经与争端各方磋商，应在一周内确定工作时间表。②争端各方向专家小组提交有关案件事实与论据的陈述。③专家小组的第一次实质会议。④专家小组的第二次实质会议。⑤咨询专家或专家审议小组。专家审议小组应就科学或技术性问题提出审议报告。⑥将报告初稿的叙述部分（事实和论据）提交争端各方，给予各方两周的时间提出意见。⑦提交中期报告，包括调查结果和结论。⑧专家小组向各方提交最终报告，并且在三周后散发给 WTO 所有成员。

（3）专家小组报告的通过

DSU 规定：为给各成员提供充足的时间审议专家小组的报告，在报告分发给各成员 20 天后，DSB 方可审议通过报告。对专家小组报告有反对意见的成员应至少在审议该报告的会议召开前 10 天，提交供散发的、解释其反对意见的书面理由。除非一方提出上诉，或经协商一致决定不通过该报告，否则DSB 应在报告提交的 60 天内通过该报告。如一方已将其上诉的决定通知DSB，则在上诉完成之前，DSB 将不审议通过该专家小组的报告。

（4）专家小组对争端的审理期限

为保证和提高专家小组的工作效率，专家小组对争端的审理期限一般不能超过六个月。在紧急案件中专家小组应力求在 3 个月内将报告提交给争端各方。如专家小组认为在上述期限内无法提交其报告，则应书面通知 DSB 延迟的原因和提交报告的估计期限，但无论如何不能超过 9 个月。此外，专家小组可应起诉方的请求中止工作，但中止的期限不能超过 12 个月。

4. 上诉机构（Appellate Body）

WTO 上诉机构是一个常设的争端解决机构。上诉机构所作出的裁决具有强制性和不可诉性,但同时,该机构又不具备一个国际贸易法院所有的特征,不是一个真正意义上的司法机构。因此,将 WTO 的上诉机构界定为一个准司法机构。

上诉机构由 7 位国际著名的法律专家组成,每届任期 4 年,可以连任一届。与国际法院的法官们常驻荷兰海牙这一形式不同,WTO 上诉机构成员平时不需要常驻日内瓦,只是在评议案件时才会留在日内瓦。每一个上诉案件都必须由 3 人组成的评议小组进行评议,而上诉机构人员有限,因此,DSU 没有要求上诉机构成员在评议案件时遵守回避原则。

上诉机构的职能是对评审团报告中的上诉部分进行评议,包括对争议事实的评议和对所涉及的法律进行解释。

四、争端解决机制的基本程序

根据 DSU 协议确定的规则和程序,解决多边贸易争端通常分为以下程序:

(一)磋商程序(consultation)

磋商是从 GATT 就开始奉行的解决各成员之间贸易纠纷的首要原则,是 WTO 争端解决程序中首要的强制性阶段。争端产生时,认为自己利益受到损害的成员方可以提出请求与对方进行磋商(该请求均应以书面形式通知 DSB 及相关理事会和委员会),后者应在收到请求之日起 10 日内做出答复,并应在 30 日内(紧急情况下 10 日内,如对易腐烂的商品等),"真诚地进行协商"以求达成双方满意的解决办法,否则,提起协商的成员可请求 DSB 设立专家组。如果在成员方提出协商要求后 60 天内(紧急情况下 20 天内),未能通过磋商解决争端,或者各方共同认为通过协商已经不能解决争端,申诉方可以请求设立专家组。

(二)斡旋、调解和调停(good offices,conciliation and mediation)

与磋商不同,斡旋、调解和调停是争端当事方同意而非强制选择的程序。其中的斡旋是指第三方为争端当事人双方提供有利于进行接触与和谈的条件,提出自己的建议或是转达各方的意见,以促使当事方进行协商,而斡旋者自己不直接介入纠纷的一种解决方式;调解在此处有特殊的含义,不同于解决国际民商事争议中的调解,仅指当事人将争端提交由若干成员方组成的委员会,委员会在调查的基础上提出解决争议的建议或安排,但该建议并不具有法律约束力;调停是指第三方不但为争端当事方提供谈判或重新谈判的便利,而且提出作为谈判基础的条件并亲自主持谈判,提出建议,促使争端双方达成解决争议的协议。争端任何一方可以在任何时候提起斡旋、调解或调停请求,甚至经争端当事方同意,斡旋、调解或调停可以在专家组程序进行期间继续进行。斡旋、调解和调停所涉及的各种程序,特别是争端各方在这些程序期间所持的立场应是秘密的,而且不应影响任何一方诉诸进一步程序的权利。

(三)仲裁执行(arbitration)

DSU 协议第 25 条规定:"在 WTO 内部实行高效率仲裁,作为一项解决争端可供选择的手段,有利于当事各方已明确界定问题的争端的解决。除 DSU 协议另有规定外,诉诸仲裁要以当事各方相互协议为条件,包括就应遵循的程序取得一致。要在仲裁实际开始之前,将诉诸仲裁协议充分通知所有成员方。"需要注意的是它是当事方自愿选择的程序,也非必经程序,其作为另一种可供选择的解决贸易争端的方法被广泛采用。

除作为一种选择性争端解决办法外,仲裁还作为确定争端各方执行 DSB 建议和裁定期限的方法,以及作为确定中止减让或其他义务的水平或投诉方是否遵守中止减让义务的原则和程序的方法。在仲裁员选任、仲裁协议的范围、仲裁适用的法律和仲裁裁决的执行等方面,WTO 争端解决机制中的仲裁具有明显不同于常规国际仲裁的特征。

(四)专家组程序

在 WTO 多年的争端解决实践中,专家组程序一直起着重要的作用,并得到了不断的改进和完善,是 WTO 争端解决机制的核心。

1. 专家组的成立

在争端各方磋商未果或一方对磋商的请求未予答复的情况下,申诉方可以书面形式向 DSB 提交成立专家小组的申请。只要申请方请求,则应在 DSB 首次将该项请求列入日程后最后一次会议上成立专家小组,除非 DSB 一致同意不设立专家组。专家组通常由秘书处指定约三至五名具有不同背景和丰富知识经验的中立方的人员组成。

2. 专家组的组成

专家组通常由 3 人组成,除非争端当事方在专家组设立之日起 10 天内同意设立 5 人专家组。专家组的成员可以是政府官员,也可以是非政府人士,但这些成员均需以个人身份工作,不代表任何政府或组织,WTO 成员不得对他们做出任何指示或施加影响。为便于指定专家组成员,WTO 秘书处备有一份符合资格要求的政府和非政府人士的名单。WTO 成员可以定期推荐建议列入该名单的政府和非政府人士。

DSU 第 8 条规定,除非争端当事方有令人信服的理由,否则不得反对秘书处向他们提出的专家组成员人选。如果自决定设立专家组之日起 20 天内,争端当事方仍未能就专家组的人员组成达成一致,应任何一个争端当事方的请求,WTO 总干事在与争端解决机构主席、有关理事会或委员会主席及争端各方磋商以后,任命最合适的人选。这些规定避免了当事各方在专家组人员组成问题上,可能会出现的无休止的争论。

DSU 第 8 条第 3 款还规定,当事方和有利益关系的第三方公民不得担任与该争端有关的专家组成员(各争端当事成员方另有约定的除外)。为避免发达国家垄断专家组而使发展中国家遭受不公正待遇,DSU 协议规定在发展中国家和发达国家成员方发生争端时,如该发展中国家提出请求,则专家组应至少包括一名来自发展中国家成员方的成员。

(五)上诉复审(Appellate Review)程序

如果争端一方对专家组的报告持有异议并提起上诉,或者 DSB 一致同意不通过专家组的报告,则案件可以进入复审阶段,为此 DSB 设立了一个由 7 人组成的常设上诉机构(Standing Appellate Body)。上诉机构成员的产生是由 WTO 各成员的代表提名,在此基础上,总干事、争端解决机构主席、总理事会主席,以及货物贸易理事会、服务贸易理事会和知识产权理事会的主席联合提出建议名单,然后由 DSB 正式任命。上诉机构成员应在 WTO 中具有广泛代表性,必须是在法律和国际贸易领域中公认的权威,对 WTO 的有关协议具有专业知识,不隶属于任何政府并应随时听候调遣,其任期为 4 年,可以连任一次。任何一个上诉案件均应由其中 3 人按既定的工作程序进行审理。上诉的主体一般只能是争端当事方,但与有关案件有重大利害关系并已经将此事通知 DSB 的任何第三方也可向上诉机构陈述其意见并提交书面陈词。

可以说,上诉机构做出的报告是对争端的二审判决,国外甚至有专家将其视为"最高法院判决"。需要明确的是,上诉机构的审查范围仅限于专家组报告中的法律问题以及专家组做出的法律解释,而不再对争端的事实进行审查,它的任务是,经过审理,维持、修改或否决专家组的法律调查结果和结论。在通常情况下,从争端当事方正式通知其上诉决定之日起到上诉机构发送其报告之日止,整个上诉过程不得超过 60 天,特殊情况下,最长不得超过 90 天。在将报告发给所有成员方后 30 天内,如果 DSB 在讨论通过时没有一致反对,则报告自动被接受,争端双方也应无条件接受,任何一方的反对也都无济于事。此外,DSU 协议还规定,从 DSB 成立专家组起到其审议通过专家组报告或上诉机构报告之日的期限在没有上诉的情况下,一般不超过 9 个月,在提出上诉的情况下,不超过 12 个月。

（六）对执行建议和裁决的监督

专家组报告或上诉机构报告一经通过,其建议和裁决即对争端各当事方产生约束力,争端当事方应该无条件地接受。

1.裁决的执行

DSU 第 21 条规定,在专家组或上诉机构报告通过后 30 天内举行的争端解决机构会议上,有关成员应将执行争端解决机构建议和裁决的意愿通知给该机构。有关建议和裁决应迅速执行,如果不能迅速执行,那么应该确定一个合理的执行期限。"合理期限"由有关成员提议,并需经过争端解决机构批准;如未能够获得批准,由争端各方在建议和裁决通过后 45 天内协商确定期限;如果经过协商也无法确定,则由争端各方聘请仲裁员确定。

如果被诉方的措施被认定违反了 WTO 的有关规定,且它未能在合理的期限内执行争端解决机构的建议和裁决,则被诉方应申诉方的请求,必须在合理期限届满前与申诉方进行补偿谈判。补偿是指被诉方在贸易机会、市场准入等方面给予申诉方相当于它所受损失的减让。根据 DSU 第 X 条第 1 款的规定,补偿只是一种临时性的措施,即只有当被诉方未能在合理期限内执行争端解决机构的建议和裁决时,方可采用。如果给予补偿,应该与 WTO 有关协定或协议一致。

2.授权报复

如申诉方和被诉方在合理期限届满后 20 天内未能就补偿问题达成一致,申诉方可以要求争端解决机构授权对被诉方进行报复,即中止对被诉方承担的减让或其他义务。争端解决机构应该在合理期限届满后 30 天内给予相应的授权,除非争端解决机构经协商一致拒绝授权。根据所涉及的不同范围,报复可分为平行报复、跨部门报复和跨协议报复三种。被诉方可以就报复水平的适当性问题提请争端解决机构进行仲裁。

报复措施也是临时性的。只要出现以下任何一种情况,报复措施就应终止:(1)被认定违反 WTO 有关协定或协议的措施已被撤销;(2)被诉方对申诉方所受的利益损害提供了解决办法;(3)争端当事各方达成了相互满意的解决方案。

3.监督执行

争端解决机构应该监督已通过的建议和裁决的执行情况。在建议和裁决通过后,任何成员都可随时向争端解决机构提出与执行有关的问题,以监督建议和裁决的执行。除非争端解决机构另有决定,否则,在确定执行的合理期限 180 天后,争端解决机构应该将建议和裁决的执行问题列入会议议程,并进行审议,直至该问题得到解决。在争端解决机构每一次会议召开 10 天前,有关成员应向争端解决机构提交一份关于执行建议和裁决的书面报告。

第三节　WTO 争端解决机制与中国

一、WTO 争端解决机制对于中国的意义

随着改革开放的不断深入,中国经济持续快速发展,经济实力显著增强,经济地位不断提高,对外经济贸易联系不断扩大和深入。据统计,2012 年,我国外贸进出口总值达 38 667.6 亿美元,比上年增长 6.2%。其中出口 20 498.3 亿美元,增长 7.9%;进口 18 178.3 亿美元,增长 4.3%;贸易顺差 2 311 亿美元,扩大 48.1%。中国已经与世界上大多数国家和地区建立了广泛而深入的经贸联系。然而,在中国经济贸易迅速发展的同时,各种经贸摩擦和争端也不断出现,这应当说是经贸交往中的正常现象。正确应付和处理这些摩擦和争端也是对外经贸交往中的重要工作之一,对于维护和促进一国经贸的健康发展具有十分重要的意义。

WTO 作为当代多边自由贸易的倡导者,为当今国际贸易的自由发展提供了一套相对完善的以规则为基础的制度框架,这其中就包括争端解决机制。WTO 成员的广泛性以及 WTO 争端解决机制运行的相对有效性,使得当今国际经贸领域的大量争端被提交 WTO 争端解决机制解决。中国作为 WTO 成员,也必然会卷入 WTO 争端解决,不论是作为争端的起诉方还是被诉方。

之前,国内的大量研究文献在谈到中国面临的一些国际经贸摩擦和争端的原因时提到最多的一点就是:中国不是 WTO 成员,不能利用 WTO 争端解决机制寻求争端的合理解决,从而使某些国家和地区更倾向于针对中国实施不合理的贸易措施。

这的确是事实,以中国在国际贸易中频繁遭受反倾销指控为例,针对中国的不少指控是基于某些指控方国内不合理的贸易法规,或基于其国内某些利益集团的政治压力而提起的,在倾销计算和裁决中也往往采取不合理的方法和措施。在中国加入 WTO 之前,除了企业应诉之外,只能通过外交途径寻求

解决争端,但这往往作用有限,对反倾销指控方的约束作用较弱,从而在某种程度上助长了某些国家和地区对中国的指控。在中国加入 WTO 之后,对于 WTO 成员针对中国采取的一些不合理的反倾销措施,除了能继续通过外交途径寻求争端解决,还可以向 WTO 争端解决机制提起争端解决,这势必在某种程度上制约针对中国的一些不合理措施的实施。同样地,在其他一些引发经贸争端的领域,在加入 WTO 之后,在传统的解决方式之外都可以诉诸 WTO 争端解决机制解决,这必将更好地维护和促进我国对外经贸活动的正常开展。

二、中国利用 WTO 争端解决机制的积极意义

基于中国加入 WTO 之后卷入 WTO 争端解决的必然性,以及 WTO 争端解决机制运行的有效性和取得的巨大成就,利用 WTO 争端解决机制对于中国而言具有以下积极意义。

（一）对贸易对象的不合理措施产生制约作用

将贸易对象的不合理贸易措施诉诸争端解决会增加其声誉成本,其败诉还会面临补偿和遭受报复的成本,此外还有诉讼的直接成本,这些可以在一定程度上对不合理贸易措施的实施产生制约作用,包括阻止一些不合理措施的出台和使已存在的不合理措施被削减或取消。

（二）使已有争端可通过准司法程序获得相对公正、迅速的解决

从前文对 WTO 争端解决机制的介绍和运行实践的分析可以看出,由于规则和程序上的改进,WTO 争端解决机制形成了一套比 GATT 争端解决机制更完善、更有预见性的准司法程序,能相对公正、迅速地解决争端。这一准司法程序设计,特别是在 WTO 争端解决机制下起诉方的程序推动能力以及明确的时间规定,为像中国这样的发展中成员提供了一个公正、迅速解决争端的途径。这也使得 WTO 成员方对争端解决机制的参与度提高,尤其是发展中成员方的参与度大大提高。如前所述,中国作为一个发展中的贸易大国,也是一个潜在的争端大国,寻求争端的公正、迅速解决意义重大,WTO 争端解决机制将帮助中国实现这一目标。

（三）争端解决的灵活性保证争端的有效解决

虽然 WTO 争端解决机制可以通过一套准司法程序使争端得以解决,如专家组程序、上诉审查程序,但并不排除其他解决方法,如传统的政治、外交方法——磋商、斡旋、调解和调停的运用,并且规定在准司法程序的任何阶段都可以选择磋商等政治外交方法解决争端中止程序,这就使得 WTO 争端解决

具有很强的灵活性。实践也证明,正是这种灵活性保证了大量争端的有效解决。这一点对于中国尤其重要,因为谈判与磋商一直是我国解决贸易争端最常用的两种手段,在 WTO 争端解决机制下各种争端解决方法的灵活结合使用将使我国面临的争端得到更有效的解决。

三、中国利用 WTO 争端解决机制的制约因素分析

在中国达成入世协议之际,许多学者曾预言中国的加入可能导致 WTO 案件急剧增加,将使 WTO 争端解决机制不堪重负。这是因为,一方面,中国可能不断求助于争端解决机构来维护自己的权益;另一方面,中国的贸易伙伴也会要求中国履行入世承诺而向 WTO 投诉。甚至有学者指出,DSB 应成立专门部门来处理有关中国的贸易争端案件。中国常驻 WTO 大使孙振宇也表示,中国加入 WTO 的一个重要目的就是利用 WTO 争端解决机制来解决贸易纠纷,制约贸易保护主义。但是,到目前为止,中国在有效运用 WTO 争端解决机制方面仍存在较大的发展空间,其中的原因不禁让人深思。下面对我国利用 WTO 争端解决机制的制约因素进行分析。

(一)人才及资金的约束

WTO 争端解决机制是一个"司法化"的争端处理程序,这使得在 WTO 打官司是一件高度技术化和专业化的事情。这要求成员方不仅要有一支通晓 WTO 法律的专家队伍,而且要具备足够的资金与实力。向 WTO 申诉需要一支通晓 WTO 协定及案例的高素质专业化队伍,来分析案情并跟踪案情的发展,包括审核申诉的论点、问题和各种可能性,以及对经验和结果进行分析,探讨新的法律观点和在经济贸易方面的影响等。然而,我国非常缺乏胜任 WTO 案件的法律专家。这是多方面原因造成的。一是 WTO 的官方语言是英语、法语和西班牙语,存在语言上的障碍。二是我国的传统文化与 WTO 法律体系、法律习惯相冲突。我国儒家思想强调伦理道德,"和为贵",追求无讼之结果;且长期王权至上的封建社会使百姓厌讼甚至惧讼,迷信"青天",不信法律。三是我国法律教育起步晚,改革开放后我国法律教育才得到恢复与重视。四是与国际法律界的交流与联系少。

(二)国内相关制度建设的缺失

中国政府与企业、律师界的沟通不顺畅,许多企业及律师把 WTO 诉讼看成是政府的工作。政府很难准确评估外国保护主义政策的影响,同时缺乏相关的数据与证据支持等,从而影响判断与决策,政府官员对值不值得申诉缺乏信心。此外,利用 WTO 争端解决机制处理贸易纠纷,耗时长。而司法事务只

是官员行政事务的一部分,如果诉讼占据官员大量时间,可能影响其业绩,从而不利于升迁。因此,贸易官员提起 WTO 诉讼的意愿就更低了。

(三)法律文化传统与观念的制约

中国与西方在法律文化传统方面差异很大。在西方,法治观念源远流长,其发端于古希腊城邦民主制。到了近代,卢梭、康德的人权思想,以及孟德斯鸠、杰斐逊逐步确立的三权分立学说,有力地促进了西方传统法治思想体系的建立。在现代西方社会,依法维权的观念已深入人心。法成为正义与非正义事物之间的界限。诉讼是人民实现正义的方法和手段,人们都愿意通过诉讼来解决纷争。然而中国传统文化认为争诉是社会的一种恶和不道德的行为,应越少越好。诉讼的目的不在于裁断纠纷,而是为了实现"无讼"。百姓厌讼、惧讼;官员劝讼、止讼。人们法律观念淡漠,"以情代法"现象在历史上比比皆是甚至受到表彰,人们普遍不信任诉讼。

文化的冲突带来社会经济生活的冲突。我国企业出口遇到不公正的待遇,通常采取回避的态度,不向政府投诉;政府官员遇到贸易纠纷时,习惯于通过外交途径来处理。观念上的差异造成行为上的差异,从而错失诉讼的有利时机。

(四)经济实力与报复能力的影响

WTO 争端解决机制较差的救济措施进一步降低了我国利用它的积极性。WTO 争端解决机构只是政府间的组织,其不具有强制执行力。争端解决机构的裁决依靠争端双方的协商,并由成员方自觉遵守。如果败诉方拒不执行,最后的救济措施是贸易制裁。但是,通常发展中国家的报复能力差,贸易制裁不具有威慑力,况且贸易制裁又是一种"两败俱伤"的手段,因此发展中国家通常不会采取这一手段。以"香蕉案"为例,虽然厄瓜多尔获得授权对欧盟实施 2.016 亿美元的报复措施,但它放弃了。

由于受到这些因素的制约,我国即使确信自身权益受到侵害,或其他成员未履行义务,也很难将争端诉诸争端解决机构。这一问题大大影响了我国在该体系中的权利和义务的平衡,甚至助长了发达国家对我国滥用争端解决机制的可能。

四、中国利用 WTO 争端解决机制的建议

(一)基于中国国情的宏观对策建议

1.充分利用 WTO 有关协议中对于发展中成员的特殊优惠待遇

在乌拉圭回合达成的各项协议中,对于发展中成员给予了一定的照顾,即

"特殊与差别待遇"。这些差别待遇有的是一些原则上的规定,有的则是一些程序方面的更为宽松的安排。发展中成员应当充分利用这些规定,以保护自己的利益。在争端解决方面,DSB 中也有关于发展中成员的规定,如第 8 条第 10 款、第 12 条第 10 款、第 21 条第 2 款、第 27 条第 2 款。中国是以发展中成员身份加入 WTO 的,所以可以而且应当充分利用这些规则所赋予的优惠待遇维护自己的权益。

2.充分研究和借鉴其他发展中成员参与 WTO 争端解决的经验和教训

在 WTO 成员中,发展中成员占了绝大多数,已经有许多发展中成员积极参与了 WTO 争端解决实践;并且,近年来发展中成员的参与势头不断上升,甚至超过了发达国家。发展中成员在参与 WTO 争端解决实践中积累了大量的经验和教训,虽然我们不能完全照抄照搬,但对于同样作为发展中成员的中国而言,这些经验和教训仍然有极大的参考和借鉴价值。因此,我们首先要认真研究、学习这些经验和教训,以期在今后的实践中达到事半功倍的效果。

3.正视卷入争端的必然性,合理利用自身经贸地位,团结广大发展中成员,更好维护自身利益

中国虽然仍是一个发展中成员,但从经济总量上看,已经位居世界前列,在国际贸易中也占有较大份额,完全可以说是一个经济贸易大国,因此,中国卷入经贸争端的潜在可能性变大也就成为必然。对此应当将其作为国际经贸交往中的正常现象加以看待,才能采取合理适当的方式加以解决。

当然,中国也能够充分利用其发展中经济贸易大国的地位在争端解决中更好地维护自身利益。一般而言,经济贸易实力越强,在争端中所处的地位越有利。为此,我们可以充分利用中国的经贸大国地位争取在争端解决中获得较好结果。具体而言,在涉及我国与其他发展中成员的争端案例中,尽量利用我方经贸实力说服对方通过双边磋商解决,节省诉讼成本;在我国与发达国家的争端中,也尽量争取较早磋商解决,如果不能磋商解决,也要使对方意识到我方的经贸实力对于争端解决结果的影响。此外,我国还可以利用自身影响发动和团结其他发展中成员共同参与和发达国家的争端,争取更有利的争端解决结果,等等。

4.正视转型时期存在的特殊情况,正确应对有关争端

当前中国社会主义市场经济体制仍处在不断发展和完善之中。具体表现在有关经济法律制度、经济运行体制、企业经营管理等许多方面还需要不断调整和完善,这不可能一蹴而就,需要相当长的时间。这就使得原有体制下的一

些缺陷难以在短期内消除或改进,从而可能在中国与其他 WTO 成员之间产生一些较为特殊的经贸纠纷。

例如,中国与贸易伙伴在反倾销、纺织品与服装、知识产权保护等领域出现的大量争端都与中国转型时期的特殊国情相关。对此,我们一方面要正视有些争端出现的必然性,另一方面则应当立足本国国情采取合理方法争取较好地解决争端。比如,在涉及倾销的争端中,我们可以通过争端解决澄清他国在适用法规方面的不合理之处,争取有利的裁决结果,并减少今后同类争端的出现。

表 5-4 2002—2011 年 7 月底 WTO 争端解决机制涉及中国的案件比例

	全部磋商请求	中国申诉请求	中国被申诉请求
2002 年	37	1	0
2003 年	26	0	0
2004 年	19	0	1
2005 年	12	0	0
2006 年	20	0	3
2007 年	13	1	4
2008 年	19	1	5
2009 年	14	3	4
2010 年	17	1	4
2011 年 7 月	6	1	1

(二)具体对策建议

中国利用 WTO 争端解决机制的具体对策大致分为三个方面:一是尽快增强参与 WTO 争端解决机制的能力;二是积极、灵活地运用 WTO 争端解决机制;三是努力谋求 WTO 争端解决机制的进一步完善。

1.增强参与 WTO 争端解决机制的能力

(1)加强对 WTO 争端解决机制的研究

第一,加强对 WTO 有关规则,尤其是争端解决规则的研究和宣传。应当说,我国对于 WTO 知识的宣传是卓有成效的,但是仍有不足之处。这其中存在一个很大的误区:研究和宣传太多停留在入世对我国的宏微观影响方面,很少有针对 WTO 具体规则的深入研究。这使得我们在实践中对许多实体规则不了解或理解存在偏差,从而常常引发争端,表现在争端解决上往往就是:一方面,不明白为何引发争端;另一方面,面对争端不知如何正确应对。为此,今后应进一步加强对 WTO 具体规则,尤其是争端解决规则的研究和宣传。

第二,加强对 WTO 争端解决运行实践的研究和总结。WTO 成立以来,争端解决机制受理并成功解决了大量争端案例,对其运行实践特别是具体判例进行研究和总结,不但可以直观地了解 WTO 争端解决机制的实施规则和程序,还可以从中领会不少有益的经验教训和诉讼技巧,为我国参与争端解决实践提供指导和借鉴。具体而言,可组织专家或由专门机构对 WTO 受理的所有案例进行系统研究和总结,并不断研究新情况,根据研究得出的经验和教训,针对不同的对象合理制定我国参与不同争端的策略和方法,以期达到事半功倍的效果。

第三,研究 WTO 争端解决机制与国内政策和法律机制的协调。WTO 争端解决机制的运行有其约定的规则和程序,但也有赖于各成员国内政策和法律机制的配合。完备的国内政策和法律机制有助于减少贸易纠纷的发生,有助于争端的顺利解决,也有助于充分有效地运用 WTO 争端解决机制来维护本国的利益。在 WTO 争端解决机制与国内政策和法律机制的协调方面,WTO 的一些重要成员,尤其是美国和欧盟在长期的实践中积累了丰富的经验。如何借鉴他国的经验,结合本国国情,建立和完善中国自己的与 WTO 争端解决机制相适应的国内政策和法律机制,是当前中国增强参与能力的一项重要工作。[①]

第四,研究 WTO 争端解决机制的发展趋势。WTO 是个发展扩张中的体系,从 GATT 的仅限于货物贸易发展为 WTO 的囊括货物贸易、服务贸易和知识产权,新一轮的谈判又将环境保护、劳工标准、竞争政策等事项纳入了谈判主题。随着 WTO 体系的发展,其争端解决机制的适用范围也将扩大。此外,WTO 争端解决机制本身的规则和程序也需要改进和完善。按照 WTO 成员约定的议程,在规定的时间内将对 WTO 争端解决机制的规则和程序进行全面的审议,目前这一工作还在进行之中。把握 WTO 争端解决机制的发展动向和趋势,适时地提出和调整应对策略也是增强参与能力的重要一环。

(2)完善国内立法

WTO 成员运用争端解决机制的实践证明,完善的国内政策和法律体系有利于减少贸易纠纷的发生,也有利于贸易争端的解决。而我国现有的政策

---

① 李耀芳.WTO 争端解决机制[M].北京:中国对外经济贸易出版社,2003,228.

和法律体系与 WTO 的要求还有一定的距离,因此完善国内立法是当务之急。除了对现有的政策和法律进行清理和修改之外,还应当根据参与国际经贸竞争的实际需要适时地制定新的法律规范。

(3)建立专门的机构应对争端

我国应成立反应灵敏又具有充分协调力的专门机构以应对争端解决。该机构可以设置为一个跨部门的机构,且至少包括投诉、应诉、信息中心、研究调查、新闻、规划与协调附属机关。其职责主要是:一方面,受理对违反 WTO 协定或其他国际贸易协定且对我国合法权益造成损害的外国行为的投诉,并展开调查,包括收集资料、接受国内受影响企业或个人的投诉、举行听证会、根据中央政府授权履行相关双边或多边贸易协定所规定的争端解决程序;另一方面,对任何针对我国的投诉,代表我国在双边或多边争端解决机制中作应诉准备,包括核实对方指控、提出反驳、进行谈判,或履行其他双边或多边争端解决程序等。该机构必须由对 WTO 规则和争端解决机制有深入研究的国际贸易法律专家组成,且具有统一性,以避免不同行业自设机构致使各方步调不一并造成人员的巨大浪费。

(4)培养专门人才应对争端

参与争端解决活动需要有熟悉 WTO 规则和运行机制的专业性人才,而且这些人才必须是复合性的,既要懂法律,又要懂贸易,还要懂外语。中国作为一个经济和贸易大国,面临着全方位的竞争,运用 WTO 争端解决机制的机会肯定是很多的,对于 WTO 专业性人才的需求也必然是大量的。注重人才队伍的建设,是增强中国参与 WTO 争端解决机制能力的重要措施。在培养专业性人才方面,政府要发挥作用,但民间资源的作用也不容忽视。目前,参与 WTO 争端解决机制诉讼活动的多为我国政府官员,今后可以考虑把专业的私人律师纳入其中,为此中国律师界也应当借鉴国外同行的经验,培养精通WTO 争端解决机制的人才。

(5)促进行业组织发挥作用,建立政府与企业的互动机制①

虽然参与 WTO 争端解决机制运作的是各成员的政府,但国际贸易竞争的具体主体却是各国的企业。WTO 争端解决机制的宗旨是公平合理地解决争端,以维护国际贸易竞争正常秩序。但各成员参与 WTO 争端解决机制最重要的目标还是保护本国竞争者的利益,以促进本国经济的发展。因此为了

---

① 李耀芳.WTO 争端解决机制[M].北京:中国对外经济贸易出版社,2003,233～234.

充分有效地维护本国企业的利益,在政府与企业之间有必要建立互动机制,在争端解决行动中互相配合,共同应对来自国外的竞争。

对于中国这样的经济和贸易大国来说,在日趋激烈的市场竞争中,贸易纠纷的大量发生是不可避免的,对 WTO 争端解决机制的运用也会越来越频繁。如果在政府与企业之间没有互动机制、缺乏畅通的沟通渠道,政府在参与争端解决活动时就很难切实代表和维护涉案企业的利益,因此,建立政府与企业之间的互动机制,是增强中国参与 WTO 争端解决机制能力的重要内容。

政府与企业之间的联系,可以通过非官方的行业组织这个中介来进行,因为行业组织了解本行业的情况和国内外市场的竞争态势,可以及时地向政府反映情况或请求政府介入贸易纠纷的解决。为此,国家应以政策和法律措施促进非官方行业组织的发展。

2. 积极、灵活运用 WTO 争端解决机制

(1)积极利用 WTO 争端解决机制

WTO 争端解决机制的职能是保障 WTO 的有效运行和维护其成员权利和义务的适当平衡。但这一职能的完全实现,有赖于 WTO 所有成员对争端解决机制的积极运用。中国作为一个经济和贸易大国,为了维护本国权利和义务的平衡,同时也为了保障 WTO 的有效运行,在这方面理应起到表率的作用,积极地运用 WTO 争端解决机制。对 WTO 争端解决机制的运用,主要包括三个方面:一是起诉,二是应诉,三是作为第三方参与诉讼。无论是涉及哪一方面的争端解决活动,都关系到本国的经济和贸易利益,都应积极应对。

(2)灵活运用 WTO 争端解决机制

中国作为一个经济和贸易大国,面对的竞争对手是多种多样的,涉及的国际贸易纠纷也必然是复杂多变的。因此运用 WTO 争端解决机制也必须具有灵活性。概括而言,我国运用 WTO 争端解决机制的具体对策应该是:在运用具体程序方面,应以磋商为上,专家组或上诉机构次之;在争端解决结果方面,应以实现相互满意的解决办法为主,要求授权报复次之;在整个争端解决过程中,应严肃认真地准备,妥善充分地参与,谨慎节制地援用报复手段,力争迅速有效地解决争端。其中,至少应特别注意下列五个方面:①无论是投诉还是应诉,均应充分全面地研究与争端有关的事实和法律问题,根据不同情况和条件,准备诉状和答辩状。②充分利用磋商、调解、调停等自愿性的争端解决办法,特别是磋商,力争达成双方满意的解决办法,报复只能作为一种不得已而要求授权采取的最后办法。③与 WTO 秘书处、专家组、上诉机构等建立良好的合作关系,特别是积极争取总干事和"WTO 法律咨询中心"的支持与合作。

④积极推荐我国人士出任专家组成员,尤其是在我国为争端当事国的情况下,应任命我国公民担任专家组成员。⑤应积极利用 WTO 争端解决机制中的"第三方"制度,观察和了解其他 WTO 成员运用 WTO 争端解决机制解决贸易争端、维护自己权益的实际情况并加以学习。

(3)参与和推动完善 WTO 争端解决机制

WTO 争端解决机制并不是个一成不变的体系,其适用范围将随着 WTO 协议的发展而扩大,其规则和程序也需要进一步的改进和完善。在 WTO 争端解决机制的实践中,也可能会形成一些习惯做法,以补充现有规则和程序的不足。中国应为 WTO 争端解决机制的改善做出贡献,并努力使其向有利于本国利益的方向发展。具体而言,应做到以下两点:第一,积极参加有关谈判。WTO 新一轮的多边谈判已经开始,对争端解决机制的审议也在进行之中,中国作为 WTO 成员应积极参加有关 WTO 争端解决机制的一切谈判,力争使其向有利于实现和保障本国权利和义务平衡的方向发展。第二,在谈判中加强与其他发展中成员的合作。从 GATT 到 WTO,有关国际贸易问题多边谈判的实践表明,在谈判中具有主导作用的往往是大国,尤其是经济和贸易实力强劲的大国。中国要充分发挥自己的影响力,可以利用自己是最大的发展中成员的特殊地位,加强与其他发展中成员的协调与合作,在谈判中尽可能地采取共同的立场。例如,在加强和落实 WTO 争端解决机制对发展中成员的优惠待遇方面,发展中成员是有共同利益的。

本章小结

WTO 争端解决机制是在 GATT 近半个世纪的实践基础上,根据贸易关系新发展而创立的一种崭新的制度,是一种独特而富有成效的国际争端解决制度。与 GATT 相比,争端解决机制司法性特征加强,程序方面更趋于严密,因此效率得以大大提高。然而,其作为新生的法律制度,作为一种尝试、探索的产物,仍存在一些隐患和问题,这些问题也正日益显露出来,成为阻碍机制进一步发展的羁绊。

综观国内的相关论著,通过对此问题进行大量阅读和深入思考,本文作者综合了国内外学者对 WTO 争端解决机制的各种评价,总结了 WTO 争端解决机制在 GATT 体制基础上的发展和现存的问题,并针对问题提出了自己的建议以及我国能够采取的相关策略,为全面认识 WTO 争端解决机制以及现阶段我国该如何应对提供了较为全面的途径。

本章案例

案例:波兰诉泰国 H 型钢材反倾销争端案

一、概况

1998 年 4 月 6 日,波兰根据《反倾销协议》第 17.3 条规定和《谅解》第 4 条规定,向泰国提出协商请求,请求事项为:泰国对原产于波兰的 H 型钢(税则号是 7216.33.0055)征收最终反倾销税。泰国、波兰于 1998 年 5 月 29 日进行了磋商,但未达成任何令双方满意的解决方案。

1999 年 10 月 30 日,波兰依据《谅解》第 4、6 条,以及《反倾销协议》第 17 条,要求成立专家小组审查该争议。1999 年 11 月 19 日会议上 DSB 根据波兰的要求组建了专家小组。此次会议上,争议双方明确了专家小组的审查范围(standard terms of reference):"根据波兰 WT/DS122/2 文件中所指的协议的相关规定,审查波兰向 DSB 递交的 WT/DS122/2 文件中所述事项并做出结论,以帮助 DSB 根据这些协议提出建议或作出裁决。"1999 年 12 月 20 日,争议双方同意专家小组的组成人员如下:

主席:约翰·H. 杰克逊先生

成员:罗伯托·阿泽维多先生,吉勒斯·西厄先生,欧盟、日本、美国保留第三方的权利。

专家小组于 2000 年 3 月 7—8 日、2000 年 4 月 12 日分别与争议双方召开了会议。专家小组于 2000 年 3 月 8 日与第三方召开了会议。2000 年 5 月 31 日,专家小组将其期间报告送交争议双方。2000 年 6 月 9 日和 13 日,波兰、泰国分别向专家小组递交了对期间报告的书面意见。2000 年 6 月 15 日,双方分别递交了针对对方书面意见的评论。专家小组根据双方的书面意见及相互评论对期间报告作了修改,使之更加准确完善。

二、案件经过

争议起于泰国对原产于波兰的 H 型钢征收最终反倾销税。1996 年 6 月 21 日,Siam Yamato Steel Co. Ltd(简称 SYS),泰国国内唯一一家 H 型钢生产商,向泰国商务部递交了反倾销申请,请求对原产于波兰的 H 型钢征收反倾销税。1996 年 7 月 17 日,波兰政府的一位代表与泰国商务经济部的官员会见。1996 年 8 月 30 日,泰国商务经济部公告对原产于波兰的 H 型钢发起反倾销调查,并将公告内容通知了波兰驻曼谷大使馆和波兰受诉企业。之后,外贸事务部将倾销的调查期间(POI)确定为 1995 年 7 月 1 日至 1996 年 6 月 30 日,内贸事务部将损害的调查期间(POI)确定为 1994 年至 1996 年。

1996 年 10 月 18 日,波兰根据《反倾销协议》第 17.2 条请求与泰国协商。1996 年 11 月 14 日泰国给予波兰书面答复,答复中提及了在发起调查前泰国与波兰政府之间进行的磋商。泰国在答复中表示,1996 年 7 月 17 日泰国、波兰政府人员进行的会面就是《反倾销协议》第 5.5 条中要求的对受诉国政府的正式通知。

1996 年 10 月至 12 月期间,受反倾销调查的各方填好了反倾销问卷。1996 年 12 月 27 日,泰国公告对原产于波兰的 H 型钢材征收临时反倾销税。1997 年 1 月 20 日,泰国向波兰应诉企业 Huta Katowice 公司(简称 HK 公司,该公司是波兰唯一的 H 型钢生产商,同时其产品也对泰国出口)和 Stalexport 公司(一家波兰钢铁出口商)送交了有关肯定倾销与损害存在的初裁裁决和征收临时反倾销税的通知。

1997 年 2 月 7 日和 13 日,波兰应诉企业提交了对初裁裁决的意见,并要求泰国召开一次听证会和披露有关信息材料。1997 年 2 月 19 日,泰国外贸事务部回复了波兰企业。1997 年 2 月 20 日和 27 日,泰国外贸事务部向波兰应诉企业送交了关于倾销和损害的信息披露材料。1997 年 3 月 13 日,泰国外贸事务部召开了一次听证会,以使利害关系方陈述他们的观点。1997 年 4 月 16 日至 18 日,泰国官员去波兰对应诉企业的答卷进行了实地核查。

1997 年 5 月 1 日,泰国外贸事务部向波兰应诉企业和波兰政府送交了最终倾销和损害裁定建议稿的复印件。1997 年 5 月 13 日,波兰应诉企业(通过它们的律师)提交了对建议稿的意见。1997 年 5 月 19 日,泰国外贸事务部对该意见予以了答复。1997 年 5 月 26 日,泰国外贸事务部发布公告,对原产于波兰的 H 型钢材征收最终反倾销税。1997 年 6 月 4 日,泰国外贸事务部将征收最终反倾销税公告送交波兰政府。1997 年 6 月 20 日和 23 日,波兰应诉企业致函泰国外贸事务部,就征收反倾销税的最终裁决发表了意见。1997 年 7 月 7 日,泰国外贸事务部答复波兰应诉企业,表示波兰企业要求的信息材料早已披露给了波兰应诉企业。

三、双方在专家小组程序下的请求

1. 波兰的指控

波兰要求专家小组认定,泰国对原产于波兰的 H 型钢材征收反倾销税的行为违反了:

《反倾销协议》第 3 条及相应的《GATT 1994》第 6 条,因为泰国在没有实质性损害存在的情况下对从波兰进口的 H 型钢材征收反倾销税。

《反倾销协议》第 2 条及相应的《GATT 1994》第 6 条,因为泰国政府没有做出适当的倾销的认定,以及计算的倾销幅度不合理,支持力不足。

《反倾销协议》第 5 条和第 6 条,以及相应的《GATT 1994》第 6 条和《反倾销协议》第 12 条,因为泰国政府不合理地发起了调查,并且调查程序违反了《反倾销协议》第 5 条和第 6 条的程序要求和证据要求。

波兰认为,泰国政府对原产于波兰的 H 型钢材征收反倾销税的不合法的行为,导致波兰在《反倾销协议》下享有的利益遭到剥夺和损害。波兰进一步要求:专家小组应建议泰国立即将其反倾销措施与其在 WTO 协议项下所承担义务的不一致之处进行改正。

2. 泰国的争辩

泰国在提交的第一次陈述中要求专家小组作出一个初步决定,驳回波兰根据《反倾销协议》第 5 条和第 6 条提出的申请,因为该申请不符合《谅解》第 6.2 条中的规定,即规定向专家小组提出的申请必须足够明确地反映问题 (with sufficient clarity to present the problem clearly),而波兰却仅仅是罗列了第 5 条和第 6 条条款,并无进一步的说明。

在专家小组召集的第一次实质性会议的结束陈词中,泰国又进一步要求专家小组应先考虑驳回波兰根据《反倾销协议》第 2 条和第 3 条及相应的《GATT 1994》第 6 条提出的申请,理由是该申请不符合《谅解》第 6.2 条的规定。

泰国要求专家小组驳回整个案件,并要求认定泰国遵守了《GATT 1994》第 6 条和《反倾销协议》项下成员方的义务。

四、泰国向专家小组递交某些保密信息

泰国在提交第一次陈述时,向专家小组请求提交一些含保密信息的材料,其中一些保密信息涉及 SYS 公司,一些涉及 HK 公司和 STALEXPORT 公司。泰国不想同时将这些保密信息披露给波兰或第三方,就援引了《反倾销协议》第 17.7 条,认为仅将倾销调查中的保密信息提交给专家小组是合适的。泰国表示他们有义务保护在倾销调查中各利害关系方提交的保密资料。虽然如此,泰国还是表示可以考虑采用一个附加专家小组工作程序,在该附加程序下将保密信息披露给各方,但该程序应确保在 WTO 所有其他诉讼程序(包括争端的上诉)中保密信息不被披露。

专家小组就泰国采用附加专家小组工作程序披露某些保密资料的建议征询波兰和第三方的意见,泰国、波兰和第三方都提交了它们各自的书面意见,之后专家小组召集泰国、波兰和第三方开会讨论附加工作程序。2000 年 3 月

1 日,波兰表示接受建议的附加程序。2000 年 3 月 2 日,各方就此达成协议,专家小组采用了"关于披露某些保密信息的补充工作程序"。补充程序一经采用,泰国就于当日向专家小组提交了保密资料并向波兰和第三方提供了复印件。专家小组特别警告各方严守保密义务,并严格监督它们的代表成员和工作人员严守保密义务。

在专家小组召集的第一次实质性会议上,专家小组认为从这次会议起,争议双方都有充足的时间准备自己的争论(第二轮陈述交换是三周之后,第二次会议是五周之后)和研究泰国提交的保密信息,因此,第一次会议不会严格限定争论范围。在第三方会议上,专家小组要求第三方于 2000 年 3 月 29 日之前提交对保密信息的意见。

五、期间评审

2000 年 5 月 31 日,专家小组将其期间报告送交争议双方。2000 年 6 月 9 日和 13 日,波兰、泰国分别向专家小组递交了对期间报告的书面意见。2000 年 6 月 15 日,双方分别递交了针对对方书面意见的评论。专家小组根据双方的意见对报告的第 2.3、7.46、7.216、7.239 段做了非实质性的变动,以便更准确地反映事实。

六、关于先决问题的争议、判决及分析

本案的先决问题是波兰的起诉是否达到了《谅解》第 6.2 条的受理标准,这是本案首先要解决的有关程序上的争议。

(一)泰国的争辩

泰国认为,要满足《谅解》第 6.2 条"提出问题的充分的确定性"的要求,则申请人应(ⅰ)精确地指出受诉人违反了哪项特定的协议义务和(ⅱ)受诉人违反该特定义务的事实情况。波兰提出的泰国违反的协议条文(《反倾销协议》第 5、6、2、3 条)涵盖了多个与倾销调查和裁决有关的义务,而波兰"仅仅罗列"了条文,没有进一步的细节陈述,是不符合《谅解》第 6.2 条的要求的。此外,也不存在《谅解》第 6.2 条允许的例外情况,即没有"伴随情势"的存在。

泰国认为,波兰故意误导泰国,由于波兰申请书中的指控含糊,使泰国在抗辩时处于不利地位。在收到波兰的第一次陈述之前,泰国无法清楚地知道波兰的主要指控点在哪里,这导致泰国"无法采取任何行动准备其抗辩,如收集充足的事实材料;精确翻译重要相关文件(因为反倾销案件中存在大量繁杂的泰文文件,如无法锁定抗辩的关键点,难以选出该对哪些材料进行翻译);指定最相关的第一线执行官员帮助整理和解释"。泰国指出,第三方也持类似的观点,欧盟、美国、日本倾向于认为波兰根据《反倾销协议》第 5 条、第 6 条提出的申请不能达到《谅解》第 6.2 条的"充分的确定性"的要求。由于波兰的指控如此含混、一带而过和令人困扰,且波兰并未就精确的指控做出进一步的澄清,导致泰国缺乏抗辩的基础,泰国除了回答专家小组的问卷外别无他法。泰国援引了"韩国牛奶保障措施案",在该案中,上诉机构认为,只有在诉讼程序中绝对不会发生不平等的情况下,专家小组才可以接受"仅仅列明条文"就算符合《谅解》第 6.2 条"充分的确定性"的要求。

泰国认为,尽管它直到第一次实质性会议的结束陈词时才提出:波兰根据《反倾销协议》第 2 条、第 3 条及相应的《GATT 1994》第 6 条的申请不符合《谅解》第 6.2 条规定,但这不应影响专家小组对波兰是否违反了《谅解》第 6.2 条的考查。

(二)波兰的论点

波兰认为其指控足够准确,符合《谅解》第 6.2 条的要求,特别是从诸多"伴随情势"上来看,泰国对波兰的指控其实是心中有数的。波兰认为,首先,申请书上对该指控并非如泰国所言那样"仅仅列举"了相应条款。其次,波兰在之前的协商请求中对该指控有所论及,在反倾销调查过程中,波兰也多次向泰国提及该指控事项,泰国应该知道波兰指控的是什么。上诉机构在"韩国牛奶保障措施案"中并没说"仅仅列举条文"必然是《谅解》第 6.2 条所指的"不充分"。凡是不够清晰的地方波兰也通过之后的行为消除了。

波兰争辩,申请事项是否达到"充分的准确",要从整个情形(特别要考虑到"伴随情势")来看受诉人是否就指控的事实被误导了,且该误导是否使受诉人在抗辩时遭受了不公平。泰国并没有拿出有力的证据证明其遭受了程序上实质的不公平。即使申请事项在提出时可能"不够充分的准确",但在后续的诉讼程序中,波兰已进行了"补救"。

波兰指出,泰国首次提出波兰根据《反倾销协议》第 2 条、第 3 条及相应的《GATT 1994》第 6 条提出的指控不符合《谅解》第 6.2 条是在第一次会议的最后陈述之时,在"提出时间"上已经过期。

(三)事实情况

波兰申请成立专家小组的申请书中特别有如下内容:申请的事实背景在上述协商请求(WT/DS122/1)中已列明。明确地说,泰国对原产于波兰的 H 型钢材征收反倾销税,违反了《GATT 1994》第 6 条和《反倾销协议》中对反倾销程序法和实体法的基本要求。波兰抗议所针对的主要措施是:

(1)泰国政府在裁决波兰的进口产品造成了国内产业损害时,缺乏支持该认定的"确定的证据(positive evidence)",缺少对诸多因素的"客观的审查

(object examination)",这些未给予审查的因素如进口数量、进口对价格的影响、进口产品对国内产业的相关影响,违反了《GATT 1994》第 6 条和《反倾销协议》第 3 条的规定。

(2)泰国政府在裁决倾销存在,以及计算出声称的倾销幅度过程中,违反了《GATT 1994》第 6 条和《反倾销协议》第 2 条的规定。

(3)泰国在发起调查及实施调查过程中,违反了《GATT 1994》第 6 条和《反倾销协议》第 5 条、第 6 条中关于程序和证据的规定。

资料来源:杨荣珍.WTO 争端解决案例(DS122)及其启示[J].对外经济贸易大学学报,2001(4)

练习与思考

1.简述 WTO 争端解决机制的适用范围。

2.试述 WTO 争端解决机制的基本程序。

3.WTO 争端解决机制有何特点?

4.WTO 争端解决机构给予发展中国家哪些特殊的优惠?

第六章　WTO 的贸易政策审议机制

本章提要

　　WTO 的贸易政策评审机制（Trade Policy Review Mechanism，简称 TPRM），是 WTO 成员以集体方式对各成员的贸易政策及其对多边贸易体制的影响，定期进行全面审议并提出相应建议的机制。贸易政策审议机制作为《建立 WTO 协定》的附件 3，是乌拉圭回合达成的第一个多边协议，是在总结 GATT 运作四十多年经验和教训的基础上，为了更好地实施 WTO 的各项协议，促进多边贸易体制更加平稳有效地运行而进行的积极尝试。该机制的有效运作，对于提高各成员的贸易政策透明度，促进成员对多边贸易体制法律、规则及制度的遵守，改善国际贸易环境，都具有重要意义。贸易政策审议机制与多边贸易谈判机制和贸易争端解决机制并称为 WTO 的三大机制。

本章结构图

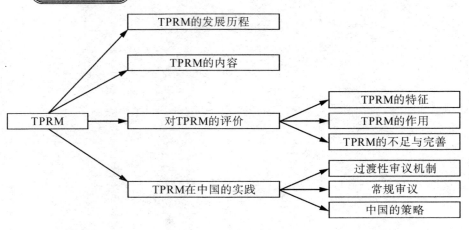

- 了解贸易政策审议机制的发展历程。
- 重点掌握贸易政策审议机制的目标、特征以及作用。
- 了解贸易政策审议机制的不足及完善途径。
- 掌握贸易政策审议机制的审议程序以及在中国的运行状况。

第一节　WTO 贸易政策审议机制的建立

WTO 的总体目标是在世界范围内实现自由贸易和维护稳定的国际贸易秩序，为此，要求各成员所制定和实施的经济贸易政策与其规则相符。一般而言，各成员在制定经济贸易政策时会遵循 WTO 的基本原则，履行在多边贸易体制下应承担的义务。但是，在特殊情况下，有些成员的政府迫于国内利益集团的压力或出于其政治利益考虑，会采取背离 WTO 规定的行为，甚至危及其他成员的贸易利益。因此，就需要在多边贸易体制内建立相应的机制来审议各成员的贸易政策，从而监督并保证 WTO 各项协议的有效实施。

一、GATT 中关于监督的规定

1947 年成立的 GATT 最初并没有建立一项明确的约束缔约方贸易行为的监督机制，而只是通过条文来增强各缔约方贸易政策的透明度，从而监督多边贸易规则的实施。这些条文主要包括《GATT 1947》中的第 10 条、第 11 条和第 12 条等。

第 10 条"贸易条例的公布和实施"条款是关于缔约方透明度的规定，它要求各缔约方公布其正式实施的有关进出口贸易的政策、法令、条例以及与其他缔约方签订的影响国际贸易政策的协议，同时要求各缔约方建立司法、仲裁程序来审查贸易商或其他缔约方政府机构所提出的申诉。第 11 条规定缔约方仅允许使用关税作为国内工业的保护手段，原则上禁止使用进口数量限制、配额、进出口许可证及其他非关税壁垒来限制或禁止产品的输入。第 22 条则规定了协商义务，产生矛盾或误会时，一缔约方可要求与另一缔约方直接进行协商；在双边协商失败的情况下，缔约方全体，应一缔约方的请求，可以与另一个或几个缔约方就上述未能满意解决的事项进行协商，从而使争议得到合理解决。另外,对于实践中业已发生的违反 GATT 义务的情形,受害的缔约方可依据第 23 条,提出"利益的丧失或损害"的指控,诉诸争端解决程序,恢复缔约方之间权利和义务的平衡。

这种依赖于缔约方之间相互"盯梢"的监督方法,在 GATT 成立初期,缔约方较少且各缔约方主要使用关税作为贸易保护手段的情况下,具有一定效果。但是,随着 20 世纪 60 年代以来缔约方数目剧增,其作用已经相当有限。同时,20 世纪 70 年代,世界经济整体出现衰退,国际经贸领域竞争日趋激烈,各国贸易政策不时地推陈出新,各国贸易保护主义开始重新抬头。此时,由于经过 GATT 前六轮谈判关税已大幅削减,一些主要的资本主义国家纷纷转向那些透明度较低、隐蔽性强、不易监督和预测的非关税措施,如技术标准、数量限制等。此外,一些处于 GATT 边缘之上或之外的"灰区"措施,如自动数量限制、有秩序的销售安排等更是纷至沓来。据统计,到 1976 年,GATT 缔约方采取的非关税保护措施已多达 900 多种。GATT 的通知和公平义务因此被漠视,缔约方之间的相互监督变得异常困难,国际贸易环境日益恶化,缔约方之间争端频发,多边贸易体制遭到严重侵蚀,国际社会因此对 GATT 体制的有效性产生了普遍怀疑。在这种情况下,如何增加国际贸易政策的透明度,加强对 GATT 实施的监督,成为 GATT 亟待解决的问题。

二、东京回合的探索

1973 年 9 月至 1979 年 4 月举行的 GATT 第七轮多边贸易谈判即"东京回合",是在国际社会贸易保护主义压力日益严重危及 GATT 体制,各国要求重新审议 GATT 的呼声高涨的情况下发起的,故东京回合试图在加强 GATT 对缔约方贸易政策和实施的监督方面有所作为。

这次谈判中,GATT 通过了《关于通知、协商,争端解决和监督问题的谅解》,该谅解重申了缔约方应承担的贸易政策和做法的公布和通知义务,并授权全体缔约方经常地、系统地审议各缔约方贸易体制的发展情况。1980 年 3 月,GATT 又通过了《总干事关于通知和监督问题的建议书》,使谅解中的有关规定进一步具体化。根据建议书的规定,贸易体制的发展情况由理事会每半年召开一次特别会议进行审议;审议前,由 GATT 秘书处起草一份报告以供理事会特别会议讨论之用;特别会议之后,有关文件报告予以出版。

这一制度的建立说明,全体缔约方在加强对各缔约方履行义务状况和贸易政策及实施的监督方面已经达成了初步共识,但是这一制度的运行存在许多问题,如秘书处的报告和理事会的审议,只停留于纯事实性描述,并没有触及问题的关键。加之这种审议只是针对国际贸易体制一般情况的讨论,而非对各个缔约方的贸易政策和做法进行全面评估,因此不能满足对各成员的贸易政策进行综合性和全面性审查的需要,作用非常有限。东京回合之后,贸易保护主义并没有得到有效扼制,各国的贸易保护主义做法仍在继续蔓延。

三、"七贤报告"的推动

面对多边贸易体制的巨大困难,1983 年 11 月,时任 GATT 总干事的邓克尔邀请 7 位著名的经济和金融界权威人士组成 7 人小组对国际贸易制度及其面临的问题进行了专题研究。经过长达两年的考察,1985 年,7 人小组发表了《争取较好未来的贸易政策》一书,即著名的"七贤报告"。

报告在分析了 20 世纪 80 年代初国际贸易制度的现状和问题之后,提出了解决危机的 25 条行动意见。其中在第 8 条,专家们建议增强贸易政策措施的国际透明度,具体意见是"应要求各国政府定期说明其总的贸易政策,并进行答辩。为此,一个可行的办法就是定期审查,对主要国家每年审查一次,对其余的国家则不必经常审查。每一次审查时,应成立一个代表 3 至 5 国政府的工作组,审议 GATT 秘书处对有关国家贸易的政策报告,向该国代表质询并提出建议"。① 同时,对于 GATT 秘书处,专家们认为,"应授权总协定秘书处着手进行国别贸易政策研究,收集、保存和公布贸易政策措施和行动的综合性资料;要求就这些措施和行动提供更多的情况并加以说明。"②

"七贤报告"正式提出了对贸易政策措施实施定期审议的建议,勾画了未来贸易政策审议机制的基本轮廓,为这一制度的建立提供了坚实的基础。

四、乌拉圭回合的最终确立

1986 年 9 月,在发动乌拉圭回合的《埃斯特角部长会议宣言》中,加强 GATT 对缔约方贸易政策和做法的监督作用被确定为乌拉圭回合的一项议题。部长们庄严宣称,谈判旨在增加谅解和达成协议,保证 GATT 的监督机

---

① 费驭茨·洛伊特维勒著,金星南、任泉等译.争取较好未来的贸易政策[J].国际贸易问题,1985(9),27.

② 费驭茨·洛伊特维勒著,金星南、任泉等译.争取较好未来的贸易政策[J].国际贸易问题,1985(9),28.

构能够对缔约方的贸易政策和做法及其对多边贸易体制运作的影响进行定期监督。为此,乌拉圭回合专门确定有关 GATT 体制谈判小组就上述议题进行谈判。谈判小组一方面借鉴了国际货币基金组织和经济合作与发展组织长期以来对成员国的宏观经济政策进行审议的成功经验,另一方面吸收了"七贤报告"的研究成果,就建立贸易政策审议机制达成了初步协议。

1989 年 4 月 12 日,缔约方全体决议授权 GATT 理事会执行贸易政策定期评审事宜并临时生效。1989 年 6 月 19 日,理事会还颁布了缔约方提交评审报告的格式提纲。乌拉圭回合于谈判结束之际又对 GATT 贸易政策审议机制进行了一定的修改,并将其作为附件 3 列入乌拉圭回合最后文件之中。1995 年 1 月 1 日,作为《建立 WTO 的协定》的附件 3,贸易政策评审机制协议开始生效,贸易政策审议机制亦开始正式运作。

起源于 GATT 体系的贸易政策评审机制,随着 WTO 的建立而构成它的一块坚实基石。贸易政策评审机制是 WTO 在总结 GATT 四十多年经验教训的基础上,为更好地实施 WTO 的各项协议,促进多边贸易体制更加平稳运作而进行的积极尝试。从时间上看,贸易政策评审机制的年龄比 WTO 本身还长,它在 GATT 的第八轮谈判的中期正式产生,并且从 1989 年就开始运作,乌拉圭回合的最后文件把 TPRM 镶入了 WTO 体系。由此我们可以看到 WTO 与 GATT 的相互关系:贸易政策评审机制的整个演进过程,体现了 WTO 对 GATT 在组织机构和管理职能上的接棒关系;从 TPRM 的法律文本来看,在 GATT 下的文本基本上没有作修改就被 WTO 所纳入,也体现了 WTO 对 GATT 在法律规范上的继承关系。在 WTO 体系下运作的贸易政策评审机制和其在 GATT 下运作还是有一点区别,那就是评审的内容和涉及的范围不同,WTO 不单单针对货物贸易,已经扩展到了服务贸易以及知识产权领域,相应地,贸易政策评审的范围也扩大了。

第二节　WTO 贸易政策审议机制的内容

《建立 WTO 协定》生效后,贸易政策审议机制以 WTO 协议附件 3 的《贸易政策审议机制协议》为主要依据。TPRM 协议共包括七款:①目标;②国内透明度;③审议程序;④报告;⑤1994 年 GATT 和 GATS 的国际收支平衡条款的关系;⑥对机制的评价;⑦国际贸易环境发展综述。

一、TPRM 的目标

关于 TPRM 的目标，TPRM 协议的 A 款做了正面规定："TPRM 的目的在于通过提高各成员贸易政策和做法的透明度并使之得到更好的理解，使所有成员更好地遵守多边贸易协定和适用的诸边贸易协定的规则、纪律和在各协定项下所作的承诺，从而有助于多边贸易体制更加平稳地运行。为此，审议机制可以对各成员的贸易政策和做法及其对多边贸易体制运行的影响进行定期的集体评价和评估。但是，该机制无意作为履行各协定项下具体义务或争端解决程序的基础，也无意向各成员强加新的政策承诺。"

根据上述规定，我们可以分析得出，TPRM 具有双重目标：

第一，提高透明度、增进相互理解。贸易政策审议机制通过进行集体评价和估计来提高各成员的贸易政策和做法的透明度，在进行贸易政策审议时，秘书处报告和其他资料介绍了接受审议的成员的贸易政策和做法，给其他成员提供了了解成员政策信息的机会，而且，审议中对这些政策进行广泛的讨论可以进一步加强成员对这些信息的吸收；此外，接受审议的成员方可以介绍贸易政策和做法，这也是一次公开解释、回应其他成员的质疑和询问的机会，以获得其他成员的了解和理解，从而减少或避免贸易争端。

第二，监督成员、维护多边贸易体制。通过贸易政策审议，接受审议的成员的贸易政策和做法中存在的问题会得以披露，各成员参与审议和评估，可以为接受审议的成员在贸易政策制定和改进方面提出意见和建议，对于其与 WTO 宗旨、基本原则或规则相背离的做法，或有损国际贸易健康发展的行为，在客观上对接受审议的成员构成了一种压力，激励并促使其承担义务并纠正其非法和不正当行为。

二、国内透明度

贸易政策的透明度包括国际层次和国内层次。TPRM 除强调国际透明度以外，也意识到国内透明度的重要性并提出了要求。国内透明度是指政府在对本国有关贸易政策和做法进行决策之前应该将其公开，使社会各方了解并有权进行充分讨论和发表意见，政府在决策时将公众意见考虑在内。在国际贸易中，成员间的贸易冲突和争端往往是成员国内利益冲突的外在表现，实现贸易政策和做法的国内透明度，可以使本国公众知悉其影响和后果，积极地参与和影响政府的决策，增强反对贸易保护主义的力量，有利于多边贸易的自由化。

　　第一,贸易政策的透明度影响公众的决策。个人或企业在进行贸易或投资之前,必须对该国的贸易政策、投资环境等有充分的了解,并能在此基础上做出预测以及对贸易或投资的可行性进行分析。然而,当一国的贸易政策和做法缺乏透明度时,公众就不能或不能完全地获得相关信息,这必然会影响公众的决策,阻碍贸易或投资的发展和进行。所以,贸易政策的制定必须公开,并经公布后方可实施,这是非常有必要的。

　　第二,贸易政策都会直接影响国内公众的利益,公众参与可以影响贸易政策的制定。政府迫于某些压力制定的贸易政策,可能会损害本国公民的利益。如关税的提高,会导致某些产品无法进入该国市场或缴纳更高的关税。产品无法进入该国市场,则消费者的选择范围缩小;而对于缴纳较高关税进入该国市场的产品,其销售价格会随成本的提高而提高,消费者需要支付更高的价钱来购买该进口产品。总之,国内的消费者即公众成为由贸易保护产生的不利影响的最终承担者。所以,在制定贸易政策和做法时,公众可以成为反对贸易保护、支持贸易自由化的力量,遏制政府的保护主义倾向。

　　第三,实现国内透明度,有利于多边贸易体制的发展。国内透明度是国际透明度的重要补充,二者共同作用来更好地实现一国贸易政策的透明度。TPRM 规定对成员方的贸易政策进行评审、讨论、提出建议,秘书处的报告都是根据成员方提供的有关贸易政策的资料以及从其他渠道可以获得的信息而制定出来的。如果缺乏透明度,报告将严重失实,评审机制就失去了原有的作用。

　　不过,TPRM 协议对成员国内贸易政策的透明度的规定并不是强制的,成员只是承诺在它们自己的体制内鼓励和促进更大的透明度。

三、TPRM 的审议程序

（一）TPRM 的审议主体

1. 贸易政策审议机构

　　WTO 建立了专门的贸易政策评审机构(Trade Policy Review Body,简称 TPRB)负责对各成员的贸易政策进行审议。TPRB 的具体工作主要有:(1)与接受审议的成员一起制订审议计划;(2)主持和安排审议工作;(3)制定审议报告格式;(4)与其他委员会协调工作;(5)负责国际贸易环境的年度审查等。

　　实际上,TPRB 并非 WTO 三大机关(部长会议、总理事会、秘书处)之外的单独机关,它与总理事会的关系是"一个班子,两套牌子",即当按照审议周期原则需要审议成员的贸易政策时,总理事会根据 TPRM 协议的规定,行使贸易政策评审职能,此时它就被称为贸易政策审议机构。

TPRB 由全体成员方的代表组成,主席从所有成员驻 WTO 日内瓦代表中选出,也可以再选一个副主席。主席和副主席任期一年,在每年召开的第一次会议时选出,他们主持 TPRB 的工作直到下一年的第一次会议为止。

同时,TPRB 主席可与接受审议的成员协商,从成员方选出两位评述员,以便活跃贸易政策审议会议的气氛。这两位评述员是以个人的身份参加的,并不代表他们的政府,评述员的选择要体现发达国家和发展国家之间的平衡并同时考虑地区利益的平衡。他们可在秘书处的协助下,起草审议会议上所要提出的主要议题大纲,并在会议前一周提交给其他成员方。

2. WTO 秘书处

为了协助和配合 TPRB 的审议工作,WTO 秘书处设立了贸易政策评审司(Trade Policy Review Division,简称 TPRD),具体负责贸易政策审议事务,所以秘书处的 TPRD 也是贸易政策审议的主体之一。秘书处主要为贸易政策审议以及相关活动提供以下服务:(1)向 TPRB 提供一份有关接受审议成员的全面报告,即"秘书处报告"。该报告是由秘书处将通过各种渠道收集的材料和对接受审议成员的调查访问进行综合形成的。(2)为审议会议提供支持。秘书处要把成员方的政府报告和秘书处报告翻译成三种 WTO 工作语言并提前分发给各成员方,同时还要负责会议上的书面提问表和答复表的转发以及会议有关事项的安排和通知等服务。(3)评审会议后,整理审议会议纪要、备忘录以及评审会议中的有关文件,并负责文件的公开和出版。(4)根据每年的贸易政策审议情况,负责 WTO 年度报告中"贸易政策发展"一章的撰写。

(二)TPRM 的审议对象

根据 TPRM 协议 C 款的规定,所有成员的贸易政策和做法均应接受定期审议。也就是说,WTO 的每一个成员都是 TPRM 的审议对象,都应该接受定期审议。WTO 成员既包括主权国家,如中国、新加坡等,也包括一些作为独立关境的地区,如我国的香港、台湾等,它们在贸易政策审议制度下作为独立的对象接受审议。除此之外,WTO 还包括由若干个国家或地区组成的经济实体,如欧盟、东加勒比国家组织和南非关税同盟等,它们的成员即使同时也是 WTO 的正式成员,在接受贸易政策审议时,也不单独接受审议,而是以其贸易实体的名义共同接受审议。

(三)TPRM 的审议范围

与 WTO 的其他机制不同,TPRM 并不是仅针对某一项规则,而是对WTO 成员贸易政策和做法进行的全方位、综合性的审查,包括政策、法律、法规及其实施,这些内容涵盖了货物贸易、服务贸易和知识产权三大议题。

TPRM 审议的重点是成员的贸易政策和做法,通过评估,来了解其对多边贸易体制的影响。与贸易有关的政策措施广义上应包括以下内容:影响进口、出口和生产的措施,如关税、非关税措施以及国内安排等。国内安排包括政府奖金、税收减让、工业许可及竞争政策、外汇与投资体制、国内机构安排、政府宏观与微观经济变化之间的联系等。

另外,TPRM 协议规定,根据审议机制进行的评估,在有关范围内,均以有关成员更广泛的经济和发展需要、政策和目标及其外部环境为背景进行。这样一来,审议时所涉及的范围就扩大了,需要把被审议成员的政策放到被审议成员境内的经济发展动向,以及国际走势的背景下进行考察。例如,2008年下半年国际金融危机爆发后,国际经济环境发生了巨大的变化,从而造成了WTO 各成员对内部经济贸易政策的调整。而这些政策调整,又对金融危机的演变和发展起到了反作用,在一定程度上形成了互动效应。因此,2009 年以后的各次贸易政策审议,秘书处在考察接受审议的成员的贸易政策措施时,都把金融危机和成员政策的相互影响作为一个评价的方面。

(四)TPRM 的审议频率

WTO 所有成员的贸易政策和做法均应接受定期审议,但不同的成员可以有不同的审议周期。各成员的贸易政策和做法对多边贸易体制的影响是确定接受贸易政策审议的频率的决定因素,而这种影响按其最近一个代表期在世界贸易中所占的份额来确定。也就是说,占世界贸易份额越大,应接受的审议频率就越高。对于什么是"最近一个代表期",协议并没有做出明确的规定,在实践中,秘书处通常使用"动态三年平均法",即参考各成员在贸易政策审议开始前的最近三年的贸易数据来确定。按照贸易份额的多少,WTO 成员方的贸易政策审议被分为三种不同的周期。占世界市场份额排在前 4 名的贸易实体(欧盟共计为一个实体)每 2 年接受一次审议,排列在其后的 16 个实体每4 年接受一次审议,其他成员每 6 年接受一次审议,但可对最不发达的成员确定更长的期限。

需要指出的是,WTO 成员接受审议的频率并非固定不变,当某一成员的贸易政策和做法发生变化,并对其贸易伙伴的利益产生重大影响时,TPRB 可与该成员磋商,要求对该成员提前进行下一次审议。不仅如此,各成员占世界贸易份额的变化会引起其审议频率的变化。虽然客观上各成员在世界贸易中所占的份额具有相对稳定性,但随着新成员的不断加入以及各成员在世界贸易中的地位发生变化,成员的审议频率也会有所变化。例如,2001 年中国加入 WTO 时,每 2 年接受一次审议的成员是美国、欧盟、日本和加拿大,不过由于之后中国的贸易额不断增加并跃升为世界排名前四,WTO 成员的审议频率也相应发生了调整,现阶段每 2 年接受一次审议的成员有中国、美国、欧盟和日本,加拿大为每 4 年接受一次审议,这是 WTO 成立以来 TPRM 在成员审议频率方面的最大一次调整。

由此可知,TPRM 既确保了其作为规则的一般性,又兼顾了 WTO 成员贸易发展不平衡的现实情况,侧重对占世界贸易较大份额的成员的贸易政策和做法进行监督,体现了 TPRM 的灵活与务实。

(五)TPRM 的审议依据

1. 政府报告

为了尽可能地提高透明度,TPRM 协议规定每一成员应定期向 TPRB 提交其贸易政策和做法的全面报告,即政府报告。政府报告与该成员接受审议的周期相同,但在两次审议之间,成员的贸易政策如有重大变化则应向 TPRB 提供简要报告。对于最不发达国家成员在编写其报告时所遇到的困难应予特别考虑。如有要求,秘书处应向发展中国家成员,特别是最不发达国家成员提供技术援助。

接受审议的成员提交的政府报告是审议的基础性文件之一,主要说明接受审议的成员的贸易政策和做法,也包括未来的政策目标和发展方向等。政府报告使用秘书处规定的统一格式,并在必要时可由 TPRB 根据实际情况做出修正,该国别报告提纲分为 A 和 B 两部分以及附录。A 部分标题为"贸易政策和做法",主要涉及以下内容:(1)贸易政策的目的;(2)进出口体制的概括描述和它与(1)中所列目标的关系;(3)规范贸易政策实施的国内法律、法规;(4)贸易政策制定和国内评审的程序;(5)相关的国际协定;(6)缔约方所采取的贸易政策手段;(7)为贸易自由化而制订的计划;(8)在贸易政策和做法方面未来的改革。B 部分标题为"审议背景:广泛的经济发展需要及外部环境"。附录部分则主要是贸易与宏观经济的最新统计资料及其他资料。采用这种格式的报告,最初仅涵盖货物领域,为了适应 WTO 所涵盖领域的扩展,目前该报告的涵盖范围由货物贸易扩展到了服务贸易以及与贸易相关的投资和知识产权等领域。

政府报告篇幅一般较小,信息量也相对有限。由于政府报告由接受审议的成员自己撰写,所以会带有一定的主观性。因此,秘书处的报告就越来越多地承担了客观地检查成员贸易政策和做法对多边贸易体制的影响的责任。

2. 秘书处报告

秘书处报告是由 WTO 秘书处依据接受审议的成员提供的和从其他途径得到的有效数据和资料进行独立分析并自行负责起草的报告。

秘书处报告的主要信息来源是接受审议的成员提供的资料和该成员国内及国际上公开出版的资料。国际来源包括国际货币基金组织、世界银行和联合国贸易发展会议等国际组织的资料,国际互联网上的信息,以及成员根据乌拉圭回合的要求所作的通知等等。此外,经过检查认可的报纸、期刊和专业杂志上的文章也可以使用。为了准备报告,对于秘书处比较关心的焦点问题和有疑问的问题,秘书处可以向接受审议的成员发出问卷,以便更有针对性地获取资料。同时,有关接受审议的成员最新的适用关税信息也需要向该成员直接获取或核实。问卷正日益成为秘书处获取信息的重要途径。对 WTO 某个成员第一次审议时,由秘书处派发的调查问卷大部分是标准化的,随后各次审议的问卷则主要关注前一次审议以来所发生的变化。一般情况下,秘书处还要派一个 2~3 人的工作小组到接受审议的成员的首都进行 7~10 天的访问以获取信息。访问期间,秘书处人员不但可以向政府机构,并且还可以向私营企业(制造业协会和商会等)以及研究机构的研究人员、专家学者进行咨询。在有关资料信息不清楚的情况下,秘书处应向接受审议的成员寻求澄清。现在秘书处越来越多地将其报告草案交给接受审议的成员政府,以寻求接受审议的成员政府对有关事实性内容的确认。成员政府一般被给予 2 至 4 周时间确认有关事实,并对秘书处报告草案发表评论。秘书处会根据这些评论对其报告做出修订。需要注意的是,这种确认程序只是针对有关事实性内容的。为了维护秘书处报告评估的独立性,其中的"简要评论"并不遵循同样的确认程序,只是在将该报告散发给各成员前 24 小时礼貌性地将其提交给接受审议的成员政府。总之,由于 WTO 对各成员增加政策透明度的要求较 GATT 有较大的进步,使得秘书处能较为便捷地从各成员处获取相关资料。

秘书处报告的结构经过一定发展,逐渐形成了"简要评论+正文四章"的模式。第一章主要讨论接受审议的成员的宏观经济背景和最近经济发展的趋势;第二章是贸易和投资政策的决策体制,包括参加多边和区域性协议、贸易争端与磋商等方面;第三章是贸易政策和做法,讨论直接影响生产和进出口的措施,这一章是直击接受审议的成员贸易政策内容的部分;第四章是行业发展聚焦,主要是对各行业的措施进行检查。

在 TPRM 建立之初,对秘书处的报告的一个批评就是描述性有余,分析性不足。秘书处报告未能对与贸易政策有关的问题进行集中讨论和分析,过多地叙述客观经济现状,不能突出重点。人们普遍认为 TPRM 应该是全面的、严格的综合性审议,尤其是对贸易政策的分析和批评非常重要。审议的两个基础性文件是秘书处报告和政府报告,而接受审议的成员的政府报告更有可能竭力维护自己的贸易政策,因而主要靠秘书处报告对成员的贸易政策对多边贸易体制的影响尤其是消极影响进行客观分析和检查;也只有深入分析,才能检查其对多边贸易体制的切实影响。现行的秘书处报告内容中分析成分已大为增加,对经济环境的分析已变得更为简洁,更集中讨论与贸易政策有关的问题。

（六）TPRM 的审议流程

单次贸易审议过程一般为 10 个月,共分为 5 个阶段:

第一个阶段是磋商。由 WTO 秘书处启动初步研究并准备一份对接受审议的成员方的调查表并寄送给该成员方。TPRB 与被审议的成员直接进行磋商,以确定审议内容、方案和审议计划。审议计划一般应在审议前一年的中期宣布,同时完成审议前的其他准备工作,接受审议的成员应给予协助。

第二个阶段是准备审议资料。应搜集的审议资料主要有:接受审议的成员提交的关于本国贸易政策和做法的详尽报告,其中包括对秘书处发放的调查表做出的相应回复;秘书处通过搜集资料和调研起草的秘书处报告。

第三个阶段是完成报告。秘书处根据有关材料编辑秘书处报告并定稿,在这一阶段,秘书处的另一项工作是将接受审议的成员的政府报告和秘书处报告翻译成 WTO 的三种工作语言,并将材料分发给其他成员。

第四个阶段是召开审议会议,这是整个审议程序中最重要的阶段,由 TPRM 负责召开会议。审议是在秘书处报告和接受审议成员的政府报告的基础上进行的,主要围绕对成员贸易政策和做法的评估及其对多边贸易体制的影响开展。审议会议公开举行,所有 WTO 成员都可以参加。WTO 贸易政策审议会议仅有两天的时间,而且仅在这两天的上午进行。

贸易政策审议会议第一天,首先由接受审议的成员方政府代表发言,对该成员方的贸易状况作简要介绍,并着重介绍秘书处报告和该成员方的报告完成后所发生的新变化。接受审议的成员发言后,有两位讨论人发言。以上发言均历时大约 15 分钟。随后,由参加会议的其他成员提出问题、发表评论并开展讨论。讨论的范围包括成员方的贸易政策与措施、贸易政策的背景及能够影响贸易的一切行为或行动。具体来说大致有以下 3 个方面:①与贸易有关的政策和实践;②贸易政策制定的背景,包括国内的经济与发展需要、外部环境等;③被评审方的贸易和宏观统计数据资料。在第一天的会议结束后,由会议主席列出会议的主要议题大纲,并在与接受审议的成员协商后,要求讨论人、秘书处和与会成员按照列出的主要议题组织发言。

第二天的审议会议讨论,包括接受审议的成员回答第一天会议现场提出的问题在内,必须围绕此前确定的议题进行。接受审议的成员应就各成员提出的问题做出答复;如有必要,也可以在一个月内对答复做出书面补充。最后,由 TPRB 主席进行总结性陈述,并在秘书处报告的基础上得出审议结果,作为对成员贸易政策和做法的评价。评审会议结束后,审议会议主席和秘书处应立即向新闻界简要通报评审摘要,公布秘书处报告的意见摘要和主席总结。

第五个阶段是汇总并出版审议资料。WTO 秘书部将秘书处报告、成员方提交的报告以及贸易政策审议会议记录三份文件汇总,以 WTO 的三种工作语言印书出版,并在 WTO 官方网站上公布。

表 6-1 　WTO 贸易政策审议流程表

顺序	事　项	需要的时间	备　注
1	秘书处启动初步研究和准备一份对被评审成员方的调查表并寄送给该成员方	1~3 周	被评审方要与 TPRB 协商评审的有关程序
2	被评审方国内政府部门对调查表进行答复(包括提供政府公告和其他核心问题的官方文件)	3~4 周	需答复的问题由贸易部把问题分配给其他部和政府机构,共同合作和协商回答调查表
3	根据收到的被评审方的答复,秘书处开始初步的起草步骤。第二份调查表在访问首府前 4 周寄送给该成员方	大约 8 周	第二份调查表是秘书处访问首府时与成员政府就政策进行讨论的基础
4	秘书处代表团访问被评审方首府	5~10 天	由被评审政府对秘书处代表团就第二份调查表进行回答,并由部长和其他官员与代表团进行讨论
5	秘书处准备报告草案,评审方政府部门准备政府报告	12~13 周	秘书处的报告草案四章的内容要送到被评审方的国内政府部门去对事实进行核实以及提出意见,对此的答复要在 2~3 周内完成。
6	完成秘书处报告和收到政府报告	大约 2 周	

续表

顺序	事　项	需要的时间	备　注
7	编辑秘书处报告,并把秘书处报告和政府报告翻译成 WTO 的其他工作语言,复制后分发给其他成员方	5 周	两个报告构成评审会议讨论的基础,报告必须在会议 4 周前送达其他成员方的代表
8	举行评审会议,首先由被评审方的官员做政策综述的发言,然后是讨论人发言	2 天(但仅在早上进行)	评审会议以 TPRB 主席的总结性评论结束
9	秘书处准备会议备忘录和文件的最后公布出版	大约 2 周	

资料来源:郑创豪.WTO 贸易政策评审机制评析[D].暨南大学,2002,10~11.

第三节　对 WTO 贸易政策审议机制的评价

一、贸易政策审议机制的特征

(一)从作用上看,TPRM 是一个透明度工具

透明度原则是 WTO 的一项重要原则,也是 WTO 所追求的三大目标之一(另外两项是贸易自由化和稳定性)。其基本含义是:WTO 成员正式实施的有关国际贸易的各项政策措施,以及成员间签订的影响国际贸易的现行协定,都必须公布,以使各国政府和贸易商都可以了解这些法律和规章。为确保这一原则得以实现,WTO 建立了一整套透明约束机制,包括成员方有义务公布自己的经贸政策,设立咨询点以供经贸政策查询,履行通知义务等。

TPRM 的直接目标是"提高各成员贸易政策和做法的透明度并使之得到更好的理解",所以提高 WTO 成员的贸易政策和做法的透明度是 TPRM 的主要任务。另外,从 TPRM 的运作上看,成员贸易政策和做法的定期报告制度,秘书处独立完成的调查评估报告,审议过程中各有关方之间就被审议国家的贸易政策与做法的质询与答辩,以及审议结束后各方报告和审议会议记录的公布,均体现了透明度的要求。不仅如此,WTO 成员还在贸易政策审议机制协议中表达了它们对国内贸易决策透明度的重要价值与意义的认可,并承诺"在它们自己的体制内鼓励和促进更高的透明度"。显然,TPRM 的整体透明度要求较之于多边或单边协议中的透明度要求更符合 WTO 透明度原则,

也更有利于 WTO 透明度目标的实现。可见,贸易政策审议机制无疑也是 WTO 为实现其目标和宗旨而创设的一个透明度工具。

(二)从性质上看,TPRM 是 WTO 的一项监督机制

TPRM 不仅仅是一个透明度工具,从根本意义上讲,它是 WTO 的一项监督机制。因为无论是发动乌拉圭回合并建立 WTO 的《埃斯特拉角部长宣言》,还是 TPRM 协议,均把加强对成员贸易政策与做法的监督,确保多边贸易体制更加平稳地运作,视为创立贸易政策审议机制的最终目的。同时,根据关于 TPRM 的目标的明确规定,贸易政策审议全面审查各成员方贸易政策及其实施状况以及对多边贸易体系所产生的影响,对于成员与 WTO 宗旨、基本原则不相符的做法,或者在法律规则以外的有损于国际贸易健康发展的行为,也会相当清楚地将其展现在各成员方面前,客观上给接受审议的成员造成压力。与此同时,其他成员对这些问题提出质疑和批评,这种相互盯梢行为也起到了监督作用。

(三)TPRM 的审议主要适用经济标准

TPRM 作为 WTO 一个成熟的制度,在审议过程中必然需要有一定的标准作为评价依据,从而对各成员的贸易政策和做法进行评估、鉴定并审查其对多边贸易体制的影响。但是,TPRM 协议中并没有明确规定审议的标准。由于 WTO 的职能并不涉及政治领域,所以 TPRM 中的审议标准只有可能是法律标准和经济标准。针对审议标准到底是什么,是以 WTO 法规规则为导向的法律标准,还是以对多边贸易体制的影响为导向的经济标准,成员方和学者们持有不同的意见。

TPRM 的目标是"有助于所有成员更好地遵守多边贸易协定和适用的诸边贸易协定的规则、纪律和在各协定项下所作的承诺,从而有助于多边贸易体制更加平稳地运行"。也就是说,TPRM 就是要以多边贸易协议和适用的诸边贸易协议下的规则、纪律和承诺为标准,审查各成员方的履行情况。此外,在审议中,接受审议的成员的贸易政策和做法往往会被贴上"符合"或"不符合"多边贸易体制的标签。对于那些符合多边贸易体制的政策措施,其他成员方以及秘书处会给予肯定和赞扬;相反,那些不符合多边贸易体制甚至与其背道而驰的政策措施,则往往会遭到不满和批评。由此可见,法律标准是审议的一项依据。

但在实践中,审议过程更主要适用经济标准。TPRM 的最终目标是"有助于多边贸易体制更加平稳地运行",也就是说,TPRM 为各成员提供了一个机会,可以对各成员方的贸易政策和做法以及其对多边贸易体制的影响进行

集体评估和审议,最终目的是促进多边贸易体制的平稳进行。这个最终目标本来就是一个量的问题,必须从经济的角度进行分析判断。对成员方的政策评审,评审中要结合成员方的外部环境、广泛的经济和发展需要、政策和目标等背景,只有根据经济学的参数才能对这些进行描述和分析,才能具体确定成员方的贸易政策和做法是进步了还是退步了。从这个角度来看,法律标准并不能是审议的唯一依据,而经济标准更为适用。不仅如此,无论是秘书处报告的分析,参加审议会议成员的提问和讨论,还是审议会议主席的总结性评论,绝大多数都是从经济的角度进行的。

审议标准的模糊在一定程度上使贸易政策审议更具有一定的弹性。WTO 各成员的经济发展水平以及贸易实力不平衡,针对不同的成员适当调整审议标准,或许更符合各成员的客观情况,从而更好地实现目标。

(四)审议结果在效力上不具有法律约束力

TPRM 协议规定,"该机制无意作为履行各协定项下具体义务或争端解决程序的基础,也无意向各成员强加新的政策承诺",也就是说,虽然在审议中对成员的贸易政策和做法进行肯定或否定的评价,但是排除了审议结果的法律约束力。在非对抗和非法律约束的基础上,TPRM 提供了一个对接受审议成员的政策和实践进行讨论和评价的机会,也为接受审议的成员提供了阐述和解释的机会,以促进成员之间的相互理解。那些与 WTO 宗旨、基本原则或规则相背离的做法或有损国际贸易健康发展的行为,在审议中会遭到批评和不满,这在客观上对接受审议的成员构成了一种压力,从而敦促其承担义务或纠正不当行为,但并不具备法律约束力。

一方面,TPRM 的审议对象是成员所采取的与贸易有关的法律政策措施,这些基本上属于一国主权范围内的事项,如果审议结果以法律约束力来实现,则可能会干涉成员的国家主权和利益,接受审议的成员会对审议产生抵抗心理。在一定程度上,审议的法律约束力是和透明度成反比的。审议结果不具备法律约束力,更能保证接受审议的成员配合审议,开诚布公地阐述本国的各种贸易政策和措施,积极地和其他成员交流,接受其他成员的审议和评价,并根据本国的客观情况和实际需要,主动地调整或纠正贸易政策和做法。

另一方面,WTO 设有贸易争端解决机制作为具有法律约束力的监督机制,如果 TPRM 具有法律约束力,则会造成不必要的交叉和重复。TPRM 的审议结果不具有法律约束力正好使其与 WTO 的其他监督方式相互补充和配合。审议不作为争端解决的基础,审议的结果也不具有法律约束力,这些正是

TPRM 的特点所在。在实践中,各成员在 TPRB 的会议上也强调应保持 TPRM 的这一基本特征。

二、贸易政策审议机制的作用

(一)TPRM 极大地促进了多边贸易体制透明度的提高,增强了国际贸易关系中的可预见性

对国际贸易而言,贸易政策和法律法规的透明度和可预见性是贸易活动的必要前提。如果对贸易有重大影响的政策法规很不透明,或者要了解需要花费很大的成本,而且又具有随时的变动性,那么贸易就没有可预见性,这必然会导致国际经济交往存在较大的风险,阻碍国际贸易稳定、健康发展。而 TPRM 为 WTO 透明度原则提供了有利的制度保障,WTO 成员提交的关于本国贸易政策和做法的定期报告和由秘书处撰写的秘书处报告作为审议的基础性文件,可以使 WTO 随时了解各成员贸易政策措施的发展变化动态,起到提高成员贸易政策透明度的作用。接受审议的成员所提交的政府报告,既包括本国的贸易政策及其实施,又涉及该国的财政货币、外汇管理、环境保护、国际投资、知识产权等方面的政策。审议中,其他成员不仅可以获得接受审议的成员的贸易政策信息,还可以对该成员的贸易政策和做法提出问题和质疑并进行公开讨论,使得其他成员对接受审议成员的贸易政策和做法及其对多边贸易体制的影响能有更为深入和透彻的认识。秘书处报告则是秘书处根据广泛的资料和实际调查结果进行分析,独立撰写的分析报告,具有客观、公正性,更能真实、全面地反映成员方的贸易政策情况,进一步提高贸易政策的透明度。

(二)TPRM 可预防和减少贸易争端,推动贸易自由化进程

第一,接受审议成员的政府报告公开介绍并解释自己的贸易政策和做法,其他成员对接受审议成员的贸易政策进行深入的讨论和分析,同时可以提出问题、质疑甚至不满。这种方式增进了成员之间的交流,使成员之间的相互了解更加透彻,有利于通过对话和磋商,及时化解误会和纠纷,避免冲突升级。

第二,接受审议的成员接受审议后,对存在较大争议和矛盾的政策措施及时予以纠正和更改,制定更符合多边贸易体制的贸易政策,最大限度地在今后的对外贸易中避免贸易冲突的产生,从而改善国际贸易环境。

第三,TPRM 所强调的国内透明度有助于本国利益集团和公众了解国内政策对自己利益的影响,赞成贸易自由化的出口部门的生产者和广大的

消费者作为自由贸易的支持者,广泛了解和参与本国贸易政策的制定,增强了支持贸易自由化的力量,进一步促进成员方贸易政策向贸易自由化方向调整。

(三)TPRM 增强了多边贸易体制的监督作用,有力地促进了各成员对 WTO 规则和承诺的遵守

TPRM 主要采用经济标准来审议成员的贸易政策和做法对多边贸易体制的影响,审议结果不具有法律约束力,但是在客观上对审议成员构成了一种压力,促使其纠正不当行为,更好地遵守 WTO 规则并承担相应的义务。TPRM 不仅有助于 WTO 加强对成员履行其义务与承诺的监督,也有利于各成员之间的相互监督。虽然 TPRM 的审议不具有法律约束力,也不作为贸易争端解决机制的基础,但接受审议的成员在审议中所暴露出来的与 WTO 宗旨、基本原则不相符的贸易政策和做法,尤其是有损其他成员利益的问题,其他成员绝对不会视而不见。参加审议的各利益方或在审议中对这些问题公开质疑并集体施加压力,或在以后的双边和多边谈判中针对这些问题要求解释或补偿等,迫使接受审议的成员修改或撤销有争议的政策和做法,敦促其遵守 WTO 规则和承诺。

(四)TPRM 积极影响贸易政策的制定

接受审议的成员介绍和解释自己的贸易政策和做法,并与其他成员就其贸易政策和做法进行讨论和沟通,有利于获得其他成员的理解,维护良好的合作关系。WTO 秘书处在负责编写秘书处报告时,收集信息的途径之一是访问接受审议成员的首都,与政府各部门和其他相关机构进行交流,这可以为接受审议成员的贸易政策制定提供有价值的参考。审议对贸易政策和做法进行独立、客观的分析,帮助接受审议的成员认清贸易政策所存在的问题。TPRM 通过提高国内透明度,有助于推动和增强国内各部门对贸易政策的讨论和合作,从而提高接受审议的成员制定贸易政策的能力。同时,对于参加审议的成员来说,可以更好地了解和掌握其他成员的贸易政策信息,借鉴经济发展和贸易政策、做法中的经验和教训。此外,TPRM 重视对欠发达国家评审的技术帮助,会帮助这些国家制定更加合适的贸易政策。

三、完善贸易政策审议机制的建议

(一)加强贸易政策审议机制与 WTO 另外两大机制的协调与合作

TPRM 审议结果不具有法律约束力和强制力,对接受审议成员的贸易政策的制约非常有限,很难形成有效的约束力,突出地表现为一些发达成员方背

离或偏离 WTO 原则和规则的贸易政策及做法如单边性、歧视性的贸易保护、贸易制裁政策和立法,并没有因为对其贸易政策进行审议而得到根本的改善,这些成员方对 WTO 多边和单边协议中规定的义务也没能完全按期履行,从而阻碍了国际贸易自由化的不断推进。WTO 三大机制采用平行运作方式,各自相互独立,缺少紧密的内在联系和相互支持,除自身作用不能充分发挥外,一定程度上也影响了 WTO 的整体运作效率。TPRM 应加强与贸易谈判机制和贸易争端解决机制的配合,以加强贸易政策审议的监督和制衡作用。审议增加了透明度,使接受审议成员的贸易政策和做法中的问题暴露无遗,其他成员可以引用审议中的有关事实、资料和评论作为证据和筹码,通过贸易谈判迫使接受审议的成员修改或摒弃这些有问题的贸易政策和做法,或者对其提出补偿要求。而且,通过参加审议并研读审议报告发现与自己有共同利益的成员方,可以在谈判中结为同盟施加集体压力,大大增强谈判实力。此外,虽然 TPRM 协议规定审议结果不作为贸易争端解决的基础,但是在审议中揭露出来的问题以及与 WTO 规则不符的做法,会促使一些成员方将有关问题或争端提交给争端解决机构去解决,从而加强监督作用和制衡效果。

(二)完善秘书处报告

一直以来,学者们对秘书处报告普遍质疑并从不同的角度提出了有待改进之处:第一,贸易政策应该避免过于乐观的倾向。现在的贸易政策审议过于乐观,对于接受审议的成员,更倾向于予以积极、肯定的评论,而批评不足,特别是对发展中国家的审议,往往只看到自由化和改革的积极的趋势和迹象,或对目前的贸易开放程度加以赞扬,很少触及最严重的经济问题。报告的肯定和赞扬固然重要,可以激励成员朝正确方向前进,但质疑和批评同样必不可少。秘书处报告应该在确保客观性的前提下有褒有贬,而且后者能更好地达到 TPRM 的目标。参加审议的成员往往更关注接受审议成员的贸易政策和做法的不足之处,各个利益相关方希望通过审议对存在问题的政策进行披露并敦促其改正。对于接受审议的成员,尤其是发展中国家,披露和批评存在问题的政策和做法可以使接受审议的成员政府对贸易政策有更清醒的认识,了解其贸易政策的缺点和不足,从而提高它们制定更加合适的贸易政策的能力。秘书处报告在赞扬的同时,应对贸易政策和做法是否有利于多边贸易体制的运行提出质疑,对发展中国家贸易政策的可持续性以及改革的可信性等提出质疑。第二,秘书处报告缺乏历史分析,不具长期性。政策的形成、意义和持续性,必须通过持续观察才能判断,所以报告要有分析深度,就应该注重连续性和长期性。秘书处报告较多地关注成员贸易政策和做法的阶段性特征,强调成员贸易政策在两次审议期间内的变化,贸易政策审议成了一张"快照"。这种只集中于两个时间段之间经济政策发展的描述,假定读者对该成员的贸易体制已有一些先期的了解,缺乏完整性和独立性,不利于综合分析和把握贸易政策和做法及其影响,也不利于 TPRM 对国际贸易的可预见性功能的发挥。审议报告应对过去较长时期的贸易政策、实践做出简单回顾,在此基础上对目前的政策进行深入分析,对其变化趋势做出预测和展望,这样其意义将会有所提升。

(三)鼓励发展中成员积极参加审议

从总体上来说,TPRM 的审议过程有利于维护和保障发展中国家和小国的权益。TPRM 按照占世界贸易份额的多少来确定审议频率,经贸实力强的发达成员会更频繁地接受审议,所以相对来说 TPRM 更侧重对发达成员的审议和监督。发达国家经贸实力强,对多边贸易体制的影响更大,对发达国家的频繁审议,使发达国家处于时刻被监督的环境中,促使发达国家自觉遵守 WTO 规则并履行相关义务,降低违规现象发生的可能性。发展中国家和小国可以通过 TPRM 定期获得有关发达国家贸易政策和做法的信息,可以利用审议的机会来质疑和批评接受审议的成员的贸易政策和做法,同时还可以通过审议来学习和吸收别国贸易政策制定、经济发展、改革等经验教训,提高其对贸易政策和做法的分析和掌握能力。

但同时我们可以看到,经贸实力是成员参与活动、享受权利和履行义务的基础。发达国家在规则框架的制定、执行等方面享有的决策权,能在一定程度上左右谈判的议题和进程。WTO 决策采取一个成员一票的方式,且对发展中成员有特殊待遇,但受制于经贸实力,发展中成员享受权利的能力有限并且在资源的获取和把握上处于被动状态,很难争取到话语权或相关权益,发展中国家在 WTO 总部派驻的代表数量有限甚至无力派驻代表。虽然按照 TPRM 协议的规定,任何有兴趣的成员都可以参加审议会议,但与会的其他成员代表绝大多数是发达国家成员的代表,发展中国家的成员数量非常有限,绝大多数小的发展中国家成员往往并不积极。

如何保障发展中国家的权益这一问题,并非 WTO 所特有,解决这一问题需要一段较长的过程。现阶段 TPRM 应鼓励发展中国家积极参与贸易政策审议会议,毕竟通过审议会议可以了解各国贸易政策并从中学习和吸取经验教训。针对一些在日内瓦的代表数量很有限的发展中国家成员,应尽量避免将审议会议与其他委员会的会议安排在同一时间举行,以使这些代表可以参加审议会议。

（四）解决贸易政策审议资源不足的难题

随着成员的不断增加，TPRB 每年要对近 20 个成员的贸易政策进行审议并出具相应的审议报告，工作量巨大。同时，对秘书处报告分析深度和覆盖面广度的要求不断提高，相应的也必须投入更多的时间和精力。因此，在秘书处人力和财力资源有限的情况下，秘书处将不堪重负，甚至无法保证对成员按照 TPRM 协议规定的审议频率进行审议。要解决这一难题，有以下几种较为可行的办法：第一，改变审议频率，拉长审议周期。曾有代表提议对四大成员的审议频率由每两年一次改为每三年一次，但因为这种方法必然在一定程度上降低对各成员贸易政策监督的力度并且与 TPRM 协议相违背，所以未获得通过。不过，在 WTO 内部达成了一项一致意见，即对于四大成员，保持每两年一次的审议频率，但每间隔一次审议被视为"中期"审议。相比其他常规审议，中期审议涉及的范围较小，因此秘书处资源消耗相对较小，在一定程度上能够减少秘书处的工作负担。第二，采用"集体审议"。TPRM 也试图寻求一些灵活的办法来缓解压力，例如，对一些在经济发展水平上有相似之处或有某种较为密切的联系或在地理上相邻的成员，尤其是在世界贸易中所占份额较小的成员进行"集体审议"。1998 年就进行了两次集体审议，一次是对南非、博茨瓦纳、莱索托、纳米比亚和斯威士兰的集体审议，另一次是对布基纳法索和马里的集体审议。第三，增加秘书处人员的数量。这是一种最为可行的解决方法，但是秘书处人员的增加就意味着经费的增加，TPRM 的经费是相当紧张的，所以获得资源投入是当前亟待解决的问题。

第四节　WTO 贸易政策审议机制
在中国的运行实践

一、WTO 对中国的过渡性审议

2001 年 12 月 11 日，我国正式成为 WTO 的第 143 名成员。根据《中国加入 WTO 议定书》第 18 条"过渡性审议机制（Transitional Review Mechanism，简称 TRM）"的规定，中国应在加入 WTO 的前 8 年和第 10 年，分别接受 WTO 的 16 个机构（货物与贸易理事会、与贸易有关的知识产权理事会、服务贸易理事会、国际收支限制委员会、市场准入委员会、农业委员会、卫生与植物卫生措施委员会、技术性贸易壁垒委员会、补贴与反补贴措施委员会、反倾销措施委员会、海关估价委员会、原产地规则委员会、进口许可程序委员会、与贸易有关的投资措施委员会、保障措施委员会和金融服务委员会等)和总理事会对中国履行义务情况进行的过渡性审议。

以美国为首的WTO主要成员之所以提出对我国实施过渡性贸易政策审议,其根本原因在于:(1)它们认为我国还是一个非市场经济国家,制度环境方面还不完善,在贸易政策和措施的制定及实施上仍具有随意性,从而对我国是否有诚意认真遵守WTO原则,是否有能力按时并全面地履行加入承诺表现出种种担心或疑虑;(2)作为最大的发展中国家,我国经济的快速增长、外贸地位的提高和出口产品的比较优势,使我国在世界经济贸易中的地位上升,影响加深,因而也不可避免地成为国际社会十分重视和关注的目标,一些西方国家既不愿意看到我国的迅速强大,又想在我国市场获得最大的经济利益。在上述背景下,WTO主要成员刻意设置了这样一个机制,试图通过实施更频繁、更严格、更深入、更彻底的审议和评估来约束和规范我国政府及企业的行为。在审议的实践中,以美国为首的WTO主要成员高度重视过渡性审议机制的监督作用,认为这是更好地了解我国如何履行WTO规则和加入承诺的一个有效途径,它们不仅强调要使审议能够以更加有效率的方式进行,而且还努力通过这个机制来敦促我国全面履行加入承诺。

过渡性审议是专门针对中国而制定的一项特殊规定,是附加给中国的一项不公正条款,具有明显的歧视性。与常规的审议不同,它的审议时间更长、审议的内容更具体、审议的机构更多,特别是审议具有很强的针对性,造成对我国的过渡性审议不仅频繁,而且更加深入复杂,侧重于对我国所承诺义务的履行和完成情况的审议和监督。过渡性审议极强的针对性以及其审议的频繁和深入,使我国的贸易政策和措施处于国际社会的广泛监督之下,在一定程度上对我国起到了制约和限制作用。

2011年11月30日,在WTO总理事会上对中国的最后一次审议,宣告了过渡性审议机制的彻底终结。过渡性审议机制虽然总体上削弱了中国作为多边贸易体制正式成员的待遇和地位,但也有一定的积极意义。频繁的过渡性审议使中国及时了解贸易政策和措施中的不当之处并能及时进行调整,推动了中国的市场化进程,积累了谈判经验;同时,通过审议还可以深刻了解WTO规则和应承担的义务,更快地适应WTO运行环境和成员间的沟通方式,提高了在多边贸易体制中的参与度。此外,过渡性审议对增进中国和其他成员之间的了解发挥了良好作用,成为向世界展示中国,让世界了解中国的大好时机,对增强外国投资者的信心、改善我国的投资环境、拓展对外贸易具有重要意义。

二、TPRM 对中国的常规审议

2001 年中国正式加入 WTO,当时我国的贸易额排名为全球第六。按照 TPRM 评审周期的规定,我国还需每四年接受一次常规审议,因此我国首次参加贸易政策评审的时间是 2006 年。后来,由于我国在世界贸易中的排名升至前四名,所以接受贸易政策审议的频率也相应地调整为每两年一次。自加入 WTO 到现在,我国共接受了 4 次贸易政策审议,分别在 2006 年、2008 年、2010 年和 2012 年。

三、中国接受贸易政策审议的策略

随着世界第二大经济体地位的确立,中国的贸易政策和措施愈发受到全球的关注,中国每次的贸易政策审议会议都会吸引众多 WTO 成员参加。每 2 年一次的贸易政策审议使中国的贸易政策受到更多的关注和考验,但同时也是了解国际社会对我国的评价、实现与其他成员有效交流的平台,我们应该利用好这一机制。所以,如何充分发挥贸易审议机制的正面影响成为值得探讨的问题。

（一）严格履行通报义务,加强贸易政策透明度

根据 WTO 各项具体协议和 TPRM 的通报要求,我国应以统一的格式定期向 WTO 通报,并在发生任何重大贸易政策和实践改变时履行临时通报义务。例如,适用的关税表、最新的贸易立法、贸易流动统计等,都属于通报的内容。通报的资料是秘书处制定评审报告的信息来源,也为其他成员获取相关信息提供了渠道,提高了贸易政策透明度。

（二）认真起草政府报告,利用审议平台阐述我国立场

政府报告是审议参考的基础文件之一,在准备政府报告时应重点突出,在介绍我国贸易政策的同时,还应阐明我国融入世界经济和履行 WTO 义务的诚意以及所做出的努力和成就,充分利用这一次机会增信释疑,消除其他成员对我国的误会和偏见,使世界对中国融入世界经济和国际市场感到放心,增加其他成员对我国贸易政策和实践的信任和支持。对于我国某些暂时与世贸规划不符的方面,也要如实汇报,但要对实际困难加以详细说明以获得谅解和尊重。

（三）重视审议中的质疑和批评

针对其他成员提出的质询和批评,应结合我国的实际情况,耐心细致地解释和答复并提供详细的资料,以主动的姿态及时化解或减少与贸易伙伴之间潜在的矛盾和摩擦。同时,还应该对审议时暴露的问题以及其他成员的质疑

进行归纳和分类，及时研究并拟定相应策略，认真听取其他成员提出的合理意见，为进一步完善我国的贸易政策法规作参考。

（四）积极参与对其他成员的贸易政策审议

作为 WTO 成员，积极参加对其他成员的贸易政策审议是我国享有的重要权利之一，也是维护我国经济利益的重要手段。一方面，积极参加审议为全面了解接受审议成员的现行贸易体制和具体政策措施提供机会，可以以此积累评审经验，也可以了解、学习其他成员方贸易政策改革成功的经验。另一方面，参加审议特别是对我国主要贸易伙伴（它们的贸易政策和做法直接关系到我方的切身利益）的贸易政策审议，还可以对它们违反 WTO 规则的做法以及双边贸易中存在的问题进行质疑和批评，引起接受审议的成员和其他成员的重视并敦促其尽快解决，使争议得以友好、预先解决，从而确保我国对外贸易渠道畅通。

（五）加强各部门协同合作，保持中央和地方立法措施的统一性

加入 WTO 后，商务部专设世贸司具体负责 WTO 事务。因为贸易政策审议涉及范围广，所以并非商务部"单兵作战"，它需要政府部门和与贸易政策审议密切相关的机构协同合作。但实践中发现，有的地方政府的思维还没有完全转变，制定的贸易政策仍以地方利益为主导，忽略了贸易政策制定应符合 WTO 规则和中国的入世承诺的原则，以至于其他成员以这些地方政策为证据证明中国违反了 WTO 规则和承诺。所以，地方政府应审慎制定贸易政策，确保中央和地方立法措施的统一性。

本章小结

（1）TPRM 作为 WTO 的三大机制之一，旨在通过集体鉴评的方式来实现透明度从而以"软约束"的方式促进成员对 WTO 规则的遵守，是一个系统监督其成员方贸易政策和措施的机制。同时，它通过增强贸易政策透明度，增强了国际贸易关系中的可预见性，监督贸易政策的实施，在一定程度上防止国际贸易争端的发生、推动贸易自由化进程并积极影响各成员贸易政策的制定。成员方之间通过政策审议，在评审中的提问、答复、阐述等环节可以互相交流在贸易政策改革和经济结构调整过程中的经验教训，可以相互提供意见，消除误解，达成共识。

（2）但 TPRM 仍存在不足之处以待完善，本章试图从以下方面提出一些建议：首先，应加强贸易政策审议机制与 WTO 另外两大机制的协调与合作，

以强化 TPRM 的监督与制衡作用;其次,面对广泛的批评与质疑,完善秘书处报告;此外,保障发展中国家的权益从而鼓励发展中成员积极参加审议;最后,面对资源不足这一难题,可以采取增加人员数量等方法。

(3)中国作为全球第二大经济体,对中国的贸易政策审议吸引了越来越多的关注。因此,我们必须对贸易政策审议给予足够的重视,充分利用这一机制、发挥其正面影响。

本章案例

案例:WTO 首次对中国进行贸易政策审议

2006 年 4 月 19 日和 21 日,日内瓦总部举行了首次针对中国的贸易政策审议,并引起了广泛关注。在此之前,WTO 秘书处报告已于 2006 年 3 月发布了《中国贸易政策审议报告》(下称《报告》),作为 WTO 对中国进行贸易政策审议时的主要参考文件。《报告》认为,自 2001 年中国加入 WTO 以来,中国政府继续坚定不移地实行改革开放政策,使中国的经济发展逐步融入到了国际贸易和投资的大环境中;同时,中国还采取了贸易及与贸易相关的改革措施,积极参与并切实维护了 WTO 多边贸易体制。比如,在法制与透明度方面,中国政府在加入 WTO 前后,根据 WTO 规则和所作承诺,中国政府制定、修订、废止了数千余件法律、行政法规和部门规章。这些法律、法规和规章的内容涉及货物贸易、服务贸易、与贸易有关的知识产权保护以及透明度、贸易政策的统一实施等领域;中国对关税制度也进行了积极的改革,平均关税水平从 2001 年入世前的 15.6% 降到 2005 年的 9.7%,同时非关税性贸易限制措施也大量减少。一系列的改革措施使中国的国民生产总值每年以近 9% 的速度增长,大幅降低了中国的贫困人口数量,并使中国成为吸引外国投资最多的国家之一。

《报告》回顾了中国多年来的经济发展和贸易演变过程,对中国所做出的努力给予了充分的肯定,但同时指出了中国经济贸易政策中所面临的问题和挑战。其中包括中国如何进一步深化改革、实现经济增长由投资拉动转向消费拉动、解决城乡收入差距和就业问题、环境保护和解决资源压力等。同时,报告指责中国政府还存在干涉、操纵贸易等问题。

在贸易体制和政策方面,成员们赞扬中国为履行加入承诺而采取的政策和措施,高度评价中国加入 WTO 的重大意义,普遍认为,加入 WTO 为中国改革开放提供了进一步的动力,使中国的贸易体制和环境更加稳定,更具可预见性;同时,中国对多边体制的支持极大地增强了 WTO 其他成员对经济全球化的信心。此外成员们还对以下问题表达了具体关注,主要有:

(1)透明度。美、欧、日、加等主要发达成员希望我方贸易体制和政策制定过程能够更加公开和透明,建立统一的法规规章和政策措施公布和公开征求意见的渠道,避免不同部门之间政策及其解释的冲突,减少朝令夕改给贸易造成的不利影响。

(2)知识产权。WTO 其他成员虽然承认我方在知识产权保护上取得了很大的进展,但同时认为侵权问题仍然严重,希望我方采取更有效的措施,加强各部门之间的协调,提高执法的效率和力度。

(3)产业政策。不少成员对我方近年来出台的一些产业政策(涉及汽车、钢铁等产业)表示忧虑,认为其中明确提出要通过税收、信贷、财政等各种形式的支持来鼓励替代进口等,有违 WTO 规则;反映了政府对市场、资源分配以及企业经营干预的加强,不符合中国发展市场经济的方向。

(4)标准和认证体系。WTO 其他成员认为我方强制性认证体系(CCC 体系)和检验检疫措施(SPS)程序复杂、重复、不透明、费用高,标准体制复杂,采用国际标准的比率低;并且担心我方将标准和认证体系作为贸易政策手段加以运用,达到限制进口、鼓励使用国产商品的目的。

此外,成员们还对中国补贴政策,特别是商业银行和政策性银行的不良贷款以及有选择地实施出口退税政策、反倾销措施的使用、金融和电信等服务部门实际市场准入水平仍然偏低、对资源性产品的进出口管理、政府采购体制等问题表示了关注。

中国代表在评审中表示,中国已经严格履行了入世承诺,中国还将按照承诺对贸易及相关法规进行广泛的审查和修正。这次贸易政策和实践的全面审议,虽然中国的经济发展和履行入世承诺取得的进展得到了广泛的肯定,但中国还应该清醒地认识到,与发达国家相比,中国还存在很大的差距与不足,仍需进一步努力。

来源:中国商务部网站

练习与思考

1.简述贸易政策审议机制的发展历程和必要性。

2.简述贸易政策审议机制的目标。

3.贸易政策审议机制的审议主体有哪些,具体工作是什么?

4.贸易政策审议机制的审议频率是什么?

5.简述贸易政策审议机制的特点。

6.简述贸易政策审议机制的作用。

7.什么是过渡性贸易政策审议机制?

8.结合实际,你认为中国的贸易政策与 WTO 的要求有什么差距?

第七章　WTO 与其他组织的合作机制

本章提要

　　WTO 所管辖的范围涉及国际经济贸易的各个方面,从农业到工业,从货物运输到自然人流动,甚至连基因产品也在其议事日程之内。但是WTO 毕竟主要处理的是贸易或与贸易有关的一系列问题,其他问题如果确实影响到世界贸易的正常进行与发展,就需要与其他组织密切配合,协商解决。作为第二次世界大战后世界经济的主要支柱,WTO 同世界银行和国际货币基金组织这三驾马车在国际经济领域发挥着越来越重要的作用。

本章结构图

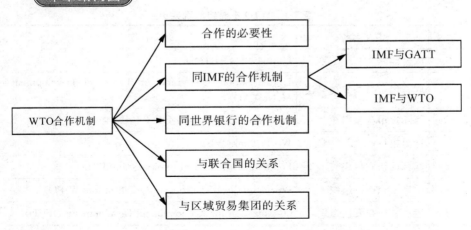

- 了解WTO同世界其他组织合作的必要性。
- 了解WTO的主要合作伙伴。
- 重点掌握WTO同世界银行、国际货币基金组织之间的关系及合作机制。
- 掌握WTO与其他机制合作的流程。
- 关注区域贸易集团与WTO的共同发展。

为了与其他组织进行有效的合作,在WTO有关的协定和文件中都做了规定。《建立WTO协定》第五条中对此作出了原则规定。

《建立WTO协定》第五条对WTO与其他组织关系的总括性规定,共分两款:第一款规定"总理事会应就与职责上与WTO有关的政府间组织进行有效合作作出适当安排";第二款规定"总理事会可就与涉及WTO有关事项的非政府组织进行磋商和合作作出适当安排"。根据这些原则规定,WTO负责实施管理的贸易协定与协议又作出了一些具体规定。

WTO成立以来,根据其内部组织机构的工作需要,授予数百个国际政府间组织观察员地位(参见表7-1),以进一步加强与其他国际组织的交流和合作。

表 7-1　WTO 主要组织观察员

序号	中文名称	英文名称
1	联合国	United Nations(UN)
2	联合国贸易与发展会议	United Nations Conference on Trade and Development (UNCTAD)
3	国际货币基金组织	International Monetary Fund(IMF)
4	世界银行	World Bank(WB)
5	联合国粮农组织	Food and Agricultural Organization(FAO)
6	世界知识产权组织	World Intellectual Property Organization(WIPO)
7	经济合作与发展组织	Organization for Economic and Development(OECD)
8	国际贸易中心	International Trade Center(ITC)
9	国际劳工组织	International Labour Organization(ILO)

续表

序号	中文名称	英文名称
10	食品法典委员会	Codex Alimentarius Commission(joint FAO/WHO)
11	国际电信联盟	International Telecommunication Union(ITU)
12	国际植物保护公约	International Plant Protection Convention(IPPC)
13	联合国环境计划署	United Nations Environment Programme(UNEP)
14	世界海关组织	World Customs Organization(WCO)
15	世界卫生组织	World Health Organization(WHO)

资料来源：WTO 官方网站。

第一节　WTO 与国际货币基金组织的关系

国际货币金融体系的稳定直接关系到国际经济的稳定发展，而国际收支平衡对稳定国际货币金融体系至关重要，所以，国际收支平衡问题也是国际社会非常关心的问题。国际货币基金组织（IMF）的工作重心是国际货币和财政制度，WTO 的工作重心是国际贸易，二者的目的都是保证全球贸易和国际收支的正常发展。由于 WTO 协议中规定，缔约方可以以保障国际收支为由实施进口限制，这样，IMF 和 WTO 双方的责任必然是交叉和联结在一起的。

一、国际货币基金组织的宗旨及业务范围

国际货币基金组织是根据 1944 年布雷顿森林会议上通过的《国际货币基金协定》而建立起来的一个政府间的国际金融组织。它于 1945 年 12 月 27 日正式成立，1947 年 3 月 1 日开始办理业务，同年 11 月 15 日成为联合国的专门机构。

国际货币基金组织的宗旨是：通过设置一个常设机构就国际货币问题进行磋商与协作，从而促进国际货币领域的合作；促进国际贸易的扩大和平衡发展，从而有助于促进并保持高水平的就业、提高实际收入、促进各成员国生产性资源的开发，并以此作为经济政策的首要目标；促进汇率的稳定，保持成员国之间有秩序的汇兑安排，避免竞争性通货贬值；协助在成员国之间建立经常性交易的多边支付体系，取消阻碍国际贸易发展的外汇限制；在具有充分保障

的前提下,向成员国提供暂时性普通资金,以增强其信心,使其能有机会在无须采取有损本国和国际繁荣的措施的情况下,纠正国际收支失调;缩短成员国国际收支失衡的时间,减轻失衡的程度。从其宗旨中可以看出,国际货币基金组织和 WTO 的宗旨有相似和一致之处,这决定了它们之间合作的必然性。

国际货币基金组织的业务范围是:向成员提供货款,在货币问题上促进国际合作,研究国际货币制度改革的有关问题,研究扩大基金组织的作用,提供技术援助和加强同其他国际机构的联系。具体包括:(1)制定成员国间的汇率政策和经常项目的支付以及货币兑换性方面的规则,并进行监督;(2)对发生国际收支困难的成员国在必要时提供紧急资金融通,避免其他国家受其影响;(3)为成员国提供有关国际货币合作与协商等会议的场所;(4)促进金融与货币领域的国际合作;(5)促进国际经济一体化;(6)维护国际汇率秩序;(7)协助成员国之间建立经常性多边支付体系等。

二、国际收支平衡是 IMF 与 WTO 法律关系之联结点

国际收支的概念有狭义与广义之分。狭义的国际收支是指一个国家在一定的时期内,同其他国家为清算到期的债权债务所发生的外汇收支的总和。一国的国际收支发生失衡,无论是顺差失衡还是逆差失衡,都会产生经济问题,必须采取适当的经济政策以消除失衡现象。因此,各国及有关机构总是不遗余力地研究并实施有效的对策,使得国际收支能够维持平衡或者在失衡时逐步恢复到适当的水平,减少因国际收支失衡尤其是逆差给国内经济带来的不利影响,努力避免由此引起的社会动荡。目前,世界各国普遍采用的调节国际收支失衡的政策主要有外汇缓冲政策、财政货币政策、汇率政策、外汇管制和贸易限制等。各种方法各有利弊,视不同情况,可采用其中一种或综合使用几种政策。

IMF 管理国际货币体系,其管辖的责任范围是成员国收支的平衡和货币的稳定。作为一个国际组织,它曾经以固定汇率的规则体系管理全球宏观经济政策体系,目前其主要职能是对最不发达国家的宏观经济政策进行调研和提供建议,并在成员国出现国际收支危机时提供贷款。根据《国际货币基金组织协定》,当会员国发生国际收支暂时不平衡时,国际货币基金组织有义务向会员国提供短期信贷,向会员国提供临时性资金以纠正国际收支不平衡。为此,基金组织设立了多种贷款来满足会员国平衡其国际收支的需要,包括普通贷款、中期贷款和各种特殊贷款。并且从 20 世纪 70 年代中期,特别是 1982 年债务危机爆发以来,由于发展中国家从国际商业银行获得的贷款大大减少,基金组织的贷款几乎全部提供给了发展中国家,因此,目前国际货币基金组织在帮助发展中国家解决国际收支困难方面发挥着重要的作用。

WTO 的宗旨和目的是促进贸易自由化,为此它给其成员施加了遵守关税约束原则和禁止数量限制原则的义务。但与此同时,它也允许各成员在国际收支困难的例外情况下,暂时停止履行这些义务。所谓国际收支例外,也就是"为国际收支目的采取的贸易限制",是指一国政府为恢复或者维持本国的国际收支平衡,对该国货物和服务等进出口的数量、价格、来源地、销售对象等进行的直接行政管理。

三、IMF 与 GATT 的关系

GATT 作为一个临时机构虽早已完成其历史使命,但 WTO 与其是承上启下的继承关系,也就是说,GATT 的大量实质性义务规范已成为 WTO 的一部分内容,GATT 中有关与 IMF 的协调等内容已成为 WTO 的有效组成部分。这样 WTO 就与 IMF 建立起一种相辅相成的法律关系。

GATT 组织机构中与 IMF 工作密切相关的是国际收支委员会。在 GATT 生效后,GATT 的组织机构也不断地健全和完善。为了更好地对缔约方援用第 12 条或者第 18 条第二部分的实践进行多边监督,GATT 设立了一系列的工作组,协助缔约方全体完成国际收支限制措施的审查工作。1958 年 11 月,又专门成立了国际收支委员会(BOP Committee),隶属于 GATT 理事会,该委员会负责有关总协定第 12、13、14、15 和 18 条的收支平衡限制的协商。

在 GATT 时期,就缔约方实施的国际收支限制,进行了很多的协商。这些协商一般在国际收支委员会内进行,由国际收支委员会以协商一致的方式形成报告,并随后由理事会通过。在协商中,IMF 提交对援用国际收支限制措施的缔约方的经济发展的评估报告,内容包括国际收支的统计资料以及向国际委员会所作的正式陈述和结论。1970 年 4 月 28 日,通过了有关具体的国际收支限制协商程序的决定,即所谓的"完全协商程序",该程序主要适用于发达国家缔约方。GATT 第 15 条要求在 GATT 考虑或者处理货币储备、国际收支或者外汇交易安排的问题时,应与 IMF 进行完全的协商。在这样的协商中,GATT 应接受 IMF 有关外汇交易、货币储备和国际收支等问题的所有统计性和其他事实性结论。相应地,IMF 参与国际收支委员会的协商,提供法律文件并作正式陈述。

IMF 与 GATT 都认识到二者之间潜在的冲突及加强二者合作的必要

性。但是,协调和合作的范围局限于贸易政策、货币储备、国际收支或外汇安排等方面,并且在 IMF 与 GATT 之间的交织与重叠部分上并没有达成任何协议和形成任何规则体系。由于 IMF 的工作重点侧重于宏观经济政策,而 GATT 侧重于贸易政策,加上 GATT 的临时性国际组织的地位及其运行机制的灵活性,使其得以避免与 IMF 发生剧烈冲突。因此世界经济体系并没有因两大机构的不协调而遭受重大冲击。

四、IMF 与 WTO 的关系

在乌拉圭回合建立 WTO 的过程中,人们关注的问题之一是 WTO 将如何处理其与 IMF 之间的关系。乌拉圭回合虽然没有就此问题达成一个单独的协议,但却产生了调整两者关系的一系列条款。

1994 年 4 月 15 日马拉喀什宣言第 3 条称:"部长们确认,决心在贸易、货币、金融等领域努力使全球政策更具一致性,包括 WTO、IMF 和世界银行之间为此目的而进行的合作。"

《关于 WTO 对实现全球经济决策更大一致性所作贡献的宣言》第 5 段称:"经济政策的不同方面的相互联系要求负责每一领域的国际机构遵循一致和相互支持的政策。WTO 因此应推行和发展与负责货币与财政问题的国际组织的合作,同时遵守每一机构的授权、保密要求,尊重其在决策中的必要自主权,并避免对各国政府强加交叉条件或额外条件。部长们还提请 WTO 总干事与 IMF 总裁和世界银行行长一起,审议 WTO 与布雷顿森林体系机构合作的职责所产生的含义,以及此种合作可能采取的形式,以期实现全球经济决策的更大一致性。"

《关于 WTO 与国际货币基金组织关系的宣言》声称:"注意到 GATT 1947 缔约方全体与国际货币基金组织之间的密切关系,及 GATT 1947 适用于此关系的规定,特别是 GATT 1947 第 15 条;认识到在《WTO 协定》附件 1A 所列多边贸易协定所涵盖的领域方面,参加方期望将适用于 GATT 1947 缔约方全体与 IMF 关系的规定作为 WTO 与 IMF 关系的依据;特此重申除非《最后文件》另有规定,否则在《WTO 协定》附件 1A 所列多边贸易协定所涵盖的领域方面,适用于 GATT 1947 缔约方全体与 IMF 关系的规定将作为 WTO 与 IMF 关系的依据。"

GATS 第 11 条第 2 款规定:"本协定的任何规定不得影响 IMF 的成员在《国际货币基金协定》项下的权利和义务,包括采取符合《国际货币基金组织协定》的汇兑行动,但是一成员不得对任何资本交易设置与此类交易的具体承诺

不一致的限制,根据第 12 条或在基金请求下除外。"第 12 条第 2 款(b)规定
"由于处于经济发展或经济转型过程中的成员在国际收支方面的特殊压力,
可能需要使用限制措施,特别是保证维持实施其经济发展或经济转型计划
所需要的适当财政储备水平",但"此限制应与《国际货币基金组织协定》相
一致"。

五、IMF 和 WTO 合作协议

为了确认 IMF 与原 GATT 缔约各方之间早已存在密切的合作关系,并
考虑到 WTO 新的规定和新的运作模式,1996 年 IMF 与 WTO 签订了《IMF
和 WTO 合作协议》(以下简称《协议》)。该协议是 IMF 与 WTO 在行使各自
管辖权时对交叉或重叠问题进行协调的第一个单独的正式文件,在两者关系
的协调和发展中具有重大意义。两个组织特别认为应在其规定范围和专门领
域内为消除国际贸易和国际收支体制上的限制而努力。《协议》具体规定了
IMF 与 WTO 的合作义务,这些义务包括如下几点。

(一)相互协商

有关 IMF 和 WTO 两个机构之间协商的规定为:根据协议履行各自的职
责,这是保证机构合作的基础;在制定全球经济政策时,力求最大限度的协商;
相互通报 WTO 和 IMF 的各项决定,如有关 IMF 成员在国际贸易的经常项
目中所制定的支付和汇兑上的限制规定、歧视性的货币安排和多种货币使用
以及资金外流等;规定 IMF 可以在 WTO 的国际收支限制委员会对为保障
WTO 某一成员的收支地位而采取的审议措施进行协商;相互交流各自机构
或各自下属组织的意见,包括争端解决专家小组以及关于相互感兴趣事宜的
书面材料等等。

(二)相互出席对方的各种会议

除相互协商义务以外,《协议》同时规定一方机构的人员作为观察员出席
对方机构的某些会议。WTO 秘书处的人员将被邀请参加 IMF 执行部门召
开的有关讨论整体或地区贸易政策的会议,包括 IMF 就贸易事宜制定政策的
会议和那些把贸易作为重要讨论内容的展望世界经济的会议。IMF 的人员
与 WTO 秘书处人员之间协商有关对两个组织有共同利害关系的事宜,包括
有关某一国的专门事宜会议,可在 IMF 执行部门的其他会议上讨论,或在"与
WTO 的联络委员会"会议上讨论。IMF 总裁将向 WTO 秘书处发出邀请书,
相互交换文件和信息资料。凡涉及同时在这两个组织的成员方,或 IMF 某成
员方正在申请加入 WTO 时,IMF 在向其执行部门提交有关文件和信息资料

后不久,只要 IMF 的有关成员方同意,也应向 WTO 秘书处作为保密文件分发。同样,WTO 也应向 IMF 以秘密文件形式提供类似资料。双方均应保证,根据《协议》中的信息共享规定,这类文件只能使用于对方规定的专门范围之内。双方均应事先向对方提供对方也被邀请出席会议的文件。此外,IMF 总裁和 WTO 总干事应承诺两个组织的人员以恰当的程序进行合作,包括在双方管辖范围和政策问题上交换信息资料和观点。

(三)共同协调

《协议》最后要求 IMF 人员和 WTO 秘书处在讨论同时在这两个组织的成员的事宜时,若发生该成员根据 WTO 的协议或 IMF 的协议在应尽义务上不一致的情况,应先在工作人员一级上进行协调。两个机构目前把重点放在贯彻《协议》上,并在全球经济决策上做好协调工作。为此目的,一个由 IMF、世界银行和 WTO 高级官员组成的协调小组将撰写一份关于通过何种方式才能达到协调一致的共同报告。共同协调还体现在 IMF 与 WTO 合作发布的数据报告上,二者将通过彼此之间的合作机制,发布更精确的数据。

《协议》将加强 IMF 与 GATT 原有的长期合作关系并增加二者的非正式接触。根据过去的实践和 WTO 的新任务,《协议》将为两个机构提供一个强有力的、高效率的和广泛合作的牢固基础。但实际上这些协议仅是原则性的"框架协议书",并不会导致 IMF 与 WTO 正式协调机制的出台,并且也不会在 IMF 与 WTO 之间建立精确而具体的合作形式。尽管如此,并不是说这些协议就毫无用处,在未来需要的时候这种框架性的合作形式将成为现实性的可能,尤其是当 IMF 与 WTO 没有这些协议而可能无法建立合作时,二者之间的框架性协议将显示出其重要性。

20 世纪 80 年代以后,为了适应现实的变化和需要,IMF 贷款条件的发展方向发生了变化,比如突出"市场导向",鼓励贷款国政府减少对国内投资和贸易的干预,减少对进口贸易的限制。这些变化虽然主要是为了顺应现实状况的变化,但是客观上缩小了执行标准与 WTO 规则冲突的范围。如果日后能更自觉地从避免"交叉义务"和给成员造成现实困境的角度来设置执行标准,则 IMF 和 WTO 的协作效应会进一步放大。

综上所述,IMF 和 WTO 合作的法律机制无论在实体上,还是在程序上都已经初步形成,并呈现以下特点:第一,两个组织的合作是广泛的,特别是在日常工作联系中,彼此给予了多种形式的分享信息、协调意见和参与决策的机会,并将此建立在了法律基础上。第二,在合作中,IMF 对 WTO 事务的介入程度和范围明显大于 WTO 对 IMF 内部事务的介入。这集中体现在 WTO

有关收支平衡限制措施的事项中。第三,两个组织仍然保持了各自的独立性。首先,在组织机构上,两个组织并没有建立联合机构或是合并机构;其次,两个组织致力于减少和避免管辖冲突和"交叉义务",但是没有确定两个协定下的权利和义务哪个优先的意向;最后,尽管 IMF 更多地介入了 WTO 内部事务,并在某些事务上发挥着实质作用,但是 WTO 保留了通过 DSU 对其进行独立判断的权利。

第二节　WTO 与世界银行的关系

世界银行集团由五个机构组成:国际复兴开发银行、国际开发协会、国际金融公司、多边投资担保机构和解决投资争端国际中心。它是一个国际组织,其一开始的使命是帮助在第二次世界大战中被破坏的国家的重建。今天它的任务是帮助落后国家摆脱贫困,各机构在减轻贫困和提高生活水平的使命中发挥独特的作用。

一、世界银行的宗旨

世界银行是 1944 年 7 月布雷顿森林会议后,与国际货币基金组织同时产生的两个国际性金融机构之一,也是联合国下属的一个专门机构。世界银行于 1945 年 12 月正式宣告成立,1946 年 6 月开始办理业务,1947 年 11 月成为联合国的专门机构。该行的成员国必须是 IMF 的成员国,但 IMF 的成员国不一定都加入世界银行。世界银行与国际货币基金组织两者起着相互配合的作用。国际货币基金组织主要负责国际货币事务方面的问题,其主要任务是向成员国提供解决国际收支暂时不平衡的短期外汇资金,以消除外汇管制,促进汇率稳定和国际贸易的扩大。世界银行则主要负责经济的复兴和发展,向各成员提供发展经济的中长期贷款。

按照《国际复兴开发银行协定条款》的规定,世界银行的宗旨是:(1)为用于生产目的的投资提供便利,以协助会员国的复兴与开发;鼓励较不发达国家生产与资源的开发。(2)利用担保或参加私人贷款及其他私人投资的方式,促进会员国的外国私人投资。当外国私人投资不能获得时,在条件合适的情况下,运用本身资本或筹集的资金及其他资金,为会员国的生产提供资金,以补充外国私人投资的不足,促进会员国外国私人投资的增加。(3)用鼓励国际投资以开发会员国生产资源的方法,促进国际贸易的长期平衡发展,并维持国际收支的平衡。(4)在本行发放或担保的贷款或其他渠道的国际性贷款中,保证重要项目或在时间上紧迫的项目,不管大小都能得到优先安排。(5)业务中适当照顾各会员国国内工商业,使其免受国际投资的影响。

二、世界银行在国际货币基金协定实施中的作用

(一)组织作用

越来越多的人意识到参与全球经济体系对经济增长和生活水平的提高是必需的。WTO所倡导的贸易自由化使国际贸易总量大大增加,但是,该目标所带来的利益仅仅使那些愿意并能够在世界市场上竞争的国家获益,而许多发展中国家获得世界贸易利益的能力却被其有限的国际竞争力所削弱。世界银行至少能在三个方面为发展中国家有效地参与WTO多边贸易体制发挥作用,以增强发展中国家在全球经济中的竞争力。

第一,由于世界银行的贷款重点已转到发展中国家的开发活动上,因此其贷款项目旨在发展此类国家的交通基础设施、农业、教育和工业等,并消除私人部门发展的障碍。世界银行在提供贷款时,不仅考虑所资助项目的生产效果,也越来越重视相关项目对相关国家的人民生活水平的直接影响。

第二,世界银行为成员国提供国内经济政策方面的建议,以促使成员国的宏观经济政策更有利于本国经济的可持续发展,并帮助成员国实现贸易自由化的目标。而且世界银行所作建议的重点放在了关税和非关税壁垒、贸易限制以及资本流动上。在对经济形势的分析、政策的制定、辅助性经济发展项目的确定、投资项目的准备与指定经济发展优先项目的确定等问题上,发展中国家也需要世界银行的协助。

第三,世界银行为加强成员国参与贸易谈判和其他贸易场合工作能力而提供技术援助,这些技术援助大多是与世界银行贷款相关的项目。必要时,世界银行亦可提供专门用于技术援助的贷款。毫无疑问,世界银行必须保证其提供的建议和援助与其他组织包括WTO所提供的是一致的。

(二)法律作用

从法律角度讲,世界银行也可以协助发展中国家履行WTO义务和承诺。

第一,发展中国家在与WTO法律规则接轨的时候,世界银行可以提供帮助。WTO的义务和承诺要求其成员具有一定程度的专业知识和技术秘密,而发展中国家大多无法达到此要求。这不仅对正在申请加入的发展中国家而言是一种挑战,对已经成为WTO成员的发展中国家来说也是一个亟待解决的问题。

第二,发展中国家未能充分参与 WTO 决策程序的时候,世界银行可以提供帮助。除了经济上的限制,即发展中国家与发达国家的经济实力悬殊以外,大部分的欠发达国家甚至还没有在日内瓦设立代表机构,这无疑也是发展中国家较少参加 WTO 决策过程的原因。另外,由于发展中国家缺乏参加 WTO 决策程序所必须具备的法律和其他技术专业知识,因此,世界银行可以通过技术援助和培训项目来帮助发展中国家获得所需的专业知识,从而使发展中国家具备充分参与 WTO 决策程序的条件。

第三,有建议曾经提出,发展中国家将争端诉诸 DSB 前,可先由世界银行为其提供援助。WTO 的争端解决机制对于成员方而言是免费的,但是其法律服务却是有偿的,并且是非常昂贵的。因此,世界银行可以考虑在其成员涉入的案件中帮助提交争端并帮助应诉。

三、世界银行与 WTO 的合作

从世界银行的宗旨可以看出,它与 WTO 有重合和一致之处。虽然乌拉圭回合未通过一个关于 WTO 与世界银行关系的宣言,但在《关于 WTO 对实现全球经济决策更大一致性所做贡献的宣言》中,确实提到"世界银行和国际货币基金组织在支持贸易自由化调整过程中的作用,包括对面临农产品贸易改革所产生的短期成本的粮食净进口发展中国家的支持"。该宣言最后要求"WTO 总干事与国际货币基金组织总裁和世界银行行长一起,审议 WTO 与布雷顿森林体系机构合作的职责所产生的含义,以及此种合作可能采取的形式,以期实现全球经济决策的更大一致性"。根据宣言的要求,1996 年 WTO 与世界银行签订了合作协议,由于其内容与《国际货币基金组织与 WTO 合作的协议》大同小异,在此不再赘述。

(一)WTO 与世界银行目标的一致性

作为国际货币基金组织的姐妹组织,世界银行成立的主要目的在于以提供和组织长期贷款与投资的方式,协助成员国解决战后复兴和开发经济的资金来源问题。为实现其目标,世界银行的宗旨中规定"鼓励会员国从事生产资源的国际开发,以促进国际贸易的长期均衡发展,维护国际收支的平衡,协助提高生产能力,提高会员国的生活水平和改善劳动条件"。世界银行在成立之初,其贷款对象主要是战后的欧洲国家,但是,世界银行现在主要作为一个对发展中国家进行开发援助的机构。另外,世界银行也应向发展中国家提供贷款以协助各国经济发展,而这都是为促进国际贸易长期稳定发展和提高人民生活水平。这种目标,在一定程度上是与 WTO 的宗旨相一致的,也为两者的合作打下了坚实的基础。

（二）WTO与世界银行间的合作关系

在1997年4月WTO与世界银行达成的合作协议中已暗示，世界银行、WTO、IMF之间的合作是这三个组织达到"全球决策连贯性"这个共同目标的关键。该协议规定，世界银行与WTO在具有共同利益的事项上应交换意见和协商，并通过共享和交换信息，增进彼此的联系，同时，还规定世界银行和WTO各自以对方组织观察员的身份参加决策机构的会议。另外，WTO、世界银行、国际货币基金组织等国际组织为了在与贸易有关的技术援助方面更密切合作，形成了对欠发达国家进行与贸易有关的技术援助的法律制度，从而使对这些国家的援助更为有效。世界银行还在促进国际贸易发展方面独具比较优势，因为世界银行所拥有的金融和情报资源是大多数国际组织所不具有的，这也促使其不可避免地会涉足贸易领域，此外，无论是在为解决劳工标准的援助还是对贸易政策方面的事务进行培训方面，其他国际组织包括WTO都需要世界银行提供帮助。

第三节　WTO与联合国的关系

联合国是根据1945年6月25日旧金山会议通过的《联合国宪章》成立的一个由主权国家组成的国际组织，致力于促进各国在国际法、国际安全、经济发展、社会进步、人权及实现世界和平方面的合作。联合国现在共有193个成员国，总部设立在美国纽约。

一、联合国宗旨及原则

联合国一贯的宗旨为：(1)维持国际和平及安全，并为此目的，采取有效集体办法，以防止且消除对和平之威胁，制止侵略行为或其他破坏和平的行为；并以和平方法且依正义及国际法之原则，调整或解决足以破坏和平之国际争端或情势。(2)发展国家间以尊重人民平等权利及自决原则为根据之友好关系，并采取其他适当办法，以增强普遍和平。(3)促成国际合作，以解决属于经济、社会、文化及人类福利性质之国际问题，且不分种族、性别、语言或宗教，增进并激励对于全体人类之人权及基本自由之尊重。(4)构成一协调各国行动之中心，以达成上述共同目的。

《联合国宪章》对联合国及其会员国应遵循的原则作出了如下规定：(1)本

组织系基于各会员国主权平等之原则。（2）各会员国应一秉善意，履行其依本宪章所担负之义务，以保证全体会员国由加入本组织而发生之权益。（3）各会员国应以和平方法解决其国际争端，避免危及国际和平、安全及正义。（4）各会员国在其国际关系上不得使用威胁或武力，或以与联合国宗旨不符之任何其他方法，侵害任何会员国或国家之领土完整或政治独立。（5）各会员国对于联合国依本宪章规定而采取之行动，应尽力予以协助，联合国对于任何国家正在采取防止或执行行动时，各会员国对该国不得给予协助。（6）本组织在维持国际和平及安全之必要范围内，应保证非联合国会员国执行上述原则。（7）本宪章所规定的内容皆无法授权联合国干涉在本质上属于任何国家国内管辖之事件，且并不要求会员国将该项事件依本宪章提请解决，但此项原则不妨碍第 7 章内执行办法之适用。

二、WTO 与联合国的合作

联合国在当今国际社会发挥着独一无二的作用，其工作范围涉及政治、经济、文化、军事等各个方面，在整个国际组织体系中处于领导和核心地位。很多重要的专门性国际组织都是联合国的专门机构，例如世界银行、国际货币基金组织、世界卫生组织及国际劳工组织等。作为 WTO 的前身，GATT 虽然不是一个正式国际组织，但从它与联合国的关系及缔约方之间合作的实际程度来分析，其地位与联合国的专门机构相似。有趣的是，虽然 WTO 总干事于 1995 年 11 月与联合国秘书长通信，保证两组织在今后进行密切合作，但此前 WTO 已决定，它不应成为联合国的专门机构。为什么 WTO 在与联合国的关系上会采取与其前身 GATT 以及世界银行和国际货币基金组织大相径庭的做法呢？这里有一个时代背景的问题。联合国、世界银行、国际货币基金组织等都是第二次世界大战后不久成立的国际组织，战后的非殖民化运动使得大批新独立的发展中国家加入这些国际组织，极大地改变了这些组织的性质。WTO 是冷战后成立的第一个重要的国际经济组织，发达国家当然不希望它成为发展中国家的又一个舞台，更不希望联合国对它指手画脚，因此极力阻挠，WTO 与联合国的关系也就仅限于普通的两个国际组织的合作而已。

三、WTO 和联合国贸易与发展会议的关系

联合国贸易与发展会议（UNCTAD）是经联合国大会的批准于 1964 年成立的联合国常设机构，总部设在日内瓦。由于其在维护发展中国家的利

益方面发挥着突出的作用,故被誉为"发展中国家的良心"。其宗旨是:促进国际贸易的发展,特别是促进发展中国家的经贸发展;制定国际贸易和有关经济发展问题的原则和政策;推动发展中国家与发达国家在国际经济、贸易领域的重大问题谈判的进展;检查和协调联合国系统其他机构在国际贸易和经济发展方面的各项活动;采取行动以通过多边贸易协定;协调各国政府和区域经济集团的贸易和发展战略。从其宗旨可以看出,贸易、发展、投资等问题是联合国贸易与发展会议和 WTO 共同关心的问题,双方可以就此开展有效的合作。根据 WTO 首任总干事鲁杰罗的工作总结,WTO 与联合国贸易与发展会议的合作主要包括以下几方面:(1)1995 年 1 月开始,每 6 个月举行一次会议,由双方轮流主持。(2)在两个机构的各个层次上加强工作联系,如研究贸易与投资、贸易与竞争、贸易与环境及贸易与发展等领域。(3)为了改进跨境协调并合理利用资源,在技术合作方面努力促成更广泛的合作。

第四节　WTO 与区域贸易集团的关系

区域贸易集团(Regional Trading Blocs,RTBS)是指地理上比较接近的两个或两个以上的国家或地区,为了维护共同的经济和政治利益,通过签订某种政府间条约或协定,制定共同的政策措施,实施共同的行动准则,甚至通过建立各国政府一定授权的共同机构,实行长期而稳定的超国家的经济调节,达成经济乃至政治上的联盟。

要真正理解区域贸易集团这个概念,首先应该对"经济一体化"的概念进行严格的解释:一体化是指两个或更多国家达成协议消除目前存在的各种关税和非关税壁垒,促使成员国间的货物、人员、服务、资金等的完全自由流通,其中所称的"货物、人员、服务、资金等的完全自由流通"应理解为"不得克减"的。因为从世界市场的角度来说,(狭义的)一体化以及 WTO 的建立最终目标就在于努力趋向于经济学上所希望实现的完全竞争市场,因此其中的任何一环都因为对其他环节发生影响而不可缺少,但是"不得克减"并不意味着固定和不可改变。在一个由各国授权组成的并具有超国家性的共同机构的协调下,通过制定统一的经济贸易等政策,消除国别间阻碍经济贸易发展的壁垒,实现区域集团内的共同协调发展、资源优化配置,促进经济贸易发展,最终形成一个经济贸易高度协调统一的整体,这本身就是一个动态的变化发展过程。

但是变化发展应该是在既定原则下的,是在既定时间表下的,而不是可选择的,因为"完全自由流通"正是一体化的特征。

表 7-2　世界四大区域贸易集团

欧盟 (UN)	欧洲联盟(European Union,总部设在比利时首都布鲁塞尔)是由欧洲共同体发展而来的,主要经历了三个阶段:荷卢比三国经济联盟、欧洲共同体、欧盟。其实是一个集政治实体和经济实体于一身、在世界上具有重要影响的区域一体化组织,是一个拥有 27 个成员的政治和经济共同体。
北美自由贸易区 (NAFTA)	北美自由贸易区(North American Free Trade Area)由美国、加拿大和墨西哥 3 国组成。三国于 1992 年 8 月 12 日就《北美自由贸易协定》达成一致意见,并于同年 12 月 17 日由三国领导人分别在各自国家正式签署。1994 年 1 月 1 日,协定正式生效,北美自由贸易区宣布成立。自由贸易区内的国家货物可以互相流通并减免关税,而贸易区以外的国家则仍然维持原关税及壁垒。美墨之间因北美自由贸易区使得墨西哥出口至美国受惠最大。
亚太经合组织 (APEC)	亚太经济合作组织(Asia-Pacific Economic Cooperation)是亚太地区重要的经济合作论坛。总部设在新加坡。它在推动区域贸易投资自由化,加强成员间经济技术合作等方面发挥了不可替代的作用。它是亚太区内各地区之间促进经济成长、合作、贸易、投资的论坛,始设于 1989 年,现有 21 个成员。中国以主权国家身份,中国台北和中国香港以地区经济体名义正式加入亚太经合组织。
东盟 (ASEAN)	东南亚国家联盟(Association of Southeast Asian Nations)的前身是马来亚(现马来西亚)、菲律宾和泰国于 1961 年 7 月 31 日在曼谷成立的东南亚联盟。1967 年 8 月 7−8 日,印度尼西亚、泰国、新加坡、菲律宾四国外长和马来西亚副总理在曼谷举行会议,发表了《曼谷宣言》,正式宣告东南亚国家联盟成立。1967 年 8 月 28−29 日,马、泰、菲三国在吉隆坡举行部长级会议,决定由东南亚国家联盟取代东南亚联盟。

一、区域贸易集团对 WTO 的促进

区域贸易集团对世界贸易和经济交往的积极促进作用是显而易见的,有的学者甚至认为区域经济一体化的蓬勃生机预示着区域贸易集团将取代 WTO,成为调整国际关系的基本形式。当然这种看法由于没有用历史的发展的眼光看待区域贸易集团的过去和将来而不免带有主观唯心主义的色彩,但是,却从另一个方面表明区域贸易集团确实因为其优越性而成为 WTO 发展的中间阶段,各国政府在谋求 WTO 体制的成熟发展的同时,也推崇和积极加

入区域性的经济集团。WTO体制存在的缺陷正是区域贸易集团能够为各国带来的现实利益:首先,区域经济一体化由于其地域上的共同性和联系方式上的灵活性可能更适于有着不同的文化背景和经济要求的国家联合在一起。其次,区域经济一体化从小范围上加强各国的经济联系,缓解了各国之间在贸易上的矛盾和本国市场相对狭小的局面,使得各国追求更大范围上的合作的动力相对削弱,避免了矛盾的集中和激化,以及由于利益关系的复杂和纠缠而无法解决。再次,区域经济一体化往往是具有相同经济目的的国家之间的联合,例如欧盟为了对抗美国和日本在经济上的优势的联合。经济上的共同目的是国家联合,或者说是紧密的不容易脱离或分散的联合的纽带,而在世界范围内,由于发展中国家和发达国家之间的差别并不仅仅表现在经济领域,更主要的是在意识形态和思想领域,同时由于"信用危机",发展中国家明显对发达国家利用WTO的目的和动机表示怀疑,而发达国家的实际行动又无法证明其可以利用WTO解决发展中国家迫切想解决的问题,因此矛盾还是存在的,即便是联合在一起,也会由于分歧的无法消除而使得WTO无法发挥其真正的作用。最后,区域经济一体化更简便易行,一些有共同目标和意识形态的国家更容易在某些问题上达成共识,从而形成统一的贸易政策。

当然,任何事物都应该一分为二来看待,在对区域贸易集团的态度上也应该这样。现存的和即将发展的各类区域贸易集团的形式虽然各不相同,但是可以归纳得知的是,无论北美自由贸易区或是亚太经济圈,都是由美国、加拿大以及日本所构想的为了对付欧盟单一内部市场所可能带来的消极影响而采取的应对措施,这种"博弈",说到底都是为了维护构想者(更多的是发达国家而不是无力组织区域经济的国家)的利益,尽管其最终采取的措施和制度可能会有利于区域内发展中国家的发展。其实当许多国家都在为贸易自由化摇旗呐喊的时候,区域经济一体化的迅猛发展本身就说明了一个问题:因为这种区域合作安排既是为对抗区域外保护主义而实施的一种措施,其本身也是保护主义的一种新形式。因此在对待WTO以及区域经济一体化的态度上,笔者认为,中国以及以中国为代表的寻求自身发展的发展中国家,应该更多地考虑本国经济发展的需要,寻找符合自身发展的有效形式,而不是盲从和缺少主见。

当我们把发展中国家和发达国家由于经济发展状况的好坏和发展层次的高低而存在的不可抹杀的区别进行细化讨论时,可以发现无论是WTO还是区域经济一体化都无法很好地满足发展中国家加快经济健康发展的强烈愿望。基于这一点,应该强调的还有一种特殊类型的区域经济一体化——类型经济一体化。不同于一般意义上的区域经济一体化,类型经济一体化是指:选择经济发展阶段、发展模式相同或相似,在国际贸易、金融交往等领域具有相同要求或目的的国家组成互补互利互助的国家集团,在集团内部实现意见的统一和经济的联合,从而加快发展、加强国家对外交往的力量。同时,必须注意的是,这种国家集团不应该是论坛的形式,例如现在发展缓慢的 77 国集团。协调和意见的综合可能无法发挥真正的行动一致、意思一致所能产生的作用,因为国家仍然是独立的,尤其是在经济领域上,国家的行动只是由自己负责而不是代表了集团的利益,进一步说,集团的存在并没有对国家的具体行动进行有效的干预和控制,这种松散的组织形式不利于发展中国家的力量集中,而后者正是发展中国家冲破发达国家业已形成的经济贸易体系(许多学者称之为旧的国际经济秩序)所不可或缺的。

二、WTO 与区域贸易集团的合作

1996 年 2 月 6 日,WTO 总理事会决定成立区域贸易协议委员会(Committee on Regional Trade Agreement,CRTA),其目的是监督区域贸易集团并对它们是否遵守 WTO 规则进行评估。区域贸易协议委员会的另一任务是研究区域贸易安排对多边贸易体制的影响以及区域贸易安排与多边贸易安排的关系。目前,有 110 项区域贸易协定处于该委员会的审查之下。截至 2001 年年底,该委员会已经完成对 69 项区域贸易协定的事实审查,但迄今为止,还没有形成对任何一个区域贸易协定的最终审查报告。2001 年 7 月,区域贸易协议委员会在其向总理事会的报告中承认,区域贸易协议委员会的工作已陷入僵局。可见,尽管 WTO 对区域贸易集团的活动进行了规范,但要真正实现对区域贸易集团的有效监管,还有很长一段路要走。

无可否认的是,无论 WTO 还是区域贸易集团都是人类为了谋求自身的发展而作出的选择:彼此协调,相互发展,实现贸易、经济自由化。从经济学的角度来看,这是一种理性的经济人作出的"纳什均衡"的选择(尽管只是规则上的),并将在稳定的互惠互利中获得整个世界的利益最大化,获得每一个置身其中的成员的利益最大化;从法律的角度来看,实体规则的制定和有保障的执行程序,使得经济活动能够在有秩序的环境下进行,从而满足人类发展的共同需求。毕竟世界是一个整体,每一个国家的发展都为其他国家和整个世界的发展提供了前提条件,也为后者所推动。

但是,有学者认为区域贸易集团将构成 WTO 发展的障碍,甚至会取代 WTO 在世界贸易、经济交往领域的领导地位。其实这种担心是不必要的。

（一）区域贸易集团是为了适应经济全球化的发展应运而生的

经济全球化导致各国间的经贸依存加深,因此任何一项经贸政策的出台都可能既损害别国的利益,也影响自身的发展。因此,各国经贸政策的协调是共同发展和繁荣的基础,东南亚金融危机中各国的表现正说明了这一点。区域贸易集团正是经济上联系密切的国家为了加强合作与政策上的协调管理而倡导产生的,它不仅受发展中的世界、地区经济影响,更促进了世界和地区经济的健康、快速发展。

（二）区域贸易集团是 WTO 发展并走向成熟的中间环节

WTO 的发展从来就是一个过程,是一个各成员不断协调和相互和解的过程。但应该看到的是 WTO 成员发展水平的差异和经济结构的复杂,使得在现阶段单单通过 WTO 体制在全球范围内实现货物、人员、服务和资金的自由流通是相当困难的,在这种情况下,国际经济区域化的种种安排可以为扩大 WTO 的调整范围开辟道路,国际经济区域化安排的实践也可以为 WTO 的发展与完善提供经验。

（三）区域贸易集团是以 WTO 为模板的

区域经济一体化的发展始终无法抹杀 WTO 的存在价值,因为 WTO 及其前身 GATT 机制为区域经济一体化创造了良好的运行模板,即追求经济贸易交往的自由化,通过多边贸易谈判的形式大幅度降低关税和非关税壁垒,促进货物与服务的自由流动。经过努力,WTO 基本建立起了一套在贸易自由化下实行贸易政策,促进多边贸易谈判,迅速解决贸易纠纷的监督管理机制,而这套机制完全可以适用于区域经济集团,如《美加自由贸易协定》中关于取消进出口数量限制、最惠国待遇、能源贸易限制、政府采购等方面的规定都遵循了 GATT 的基本精神。

（四）WTO 自身具有的合理性使其所代表的多边贸易体制具有较强的吸引力

经济全球化不仅是货物贸易的自由化或经济贸易国际化,它还从客观上反映了世界各国国际分工和社会化大生产发展的内在需要,WTO 正是顺应了国际经济发展的趋势,在相当广泛的领域内认同了世界经济产业结构的调整并推动贸易自由化和经济全球化。成员组成的多样化和广泛性虽然使 WTO 仍然具有暂时无法调和的矛盾,但是从另一个角度来说,也使得 WTO 所代表的多边贸易体制具有较强的吸引力,这是区域经济一体化模式永远无法替代的。

三、区域贸易集团对 WTO 的挑战

我们在看到区域经济一体化与多边贸易体制的相容性的同时,也要看到区域经济一体化对多边贸易体制产生的负面影响、对 WTO 提出的挑战。

第一,区域经济一体化中的成员国家在多边贸易谈判中更加难以妥协。一方面,国家个体的谈判自主性因其背后区域集团的存在而受到限制,身份的交错重叠也使单个国家面临更复杂的利益取舍,谈判立场趋于保守;另一方面,几大国家集团实力相当,一旦形成对峙,多边贸易谈判就很容易陷入僵局。

第二,WTO 中的"授权条款"规定了发展中国家或不发达国家之间建立区域贸易协定时,可利用"授权条款"的规定给予区域内成员更优惠的待遇。因此,区域经济一体化有时可能成为规避多边贸易体制中最惠国待遇义务的工具,削弱了多边贸易体制的多边性。

第三,区域经济一体化的目标对多边贸易自由化的目标具有潜在的干扰性。传统区域贸易协定的区内外歧视待遇与 WTO 非歧视原则的矛盾在区域经济一体化的发展中日益复杂化并深化。区域贸易协定多样化发展的一个结果就是,全球范围内缺少统一的优惠性原产地规则。

总而言之,区域经济一体化对多边贸易体制的影响,其正面的积极影响是主要的,负面的消极的影响是次要的。因此,WTO 要进一步加强对区域经济集团的监督和约束,协调好各组织之间的相互关系,改进和完善其倡导的多边自由贸易体制。同时,各区域经济集团也要不断扩大自身的对外开放程度,将自身运作纳入 WTO 的监控范围,充分发挥集团经济的优势和特长。只有如此,才能尽量消除或减少区域经济一体化的负面影响,使区域经济一体化进一步发展,成为促进全球贸易自由化的一支重要力量。

第五节　WTO 与非政府组织的关系

一、现行 WTO 制度中有关非政府组织的规定

WTO 各缔约方早已认识到非政府组织的重要意义,因此在《建立 WTO 的协定》中,已经包含有关非政府组织的内容。该协定的第 5 条第 2 款规定:"总理事会应做出适当安排,以便与在职责范围上与 WTO 有关的各非政府组织进行磋商与合作。"另外,在 1996 年 6 月 18 日,总理事会通过了《与非政府

组织关系安排的指导方针》（WT/L/162），建立了一整套 WTO 与非政府组织的关系框架。这一系列的指导方针包括：(1)遵循《建立 WTO 的协定》第 5 条第 2 款所确立的基本原则。(2)各成员方认识到非政府组织能起到增进公众对 WTO 相关活动的认知程度的作用，因而各成员方愿意提高 WTO 的透明度并发展同非政府组织的关系。(3)为了达到更具透明度的目的，必须保证非政府组织获得更多有关 WTO 活动的信息，特别是比过去更快地取消对获取有关这些活动的文件的限制。为此，秘书处将在互联网上公布相关资料（包括已经取消限制的文件）。(4)WTO 秘书处应积极地采用各种方式，发展同非政府组织的直接联系。(5)如果 WTO 各理事会或委员会的主席参加同非政府组织的讨论会或其他会议，他只应代表其本人。除非该理事会或委员会做出其他的特别决定。(6)各成员方重申 WTO 是一个对其成员方的有关权利和义务具有法定约束力的政府间组织。因此，各成员方认为非政府组织不可能直接参与 WTO 的工作或其会议。

二、WTO 与非政府组织合作的主要形式

自 1996 年以来，WTO 秘书处和各成员方以各种方式积极地保持与非政府组织之间的对话，而以上这些方针则起到了指导作用。WTO 在发展同非政府组织的关系中进行了如下几种尝试。

（一）允许非政府组织参加部长级会议

在通过了《与非政府组织关系安排的指导方针》后不久，WTO 各成员方就非政府组织参加新加坡第一次部长级会议的程序达成了一致意见：(1)非政府组织将被允许参加大会的全体会议；(2)登记的非政府组织必须符合《建立 WTO 的协定》第五条第二款的规定，即必须证明它们的活动与 WTO 的工作是有联系的。1996 年 12 月的新加坡会议是 WTO 历史上第一次由非政府组织参加的主要会议。总共有 159 个非政府组织登记并参加了会议，其中的 108 个非政府组织（235 名个人）代表环境、发展、消费者、商业和农民等各方面利益。另外，设在新加坡大会会场的非政府组织中心为与会的非政府组织及其代表提供了会议场所、电脑设施和会议的官方文件等便利措施。

第二次部长级会议于 1997 年在日内瓦召开，这次会议共有 128 个非政府组织（362 名个人）参加。在为期三天的会议期间，非政府组织除了参加非正式的工作会议外，还参加了由秘书处主持的日常简报发布会——这是第二次部长级会议的一个特色，并被非政府组织视为一个 WTO 保证其透明度的真正的信号。多哈部长级会议期间，WTO 秘书处安排了非政府组织

的活动计划。

（二）为非政府组织举行讨论会

自 1996 年以来，秘书处为非政府组织安排了许多讨论会。这些讨论会往往针对一些有关市民社会(civil society)切身利益的特定问题，如其中的三个讨论会是关于贸易和环境问题、一个关于贸易和发展问题等等。这就反映出WTO 认识到市民社会作为一个实体，其本身的权利应受到重视。同时，这些讨论会在一个非正式的场合为非政府组织提供了一个同 WTO 成员方的代表讨论相关特定问题的机会。

（三）同非政府组织保持日常联系

WTO 秘书处每天都会从全世界收到大量的非政府组织的询问信函。同时，WTO 秘书处的工作人员会定期与非政府组织的代表举行会议——这些会议既是独立的，也是作为秘书处组织非政府组织参加 WTO 活动的一部分。

（四）采取一些新的举措

在 1998 年 7 月的总理事会上，总干事通知各成员方，秘书处将采取一些新的步骤来增进同市民社会的对话。这些步骤有：从 1998 年秋开始，WTO秘书处将为非政府组织提供日常工作简报；在 WTO 官方网站上增加有关非政府组织的相关内容。另外，秘书处还会将其每月收到的由非政府组织提交的论文的目录汇编成册并散发给各成员方。

小知识 7-1

非政府组织

非政府组织(non-governmental organization，缩写为 NGO)是一个不属于政府、不由国家建立的组织，通常独立于政府。虽然从定义上包含以营利为目的的企业，但该名词一般仅限于非商业化、合法的、与社会文化和环境相关的民间组织。非政府组织通常是非营利组织(non-profit organization，缩写为NPO)，它们的基金至少有一部分来源于私人捐款。现在该名词的使用一般与联合国或由联合国指派的权威非政府组织相关。

由于各国文化、法律等的差异，不同国家对这个概念的指称所适用的对象范围也各不相同。美国一般称之为"非营利组织"、"独立组织"或"第三部门"(the third sector)，英国称之为"志愿组织"(voluntary organization)，还有许多国家则用"社团"称之。

一些人认为"非政府组织"被滥用了，因为它可以涵盖一切非政府的组织，因此一些非政府组织倾向于使用"民间志愿组织"(private voluntary organization,PVO)。

据一份 1995 年联合国关于全球管理的报告统计,有接近 29 000 个国际非政府组织。国家级的更多。

三、非政府组织对于 WTO 的价值和意义

近年来,非政府组织兴盛发展,越来越多地参与国际事务,这与全球化是分不开的。全球化被视为一种"国家内部政治、经济和社会活动的外化"——诸如环境污染的全球性问题更多地需要在国际上解决,从而削弱了主权国家在其领土范围内对这些活动的控制能力。对这些全球性问题的承认,带来了更多的国际层面上的谈判与协商,这样也就为国际非政府组织提供了更大的活动空间。

与此同时,WTO 也在全球化进程中完成了对 GATT 的继承,并成功地过渡为迄今为止人类历史上最为完整的一套世界贸易规则体系。当然,非政府组织不可能放弃 WTO 这个展现其能力的大舞台。正如一位环境问题专家所指出的,"GATT/WTO 争端解决机制是迄今为止最为常用来解决国家间有关环境问题争端的机制"。因此,他们认为如果撇开了 WTO 就无法实现他们所要达到的目标和利益。可以说,非政府组织对于 WTO 体制的完善具有重要意义。

首先,非政府组织的参与有利于强化 WTO 的决策能力。当 WTO 的机构面临一些诸如贸易与环境等非其所长的专业知识时,从非政府组织获取的可利用资料、信息将有利于拓宽 WTO 对有关问题的认识,从而减少 WTO 决策机构在厘清事实和推理分析过程中的错误,提高相关机构报告的质量。

其次,非政府组织代表的是某一个或几个地区公民(团体)的意见。在全球化的态势下,这一公民或团体的意见已经无法通过国家意志的形式来表达。于是,非政府组织便成为这一部分公民的代言人。而与非政府组织的联系对于缺乏透明度的 WTO 来说,无疑是加强其为公众所认知的最佳途径。

再次,WTO 协议中的仅允许缔约方提供信息的规定无疑造成了一种形式上的垄断。如何打破成员方提供信息的垄断并创造竞争环境以寻求建立最佳的政策制定机制成为 WTO 亟须解决的问题。非政府组织的介入提供了一种最佳方案:在 WTO 中,非政府组织可以扮演一个政府缔约方的情报提供竞争者的角色,这样就能利用其在某一专业领域的智力资源优势,发挥非政府组织迅速发现问题并能及时做出反应的特长,从而在 WTO 体系内构架政府和非政府组织的平行竞争机制,以期更好地发挥各方面优势、集思广益,制定出最适宜的世界贸易政策。

本章小结

(1)WTO 所管辖的范围涉及国际经济贸易的各个方面,但 WTO 毕竟主要处理的是贸易或与贸易有关的问题,其他问题如果确实影响到世界贸易的正常发展,就需要与其他组织密切配合。

(2)WTO 同国际货币基金组织、世界银行等组织是相互促进、相互制约的,这有利于提高各个组织的透明度及效率。

(3)WTO 通过和区域经济组织及非政府组织的协调与合作,对世界经济的发展起到了无可替代的作用。

本章案例

案例:WTO 与国际货币基金组织合作的法律机制

二战后,为了重建各国经济,避免战前混乱的国际经济状况再度出现,有效协调各国经济政策,维持有序的国际经济秩序,在 1944 年举行的布雷顿森林会议上形成了通过建立相应的国际经济组织以实现上述目标的构想。国际货币基金组织(IMF)和国际贸易组织(ITO)就是构想中分别负责国际货币金融和国际贸易管理的国际组织。鉴于货币金融同贸易的密切关联性,两个组织不仅要协调其成员的经济政策,而且应彼此协作,以形成有效的国际经济协调机制。因此,后来在起草《哈瓦那宪章》的同时,临时委员会还起草了《ITO 与 IMF 关系》的协定。该草案规定 IMF 和 ITO 应该进行定期的磋商,针对共同关心的事项交换决策,以及追求决策上的合作。此外,临时委员会还设计了个组织性构架。后来,由于 ITO 没能建立,该协定也无法生效。作为临时安排的 GATT 自实施后,主要通过非正式的方式同 IMF 保持着合作关系。1995 年 WTO 成立后,第二年便与 IMF 达成了关系协定,为两个国际组织的日常工作联系提供了法律依据和正式形式。可见,IMF 和 WTO 的合作不仅是构想中,而且是实践中一直所追求的。两者的合作关系主要包括两个方面,即两者的工作机构为交换信息、协调政策和决策而相互接触形成的工作联系关系,以及因彼此管辖事项密切相关而形成的管辖协作关系。两者工作的有效开展都需要以法律规则为基础,以下就对具体的法律机制予以阐述。

一、工作联系机制

基金协定第十条的规定是 IMF 同其他国际组织进行工作交流,开展协作的重要法律依据。但是,这条规定是原则性的,其授权 IMF 自行决定合作形式的含义要远大于要求 IMF 承担同其他国际组织合作的义务的含义。而在 GATT 中关于合作的方式和程序也缺乏具体规定。

伴随着 WTO 的成立,这种状况得到了根本改变。在 1993 年乌拉圭回合贸易谈判委员会通过了两个重要的部长宣言。其中,《关于 WTO 对实现全球经济决策更大的一致性所作贡献的宣言》(《一致性宣言》)强调:在当前国际经济合作日益广泛和深入的情况下,加强成员间的合作是非常必要的,但又是不够的,还应该在国际机构间形成"一致和相互支持的政策"。宣言第 5 条确立了三项原则:第一,WTO 应推行和发展与负责货币和财政问题的国际组织的合作,以实现全球经济决策更大的一致性;第二,维持各合作国际机构的独立性和自主权;第三,避免增加机构成员义务和负担,即"交叉条件或额外条件"。同时,该条还明确表达了同 IMF 合作的要求,以及推动合作正式化的愿望。《关于 WTO 与国际货币基金组织关系的宣言》重申《建立 WTO 协定》附件 1A 所列多边贸易协定所涵盖的领域,适用于 GATT 1947 缔约方全体与国际货币基金组织关系的规定,将作为处理 WTO 与 IMF 关系的依据,其实质是在既存规则中寻找两者合作的法律依据。此外,《建立 WTO 协定》第 5 条赋予总理事会安排与其他相关组织进行有效合作的职责。

1996 年,WTO 与 IMF 达成了《关系协定》,正式在法律上详细确定了两者的合作形式,明确了彼此的权利和义务。该协定主要内容如下:

1. 相互给予观察员身份

IMF 应当邀请 WTO 秘书处派员以观察员的身份参加执行董事会有关普遍或地区性贸易问题的会议。就关涉两者共同利益的特别问题,还应当以特别会议的形式讨论。WTO 应当邀请 IMF 派员以观察员的身份参加部长级会议以及以下机构的会议:总理事会、贸易政策审议机构、货物贸易理事会、服务贸易理事会、与贸易有关的知识产权理事会、贸易与发展委员会、区域贸易协议委员会、与贸易有关的投资措施委员会、贸易和环境委员会及其附属机构、争端解决机构(当争端解决机构处理的争端被认为与 IMF 管辖范围有关时),此外还包括其他任何未明确规定的会议(当双方认为是关涉两者共同利益的特别问题时),但是不包括预算、财务与行政委员会的会议。

2. 信息共享和通知

双方应当彼此通知和提供其会议议程和有关文件,以及基金协定"第四条磋商"的结果和背景报告、WTO贸易政策审议报告。双方还可以就关涉两者共同利益的事项以书面形式交换观点。

3.磋商

当一方与双方的共同成员所讨论的措施，可能与该成员在另一方所负义务相违背时，该方应当与另一方进行磋商。

协定将确保该协定的有效和适当执行的职责赋予了IMF总裁和WTO总干事。

二、管辖协作机制

IMF和WTO的管辖协作集中在外汇安排和资金支持两个方面。

1.外汇安排

GATT第12条和第18条B节规定：基于国际收支问题，缔约方可以限制允许进口商品的数量或价格，而其前提条件即国际收支问题的认定涉及IMF关于外汇管理的职能。此外，在其他涉及外汇安排的事项中，也会触及IMF的管辖范围。为了协调两者关系，尊重和肯定IMF在相关领域的核心地位，GATT在第15条外汇安排中规定了IMF的法律地位。

GATT第15条确立了两项原则。第1款规定，缔约方全体应寻求与国际货币基金组织进行合作，以便缔约方全体和基金组织在基金组织管辖范围内的外汇问题和缔约方全体管辖范围内的数量限制和其他贸易措施方面可以推行一个协调的政策。第4款规定"缔约方不得通过外汇措施而使本协定各项条款的意图无效，也不得通过贸易行动使《国际货币基金组织协定》各项条款无效"。为了落实这两条，使缔约方的外汇行动不会阻碍GATT目标的实现，第6款要求非基金组织成员的缔约方应当在确定的时间内成为IMF成员，如果不能也需与缔约方全体订立特殊外汇协定。被终止IMF成员资格的缔约方也应订立该协定。

第15条确立了以下具体规则：

第一，磋商规则。第15条第2款规定，在缔约方全体被提请审议或处理有关货币储备、国际收支或外汇安排等问题的情况下，应与IMF充分协商。

第二，效力规则。在以下三个方面，缔约方全体必须接受IMF提供的材料和意见：在上述磋商中，IMF提供的关于外汇、货币储备或国际收支的所有统计或其他事实的调查结果；IMF有关一缔约方在外汇问题方面采取的行动是否与《国际货币基金组织协定》或该缔约方与缔约方全体之间订立的特殊外汇协定条款一致的确定；IMF根据第12条第2款(a)项或第18条第9款所列标准，而确定哪些内容构成该缔约方货币储备严重下降、其货币储备水平非常低或其货币储备合理增长，以及在磋商中涉及的其他事项的财政问题。这样，IMF 就获得了上述方面所涉事实问题的决定权，从而对 WTO 相关事项的决议产生决定性影响。

但是，IMF 的这一地位在争端解决中受到了专家小组的挑战。这首先涉及收支平衡限制委员会（BOP 委员会）和专家组权责，以及 BOP 委员会程序与专家组程序的关系问题。1989 年的韩国牛肉案初步涉及了该问题。韩国自 1967 年加入 GATT 以来，对不同产品维持着国际收支平衡措施，并一直接受 BOP 委员会的审查。从 1979 年开始，韩国放宽牛肉进口限制，导致国内牛肉价格下跌，遭到国内养牛户的反对。于是，韩国政府于 1984 年开始逐步限制牛肉进口。1985 年 5 月到 1988 年 8 月间，根本没有牛肉的商业进口。此后一直维持数量限制。美国认为韩国限制牛肉进口的行为违反了 GATT 第11 条第 1 款，并且已经不能再根据第 18 条 B 节获得正当性，于是诉诸 GATT 第 23 条，发起专家组程序。韩国提出抗辩，认为根据第 18 条 B 节采取的数量限制措施只能在 BOP 委员会内解决，而不能诉诸第 23 条。专家小组审查了两个条款的起草过程，注意到并没有任何优先性或排他性的说明，而且第 23 条的用语是包容性的，适用于 GATT 所有相关规定的争端解决程序。其结论是两者是选择适用关系，而争端方事实上已经选择了第 23 条，从而判定韩国违反 GATT 义务。

WTO 成立后，1999 年的印度收支平衡案中专家组针对印度提出的类似上述案件中韩国的抗辩作了更为详细的分析。专家组考察了 WTO 协定生效前的实践（即韩国牛肉案）和生效后的有关规定，特别是《关于 1994 年关税与贸易总协定国际收支条款的谅解》（《BOP 谅解》）的注解，以及《关于争端解决规则与程序的谅解》（DSU），得出结论：第一，该注解不排除 DSU；第二，适用 DSU 也不会损害 BOP 委员会在磋商框架下的审查作用，DSB 不会替代 BOP 委员会剥夺成员根据第 18 条 B 节享有的权利；第三，专家组或上诉机构和 BOP 委员会的结论发生冲突的可能性很小，因为专家组或上诉机构不会不考虑 BOP 委员会的结论。

可见，因收支平衡而采取的进口限制措施也可诉诸 DSU，BOP 委员会的结论要受到 DSB 的审查。而上述效力规则仅限于 BOP 委员会内，专家组不受其拘束。在 DSU 内，IMF 能否提供资料和意见，以及其效力如何，都取决于专家组根据 DSU 第 13 条享有的自由裁量权。这一点也可在 WTO 与 IMF 达成的《关系协定》中得到印证。该协定第 4 节规定了 IMF 参加 BOP 委员会会议的权利，使之独立于其他合作方式。但是，第 6 节将专家小组会议排除在 IMF 可以观察员身份参加的会议之外,并就参加 DSB 的会议附加了严格的条件。

相关的实体规则也体现在 GATS 第 11 条和第 12 条。在程序方面,除了上述条款的相关规定外,还包括 GATT 于 1970 年 4 月 28 日通过的收支平衡限制磋商程序(全面磋商程序),于 1972 年 12 月 19 日针对最不发达国家和发展中国家所通过的简化程序(简化磋商程序),1979 年 11 月 28 日通过的《为国际收支目的而采取的贸易措施宣言》(《1979 年宣言》),以及《BOP 谅解》的规定。这些规则明确和细化了与 IMF 的磋商要求,以及 IMF 所提供文件的要求。

2. 资金支持

IMF 的职能之一就是为成员国提供资金,以帮助其调整国际收支不平衡,而不致采取有害于本国或国际繁荣的措施。在利用普通账户内的贷款时,除其中的储备贷款外,成员国提用信用贷款,都需要满足一定的条件,这就给成员国在紧急情况下利用 IMF 的资金带来了困难。于是,从 1952 年开始,IMF 逐步创立了条件较为灵活的"备用安排"方式。然而贷款国为满足"备用安排"中的"执行标准"所采取的措施可能违反其在 WTO 下的义务,即产生所谓的"交叉义务"问题。

1998 年的阿根廷纺织品案就是一个例子。阿根廷在 1989 年开始对来自南美共同市场以外的纺织品、鞋类等商品采取了一系列进口限制措施。其中包括对进口的该类商品征收 3% 的从价统计税。美国于 1997 年诉诸 DSU。本案中阿根廷的抗辩之一就是该统计税是一系列金融改革方案下的一类,而该一系列金融改革方案是以其与 IMF 间的"备用安排"为依据的。所以根据GATT 第 15 条、WTO 与 IMF 达成的《关系协定》和《一致性宣言》等规范,专家小组应该与 IMF 进行磋商,并认定该措施合法。专家组和上诉机构均否认了阿根廷的抗辩。阿根廷的抗辩未被支持的主要原因在于 GATT 1994 第 8 条不仅没有将国际收支平衡问题作为例外规则,而且该条明确禁止这种财政目的的措施。但是进一步澄清该如何考虑阿根廷对 IMF 的义务是有必要的,这也是阿根廷在上诉过程中所坚持的。上诉机构首先支持了专家组关于阿根廷没有成功地表明其与 IMF 的协议要求征收统计税的结论。然后,上诉机构指出《关系协定》和《一致性宣言》不能证明成员对 IMF 的义务可以优先于据GATT 1994 第 8 条的义务。《关系协定》没有修正、增加或者削弱成员在WTO 协定项下的权利和义务,没有修正个别成员对 IMF 的承诺,也没有规定解决两种义务可能冲突的实体规则。尽管该协定有要求两组织间工作人员相互磋商的规定,但是在 DSU 中这仍将取决于第 13 条规定的自由裁量权。

该案中专家组和上诉机构并没有对"交叉义务"问题予以明确阐述。"备用安排"和"意向书"在性质上都不是国际合约,不对借款国创设任何法律上的权利和义务。借款国未履行执行标准,不会带来违约的后果,也不必然导致IMF 贷款的终止,经过与 IMF 磋商后,借款国仍有可能与之达成新的备用安排。但是这并不意味着其没有事实上的效力。由于 IMF 在国际经济中的权威性,借款国任意不履行执行标准,不仅会影响其从 IMF 获得后期的贷款,而且其他国际金融组织、国际商业银行以及各国政府也可能停止对借款国的借款和援助。因此,虽然从法律上来讲,备用安排中的执行标准并不构成"交叉义务"问题,但是如果该标准事实上构成对借款国 WTO 义务的违反,则会使该国陷入两难境地。这也充分证明了《一致性宣言》所体现的宗旨的必要性。

可以预见两个组织的合作将会发展下去,并可能以此为基础在更大范围内实现与其他国际经济组织的合作,从而更好地解决缔约方在不同组织下的权利义务冲突,促进全球经济政策更大的一致性。

资料来源:刘洋.国际货币基金组织与 WTO 合作的法律机制[J].中北大学学报(社会科学版),2006,(05).

练习与思考

1. WTO 主要与哪些组织合作?
2. WTO 与其他组织合作的基础及要领是什么?
3. WTO 同其他组织合作的发展趋势是什么?
4. 试述 WTO 同其他组织的合作成就。
5. 试述区域贸易集团对 WTO 的促进与挑战。
6. 试述非政府组织的快速发展对 WTO 的影响。

第八章　WTO 的货物贸易规则

本章提要

　　货物贸易是各国经济发展的重要推动力。为了更好地促进世界经济的发展,也为了维护各国的经济利益,世界各国共同努力签订了一系列约束世界货物贸易发展的协议。本章简要介绍了世界货物贸易的发展状况,并着重说明了货物贸易发展的规则,主要包括约束关税壁垒的规则、约束非关税壁垒的规则、有关特定产品的贸易规则、倾销与反倾销规则和补贴与反补贴规则。

本章结构图

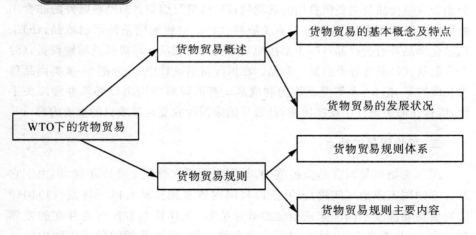

学习目标

- 了解货物贸易概念及发展状况。
- 重点掌握货物贸易规则中有关关税的规则。
- 了解货物贸易规则中有关非关税的规则。

第一节　货物贸易概述

一、货物贸易的定义及其范围

货物贸易也称为有形（商品）贸易（tangible goods trade），其用于交换的商品主要是以实物形态表现的各种实物性商品，是有形贸易。国际贸易中的货物种类繁多，为便于统计，联合国秘书处起草了 1950 年版的《联合国国际贸易标准分类》（United Nations Standard International Trade Classification，SITC），并分别在 1960 年和 1974 年进行了修订。1974 年的修订本把国际货物贸易分为 10 大类、63 章、233 组、786 个分组和 1924 个基本项目。这 10 类商品分别为：(0)食品及主要供食用的活动物；(1)饮料及烟类；(2)燃料以外的非食用粗原料；(3)矿物燃料、润滑油及有关原料；(4)动植物油脂及油脂制成品；(5)未列名化学品及有关产品；(6)主要按原料分类的制成品；(7)机械及运输设备；(8)杂项制品；(9)没有分类的其他商品。在国际贸易统计中，一般把 0~4 类商品称为初级产品，把 5~8 类商品称为制成品。有形贸易的进出口必须办理海关手续，能够在海关统计中反映出来，是贸易国家国际收支经常项目的重要内容。

二、货物贸易的特点

国际货物贸易属商品交换范围，与国内贸易在性质上并无不同，但由于它是在不同国家或地区间进行的，所以与国内贸易相比具有以下特点：(1)国际货物贸易要涉及不同国家或地区在政策措施、法律体系方面可能存在的差异和冲突，以及语言文化、社会习俗等方面的差异，所涉及的问题远比国内贸易复杂。(2)国际货物贸易的交易数量和金额一般较大，运输距离较远，合同履行时间较长，因此交易双方承担的风险远比国内贸易大。(3)国际货物贸易容易受到交易双方所在国家的政治及经济变动、双边关系及国际局势变化等条件的影响。(4)国际货物贸易除了交易双方外,还涉及与运输、保险、银行、商检、海关等部门的协作、配合,过程较国内贸易要复杂得多。

三、世界货物贸易发展状况

货物贸易一直是各国经济发展的主要推动力,世界货物贸易的发展一直呈上升状态,具体见表 8-1。

表 8-1 世界货物贸易情况

单位:亿美元

年份	货物贸易出口额			货物进口额
	金额	增长率(%)	贸易量增长率＊(%)	
2000	64 540	12.8	10.4	67 250
2001	61 870	−4.1	−0.6	64 820
2002	64 870	4.8	3.5	67 420
2003	75 800	16.9	5.2	78 590
2004	92 100	21.6	9.5	95 590
2005	104 720	14.0	7.0	108 420
2006	120 830	16.0	8.5	124 130
2007	139 000	15.0	5.5	142 000

资料来源:WTO 秘书处。

从表 8-1 可以看出,从 2000—2007 年世界货物贸易进出口额总体呈上升趋势。但是,受 2008 年世界经济危机的影响,世界货物贸易的发展产生了一些变化。2008 年世界经济形势发生深刻变化。上半年国际能源资源价格持续攀升,全球通货膨胀压力不断加大,下半年特别是 9 月份美国次贷危机演变成"百年一遇"的国际金融危机,全球经济金融形势急剧变化,各国经济增长明显放缓。2008 年世界经济仅增长 3.2%,比上年回落 2 个百分点,为 2003 年以来的最低增幅。第四季度,发达国家经济前所未有地下降 7.5%,陷入深度衰退,新兴市场和发展中经济体受到拖累,出口大幅下降,经济增速回落 4 个百分点。[1]

进入 2009 年以来,国际金融危机对实体经济的负面影响进一步加深,工

_____

[1]　资料来源:IMF.世界经济展望[R].2008 年。

业产出和贸易萎缩的速度加快。美国经济恶化势头出现趋缓迹象,但其他发达国家和发展中国家仍在下滑,各国经济刺激计划见效也尚需时日,世界经济形势仍然严峻复杂。国际货币基金组织(IMF)再度下调经济增长预期,预计2009年世界经济将出现负增长(下降 1.3%),为二战以来最严重的经济衰退。其中发达国家经济将下降 3.8%,美国、欧元区和日本将分别下降 2.8%、4.2%和 6.2%,新兴市场和发展中国家经济仅增长 1.6%。

国际贸易是受全球经济衰退影响最严重的领域之一。2008 年第四季度,世界多数国家货物贸易出口急剧下跌。如美国 10 月份出口同比增长 4.7%,但 11 月和 12 月下降 5.7%和 11.4%;英国 10 月份出口增长 3.9%,但 11 月和 12 月下跌 14.6%和 19.5%;德国 10 月至 12 月的出口则接连下跌 5.9%、23.9%和 15.0%,同期欧盟 27 国出口跌幅分别达到 3.7%、22.2%和 6.9%。部分新兴市场和发展中国家出口下降更为明显,11 月和 12 月俄罗斯、阿根廷、土耳其和南非等国家的出口降幅均超过 20%。[①]

从表 8-2 可以看出,进入 2009 年后,世界经济衰退对国际贸易的影响进一步加深。2009 年以后,主要国家进出口都开始呈现上升趋势,这主要是因为经济危机有所缓和,复苏迹象开始出现。

表 8-2   2007—2011 年主要国家进出口情况

单位:亿美元

年份	进　口					出　口				
	2007	2008	2009	2010	2011	2007	2008	2009	2010	2011
美国	11 482	12 874	10 560	12 783	14 804	20 204	21 695	16 053	19 692	22 659
中国	12 205	14 307	12 016	15 778	18 984	9 561	11 326	10 059	13 951	17 435
日本	7 143	7 814	5 807	7 698	8 226	62 224	7 625	5 520	6 941	8 550
印度	1 502	1 948	1 649	2 264	3 046	2 294	3 210	2 572	3 502	4 626
澳大利亚	1 414	1 873	1 543	2 126	2 704	1 653	2 003	1 655	2 016	2 437
巴西	1 606	1 979	1 530	2 019	2 560	1 264	1 824	1 337	1 915	2 369
加拿大	4 207	4 565	3 166	3 879	4 524	3 902	4 190	3 299	4 025	4 626
欧盟(27)	53 471	59 234	45 955	51 565	60 386	56 136	63 016	47 485	53 679	62 556

资料来源:http://www.WTO.org/english/,整理得。

2012 年 4 月 12 日,WTO 发布数据,2011 年世界货物贸易额为 182 170

_____

① 数据均来源于 IMF. 世界经济展望[R]. 2009 年。

亿美元,比 2010 年增长 19%,扣除价格因素实际增长 5%,低于 2010 年 13.8% 的增幅。中国、美国、德国为前三大出口国,占全球出口比重分别为 10.4%、8.1% 和 8.1%。美国、中国、德国为前三大进口国,占全球进口比重分别为 12.3%、9.5% 和 6.8%。若不考虑欧盟内部贸易,欧盟为世界最大出口方和进口方,占全球出口、进口比重分别为 14.9% 和 16.2%。

从世界货物贸易按产品类别的发展情况来看,在世界货物贸易中占据主要位置的农产品贸易、能源和矿产贸易以及制造品贸易的发展和整体货物贸易的发展趋势一致,具体见图 8-1。

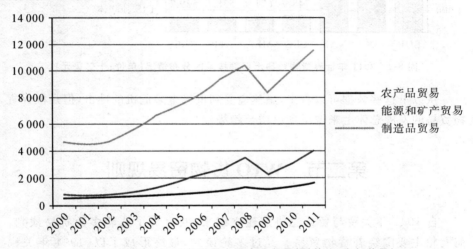

图 8-1 2000—2011 年世界主要产品贸易额(单位:十亿美元)

从图 8-1 中可见,主要货物贸易的发展在 2000 年到 2007 年均呈上升趋势,其中制造品贸易的发展速度远远大于农产品贸易以及能源和矿产贸易,而农产品贸易的发展速度是最慢的。可见在世界货物贸易领域中起主导作用的是制造业。而从 2008 年到 2009 年,主要货物贸易的贸易额都有了大幅度的下降,也是由于受到金融危机的影响。在其后的 2010 年到 2011 年,贸易额又快速上升。制造品贸易的上升速度依然最快。

从世界货物贸易按地区发展状况来看,世界货物贸易出口主要集中于欧盟、亚洲及北美地区(见图 8-2)。在世界货物贸易发展中制造业起支撑作用,而欧盟、亚洲及北美都是制造业发展速度较快的国家,尤其是亚洲包括我国在内的发展中国家在制造业方面的发展可以说是突飞猛进,我国还被称为"世界工厂"。

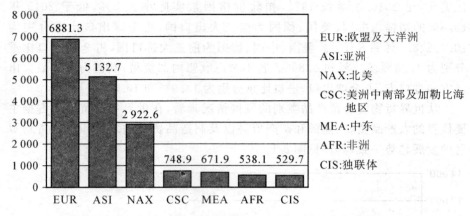

图 8-2　2011 年世界货物贸易出口额按地区分布情况(单位:十亿美元)

　　从以上这些数据可以看出,虽然遭受到世界金融危机的冲击,但是世界货物贸易的发展总体上来说呈现出增长趋势。

第二节　WTO 货物贸易规则

　　自 1947 年关税与贸易总协定建立以来,共完成了八轮多边贸易谈判,前七轮主要围绕着货物贸易。经过多轮谈判,最终形成了以《1994 年关税贸易总协定》为核心,由其他 12 项与货物贸易相关的配套协议构成的多边货物贸易规则体系,这成为多边贸易体系中最完整的多边贸易规则(参见图8-3)。

　　在货物贸易方面所形成的一整套较为完善的规则(包括关税和非关税)涉及以下领域:农产品、卫生和植物检疫、纺织品和服装、贸易技术壁垒、投资措施、反倾销、海关估价、装运前检查、原产地规则、进口许可证、补贴和反补贴、安全保障等。主要可以划分为五大类:约束关税壁垒的规则、约束非关税壁垒的规则、有关特定产品的贸易规则、倾销与反倾销规则、补贴与反补贴规则。

　　WTO 的多边货物贸易规则体系约束和规范着所有成员的贸易行为,为全球贸易自由化做出了重要贡献。然而,这些规则背后所包含的问题并未被广泛了解。诸如:规则制定过程隐含了多少不合理性? 各利益集团的"博弈"对规则的制定产生了怎样的影响? 规则给不同利益集团带来了怎样的收益?

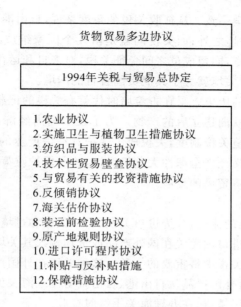

图 8-3　货物贸易规则

规则的实施是否实现了公平与效率？理解 WTO 货物贸易规则不能只停留在规则层面,而应该对上述问题进行深入的理论探讨,只有这样才能真正理解 WTO 的各项规则,才能在遵守规则的前提下自觉地利用规则。

一、约束关税壁垒的规则

关税和非关税措施是国家管制进出口贸易的两种常用方式。与名目繁多的非关税措施相比,关税的最大优点是它具有公开性和可计量性,能够清楚地反映对国内产业的保护程度。在 WTO 中,关税是唯一合法的保护方式。不断地降低关税是 WTO 最重要的原则之一。目前,关税的总体水平,发达国家大约在 3.8％以下,发展中国家约为 13％左右。

(一)关税保护规则的主要内容

1.关税概述

国际贸易的基本规则是出口货物应被允许自由地输入进口国,但也允许进口国在边境征收海关税,即关税。关税是由一国政府所设置的海关根据海关法、关税税则和有关规章,对进出其关境的货物所征收的一种税收。关税与其他国内税赋一样,具有强制性、无偿性和固定性。通常一国的关境与国境是一致的,但因为关税同盟和自由港、自由贸易区等特殊经济区域形式的存在,关境与国境又不完全一致。从征收关税的角度来说,自由港、自由贸易区是在该国的国境之内、关境之外;而关税同盟是由几个国家组成的一个共同关境,实施统一的关税规章,同盟成员之间免征关税,对来自和运往非同盟国的货物征收统一关税,这时关境就大于其成员国各自的国境。

关税有着悠久的历史。早在古希腊时代就有关税的记载。现代意义上的关税是主权国家在欧洲建立后的产物。为了发展国内经济,各资本主义国家纷纷建立统一的国境关税制度,关税成了保护其境内产业的主要手段。20世纪30年代,资本主义经济全球性大危机时期,关税保护政策达到顶峰,其结果是严重影响世界经济贸易的发展。

2.关税的分类

(1)按征税对象的流向,分为进口关税、出口关税和过境关税

进口关税是指进口国海关在国外产品或货物输入其关境或国境时所征收的正常关税。它是关税中最重要的一种。这种关税在外国产品直接进入关境或国境时征收,或者外国产品从自由港、自由贸易区或海关保税仓库等提出运往进口国的国内市场销售,在办理海关手续时征收。

进口关税按其税率的征收幅度可分为最惠国税、普通税、特惠税和普惠税。最惠国税是基于缔约方之间签订了具有最惠国待遇条款的贸易协定而对来自对方的进口产品所征收的关税;最惠国税率通常比普通税率低得多。普通税一般是对从没有签订含有最惠国待遇条款的贸易协定的国家进口的产品所征收的关税。特惠税是根据特惠制的规定,一国对从特定国家或地区进口的全部产品或部分产品给予的特别优惠的低关税或免税待遇,其他国家或地区不得根据最惠国待遇条款要求享受这种待遇。特惠税有互惠的,也有非互惠的。普惠税是基于普遍优惠制的规定,发达国家承诺对从发展中国家或地区进口的产品,特别是制成品和半制成品,给予普遍的、非歧视的和非互惠的优惠关税。

出口关税是指出口国的海关在本国产品输往国外时对其出口商所征收的关税。由于对本国的出口产品征收出口税,势必会提高本国产品在国外市场的价格,影响其市场竞争力,不利于扩大出口,所以,通常不征收出口关税。目前只有少数发展中国家征收出口税。征收出口税的目的一般是:①增加财政收入;②保护本国资源;③保证国内市场需求和稳定本国出口产品在国外市场的价格,有意控制某种产品的出口数量。

过境关税是指一国对通过其关境的外国货物所征收的一种关税。征收过境关税的目的主要是增加财政收入。过境关税在重商主义时代曾盛极一时,

但随着交通日趋发达,过境税已经成为世界贸易发展的严重障碍。1921 年资本主义国家在巴塞罗那签订了自由过境公约,包括废除一切过境关税。《GATT 1947》第 5 条规定,除了对过境货物收取部分服务管理费外,应免征过境关税。

(2)按关税的征收方法,分为从量关税、从价关税、混合关税和选择关税

从量关税指以产品的重量、数量、长度、容量和面积等计量单位为标准计征的关税。从量关税的优点是征税手续简便,容易计算,无须审定货物的规格、品质、价格,同时因单位税额固定,对质量次、价格低廉的低级产品与高档产品征收同样的进口关税,从而对低档产品的进口起到一定的抑制作用。同时,在从量关税下,从量关税额与产品数量的增减成正比,与产品价格无直接关系。当产品价格下降时,加强了关税的保护作用。但是在价格上涨时,税额不能随之增加,财政收入相对减少。

从价关税指以进口产品的价格作为标准计征的关税,其税率为货物价格的百分比。从价关税税额与产品价格具有直接关系,从价税额与产品价格的涨落成正比。其主要优点为:①征收方法较简单,对于同种产品,可以不必因品质的不同而详加分类。②税负合理,因从价关税随产品价格与品质高低而增减,体现了税收的公平原则。③在税率不变的情况下,税额随产品价格上涨而增加,既可以增加财政收入,又可以起到保护关税的作用。其不足之处为:在产品价格下跌时财政收入就会减少。在从价关税中,较为复杂的问题是如何确定进口产品的完税价格,现一般以出口国离岸价格、进口国到岸价格、正常价格或进口国官方确定的价格作为完税价格。由于从价关税简便易行,因而为许多国家所采用。我国也采用从价关税并以到岸价格为完税价格。

混合关税指对某种进口产品同时采用从量关税和从价关税征收方法。这种方式兼顾从量与从价关税的优点,使得税负更加合理,缺点是计税较为复杂、烦琐。在实践中,有的国家以从量关税为主加征从价关税,有的国家以从价关税为主加征从量关税。

选择关税指对同一进口产品既规定从量关税又规定从价关税,在具体征税时选择其税额较高者的一种征收方法。然而,出于政治、外交等的特殊需要,也可选择税额较低者。此外,为了某些需要,海关对进口产品在正常进口关税的基础上再加征一定数量的额外关税,即进口附加税,例如反补贴税、反倾销税等。

(3)按征收关税的目的,分为财政关税和保护关税

财政关税指以增加国家财政收入为主要目的而对进口货物征收的关税。

由于关税收入在国家财政中的地位相对下降,其作用逐渐在削弱,已被保护关税取而代之。

保护关税指以保护本国产业和市场为目的而对进口货物征收的关税。一般是通过对进口货物征收高额关税,以阻挡外国货物进入本国市场,关税税率越高,保护作用越强。因此,保护关税作为贸易保护主义的主要工具,至今仍然是各国实行贸易保护政策的一项重要措施。

3.关税减让

(1)关税减让表

关税是 GATT 和 WTO 允许采取的贸易管制措施。各成员方的关税措施是在其承诺的关税减让表范围内实施的。关税减让表是指成员方之间通过谈判,承诺其在一定限度内对关税进行削减,并将其承诺的关税减让按照一定的序列编成的表格。成员方的关税水平受关税减让表中的内容约束,不得随意改变。自 1980 年以来,关税减让表采用活页的形式,便于及时增删,使表格内容持续有效。

(2)关税减让的方式

①产品对产品关税减让方式。这是传统的减让方式。《GATT 1994》第28 条规定:根据本条的谈判可在有选择的产品对产品的基础上进行,或通过适用有关缔约方可接受的多边程序进行。通常在谈判中,先由该项产品的主要供应方提出关税减让要求,与进口方在双边基础上进行商讨后,达成双边协议。这种双边协议通过最惠国待遇条款实施于 WTO 所有成员方。因此,通过产品对产品关税减让方式,成员方不仅可以从它所参加的关税减让中获得直接利益,而且还可以从其他成员方之间达成的关税减让中获得间接的利益。

正是由于产品对产品关税减让方式具有以上特点,所以各成员方在提供关税减让时,总是在权衡关税减让可能带来的直接利益和间接利益后,才能做出与本国(地区)经济利益相适应的关税减让。然而产品对产品关税减让方式已不能完全适应现代国际贸易发展的需要,因为这种关税减让方式无论从时间上还是从所涉及减让范围上,都不能完全适应多边贸易体制的贸易自由化要求。

②直线关税减让方式。这又称"按统一比例全盘关税减让方式"。它是现代关税减让方式之一,其基本内容为:缔约方通过谈判确定一个所有缔约方都能接受的一次性关税减让百分比,然后按统一的标准进行全面关税减让。直线关税减让方式的优点是简单易行,明了准确,便于衡量比较。但其缺陷是无

法解决不同缔约方之间的关税比例悬殊问题,即不能缩小高税率与低税率之间的差距。同时在实际操作过程中,由于各缔约方具有不同的经济利益,关税减让程度在缔约方之间可能会存在差异。

③瑞士关税减让方式。这是由瑞士的一位经济学家提出来的,其关税减让公式为:$Y=XZ/(X+Z)$。其中:Y 为关税减让后的税率;X 是一个固定的参数,可以通过缔约方之间的谈判来确立;Z 是关税减让的税率。在东京回合谈判中,欧共体要求高关税缔约方多做出关税减让,而低关税缔约方少做出关税减让,以使各缔约方之间的关税尽量平衡。经过缔约方之间的讨价还价,最后确定使用瑞士关税减让方式,使高关税率多降,低关税率少降,缩小了各缔约方之间的关税差异。但瑞士关税减让方式的不足在于各缔约方都尽量采用更符合自身利益的方式以及选择削减幅度较小的参数和税率。

(3)关于关税减让谈判

关税减让谈判的类型,主要可分为四类:双边、多边关税贸易谈判;修改或撤回减让表中的关税承诺谈判;申请方与现存缔约方之间为加入目的而进行的关税减让谈判;发展中国家在根据 1979 年的"授权条款"而订立的优惠协议基础上进行的谈判。降低关税可以降低贸易成本,扩大贸易量,促进贸易自由化的发展。关税减让谈判是 GATT 及 WTO 实现其宗旨的主要途径。因此,关税减让谈判在 GATT 和 WTO 中始终处于重要的地位。从 1947—1994 年 GATT 已经进行了八轮多边贸易谈判,关税减让一直是其重要的议题,特别是前五轮谈判都把关税减让作为惟一的议题。通过关税减让,大大地促进了世界贸易的发展,世界货物贸易量到 2000 年已高达 6.2 万亿美元。

(二)WTO 极力主张其成员将关税作为唯一的贸易保护手段

关税是 WTO 允许各成员使用的保护国内产业的重要政策工具。各国海关在征收关税时方法各有差异,现在的趋势是以征收从价税为主。《GATT 1994》货物贸易多边体系的目的就在于,为不同成员的工商企业创造一个稳定的和可预见的环境,这样它们可以在公平竞争条件下相互进行贸易。这一开放和自由的贸易体制有望通过增加贸易来促进投资、生产和就业,从而加快所有成员的经济发展。

WTO 之所以倡导将关税作为唯一的贸易保护手段,主要是因为关税在管理贸易方面较之进口数量限制具有明显好处。第一,关税使国内外同类产品价格保持自动联系,使国内外生产商的竞争地位显而易见。而配额、许可证等进口数量限制则切断这种联系,极易导致生产商寻求过度保护。第二,所有 WTO 成员都非歧视地征收关税,而数量限制则极易导致对不同国家的歧视。

第三,关税更具透明度,一旦公布,容易判断其产品进入市场的难易程度。而进口数量限制的透明度较差,极易导致贸易商采取不公正手段获取配额或许可证,助长贿赂和犯罪。第四,关税是一国(或地区)政府财政收入的重要来源,而进口数量限制带来的利润会因其配置方式的不同,在进口商、出口商、中间商或有关政府部门之间,甚至个人之间形成不同的利益分配方式,在多数情况下不仅起不到保护具体产业的作用,反而影响政府关税收入。第五,关税针对的是某一产品的所有进口商,而不是某一特定的企业或产业群体。进口数量限制则直接使某些企业或少数产业受惠,形成阻碍贸易自由化改革的利益集团,增加国家间的贸易摩擦。基于这些原因,各国家都主张将关税作为唯一的贸易保护手段,但是对关税的使用也要在一定的限度之内。

二、约束非关税壁垒的规则

(一)海关估价规则

1. 海关估价的概念

海关估价是指一国(地区)海关机构根据法定的价格标准和程序,为征收关税而对进出口产品确定完税价格的行为或过程。正确地审定进出口产品的完税价格是征收关税的前提。但是由于各国(地区)海关估价规则不一,极易导致对国际贸易的发展产生阻碍性或歧视性影响。主要弊端有:海关为执行本国(地区)对外贸易政策,高估进出口产品的价格,征收高额关税,使之成为一种非关税壁垒。此外,进出口商为了避税,低报进出口产品价格,形成不正当的商业竞争。即使是同一产品,因时间、地点等因素的差异,其价格也往往不一,这为实施歧视性贸易待遇提供了便利。因此,统一各国的海关估价制度对促进国际贸易自由化发展显得尤为重要。

海关估价是国际贸易程序中的一个重要环节。第一个关于海关估价的国际协定是《GATT 1947》。协定的第 7 条"海关估价条款"为海关估价国内立法和海关确立了一些基本原则,强调各缔约方的海关估价规则必须公正地、非歧视地实施,并与商业行为保持一致。然而,由于 1947 年确立的海关估价条款太笼统、太抽象,未能就各缔约方不同的海关估价方法建立起统一的约束机制,加之缔约方可以援引"祖父条款"(Grandfather Clause)来排斥第 7 条的有关规定,因此第 7 条并未真正成为国际范围内的统一的具体的制度。为使各国的海关估价行为尽可能达成一致,国际上各个国家都做出了相应的努力,但是仍然还有一些国家沿用其本国的估价方法。GATT 东京回合也对海关估价有关方面做出了讨论和规定。GATT 东京回合于 1979 年达成一项《关于实施关贸总协定第七条的协议》。该协议第一次全面地统一了各缔约方海关估价规则，并为进口商确立了相应的权利，建立了相应的保障和监督机制。其规定的海关估价主要依据是"成交价格"，只有在成交价格无法确定的情况下，才可采用其他确定价格的方法，协议对其他方法也做了明确具体的规定。

2. 海关估价的方法

海关估价方法是否合理会直接影响关税减让的效果。因此，海关的估价必须是公平、合理且符合实际的。《海关估价协议》确立了各成员方海关机构应遵循的估价方法。这些估价方法按适用的顺序依次为：①进口货物的成交价格；②相同货物的成交价格；③类似货物的成交价格；④扣除价格；⑤计算价格；⑥其他合理方法。

(1)进口货物成交价格

进口货物成交价格是指有关货物出口到进口方时的实际已付或应付的价格。根据《海关估价协议》附件 1"关于第 1 条的注释"，实付或应付价格指买方为进口货物向卖方或为卖方利益而已付或应付的支付总额。支付可采用现金形式，也可以采用信用证或流通票据的形式；可以是直接付款，也可以是间接付款，如由买方全部或部分地偿付卖方所欠的债务。

依照《海关估价协议》第 8 条的规定，在按进口货物成交价格确定海关估价时，对进口货物实付或应付的价格应加上下列费用，见表 8-3。

表 8-3　进口货物实付或应付的价格应加上下列费用

1	由买方承担而未包括在实付或应付货物价格之内的费用，如购货佣金以外的佣金和经纪费、集装箱使用费、包含劳动力和材料在内的包装费等；
2	出口商以免费或减价形式向进口商直接或间接提供的与进口货物的使用或销售有关的物品或劳务的价格，如进口产品中所含的材料、部件、零件，进口产品生产中使用的工具、燃料、模具，进口产品生产中消耗的材料，以及进口产品生产所必需的且在进口国以外其他地方所采用的技术、工艺、设计、图表等；
3	进口商必须直接或间接支付的，但未包括在进口交易价格之内的专利费和许可费及其他知识产权费用；
4	进口产品的转售、处理或使用而由进口商直接或间接向出口商支付的追加收益。

(2)相同货物成交价格

《海关估价协议》第 2 条规定，如果进口货物的海关估价不能按进口货物成交价格确定，与该进口货物同时或大约同时向同一进口国出口的相同货物的成交价格即为该进口货物的海关估价。

在适用相同货物成交价格时，海关应尽可能采用在同样商业条件下销售的、与被估价数量大体相同的相同货物的成交价格来确定海关估价。如果没有这种销售，则可以用商业销售条件相同但数量不同的相同货物成交价格，或商业销售条件不同但数量相同的相同货物成交价格，并且必须根据具体情况对数量因素、商业条件进行调整，而这种调整不论是否导致价格的增加或减少，都必须在明确的证据的基础上进行。在采用这种成交价格时，如果相同货物有一个以上的成交价格，则应采用最低价作为进口货物的海关估价。

（3）类似货物成交价格

如果进口货物的海关估价不能按上述两种方法确定，则按照《海关估价协议》第3条规定，完税价格应为与被估价货物同时或大约同时出口到同一进口国的类似货物的成交价格。

如果不存在商业条件和交易数量都相同或相近的类似货物的进口贸易，可参考类似货物按同样商业条件但不同数量的交易价格，或类似货物按不同商业条件但数量大致相同的交易价格，或类似货物按不同商业条件和不同数量的交易价格，在上述基础上加以合理调整。若存在两个以上类似货物的交易价格，应采用最低的价格。如果采用的是到岸价格，还应考虑到不同的类似货物交易的运输距离和运费差异因素。

关于如何判断"相同货物"和"类似货物"，《海关估价协议》第15条第2款做了明确规定："相同货物"是指在所有方面都相同，包括物理特点、质量和声誉，外观上的微小差别不妨碍在其他方面符合定义的货物；"类似货物"是指虽然不是在所有的方面都相同，但具有相似的特性、相似的组成材料，从而使其具有相同功能，在商业上可以互换的货物，并且还要考虑货物质量、声誉和商标等因素。但即使符合上述条件，若不是在同一国家生产的，也不应视其为"相同货物"或"类似货物"。

（4）扣除价格

如果海关对进口的货物不能按照上述方法确定估价，可根据《海关估价协议》第四条的规定，采用扣除价格方法。扣除价格是指以进口货物或相同进口货物或类似进口货物在进口国内的销售价格为基础，扣除有关的税费后得出的一种价格。与前两种成交价格不同，它不是进、出口商的协议价格，而是以这些货物在进口国国内的销售价格为主要依据的价格。

采用扣除价格应遵循下列条件：

①以在同一时间或大致相同的时间在进口国内出售最大量的进口货物或相同或类似进口货物的单价为依据，且国内销售的买方必须与进口货物的进口商无关。

②进口商出售进口货物的正常利润按其出售前后一段时间内进口方境内的商业性利润率加以确定,而进口商销售进口货物的商业成本则应将所有发生在进口方境内的商业佣金、货运费、保险费、进口关税、国内税及各种流通费用合计认定。

③如果既没有进口货物,也没有相同或类似进口货物与需要估价的进口货物同时或在大致相同的时间出售,除上述应扣除的税费外,其海关估价应以该进口货物或相同或类似的进口货物在被估价后的最早日期,依进口时原样在进口国销售的单价为依据,但最迟不得超过该货物进口后的 90 天。

④如果在这一段时间内,不存在可供参考的相同或类似进口货物原样出售的价格,扣除价格也可以采用相同或类似进口货物经加工后出售的价格,但应扣除因加工而形成的附加价值。

（5）计算价格

《海关估价协议》第四条规定,海关如果不能以进口货物的成交价格、相同或类似进口货物的成交价格确定海关估价,则可以选择计算价格。此种方法是将待估价货物的生产成本(包括所有生产要素的投入价值和出口方境内的流通费用)、生产商利润和商业成本合计构成海关估价。

按照《海关估价协议》第 6 条的规定,计算价格应由以下金额组成:①生产该进口货物所使用的原料和制作或其他加工的成本或价值;②利润额和一般费用,等于通常反映在出口国生产者制造供向进口国出口的、与被估价货物同级或同种类的货物的销售利润和一般费用;③其他必需的费用,如运输费、装卸费、保险费等。

（6）其他合理方法

如果无法使用上述任何一种方法进行海关估价,根据《海关估价协议》第7 条的规定,进口方海关可根据其掌握的现有资料使用符合客观事实原则的其他估价方法。如果进口商提出要求,应将以合理方法确定的海关估价及确定的过程书面通知进口商。

第 7 条还明确规定不得以下列方式来确定海关估价:①进口货物在生产国国内的售价;②可供海关选择的两个备选价格中较高的一种价格;③货物在出口国国内市场上的价格;④根据第 6 条规定已作为相同或类似货物确定了计算价格以外的生产成本;⑤除该进口国以外,同一货物出口到其他同家的价格;⑥最低海关估价;⑦任意或虚构的价格。

在上述 6 种方法中,进口货物的成交价格是主要的方法;只有在不能按第一种方法确定完税价格时,才采用其余的方法。

小知识 8-1

"祖父条款"(Grandfather Clause)

"祖父条款"是一种法律适用规则,即立法变化以后,旧法适用于既成事实,新法适用于未来情形。这种规则的目的是减少法律制定和执行过程中的政治阻碍,是一种务实的折中手段。

最早的祖父条款出现在美国的"杰姆克劳法"(Jim Crow Laws),Jim Crow 是对黑人的蔑称,这些法律出现在 1890 年至 1910 年间,使用于美国南部各州,旨在禁止黑人、土著美洲人和部分白人的选举权。原因是,1870 年以前各州实施的限制选举权法律被第 15 条宪法修正案废除,为了应对宪法的变化,南部各州重新制定法律,规定只有满足人头税(poll tax)和/或文化测试(literacy test)的要求,人们才能获得投票权。但这些法律规定了一个例外:所有在美国南北战争前获得投票权的人及其子孙后代,继续拥有投票权。换言之,这些子孙后代的投票权是继承"祖父"得来的。这条例外规定就成为"祖父条款"。值得一提的是,"杰姆克劳法"形成了臭名昭著的种族隔离制度,直到 1965 年美国宪法第 24 条修正案(《1965 投票权法案》)的通过,才被正式废止。

GATT 中的祖父条款出现在《关贸总协定临时适用议定书》的第 1 条 b 款,规定缔约方适用关贸总协定第二部分时,不必与现行的国内法律相抵触。这条祖父条款的背景是,二战以后美国国会的保守势力强盛,联合国筹建的国际贸易组织(ITO,GATT 前身)因其反对而夭折,各国担心再次遭受美国国会的否定,因此在达成的 GATT 临时适用议定书中增加祖父条款,以减轻执行国际条约时带来的政治压力。"祖父条款"是 GATT 原始缔约方的权利,新成员可以通过谈判获得。

3. 海关估价的其他规则

除核心的估价方法外,海关估价制度还涉及其他几项规则,包括:①当确定海关估价需要货币换算时,所使用的汇率应是有关进口国主管机构正式公布的在进出口时期内的有效汇率。②凡属机密性的资料,有关当局应严格保密。未经提供资料的政府或人员的许可,有关当局不得泄露,除非在司法程序中有此要求。③各成员方的立法应规定进口商或其他缴纳关税的人对海关当局所作的海关估价有权起诉,而且不因此而受到处罚。④各成员方应立法规定,如最终确定海关估价需要推迟,进口商应能从海关提取货物;海关可要求进口商以担保押金或其他适当方法作出充分保证,承担最后该货物应缴纳的关税数额。⑤有关进口国应将其普遍适用的、涉及《1994 海关估价协议》的法律、规章、司法决定和行政规定予以公布。经书面请求，进口商有权取得关于进口国海关管理机构如何确定进口货物的海关估价的书面说明。

4. 对发展中国家成员的特殊待遇

《海关估价协议》第三部分"特殊和差别待遇"为发展中国家成员提供了适应该协议的过渡期和帮助，主要有不属于东京回合海关估价协议缔约方的发展中国家成员可推迟适用该协议的规定，时间不超过自《WTO 协定》生效之日起 5 年。选择推迟适用该协定的发展中国家成员方应及时通知 WTO 总干事。不属于东京回合海关估价协议缔约方的发展中国家成员在适用该协议的其他各项规定之后，还可以推迟适用关于计算价格确定海关估价的规定，但时间不得超过 3 年，并应及时通知 WTO 总干事。发达国家成员应按双方同意的条件，向提出请求的发展中国家成员提供技术援助。在此基础上，发达国家成员应拟定技术援助计划，其中特别包括人员培训、在指定实施措施过程中的援助、关于海关估价方法信息的提供以及关于适用本协议规定的建议。

（二）装运前检验规则

《装运前检验协议》（Agreement on Pre-shipment Inspection）是 GATT 乌拉圭回合多边谈判的一项重要成果。20 世纪 80 年代以来，发展中国家为了保障其从国际贸易中获得的利益，雇用私人公司对从发达国家进口的货物在装船前进行检验。发达国家出口商认为这是一种不公正的做法，有碍国际货物贸易的发展。为此，乌拉圭回合谈判中，就装运前检验行为制定了统一的纪律，使这一行为受到有关法律、法规的约束。它为国际货物进出口流通中的这一重要环节框定了大致的范围，在多边协商的基础上设定了较为具体可行的程序，规范了各成员方在装运前检验过程中的权利和义务。

1. 产生的背景

装运前检验（pre-shipment inspection）是国际货物买卖中惯用的一种检验方式。它主要是指根据国际货物买卖合同之约定或进口国政府之强制规定，委托或授权独立的第三方检验机构，对合同下的货物在出口国装船启运之前进行的有关检验。GATT 乌拉圭回合达成的《装运前检验协议》对此有一权威定义："装运前的检验活动系指所有涉及用户成员方的产品的质量、数量、价格，包括汇率和金融条件和/或关税税则目录商品分类情况的检验。""受成员方协议委托或授权执行装运前检验任务的任何机构"都属于

"装运前检验机构"。依据这一定义,装运前检验所涵盖的范围远较一般意义上的货物检验为广,即不仅包括货物品质、数量、价格之检验核对,还包括了与货物进口有关的汇率、金融条件和/或关税税则目录商品分类情况等事项的检验工作。

20世纪60年代以来,由于发展中国家在国际贸易中处于不利地位,要求装运前检验的呼声很高。1965年1月15日,扎伊尔政府①为确保其本国的贸易和经济利益,第一次颁布法令宣布实施"全面进口监管计划"②,对进口商品强制实施装运前检验。这项法令不但扩充并发展了传统的装运前检验基本内容,而且还将实施方式由买卖双方自由选择约定转为政府强制执行。此后,"进口货物全面监管制度"(Comprehensive Import Supervision Scheme,简称CISS)作为进口商品检验的一项重要业务在国际贸易中逐渐发展并通行起来。

装运前检验作为一种国际贸易中经常使用的手段,在实践中形成了两类主要方式:一为强制性检验,发展中国家为确保外汇的合理使用和合理的关税收入常予以采用;一为非强制性检验,目的是避免进口贸易的商业风险。这类检验通常由买卖双方在合同中事先约定。一方面,装运前检验对于核实进口商品的数量、质量或价格是必要的,特别是对发展中国家来说更是如此;另一方面,若出口方在进行这种程序时进行不必要的拖延和不平等对待,或者检验公司遵循的程序缺乏透明度,搞暗箱操作,或者有损于贸易当事人的商业秘密,也会给国际贸易的正常运行造成障碍,形成新的非关税壁垒。

为了建立一套用户成员方和出口成员方都同意的,能约束提供检验服务的公司和出口方成员的规则,减少和防止这方面的非关税壁垒,乌拉圭回台谈判将装运前检验问题列入了议程,并最终作为一揽子协议的一部分,由缔约方签署了这个在GATT时代并不存在的新的协议。乌拉圭回合首次达成了这一新协议,旨在确保装船前检验不会给贸易造成不必要的障碍。

2.进口成员的义务

---

① 扎伊尔共和国(英文:Republic of Zaire、法文:République du Zaïre)是1971年10月27日到1997年5月17日期间,刚果民主共和国的国名。扎伊尔在葡萄牙语里的意思为"一条吞噬所有河流的河"。

② "全面进口监管计划"(Comprehensive Import Supervision Scheme,简称CISS)是20世纪60年代初期发展起来的一种非关税贸易措施。

（1）非歧视。《装运前检验协议》要求各成员方政府对所有的进口货物，应根据无歧视原则，不问其原产地，按照统一的标准和规范程序实施装运前检验，具体是：①装运前检验所采用的标准和程序是客观的、公正的；②在货物的数量和质量标准方面，如果交易双方在具体交易合同中确定了具体的标准，则按该标准对进口货物进行检验，否则应按有关的国际标准来执行；③对所有进口货物给予相同的待遇，不得在实践中只对某些成员方的出口商品实行装运前检验，而对另一些成员方的出口商品免除此等检验。

（2）透明度。《装运前检验协议》要求各成员方政府有关进口货物检验机构活动的信息和有关进口货物检验的法律、法规和规章等具有透明度。比如：①各成员方政府应及时公布一切与装运前检验活动有关的法律、法规和规章，以便其他成员方有关机构和相关人员获知；②公布用于检验、核实价格以及外汇兑换率等所有的程序和标准；③公布出口商在装运前检验过程中的权利；④公布出口商对检验结果持有不同意见时的上诉程序。

（3）保护机密商业信息。进口成员方政府有义务对其在装运前检验过程中获知的有关出口货物的商业秘密进行保密，除非该秘密已经公开或已进入公有领域，或第三方已经掌握。但在特殊情况下，进行检验的成员方因其他成员方的请求需要提供与检验货物有关的信息，这一要求也只能限制在一定的范围内，即不得因公开而有损于装运前检验的效果或有损于特定企业的合法利益。具体要求有：①检验机构在检验过程中所收到的、未向任何第三方公开或未全面公开的信息应视为商业秘密加以保护。②检验机构应出口商请求对出口商提供的有关资料进行保密。③进口成员方政府有关机构如果出于安排信用证或其他支付方式、结关、进口许可证或外汇管理等需要，获得了出口商从未向任何第三方公开的信息，则有义务将其作为商业秘密加以保护。④进口成员方政府不得要求获悉与检验活动无关的下列商业秘密：a.与专利、特许或未披露的工序或正在办理专利的工序有关的生产数据；b.为了证实商品符合有关技术规章或标准所必需的数据以外的未公开的技术数据；c.内部作价或生产成本核算方面的数据；d.利润水平；e.出口商与其货源供应商之间的合同条款，如果不提供该合同条款就不能进行有关的检验的话，也只能提供与检验有关的必要的信息。

（4）及时。除出口商与有关检验机构约定重新安排检验日期，或因出口商的阻碍或因不可抗力的影响而不能按时进行检验等特殊情况外，检验机构应及时地完成装运前检验，具体要求是：①检验机构应根据其与出口商所约定的日期按照检验程序完成检验。②检验机构在收到全部检验文件并完成检验后,应于 5 个工作日之内签发说明检验结果的清单报告,或提交不签发检验结果清单报告的详细书面解释。在后一种情况下,检验机构应及时审阅出口商的书面意见,并应出口商的请求,尽快按照双方约定的重新检验日期再次进行检验。③应出口商的请求,检验机构应在检验日之前,对价格、外汇兑换率、装运清单等在交易合同基础上进行核实,并对进口许可申请书进行初步审查。一旦初步核实有了结果,检验机构不得随意否定,并立即以书面形式将其是否接受核实的结果通知出口商,如果是否定的结果,还应向出口商陈述其详细的理由。④如果说明检验结果的清单报告有笔误,检验机构应及时予以纠正并将改正的报告尽快送到有关方面。

(5)核实价格。为了避免国际贸易中价格方面的欺诈行为,《装运前检验协议》规定了检验机构核实价格的义务。如:①检验机构一般应以交易合同价格为基础进行核实,若进出口双方有违法行为,检验机构应以客观公正的标准加以核实。②检验机构为核实出口价格而进行价格比较时,应将同一出口国同一时刻向同一市场或接近同时出口的相同或类似的出口货物作为对比的基础,并充分考虑国际商业惯例的要求,如适当的标准安排回扣以及商品品质、出口时间、交货条件等一些细小差别因素。③检验机构在核实价格时,应适当地考虑到与交易合同有关的各种变化因素,如商业标准、质量规格、交易条件、销售数量、知识产权费用、服务费用等。④检验机构在核实价格时不应运用下列价格:进口国生产的相同商品的销售价格、出口国国内市场价格、出口国之外的国家出口相同商品的出口价格、生产成本或任意推定或虚构的价格或价值。⑤运输费用的核实只能与交易合同中所规定的在出口国国内的运输方式的价格联系起来考虑。

(6)关于上诉程序。为确保检验机构对装运前检验所采用的程序和标准以及其检验结论的客观性和公正性,就必须给予出口商充分的上诉机会。为此,规定检验机构有义务允许出口商对检验机构采取的与装运前检验有关的活动提出书面上诉意见。检验机构必须认真积极慎重地对待上诉意见,并予以充分考虑,尽快地作出决定并立即向出口商通告其处理的意见。

此外,进口成员方政府的检验机构在检验过程中应避免有关方面之间的利益冲突,简化检验过程中的程序。

4.出口成员的义务

由于检验活动是在出口商所在国关境内进行的,因此《装运前检验协议》规定了出口成员相应的义务,见图 8-4。

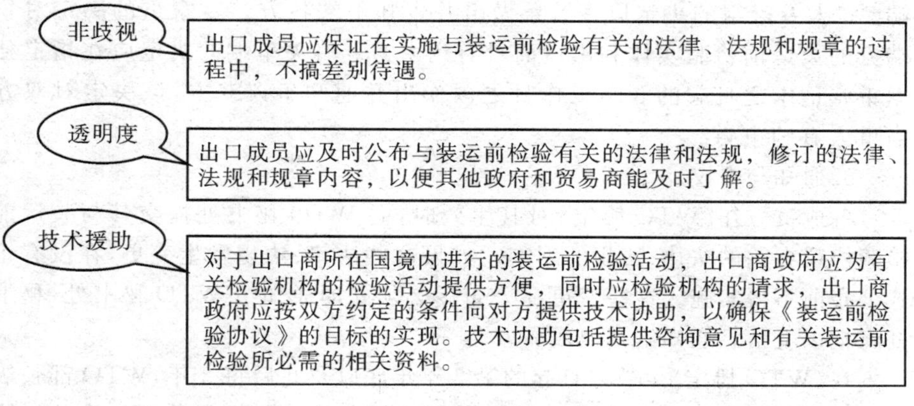

非歧视	出口成员应保证在实施与装运前检验有关的法律、法规和规章的过程中，不搞差别待遇。
透明度	出口成员应及时公布与装运前检验有关的法律和法规，修订的法律、法规和规章内容，以便其他政府和贸易商能及时了解。
技术援助	对于出口商所在国境内进行的装运前检验活动，出口商政府应为有关检验机构的检验活动提供方便，同时应检验机构的请求，出口商政府应按双方约定的条件向对方提供技术协助，以确保《装运前检验协议》的目标的实现。技术协助包括提供咨询意见和有关装运前检验所必需的相关资料。

图 8-4　出口成员的义务

5.争端解决程序

该协议对成员方之间的争端和检验机构与出口商之间的争端规定了不同的解决程序。

（1）关于成员方之间的争端

《装运前检验协议》规定，对于与《装运前检验协议》有关的任何争端，成员方应按照《GATT 1994》第 22 条和第 23 条以及 WTO 协议中的《关于争端解决的规则和程序谅解》等有关规定来进行解决。简单地说，如果某一成员方认为其他成员方的行为违反了有关规定，或损害了自己的利益，便可以要求与对方就有关问题进行磋商，对方应按法律的规定作出积极的响应。如果磋商未能达成争端各方都可接受的结果，则按法律程序进行上诉、专家组调查、裁决等，直到有关问题得到妥善的解决。

（2）关于检验机构与出口商之间的争端

如果在检验活动中检验机构与出口商发生了争端，双方经过磋商又未能解决有关问题，那么，争端的任何一方都可将争端提交给协议规定的独立审查程序进行审查。这个独立审查程序包括专家组，这些专家是：①代表检验机构的组织指派的专家；②代表出口商的组织指派的专家；③由双方共同指派的独立贸易专家。这些指派的专家是在专家名册中进行指派的，名册上的专家应考虑到地理分配原则，并且每年作适当的调整以保证有关争端能得到公正的解决。专家组由 3 人组成，独立贸易专家担任组长。3 人专家组在审查争端各方是否遵守本协议的规定时，程序应迅速，并为各方提供陈述意见的机会。若争端各方同意，也可由独立贸易专家审查所涉及的争端。3 人专家组的决定以多数票做出并告知争端各方。专家组的决定对争端方的装运前检验实体和出口商具有约束力。有关争端的决定应在指定独立审查请求之日起的 8 个工作日之内作出并通知争议双方,该决定对双方当事人有约束力。

6. 通知与审议

各成员方在《WTO 协定》对其生效时,向 WTO 秘书处提交其与装运前检验协议有关的法律、法规的副本。如果这些法律、法规发生变更,在没有正式公布前不得实施。这些变更在公布后必须立即通知给 WTO 秘书处,秘书处将把以上信息通知给其他成员方。

在《WTO 协定》生效之日起的第 2 年年底以及此后每 3 年,WTO 部长级会议将审议该协议的实施情况。WTO 的争端解决谅解同样适用于有关该协议实施的任何争端。

7. 独立的审议程序

由于装运前检验直接涉及进出口方的经济权益,在装运前检验过程中,各方极有可能出现矛盾,产生各种各样的争议。故协议鼓励装运前检验机构和出口商共同协商解决它们之间的争议。同时,为避免不必要的延误,防止某一方的故意拖延以及保证争议能得到公平合理的解决,协议给予双方向独立的审议机构提交争议的权利。这一机构由代表装运前检验机构的组织和代表出口商的组织联合组成,各成员方采取合理措施以维护该机构的独立性,并建立起协议规定之程序。独立的审议程序的组织形式是专家小组。

关于专家组的内容,第 5 点中已有述及,此处不再赘述。

8. 其他程序问题

《装运前检验协议》第 5 条至第 8 条分别就"通知"、"审议"、"协商"、"争议解决"和"最后条款"做了规定。协议要求,当 WTO 协定对有关成员方生效后,各成员方应向秘书处提交其使该协议生效的法律、法规文本。装运前检验的有关法律和法规如有变动,在没有正式公布前不得实施,公布后应立即通知秘书处转告其他成员方。

WTO 部长会议应每三年对该协议条款的实施情况进行审议,并对该协议各项目标的实现情况和在执行过程中取得的经验进行回顾。作为此类审议的结果,部长会议成员方在其他成员方的要求下,应就影响该协议实施的有关事宜与其他成员方进行协商。各成员方为执行该协议产生的争议按照 WTO 争端解决谅解的规则处理。协议最后强调,各成员方保证它们的法律和法规不与该协议中的各项条款相抵触。

（三）进口许可证规则

1. 进口许可证制度

许可证制度是有关许可证的申请、审查、颁发、使用、效力、撤销和废止方面的法律制度。它是现代各国普遍采用的用以管理社会生活尤其是经济生活的一项重要制度。进口许可证制度是指一国政府规定的、要求公司或个人只有向政府指定部门申请并取得证书后才能进口某种商品的一种行政措施。政府指定部门发放的证书即被称作进口许可证（import license）。建立这种制度的目的是禁止、控制某些商品的进口或统计进口商品数量。

对进口商品实行许可证管理，是当前世界上大多数国家和地区采取的管理进口贸易的重要行政手段，其具有程序严格、简便易行、收效快、比关税保护手段更有力等特点，目的是维护国家利益，加强政府各有关部门之间的合作，稳定国内市场，保证进口商品贸易有秩序地顺利进行。

实施进口许可证管理制度，其积极意义是政府可以通过该制度收集有关进口的统计资料和其他具体资料，为进口国制定对外贸易政策提供基础，有利于该国或地区对经济发展进行宏观调控，有利于对有限资源的充分使用和合理配置。其消极作用是由于许可证在管理过程中，具有较大的隐蔽性、任意性，政府有关部门对许可证的发放可以规定复杂而又费时费钱的程序，从而延缓货物的进口，有时甚至可以利用许可证的发放实施歧视性待遇。如果这一制度运用不当往往成为贸易保护主义的工具，是各国常用的一种非关税壁垒。为此，GATT 曾试图抑制许可证制度的消极功能，在《许可证程序协议》中规范了许可证制度的运行，但收效不大。为了在许可证制度领域实施公正、公平、公开的原则，乌拉圭回合达成了新的《进口许可程序协议》（Agreement on Import Licensing Procedures），明确规定了成员方有义务公开与许可证有关的法律、法规，并及时提供有关资料和信息，从而保证了实施许可证制度过程中的公正性和公平性。

2. 进口许可证的分类

（1）有定额的进口许可证和无定额的进口许可证

从进口许可证与进口配额的关系，或进口许可证是否有数量或金额限制出发，可以将进口许可证分为有定额的进口许可证和无定额的进口许可证。有定额的进口许可证实际上是将进口配额制度和进口许可证制度结合使用的一种管理方法，是国际贸易中非关税壁垒的重要手段，即进口国贸易管理部门预先规定有关商品的进口配额，在配额的限制内，根据进口商的申请对于每一笔进口商品发给适当的许可证，一旦配额用完就不再签发进口许可证，以此直接控制进口数量。无定额的进口许可证是指进口许可证不与进口配额相结合,是对未公开宣布实施进口配额制的商品进行适当的控制,是一种建立在个别考虑基础上的行政管理措施。因没有对进口数量进行公开,又没有公开的标准,因而对进口具有更大的限制作用。

(2)公开一般许可证和特别许可证

从进口商品的许可程度上,可将进口许可证分为公开一般许可证和特别许可证。公开一般许可证又称自动进口许可证,即一经申请一般都能获得的许可证,其特点是对进口国别或地区没有限制,适用于一些需要广泛、不需严格限制和不限定货物来源的商品。凡列明属于公开一般许可证的商品,进口商只要在报送时填明该项进口货物属于公开一般许可证项下的商品即可获准进口。特别许可证又称非自动进口许可证,即须经主管部门个别审批才能获得的许可证,其特点是对进口国别或地区有限制,主要适用于特殊商品、配额商品以及某些禁止进口的商品,进口商在进口这类商品时,必须向政府有关部门提出申请,经政府有关部门逐项审批后才可获准进口。

为了统一规范各成员方的进口许可制度,减少其对国际贸易的负面影响,1979年东京回合达成了《进口许可程序协议》,该协议在乌拉圭回合谈判中得到进一步的改进和完善。

3.产生的背景

二战前,进口许可证制度曾在一些西欧国家广泛使用。二战初期,大多数国家仍继续实行进口许可证制度。20世纪60年代后,发达国家的进口许可证管理有所放松,但对敏感性商品仍实行进口许可证制度。70年代中期,进口许可证制度重又加强,并随着国际竞争的加剧逐步成为一种非关税贸易壁垒。

世界各国普遍实施进口许可证制度的目的在于:(1)作为收集进口货物统计数据的方法;(2)在存在进口配额的条件下,分配或控制具体产品的进口或出口总量;(3)依一国的对外贸易政策的需要,禁止或限制某些产品的进口;(4)根据原产地区别对待各种进口商品;(5)为实行有关技术或卫生检疫措施、法规而对某些商品的进口实施管制或予以禁止。

尽管实施进口许可证制度的出发点在于使行政部门可以经常收集有关进口的统计资料和其他具体材料,但是在 GATT 体制下,随着各国关税水平的大幅下降,关税的保护作用不断弱化,实施进口许可证制度以限制进口、保护国内市场的做法受到了各国的重视。这种做法若运用不当,则会妨碍贸易的公平竞争,容易导致对出口国实行歧视性待遇。因此,如何简化进口许可证手续,提高进口许可证程序的透明度,防止滥用或不适当应用许可证制度而阻碍世界贸易的发展,是多边贸易谈判的一项重要内容。

1947 年 GATT 对进口许可证作出了原则性规定。但是,这些原则性的规范既不全面又不具有可操作性,使得一些缔约方常常能够寻找到可乘之机以绕过 GATT 的约束,同时,在实施过程中经常出现争端。1979 年东京回合,各方达成了总协定历史上第一个较为系统地规范进口许可证手续的法律文件,即 GATT 1979《进口许可证程序协议》。该协议使 GATT 规定的相当模糊的义务具体化为明确的法律条款,在许多方面填补了 GATT 1947 相关规定的空白,并尽可能使许可证程序具有更大的透明度和自动性。该协议存在的主要不足之处在于,协议系由缔约方自愿接受并只对接受方生效。直到乌拉圭回合之前,接受这一协议的国家和地区还不到 30 个,这大大限制了协议作用的发挥。1994 年乌拉圭回合中,GATT 充分吸取这一教训,各方达成了更为完整、规范的 GATT 1994《进口许可证程序协议》(Agreement on Import Licensing,简称《协议》)。新协议的主要内容基本上承袭了东京回合的成果,但对该协议的接受却是一揽子的,这极大地扩大了协议的适用范围。此外依协议的规定,未经其他缔约方同意,任何缔约方均不得在该协议的任何条款的适用上作任何保留,从而保证了其内容的完整性。

4. 主要的内容

(1)关于进口许可证程序的一般规则

①合法原则。GATT 的第 8 条、第 11 条和第 13 条的有关规定确立了对进口许可证程序进行规范的一般原则。《进口许可证程序协议》系以此为指导原则而形成。因此保持二者效力的一致性是有效贯彻协议的前提。为此目的,协议首先在前言中明确指出各成员方充分认识到 WTO 协议的各项规定同样适用于进口许可证程序,并且阐明协议的主要目的之一在于确保不能以有悖于 WTO 协议各项原则和义务的手段实施进口许可证程序。其次,协议明确规定,为防止发生因不恰当地实施行政管理程序导致贸易受损之状况,并考虑到发展中国家经济开发之目的及财政或贸易需求,各缔约方应按本协议的解释确保其为实施进口许可证制度而采取的程序符合 WTO 协议及其附件和议定书中的各项有关规定。

②公平与透明度原则。公平原则要求在适用有关进口许可证程序的规则时应当是不偏不倚的,并且应以公正平等的方式实施。透明度原则是指,各成员方应向委员会通报有关呈交申请书的程序,包括申请人的资格、行政

管理机关名称以及须领取进口许可证的商品清单等一切资料和规则的内容,以便各成员方政府及贸易商熟悉和了解。通报内容应尽可能在有关进口许可证规则生效前21天公布,但无论如何不能迟于生效日期公布。任何与许可证手续或须领取进口许可证的商品清单有关的规定或其例外、废除或变更的内容也都应以相同的方式公布,所有公布的内容的副本应送交WTO秘书处。

③程序简便原则。这一原则体现在两个方面。首先,进口许可证申请表格和展期表格(如果需要)应尽可能简化。此类表格和资料应严格限于为正确实施许可证制度所必需的范围内,并且在申请时,申请人即可索要这些表格和资料。其次,申请的手续和展期手续(如果需要)应尽可能简化。进口国有关行政管理当局应给予申请人一段合理期限以使其能够呈交进口许可证申请书。若对此期限规定有截止日期,则该合理期限不应少于21天。此外,如果在此期限内发生申请书手续不全的情形,则应按规定延长此期限。一般而言,申请人仅需向一个行政管理机关申领进口许可证。在确实不得不向一个以上行政管理机关申领时,此类机构的个数应予以限制,最多不得超过3个。

④宽大处理原则。协议规定,如果一项申请书内容出现微小差错,只要此一差错并未改变申请书所载的基本数据,则进口方有关主管当局不得以此为理由拒绝接受这一申请。此外,对于单据上或手续上出现的遗漏和差错,只要不是因严重疏忽或带有明显的欺诈企图所致,有关当局就不得对申请人课以警告以上的处罚。由于在装运、装船时产生的误差以及其他符合正常商业惯例的细小误差而导致已获许可进口的货物与许可证书上所载的价值、数量或重量有细微出入的,进口方有关管理当局不得拒绝该货物的进口。

⑤用汇平等原则。这一规定禁止进口方有关管理当局采取将进口许可证制度与外汇管理制度挂钩的措施,以避免在用汇方面产生歧视许可证持有人的效果。进口方有关当局在向进口商提供支付进口货物所需外汇时,应当对许可证持有人和无须领取许可证的货物进口商作同等的考虑。

⑥例外原则。例外原则体现在两个方面:首先是安全例外,协议规定,有关安全的例外,WTO协议相关规定完全适用于该协议;其次是在提供资料方面的例外,协议规定,对将会妨碍成员方执法工作或有悖于其公共利益或不利于特定的国有企业或私营企业的合法商业利益的绝密资料,不应要求成员方予以披露。

（2）自动进口许可证规则

协议中的进口许可证手续是指为实施进口许可证制度需向有关管理机构递交申请书或其他单证（海关要求的单证除外），作为进口到该进口国海关管辖区的先决条件的行政管理程序。协议将进口许可证划分为自动进口许可证和非自动进口许可证两大类。自动进口许可证是指在任何情况下，对申请一律予以批准签发的许可证。这一规定表明此类许可证的提供是自动的、无限制的和非歧视的，并且是迅速的。协议的主要目的是限制进口许可证作为限制贸易的措施而发挥作用，而不在于禁止采用进口许可证措施本身。因此实施自动许可证的主要目的不在于限制有关产品的进口，而是为国家统计进口贸易数据提供方便。协议对自动进口许可证的约束规定得较为宽松，允许各成员方维持自动进口许可证制度。但自动进口许可证程序不应以限制进口的方式加以使用，因而只要导致使用许可证的条件依然存在或只要规定的许可证制度的行政目的不能通过其他方式达到，就可以继续使用进口许可证。该进口许可证协议的基本原则除了保留原协议的基本原则外，对申请期限以及减少申请人同过多的行政管理机构交涉等问题追加了新的规定。

协议规定，自动进口许可证受以下规则的约束：从事应申请许可证商品进口业务的任何个人、企业或机构，只要符合进口国的法定要求，都具有平等申请和取得进口许可证的资格；许可证申请可在货物结关前的任何工作日提交；有关当局收到的许可证申请若系完整准确，则可以立即批准，若有期限则不得超出 10 个工作日。

违反上述规定的进口许可证程序将被视为具有贸易限制作用。但是对于上述规定，某些发展中国家在适用时享有一定的优惠。即凡是非东京回合《进口许可证程序协议》缔约方的发展中成员方，如在上述期限的适用方面存在具体困难，可以通知进口许可证委员会，推迟适用这些规定，但是不得超过 2 年。

（3）非自动进口许可证规则

凡不属于自动进口许可证的，即为非自动进口许可证。《协议》并没有绝对地禁止使用非自动进口许可证，而是规定在实施非自动进口许可时，各成员方必须符合下列要求：①除本身的限制造成的影响外，非自动进口许可不应对进口贸易造成限制或扭曲，其在适用范围、时效上应与被用来施行的措施相符，且不应变成比必须施行的措施更重的行政管理负担。②实施非自动进口许可的成员方应请求向其他成员方提供有关信息：行政限制管理；最近阶段进口许可证批准程序;进口许可证在供应国之间的分配;如果可能的话,提供有关进口许可证范围内的进口统计资料。③以数量或价值形式公布进口许可证管理的配额,以便各有关供应成员方或对其有影响的成员方知悉。④凡已符合进口成员方各项法规和行政管理要求的任何人、企业和机构均有同等资格申请许可证并被列入考虑范围。若许可证申请未获得批准,申请人可要求告知理由并有权按进口成员方法律的规定提起上诉或要求复查。⑤如果申请已列入考虑范围并被接受,应按先来先办的原则办理,办理申请的过程不应超过 30 天,若同时考虑一并办理所有的申请,办理时间不应超过 60 天。⑥许可证有效期长短应当适中,不得以许可证的期限长短来阻碍商品进口。⑦对于已签发配额许可证的进口货物不得加以阻止,也不得妨碍配额的充分利用。⑧成员方在签发许可证时应考虑申请者的进口表现和以往所发放的许可证的使用情况,还要考虑向新进口商合理分配许可证,特别要考虑那些从发展中国家尤其是最不发达国家进口产品的进口者。⑨如果许可证配额不是在产品供应国之间进行分配,则许可证持有人可自行选择进口货源;如果配额是在产品供应国之间进行分配,那么许可证上应具体写明有关供应国的国名。

(四)技术性贸易壁垒规则

各国都制定了名目繁多的技术规章、标准以及合格评定程序,这些都十分重要。但若随意设置就可能成为贸易的障碍。东京回合曾制定了《技术性贸易壁垒守则》,在修改这一守则的基础上,乌拉圭回合达成了《技术性贸易壁垒协议》(Agreement on Technical Barriers to Trade,简称 TBT)。新协议的目的在于确保技术规章、标准以及检验和认证程序不至于对贸易产生不必要的障碍。

协议承认,各成员在其认为适当的程度内有权采用此类措施,如为了人类和动植物的生命或健康,为了保护环境或为了满足消费者的其他利益。此外,也允许各成员采取必要的措施来确保它们达到其保护标准。为防止太多差异,协议鼓励各成员使用适当的国际标准,但并不要求它们为此而改变其保护水平。协议为中央政府机构制定了一项《拟定、采纳和实施标准的良好行为规范》,同时也规定了地方政府及非政府组织应据以制定和实施技术条例的规章。协议规定,用于判定产品是否符合国家标准的程序必须是公正公平的,特别是在国产货物和相应的进口货物之间尤其应该如此。协议鼓励各成员之间相互承认各自的技术规章、标准以及合格鉴定结果。这样,通过在生产国进行检验,就可以确定某一产品是否符合进口国的标准。协议规定了更详细的透明度要求。为保证全世界的出口商能够方便地了解到未来市场上有关信息的最新标准和全部必要信息,协议要求所有WTO成员方政府建立国家级咨询点。

1.协议对各成员的技术规定提出的要求

(1)需要符合的条件

根据协议,各成员的技术规定需要符合四个条件,见图8-5。

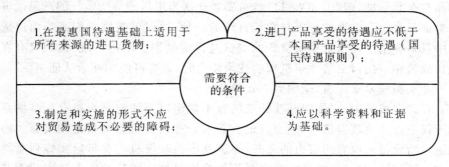

1.在最惠国待遇基础上适用于所有来源的进口货物;

2.进口产品享受的待遇应不低于本国产品享受的待遇(国民待遇原则);

需要符合的条件

3.制定和实施的形式不应对贸易造成不必要的障碍;

4.应以科学资料和证据为基础。

图8-5　需要符合的条件

(2)技术规定要基于国际标准

确保技术不对贸易造成不必要障碍的一种方法是以国际标准作为基础。协议要求成员有义务基于国际标准制定技术规定。当管理当局由于气候、地理或技术因素认为国际标准效果不好或不合适时,可以作为例外处理。为在国际范围内进一步推行协议技术标准,协议呼吁WTO成员积极参与国际标准化组织和其他国际标准组织的工作。

(3)对制定与现行国际标准不符的技术规定的程序要求

协议规定,当成员在制定与现行国际标准不符的强制性技术规定时,应遵循一定的程序性规则。协议要求成员在通过未基于现行国际标准的技术规定时,公开发布通知并通知WTO秘书处。另外,在通过此类规定之前,它们必须提供足够的说明。这些条款意在给有关出口成员提供一个就标准草案提出意见的机会,以确保在最终通过的规定中考虑到它们所产产品的特性。协议要求,准备采用技术规定的成员有义务在最终确定内容时考虑出口商的意见。

2.成员间技术确认书的取得

(1)保证外国供应商在正常状态下在进口国取得确认证书。对一些实施强制性标准的产品,管理当局也许会要求,只有在制造商或出口商从进口成员方的指定机构或实验室取得证明其产品符合标准的确认证书时,进口产品才能销售。为避免外国供应商在获取确认证书时处于不利地位,协议作出如下规定:在评估的程序方面,对外国供应商的待遇应不低于国内供应商的待遇;对外国供应商征收的费用应与对国内供应商征收的费用相当;选择测试不应给外国供应商带来不便。

(2)鼓励进口成员接受出口成员本身的技术确认书。由于管理当局要求产品符合其标准,因此,如果进口成员满意地认为出口成员所实行的产品标准和验证是否符合标准的程序与它们自己的一致,协议就鼓励它们接受出口成员中具备资格的评定机构所进行的测试及评定结果。不过,协议强调只有在进口成员相信出口成员评定机构的技术能力时,才有可能相互承认证书。

3.实施技术规定时,全国要一致行动

在许多成员中,实施强制性标准的技术规定以及评定是否符合标准的系统不仅通过中央政府机构,也通过地方政府及非政府机构来指定和实施。协议施加给成员一项有约束力的义务,要求其中央政府机构在指定实施强制性标准时遵守协议,有的成员宪法不允许作为协议签字成员的中央政府代表其地方政府接受协议义务的约束,协议呼吁中央政府尽可能采取合适的措施保证这些地方政府遵守协议的规定。

4.制定"自愿标准"时应遵循的原则

如前所述,产业界出口商所适用的标准中有许多是"自愿标准"。这些标准通常由这些成员的标准化机构来制定。如各成员的"自愿标准"差距太大,就可能给国际贸易带来麻烦。协议还包括"良好行为守则",要求成员的标准化机构在制定、通过和实施标准时应遵守该协议的规定。该协议要求成员的标准化机构遵循与规定强制性标准相类似的守则和规则。因此,该协议要求这些机构承诺以下条件:以国际标准作为其国家标准的基础;在资源允许的限度内,全面参与产品国际标准的制定。

为使国外生产商了解不同成员的相关机构进行标准化工作的情况,协议进一步要求这些机构至少每6个月公布一次它们的工作计划,提供正在制定的标准和过去采用的标准信息。在公布时,协议也要求这些机构向 ISO/IEC 的信息中心通知其出版物的名称和获取该出版物的渠道。

该协议还要求标准化机构至少留出 60 天时间供有关的其他成员提出意见。这些意见通常通过各成员的标准化机构递交。该协议呼吁标准化机构在最终定稿时考虑这些意见。

(五)原产地规则

1.《原产地规则协议》(Agreement on Rules of Origin)的产生

原产地规则是用于确定产品在哪里制造的标准。原产地规则可以影响商业活动的很多方面,诸如配额、优惠关税、实施反倾销和反补贴等贸易措施以及贸易统计等。因此,原产地规则是贸易规则的重要组成部分。GATT 在其几十年的努力中,防止原产地要求演变为一种非法关税壁垒的目标未得到有效的实现。相反,许多国家越来越多地将原产地要求用于贸易保护,尤其是发达国家将许多贸易政策与原产地规则相联系。此外,随着经济全球化的发展,越来越多的产品已从一国制造变为多国制造,在客观上增加了确认产品国籍的难度。如何协调各国的原产地规则,便一直是 GATT 所面临的问题。

乌拉圭回合达成了《原产地规则协议》。国际贸易的发展和变化,使GATT 的许多缔约方认识到原产地规则对国际经济贸易活动的重大影响,制定一项统一的、为世界上大多数国家和地区所接受的原产地规则实施准则十分必要。"乌拉圭回合"多边贸易谈判的非关税措施议题组将原产地规则问题列为重点谈判议题,本着建立一个公正、透明、一致、可预见、可操作、世界各国统一的原产地规则的宗旨,经过多方努力,最终制定了《原产地规则协议》。

2.《原产地规则协议》的内容

(1)所遵循的原则

协议在序言和第 9 条中明确阐述了其所遵循的原则,简要地概括起来就是:为了促进《GATT 1994》目标的实现,制定明确的和可预测的原产地规则及其实施方法,确保原产地规则本身不对贸易造成不必要的障碍,有利于国际贸易的发展,保护各成员方在《GATT 1994》项下的权利,原产地规则应以公正、透明、可预测、一致和中性的方式制定和实施,采用磋商机制和程序,迅速、有效和公正地解决有关争端。

(2)定义和适用范围

协议第一条规定,原产地规则应定义为"任何成员为确定货物原产地而实施的普遍适用的法律、法规和行政裁决"。其适用范围为最惠国待遇、反倾销和反补贴、保障措施、原产地标记、数量限制、关税配额、政府采购、贸易统计和优惠关税等。

(3)实施原产地规则的纪律

①过渡期内的纪律。按照规定,各成员方根据该协议完成原产地规则协

调工作计划之前,应当遵守以下规定(见表 8-4)。

表 8-4　过渡期内的纪律

(1)	当公布普遍适用的原产地行政裁决时,要明确规定所需要求,如:	a. 当适用税目改变标准时,在其原产地规则及其任何例外中必须明确列出税则目录中所针对的子目录和品目;
		b. 当适用从价百分比标准时,应当表明计算百分比的方法;
		c. 当适用制造或加工工序标准时,应当准确列出产品可以取得原产地资格的制造或加工工序。
(2)	尽管原产地规则与其他商业政策措施有关联,也不能作为"直接或间接实现其贸易目标的工具"。	
(3)	原产地规则本身不可对国际贸易产生限制、扭曲或破坏的作用。	
(4)	适用于进出口货物的原产地规则不能严于确定货物是否为国产的规则,并且,除政府采购以外,不论有关货物或产品生产者的从属关系如何,都不可在其他成员方之间造成歧视。	
(5)	要以统一、公平、合理、一致的方式对原产地规则进行管理。	
(6)	应以肯定标准作为原产地规则的依据。如果需要对肯定标准的部分加以澄清或不需要使用肯定标准确定原产地,则允许使用可以不授予原产地资格的原产地规则,即否定标准。	
(7)	与原产地规则有关的普遍适用的法律、法规、司法判决和行政裁决应予以公布。	
(8)	根据已经提交所有必需要件的进、出口商或任何人的正当请求,各成员方在不迟于提出评定请求的 150 天内,尽快公布对有关货物原产地的评定意见。只要作为评定原产地依据的事实和条件,包括规则本身仍然可行,评定意见的有效期就可达三年。如果在下列第十项所指的审查中做出的决定与评定意见相反,评定意见将不再有效,但需提前通知有关各方。此评定应按照下列第十一项的规定予以公开。	
(9)	如果对原产地规则进行修改或者采用新的原产地规则,则"此类修改不得按其法律或法规规定追溯实施,也不得损害其法律或法规"。	
(10)	有关确定原产地的任何行政行为均可由独立于作出此确定之当局的司法、仲裁或行政庭或程序进行审查,该审查可修改或撤销该确定。	
(11)	对于所有具有机密性质的信息,包括为了原产地规则的适用在保密基础上提供的信息,有关主管机构必须严格按照机密信息进行相应处理,除司法程序的要求外,不经信息提供者本人或提供该信息的政府特别允许,不得披露。	

　②过渡期后的纪律。在完成制定协调的原产地规则工作计划后,各成员方必须做到:按照该协议第一条平等地实施原产地规则,根据各自制定的

原产地规则确定特定货物原产地国家适用完全原产产品标准,还是使用实质性改变标准。同时,过渡期内的第四、五、七、八、九、十、十一项纪律继续适用。

(4)关于通知、协商、争端解决等安排

协议的第三部分表明 WTO 专门设立一个由各成员方代表组成的原产地规则委员会,每年至少召开一次会议,就该协议的实施和目标的实现,为各成员提供磋商的机会。协议对各成员方将有关原产地规则及信息通知给 WTO 秘书处以及接受审议、解决争端规定了相应程序。每一成员方应在《WTO 协议》对其生效之日 90 天内向秘书处通报各自现行的与原产地规则有关的、普遍适用的司法措施和行政措施,秘书处将向其他成员散发收到的信息。如果修改或采用新的原产地规则,应在修改或新规则生效前 60 天内发出通知,以便使有关各方了解其意图。如果在实施原产地规则过程中出现争议,各成员方应按照 WTO 的争端解决谅解规定进行协商,谋求妥善解决。

(六)动植物卫生检疫措施规则

《动植物卫生检疫措施协议》(Agreement on the Application of Sanitary and Phytosanitary Measures,简称 SPS)涉及食品以及动植物的卫生规定,协议承认成员有权采取动植物卫生检疫措施,但所有的措施必须以科学为基础,应该仅在保护人类、动植物的生命或健康的限度内实施,不应该在情况和条件相同或相似的成员之间实行武断和不正当的歧视。该协议鼓励各成员将它们的措施建立在现存相应的国际标准、指导方针和建议的基础上。但是,如果有科学的理由或者经适当的风险评估符合要求的,各成员可以保持或引入导致更高标准的措施。协议加强了动植物卫生检疫措施的透明度要求,各成员应及时公布和通报其限制贸易的有关动植物检疫的规章与要求,应设立咨询点提供有关信息。协议要求对发展中国家成员尤其是最不发达国家成员提供各种形式的技术援助,在制定和实施植物卫生检疫措施时也应考虑这些成员方的特殊需求。协议建立了动植物卫生检疫措施委员会,负责监督协议的执行情况,审议有潜在贸易影响的动植物卫生检疫措施,并保持同有关国际组织的密切联系与合作。

小知识 8-2

〰〰〰〰〰〰〰〰〰〰〰〰〰〰〰〰〰〰〰〰〰〰〰〰〰〰〰〰〰

乌拉圭回合

1986 年 9 月在乌拉圭的埃斯特角城举行了关贸总协定部长级会议,决定进行一场旨在全面改革多边贸易体制的新一轮谈判,故命名为"乌拉圭回合"谈判。

这是迄今为止最大的一次贸易谈判,历时7年半,于1994年4月在摩洛哥的马拉喀什结束。谈判几乎涉及所有贸易领域,从牙刷到游艇,从银行到电信,从野生水稻基因到艾滋病治疗。参加方从最初的103个,增至谈判结束时的125个。

关税与贸易总协定的前七轮谈判,大大降低了各缔约方的关税,促进了国际贸易的发展。但从20世纪70年代开始,特别是进入80年代以后,以政府补贴、双边数量限制、市场瓜分和各种非关税壁垒为特征的保护主义重新抬头。为了遏制保护主义,避免全面战争的发生,美、欧、日等缔约方共同倡导发起了此次多边谈判,决心制止和扭转保护主义,消除扭曲现象,建立一个更加开放的、具有生命力和持久的多边体制。1986年9月,关贸总协定部长级会议在乌拉圭的埃斯特角城举行,同意发起乌拉圭回合谈判。

三、贸易补救措施

(一)反倾销规则

1.反倾销的定义

反倾销规则是当代国际贸易最重要的法律规范之一。反倾销规则不仅反对以倾销作为不正当的国际竞争手段,而且也限制滥用反倾销措施作为贸易保护主义的手段。反倾销最权威的定义来自GATT,GATT第六条阐明了关于反倾销的三个条件:(1)一国产品以低于正常价值的价格进入另一国市场,则该出口产品被视为倾销产品;(2)该倾销产品对进口国相似产品工业造成实质性损害或产生实质性威胁,或实质性地阻碍某一相似产品工业的建立;(3)倾销与损害有因果关系。如果一国进入另一国市场的产品符合以上三个条件,进口国为了抵消或阻止倾销,可以对倾销产品征收不超过该产品倾销幅度的反倾销税。

最早给倾销下定义的是20世纪初的美国经济学家雅各布·瓦恩纳(Jacob Vinen),他指出倾销是同一商品在不同国家市场上的价格歧视,并认为这种价格歧视背离了公平竞争原则,是一种不公平贸易做法,有损于进口国工业,应当受到谴责和抵制。此后,各国立法机关及学者均对倾销有过许多规定和论述。我国1994年外贸法对倾销作出与GATT定义非常相近的规定:产品以低于正常价值的方式进口,并由此对国内已建立的相关产业造成实质损害或者产生实质损害的威胁,或者对国内建立相关产业造成实质阻碍时,国家可以采取必要措施,消除或者减轻这种损害或者损害的威胁或者阻碍。低于正常价值进口和造成工业损害,构成产品倾销定义的两大要件,两个要件缺一不可。

2.世界及我国面临的反倾销状况

（1）世界反倾销状况及特点

从世界反倾销案的整体数量来看，世界范围内的反倾销案例数近年来有所下降，见图 8-6。该图显示，在 1995 到 2001 年间反倾销的案件数整体上是增加的，从 2001 年以后世界反倾销案例的数量在稳步下降。

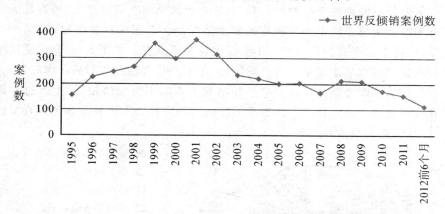

图 8-6　1995 年至 2012 年 6 月世界反倾销案例数

数据来源：WTO 数据库 Statistics on Antidumping。

从发起反倾销国家的分布情况来看，发起反倾销的国家主要为发达国家和发展中国家中经济发展较快的国家，见图 8-7。

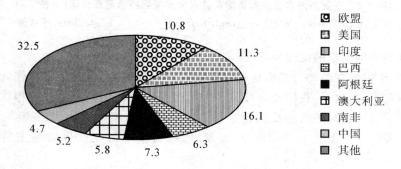

图 8-7　1995 年至 2012 年 6 月反倾销主要发起国家或地区占全球反倾销总量百分比（单位：%）

数据来源：http://www. WTO. org/english/tratop_e/adp_e/adp_e. htm，并整理得。

图 8-7 列出了 1995 年至 2012 年 6 月间发起反倾销数量较多的八个国家和地区,它们共占世界反倾销案件总数的 67.5%,其余的 58 个国家共占 32.5%。其中,欧盟、美国、印度发起的反倾销最多,占反倾销总量的 38%。由此可见反倾销的主要发起方都是经济发展水平较高或经济发展速度较快的国家和地区。

从遭受反倾销的产品种类来看,在世界反倾销调查范围之内,最容易遭受调查的产品主要是初级产品和劳动密集型产品。而那些科技含量高、生产过程复杂、技术水平高的产品往往不会受到反倾销调查。如图 8-8 所示,受反倾销调查最多的产品主要是普通金属制品、化工产品、树脂、塑制品及橡胶制品,还有纺织品和陶瓷制品。这些产品归结起来都属于附加值较低,生产过程简单且较初级的产品。这些产品遭受的反倾销调查数共占世界反倾销调查案件的 86.4%,而其余产品仅仅占 13.6%。

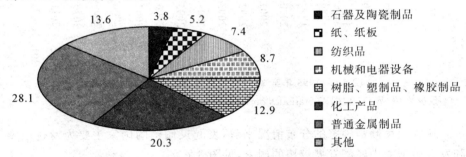

图 8-8　主要产品遭受反倾销案件数占世界反倾销总量百分比(单位:%)

数据来源:http://www. WTO. org/english/tratop_e/adp_e/adp_e. htm,并整理得。

(2)我国面临的反倾销状况

由于中国在劳动力和原材料方面都占有比较优势,在竞争中往往处于有利地位。正是这样,我国在对外贸易中所遭受的反倾销调查更让人担忧。据商务部统计,针对中国的反倾销案件占世界反倾销案件的比例已由 20 世纪 90 年代的 5% 猛增至当前的 20% 多,远远超出中国在世界贸易中所占的份额。

表 8-5 反映了 2001 年到 2012 年 6 月间世界反倾销调查及我国遭受反倾销调查的情况。从表中可以看出,在 2001 年到 2007 年间世界反倾销调查案件数是呈下降趋势的,但与此同时我国遭受的反倾销调查数却有所上升,且占世界的比重呈持续上升趋势。2008 年受世界金融危机的影响,世界反倾销数量有了大幅度的上升。而在 2008 和 2009 两年间我国遭受的反倾销调查数量

也达到了最大值。在 2009 年以后,我国反倾销调查案件占全世界调查案件总量的比例均超过 25%。可见我国是遭受反倾销调查的"重灾区"。

表 8-5　2001 年至 2012 年 6 月世界及我国遭受反倾销调查情况对比

年份	世界反倾销调查案件数	中国受到的反倾销调查数	占世界比重（%）
2001	372	55	14.8
2002	315	51	16.2
2003	234	53	22.6
2004	220	49	22.3
2005	201	56	27.9
2006	204	72	35.3
2007	165	62	37.6
2008	213	76	35.7
2009	209	77	36.8
2010	172	44	25.6
2011	155	49	31.6
2012 年上半年	114	30	26.3
合计	2 574	674	26.2

资料来源:http://www.WTO.org/english/tratop_e/adp_e/adp_e.htm,并整理得。

面临世界倾销与反倾销的对峙,对倾销和反倾销作出一定的界定和达成一致的协议会给世界经济的有序发展带来保障。

3.《反倾销协议》的产生

20 世纪 70 年代以来,特别是进入 80 年代后,随着关税的不断降低和某些非关税措施的减少,世界各国越来越多地采取反倾销措施对他国以低价倾销方式出口的商品予以处罚,以保护国内相关产业。反倾销措施同其他管制进出口的措施一样,也具有双重作用:一方面,它可以制止低价出口的倾销行为,保护国内相关产业的发展;另一方面,对它的过度使用又会阻碍国际贸易自由化的进程。因而,在东京回合谈判中,各缔约方就反倾销问题达成一项协议。在乌拉圭回合谈判中,根据国际贸易发展的新形势、新问题,又对该协议进行了修改、补充,形成现行有效的、所有成员方均应遵守的《反倾销协议》。

4.对倾销的补救措施

《反倾销协议》中规定了实施反倾销措施的条件,规定了倾销与损害之间要存在实质上的因果联系,规定了反倾销调查的程序和过程,并明确指出了对倾销的补救措施。

(1)临时反倾销措施

进口方当局在反倾销调查中,若初步认定存在倾销、产业损害及两者之间的因果关系,为防止倾销的继续发生而采取一种短期补救措施,则此补救措施被称为临时反倾销措施。

在实施临时措施之前,原则上要已经开始进行调查和予以公告并且已经给予有利害关系的当事人以提供资料和提出意见的充分的机会,已经作出存在倾销以及因此对国内产业造成损害的肯定性的最初裁决,且有关当局断定,该措施对于防止在调查期间发生损害是必需的。

临时措施主要是为了防止在倾销进口损害调查期间内可能发生的新的损害。为了防止任意实施临时措施,新的反倾销协定规定了如下纪律:①临时措施可以采取征收临时税的形式,或者采用担保方式,即支付现金或保证金,其数额相当于临时估计的倾销幅度,不得高于临时估计的倾销幅度;②临时措施从开始调查起 60 日以后才可实施;③临时措施的适用,应限制在尽可能短的时间内,特殊情况下如需延长,也不得超过 9 个月。

(2)价格承诺

在反倾销调查初步裁定倾销后,若出口商主动承诺提高相关出口商品的价格或停止以倾销价格出口,并且得到进口方有关当局的同意,反倾销调查即告中止或完全终止,而不再采取任何临时措施或征收反倾销税。在达成价格承诺协议后,如有证据表明倾销仍然存在,进口方当局可立即采取反倾销临时措施。

(3)反倾销税的征收

如果反倾销调查最终裁定存在倾销、产业损害及两者之间的因果关系,进口方当局便可征收反倾销税。反倾销税自开征之日起 5 年内一直有效,直到能抵消倾销所造成的损害为止。反倾销税的征收额度不应超出倾销差额,对于超出倾销差额的支付额应及时退还。

(4)防止规避反倾销税措施的规定

当进口方对倾销产品实施反倾销措施后,出口方不再向进口方出口适用反倾销税的产品,转而出口零部件再在进口方境内加工成成品,这就是规避反倾销税措施。对于此类行为,在符合特定条件时,可对进口零部件也征收反倾销税。

(5)代表第三国的反倾销行动与发展中成员方

《反倾销协议》规定,代表第三国的反倾销行动的申请应由该第三国主管机构做出。此申请应有充分证据证明进口产品存在倾销且对该第三国国内工业造成实质性损害。是否代表该第三国采取反倾销措施取决于进口国,并应得到货物贸易理事会的批准。

协议还规定,发达成员方在采取反倾销措施之前,必须专门考虑到发展中成员方的特殊情况。如果征收反倾销税会影响发展中成员方的根本利益,在实施之前应探求采用其他补救措施的可能性。

5.争议解决

成员方之间涉及倾销与反倾销的争议,可提交 WTO 争端解决机制处理。其主要争议包括:一是一成员方认为进口成员方实施反倾销措施影响其直接或间接利益;二是一成员方认为进口成员方的反倾销措施妨碍了 WTO 反倾销协议目标的实现,并且经协商未达成满意的结果;三是一成员方认为进口成员方所采取的临时反倾销措施违反了 WTO 反倾销协议的规定。

(二)反补贴规则

世界各国政府往往通过对国内某些产品的生产和出口提供补贴,以达到扶持某些产业部门、发展本国经济的目的。WTO《补贴与反补贴协议》全面规范了补贴与反补贴行为,是 WTO 规则的重要组成部分。

1.《补贴与反补贴措施协议》的内容

(1)补贴的定义与分类

按《补贴与反补贴措施协议》,补贴是指"在一成员方(以下称'政府')领土内由一个政府或任一公共机构作出的财政支持"。它包括"政府的行为涉及一项直接的资金转移(即赠予、贷款和资产投入),潜在的资金或债务(即贷款保证)的直接转移;政府预定的收入的扣除或不征收(即税收方面的财政激励);政府对非一般基础设施提供货物或服务,或者购买货物;政府向基金组织或信托机构支付或指示某个私人机构履行上述所列举的、一般由政府行为承担的职能"或 GATT 1994 第 16 条所指出的任何形式的收入或价格支持和"由此而授予的利益"。

《补贴与反补贴措施协议》把补贴分为三大类,即禁止的补贴、可申诉的补贴和不可申诉的补贴。并且反补贴措施的确定与实施包括反补贴调查、就业损害的确认和达成补救承诺、征收反补贴税等。

（2）反补贴措施的种类与实施

①采取临时措施。如果反补贴调查当局初步肯定存在补贴，且对进口成员方国内产业已造成实质性损害或严重威胁，为防止在调查期间继续造成损害，可采取临时措施，采用临时反补贴税的形式。临时反补贴税由初步确定的补贴额所存交的现金存款或债券来担保。临时措施自发起调查之日起 60 天以后才可实施；实施临时措施应限定在尽量短的时期内，不得超过 4 个月。如果最终确认了损害，或在认定损害威胁的同时又认定在不采取临时措施，其影响肯定会导致损害时，对于本应实施临时措施的那一段时期可以追溯征收反补贴税。若最终认定的反补贴税额高于原现金存款或债券所担保的余额，超出部分不应再征收；如低于原现金存款或债券所担保的金额，对于多收部分应尽快地退回。若反补贴调查的最终结论是否定的，则在执行临时措施期间所提交的现金存款或债券担保都应尽快退回。

②补救承诺。如果在反补贴调查期间出现下述情况，反补贴调查可停止或中止。第一，出口成员方政府同意取消补贴，或采取其他措施；第二，出口商同意修正其价格，使调查当局满意地认为补贴所造成的损害性影响已消失。这样就算达成了"补救承诺"。补救承诺达成后，反补贴调查应停止或中止。补救承诺可以由出口成员方提出要求，也可以由反补贴调查当局提出建议，但不能强迫出口商承担这一承诺。补救承诺的期限不得长于反补贴税所执行的期限。

③反补贴税。如果反补贴调查最终裁定存在补贴和产业损害，进口成员方当局便可决定对受补贴进口产品征收反补贴税，但它不得超过经确认而存在的补贴额，且应无歧视地征收。但对于已撤回的补贴或已按本协定规定作出承诺的供应国的出口产品应给予例外。

反补贴税的执行期限只能以抵消补贴所造成的损害所必需的时间为准，执行期限不得长于 5 年。如调查当局通过调查确认有"充分理由"继续执行，则可适当延长期限。

（3）有关发展中成员方和转向市场经济国家的补贴措施

发展中国家成员方可以在《补贴与反补贴措施协议》生效后的 8 年内，以渐进的方式消除出口补贴，但不能提高现有的补贴水平。在 8 年期满后，仍要实施时，应提前一年与"补贴与反补贴措施委员会"磋商，在获得批准后，方可继续；否则，应在 8 年期满后的两年内取消所遗留的出口补贴。

如果发展中国家成员方的受补贴产品连续两年在世界贸易中取得了3.25% 以上的比重，则出口补贴应予取消。

　　对发展中国家成员方进行的反补贴,在下述情况出现时,应立即终止。第一,对有关产品的全部补贴水平未超过其单位价值的 2%。第二,有关受补贴进口产品占进口成员方该产品进口总量未超过 4%。另外,正在由中央计划经济向市场、自由企业经济过渡的成员方,可以在《补贴与反补贴措施协议》生效后的 3 年内继续实施某些"被禁止使用的补贴措施"而不受反对。若有必要还可以向"补贴和反补贴措施委员会"要求适当延长免责期限。

　　2. 世界及我国面临的反补贴调查状况

　　(1)世界反补贴调查状况

　　比较图 8-6 和图 8-9,可以明显看出,在全球范围内,反倾销的发生频率远远大过反补贴。反补贴的调查案件数量一直处于相对较少的状态,与反倾销相比,反补贴有其独特之处,它涉及国家政治因素,不仅针对企业行为,而且针对政府行为,因其取证困难、判断标准模糊、技术性要求高、调查程序复杂,故较少被各国采用。全球反补贴调查最多的一年是 1999 年,达到峰值 41 起,但是仅占当年反倾销调查数量的 11.5%。自 2005 年出现谷值 6 起后,反补贴调查数量出现逐年上升趋势,2008 年发起 16 起,2009 年发生 28 起调查。这种上升的走势与2007 年美国"次级房贷危机"引发的金融危机有着密切的联系,见图 8-9。

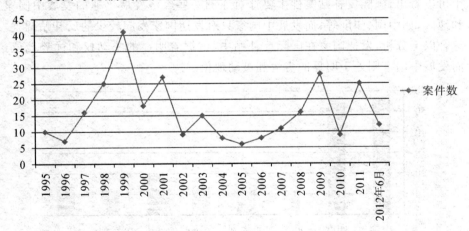

图 8-9　1995—2012 年 6 月全球发起反补贴调查案件数

数据来源:http://www. WTO. org。

　　从发起反补贴调查的主要国家和地区来看,发起反补贴调查的主要是五个成员方:美国、加拿大、澳大利亚、欧盟、南非。美国、欧盟和加拿大是最主要的发起方,发起反补贴调查的数目占总数的 73.1%,其中美国占 40.5%,见图 8-10。

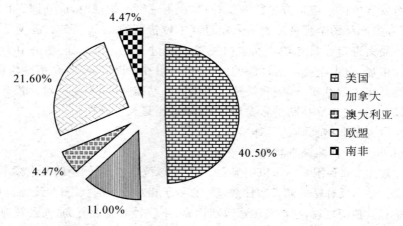

图 8-10 发起反补贴调查的主要国家和地区所占比重

数据来源：http://www.WTO.org。

从反补贴调查的对象来看，在 1995 年至 2009 年上半年期间，被调查最多的是印度，其次为中国、韩国、意大利、印尼、欧盟、美国、泰国。另外，从图8-11中可以看出，国际反补贴案件主要针对亚洲一些经济发展迅速的发展中国家和地区，如中国、印度等；而发展中国家只对发达国家发起较少的反补贴调查。综合以上分析，发达国家在国际反补贴中，占据着明显的主动权和优势地位，而发展中国家则处于明显的劣势和被动地位。

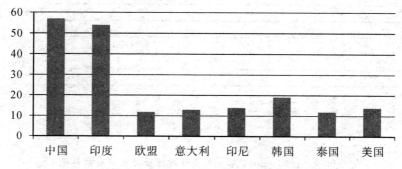

图 8-11 1995 年至 2012 年 6 月被调查方的案件数

数据来源：http://www.WTO.org。

（2）我国遭受反补贴现状

从我国遭受反补贴调查的总体情况来看，我国遭受反补贴调查与反倾销调查的情况略有不同，见图 8-12。1995 年至 2003 年间，中国没有遭受过来自国外的反补贴调查。但是,2004 年加拿大首先对中国发起的三起反补贴调查却宣告中国出口产品面临着除反倾销以外的另一种贸易救济措施的新威胁。截至2012 年 6 月底,国外一共对华发起了 57 起反补贴立案调查,并伴随着反倾销调查,我国面临的国际反补贴形势愈来愈严峻。自 2007 年起,中国遭受反补贴的数量呈快速增长之势,连续三年成为全球遭受反补贴调查最多的国家,占全球反补贴调查数量的七成以上,也就是说全球每发起 10 起反补贴调查,其中就有 7 起针对中国产品。直到最近三四年,我国遭受反补贴调查的数量才出现下滑趋势。

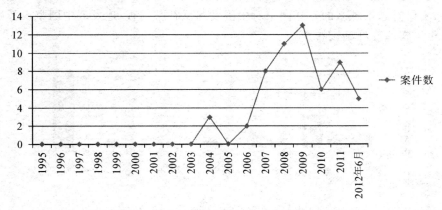

图 8-12　1995—2012 年 6 月国外对我国发起反补贴案例数

数据来源:http://www.WTO.org。

虽然我国从 2004 年才开始遭受反补贴调查,却一直是遭受反补贴调查的主角。我国遭受反补贴调查的数量占全球反补贴调查的比重相当大。详见图 8-13。

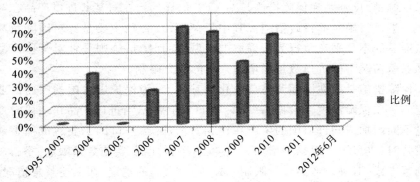

图 8-13　1995—2012 年 6 月中国遭受的反补贴调查占全球反补贴调查比例

数据来源:http://www.WTO.org。

从反补贴调查发起方来看,对中国发起反补贴调查的有 7 个成员方:美国、加拿大、澳大利亚、欧盟、墨西哥、南非以及印度。详见图 8-14。美国和加拿大是最主要的两个发起方,在 2004 年至 2012 年 6 月底期间发起的反补贴调查占对华反补贴调查总数的 79%。其中,美国从 2006 年 11 月开始对华发起反补贴调查,仅仅 5 年多的时间就发动了 32 起调查,平均每年近 7 起。值得注意的是,中国最大的贸易伙伴欧盟也于 2010 年 4 月首次对中国铜版纸进行反补贴调查。不得不说,中国目前面临着前所未有的严峻的反补贴调查形势,不仅有越来越多的发达国家对中国发起反补贴调查,连发展中国家也开始对中国实施反补贴调查。

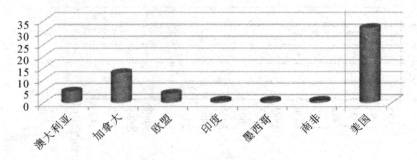

图 8-14 对我国发起反补贴调查的主要国家和地区

数据来源:http://www.WTO.org。

(三)保障措施规则

1. 保障措施的定义

反倾销、反补贴和保障措施是 GATT 倡导的旨在对某些进口产品在非歧视条件下进行限制的行政措施。其中反倾销、反补贴主要是针对国际贸易中进口产品的不公平竞争行为所采取的限制,而保障措施则是针对某些产品在公平竞争情况下因进口数量猛增而采取的紧急限制。

保障措施是指在国际贸易自由化的基础上,为保护进口国的国内产业而规定的一项保障制度。根据 GATT/WTO 的规定,当进口产品在一段时期内数量不断增加或同进口国的生产相比相对增加,给进口国工业造成损害或损害威胁时,进口国可以采用增加关税、实行关税配额、实施数量限制、举行多边谈判等方式,对进口产品进行限制。按照 GATT 的规定,在上述紧急情况下,允许该国政府对于进口产品的全部或部分暂停实施其根据 GATT 所应承担的义务,或者撤销、修改其关税减让承诺等。采取保障措施的条件是:只有当进口国确定输入其国境的那类产品与国内生产相比绝对或相对地大量增长，并对国内生产相同产品或直接竞争产品的工业造成严重损害或严重损害威胁时，方可对该产品采用保障措施。

2.《保障措施协议》(Agreement on Safeguards)的产生

保障措施是 GATT 最重要的条款之一，是国际贸易制度的要素之一。该条款犹如一个安全阀，使得缔约方在特殊情况下可以背离总协定一般规则，即通过免除该缔约方所承诺的义务，达到保护其国内相关产业的目的。由于保障措施可以背离总协定的一般规则，因而可能会不同程度地影响到总协定的稳定性。为了抵消或减少它带来的不利效果，第十九条第 2 款要求缔约方政府在采取行动之前，应以书面形式通知缔约方全体，使缔约方全体与有实质利害关系的缔约方有机会就拟采取的措施进行协商。在紧急情况下，不经协商可以单方面采取行动，但事后必须立即协商。如果事先协商不能达成协议，拟采取措施的缔约方可自由地采取保障措施。但受到影响的缔约方经缔约方全体的同意可以对采取保障措施的缔约方实行报复，暂停对该方大体上对等的减让或其他义务(第 3 款)。同时，第 19 条还强调缔约方采取的保障措施应与防止或补救进口产品造成的损害一致。尽管如此，仍难以防止或限制保障措施被滥用。在实践中，存在着缔约方各行其是、滥用或绕开第 19 条的情况。为了重申总协定的纪律，维护总协定的权威性，1973 年 9 月开始的东京回合谈判将保障问题正式纳为重要议题，希望通过新一轮的谈判，建立一套多边保障体系。到 1994 年 4 月乌拉圭回合谈判各缔约方才就保障问题达成了协议。

3.《保障措施协议》相关内容

(1)保障措施实施的条件

WTO《保障措施协议》规定，保障措施只准在防止和救济严重损害以及调整必需的时间内使用，其期限不得超过 4 年。按照该协定规定的程序必须予以延长的，一项保障措施的全部适用期限，包括任何临时措施的适用期、最初适用期及其任何续展期，不得超过 8 年。在一段时间内已适用过某项措施的某一进口产品，除非不适用期限以后至少两年，否则不得再次适用保障措施；但是如果对一进口产品采用某保障措施至少一年，并且在采用该保障措施之日前的一年内，对这种产品适用的保障措施未超过 2 次以上的，则期限等于180 天或少于 180 天的保障措施可再次适用。另外，关于保障措施的协定还规定，一个发展中的缔约方可以将保障措施的最长适用期延展两年，并且对于在至少一年内已适用过某项保障措施的某一进口产品再次适用该保障措施。GATT

的缔约方实施保障措施时,应在非歧视原则的基础上进行,即一缔约方根据国际公约或条约规定的理由采用保障措施时,也应当适用于所有有关的其他缔约方。

（2）保障措施的实施程序

《协议》首次规定了开始实行保障措施的程序规则,第3条第1款要求进口方的主管当局只有经过调查,才能实行保障措施。这种调查应包括向所有利害关系方发出合理的公开通知和举行听证会,或采取其他合适的方法,使进口商、出口商以及其他利害关系方能提出证据和他们的看法,包括有机会对他方提出的意见作出评述并提出他们对实行保障措施是否符合公共利益等问题的看法。关于调查的结果,进口方主管当局应公布一份报告,说明他们的调查结果和就所有相关的事实和法律问题得出的合理结论。这一规定可以防止实施过程中的随意性。

另外,第3条第2款还就调查中涉及的材料进行了规定,强调材料应尽可能地公开。对于保障措施的执行方式,按照《协议》第5条第1款规定,采取数量限制的方式仍可被采用。此类措施不得把进口量降至统计数据表明有代表性的前三年的平均进口水平,但有明确的正当理由说明需要采纳不同的限额以防止或补救严重损害的情况除外。根据《协议》第13条的规定,WTO正式成立了保障委员会。该委员会将监督和审查《协议》的执行情况以及了解各缔约方采取保障措施的情况。这对确保多边保障体系的权威性、稳定性是有重要作用的。

（3）《保障措施协议》中的优惠措施

《协议》为发展中国家提供了一定的优惠措施。这主要体现在如下几个方面:①对于来自发展中国家成员的产品,只要其有关产品的进口份额在进口成员中不超过3%,就不得对该产品实施保障措施,但是进口份额不超过3%的发展中国家成员份额总计不得超过有关产品总进口的9%（第9条第1款）;②发展中国家成员应有权延长实施保障措施的期限,即在一般最长期限8年的基础上另增加2年,这样使发展中国家有更多的时间去对受损害的产业进行调整;③发展中国家还有权对同一产品再次采取保障措施,只要该措施是在经过相当于过去措施期限半数的时期之后,并且不少于2年即可。这为发展中国家提供了更好的救济本国产业的机会。

四、特定产品贸易规则

（一）农产品贸易规则

在国际贸易中,农产品贸易是一个极为敏感复杂的问题。因为它涉及国计民生,同国家经济社会安全与发展的基本战略密切相关。长期以来世界各国都在实施名目繁多的农业政策,并对进口农产品实施高关税和非关税措施,而GATT原来的有关农产品贸易规则允许各缔约方利用非关税措施对农产品实施保护,比如进口配额、补贴等,导致农产品的贸易秩序极不规范。在乌拉圭回合多边贸易谈判中,经过各方共同努力,终于达成了《农业协议》,使"偏离"贸易自由化轨道的农产品贸易重新回归到多边贸易体制的约束之下。

《农产品协议》主要涉及市场准入、国内支持和出口补贴三个领域,要求WTO各成员遵守这些新的规则和承诺。

(1)削减农产品市场准入壁垒,维护公平竞争

这是通过逐步降低关税税率和削减进口数量限制等非关税壁垒来实现的。第一,取消非关税措施,将其关税化。对于征收正常关税的农产品,按承诺税率实施减让;对于实施非关税措施的农产品,则先"关税化",然后再削减。第二,削减农产品进口关税。协议规定,发达国家将在协议实施期的6年内平均削减关税36%,发展中国家在10年内平均降低15%,发展中国家不低于10%,最不发达国家不承担任何义务。第三,制定了关税化后要保证一定程度进口量的"最低市场准入机会"规则。

(2)进一步规范国内支持措施

农产品贸易中长期存在着各国尤其是发达国家对农业生产的各种形式的补贴,即国内支持,这是造成农产品贸易扭曲的又一重要因素。新协议原则上把补贴(国内支持)划分为两大类:绿色补贴(也称绿色政策),即没有或只有微小的贸易扭曲影响,可免于削减义务;黄色补贴,即具有贸易扭曲性因而属于削减范围内的国内农业支持。前者包括政府服务,诸如研究、病虫害控制、基础设施及粮食安全等不刺激生产的对农民的直接支付,诸如与生产不挂钩的直接收入支持、帮助农民进行农业结构调整的援助以及环境和区域援助计划中的直接支付等。协议对这类国内支持,并没有一概加以限制。但对后者,协议规定,各成员政府对国内生产者提供的国内支持,发达国家必须在1995年起的6年内削减20%,发展中国家在10年内削减13.3%,最不发达国家无须削减。

(3)逐渐削减产品出口补贴

在出口补贴方面,协议要求WTO成员不仅要削减用于补贴的资金金额,而且还要削减接受出口补贴的产品数量。以1986—1990年的平均量作为基期量,发达国家同意在从1995年起的6年时间内削减出口补贴额的36%,同期的出口补贴的产品数量削减21%;发展中国家在10年时间内补贴金额和

补贴出口量分别削减 24％和 14％；最不发达国家无须进行任何削减。

农产品贸易改革是一个复杂而漫长的过程，《农产品协议》只是为此迈出了第一步。澳大利亚联邦政府农业和资源经济局 1999 年公布的《WTO 农业谈判：市场准入》报告中，在分析了 1994 年乌拉圭回合谈判所达成的农业领域自由化协议所带来的影响后，发现全球农产品贸易中严重的贸易壁垒依然如故。[①] 该研究报告认为，在即将举行的新一轮谈判中寻求一种系统的措施来保证已经取得的市场准入成果是非常有必要的。值得指出的是，除了传统的阻碍市场准入问题外，一系列新的议题正成为农产品贸易中的焦点，如食品的安全、国有贸易公司的作用、基因工程作物（CMOS）以及劳工和环境标准等，特别是基因工程[②]作物的贸易对整个现行的农产品贸易具有潜在的巨大影响。可以预计，农产品贸易问题仍将是即将开启的新一轮多边贸易谈判的重点，有关市场准入、国内支持和出口补贴等规则将得到进一步补充和完善，而基因工程作物的市场准入以及与农业有关的环境、卫生和安全等将可成为新增的谈判内容。[③]

（二）纺织品和服装贸易规则

1.《纺织品与服装协议》（Agreement on Textiles and Clothing，简称 TAC）的产生

纺织品与农产品一样，是 GATT 体制中争议最激烈的问题之一。由于来自纺织业和服装行业的强大保护压力，发达国家提出，来自发展中国家的低成本纺织品和服装造成了发达国家国内市场竞争的混乱，从而使纺织品和服装贸易自 20 世纪 50 年代后逐步脱离了 GATT 的轨道。此后，纺织品及服装贸易先后由国际棉纺品短期安排、长期安排以及 1974 年后至乌拉圭回合前的《多种纤维协定》（MFA）加以规范。MFA 在以后的几次延长中，将受限品的范围不断扩大，限制措施也日趋严格。大部分纺织品及服装贸易就受制于按 MFA 谈判所达成的双边配额。纺织品和服装贸易自由化对发展中国家的利益至关重要。发展中国家为消除 MFA 带来的不利影响进行了长期的努力，并将其纳入乌拉圭回合谈判的议题之中。经过艰苦谈判，《纺织品与服装协

---

① 主要是指农产品绿色贸易壁垒。

② 又称基因拼接技术和 DNA 重组技术，是以分子遗传学为理论基础，以分子生物学和微生物学的现代方法为手段，将不同来源的基因按预先设计的蓝图，在体外构建杂种 DNA 分子，然后导入活细胞，以改变生物原有的遗传特性，获得新品种、生产新产品。

③ 资料来源：http://www.chinameat.cn/html。

议》终于作为乌拉圭回合的一揽子协议得以签署和生效。[①]

2.《纺织品与服装协议》的主要内容

《纺织品与服装协议》的基本原则是,以《多种纤维协议》为基础,将纺织品与服装贸易分阶段地纳入多边贸易体系之中。协议还要求对最不发达国家在纺织品贸易方面的利益给予特殊考虑。纺织品与服装十年贸易自由化的方案是:分四阶段将其最终全部纳入 GATT 规则。协议规定,在前三个阶段中,每一阶段取消配额限制的产品都必须包括毛线和纱线、纤维、纺织制成品和服装这四类产品中的每一类。具体进程如下:第一阶段(1995 年 1 月 1 日至 1997 年 12 月 31 日),以 1990 年为基期,不少于 1990 年总进口量 16％的产品配额限制被取消;第二阶段(1998 年 1 月 1 日至 2001 年 12 月 31 日),不少于 1990 年进口总量 17％的产品配额限制被取消;第三阶段(2002 年 1 月 1 日至 2004 年 12 月 31 日),不少于 1990 年进口总量 18％的产品配额限制被取消;第四阶段(2005 年 1 月 1 日),取消余下的所有产品的配额限制,使纺织品和服装贸易完全融入 GATT。[②]

3.过渡期保障机制

在纺织品与服装贸易逐步自由化的过程中,随着进口限制的减少,某些长期受配额保护的市场可能会受到冲击。为了使各成员(主要是进口方市场)在过渡期内纺织品贸易能够较为平稳地发展,不至于造成严重的危害,《纺织品与服装协议》规定了一个过渡期保障机制。根据规定,当某一产品确实已进入一国境内,且其增加的数量已造成对该国境内工业生产造成严重损害或实质性威胁时,则可采取过渡期保障措施。保障措施既可以通过磋商后达成的协议实施,也可以单方面实施,但需要由纺织品监督机构(TMB)审议。

(三)信息技术贸易规则

《信息技术协议》(Agreement on Information Technology)是 WTO 成立后新达成的协议。为在全球信息技术产业中消除关税,实现贸易自由化,美国首先提出签订信息技术协议。该协议于 1996 年 12 月在新加坡召开的第一届 WTO 部长会议上得到原则批准,并决定如果到 1997 年 4 月 1 日前加入该协议的代表方的信息产品贸易额达到全球信息产品贸易额的 90％,协议即生效。至 1997 年 3 月 26 日,共有 41 个代表方参加了该协议,它们在全球信息

---

① WTO 专门设立纺织品监督机构,负责监督《纺织品与服装协议》的实施,发挥调节和准司法的作用。

② 资料来源:国际采购网。

产品贸易额中约占 92.5％,因此该协议生效。此协议类似于诸边贸易协议,只对缔约方适用,非 WTO 成员也有参加的。

协议规定,参加方在 1997 年 4 月 1 日至 2000 年间(有些参加方获准至2005 年)分 4 步取消计算机硬件、软件、芯片、通讯设备、电容器、数字照相机、光纤电缆、半导体、科学仪器等约 200 种信息产品的关税,每一阶段减少25％。该协议不涉及电视机、电冰箱、洗衣机等家用电器。

(四)政府采购规则

政府采购协议由修改后的东京回合《政府采购协议》和《关于加入政府采购协议的决定》两个文件构成。

《政府采购协议》由前言、24 个条款及 4 个附录组成。主要内容包括:适用范围和领域、合同估价、国民待遇和非歧视待遇、发展中国家的特殊与差别待遇、技术规格、招标、透明度、资料提供与缔约方及实体义务的审议、机构、磋商与争端解决、例外及最后条款等。

协议的基本原则是国民待遇和非歧视待遇。在政府采购中,外国的供应者和货物及服务所享受的待遇不得低于本国的供应者和货物及服务的待遇。协议对投标程序及时限、招标技术规格的采用、合格供应者的条件、中标及后续情况等作了比较详细的规定。

协议要求参加方制定更为透明的政府采购法律规章和程序。协议还要求各参加方的中央政府实体采购的货物与服务合同价在 13 万特别提款权以上,地方政府实体采购的货物与服务合同额一般在 20 万特别提款权左右,公用事业采购额一般在 40 万特别提款权左右,建筑合同采购额在 500 万特别提款权左右;应遵守非歧视性的国民待遇原则,对本国供应者、外国供应者一视同仁,可采取招标方式进行采购。但政府在采购武器、弹药、军用物资、国家安全所需要的物资时,不在此范围之内。协议第 3 条特别规定了发展中国家的优惠待遇,即允许发展中国家在磋商的基础上,在政府采购时可不受该协议的约束。

附录一包括 5 个附件,详细列出各个成员方适用本协议规定的三类政府采购实体名单和有关采购合同的最低金额。《关于加入政府采购协议的决定》由 2 条组成,它提请 WTO 政府采购委员会澄清一些规定和加入该协议的要求。有兴趣加入的成员要与现有缔约方进行磋商,然后将成立加入工作组,审议申请方提出的适用范围,以及申请方在现有缔约方市场的出口机会等情况。

(五)国际奶制品协议

《国际奶制品协议》由前言、8 个条款及《某些奶制品附件》构成,主要内容有目标、产品范围、资料和市场监督、国际奶制品理事会的职能及参加方之间的合作、粮食援助及正常商业之外的交易及附件、协议的管理、最后条款等。协议在认识到奶制品的生产、贸易和消费对许多国家经济发展的重要性的基础上,确立其宗旨是在市场条件尽可能稳定的条件下,以进出口国家互利为原则,扩大奶制品贸易及其自由化,促进发展中国家的社会和经济发展。

《国际奶制品协议》的产品范围包括奶和奶油、黄油、奶酪、奶粉、酪素等 7 个协调编码税则号的奶制品。协议规定成员方必须定期并及时向国际奶制品理事会提供奶制品的生产、消费、价格、库存和贸易的以往实绩、现在状况及前景等信息。各成员方还应提供有关国内政策和贸易措施及其变化的情况,以便理事会更好地监督和评估总体及各项具体奶制品的世界市场状况。若理事会认为,国际奶制品市场状况出现严重失衡或受到威胁,则可以寻求适当的解决办法。

协议规定成立国际奶制品理事会,作为咨询、估计市场形势、编制预算、汇总协议执行情况等的工作机构,参加方必须向理事会提供有关资料和情报。

协议附件,即《某些奶制品附件》,又包括 3 个附录(参考地点清单、按奶制品含量确定的价差表、奶粉加工和控制措施登记表),主要就奶制品的国际价格水平和有关国别管理措施作了规定。该附件对列入范围的产品规定了最低限价,参加方应采取措施使出口价格不低于最低限价。规定最低限价时应考虑当时市场的情况、生产国的实际价格,确保该价格对消费者来说是合理的,并使生产者维持最低限度的收益,以稳定其长期供应计划。考虑到上述计算价格和各种因素,每年应至少调整一次价格。该协议向所有国家和单独关税区以及欧洲联盟开放,用签字或其他方式接受。

该协议有效期为 3 年,若理事会未另作决定,则按每 3 年一期自动延长。

(六)国际牛肉协议

《国际牛肉协议》由序言、6 个条款及 1 个附件组成。内容包括:目标、产品范围、资料和市场监督、国际肉类理事会的职责和参加方之间的合作、协议的管理与最后条款等。

协议认为牛肉及牲畜的生产和贸易在许多发展中国家经济中具有重要性。制定协议的宗旨是逐步消除世界牛肉及牲畜贸易的障碍和限制,改进对生产与消费者以及进口与出口都有利的世界贸易框架,促进牛肉和牲畜市场的稳定扩大和进一步自由化。

《国际牛肉协议》的产品范围包括牛肉、小牛肉和活牛等 15 个协调编码税则号的产品。协议规定成立市场行情情报系统,确立对该领域内重要事务的讨论、磋商程序。

协议规定成立肉类国际理事会,任务是定期研究和估计市场形势、编制预算和咨询。参加方除了需提供国内政策、贸易措施和贸易协定方面的资料外,还应定期提供有关生产、消费、价格、库存和贸易方面的以往实绩、现在状况和前景等信息。如果理事会认为,国际牛肉市场出现严重失衡或受到威胁,则可以通过与成员方磋商寻求适当的解决办法。

该协议的有效期及开放状况与《国际奶制品协议》相同。

该协议附件为《产品范围》,列出了协议规定的产品范围的协调编码税则号。

（七）民用航空器贸易协议

《民用航空器贸易协议》由序言、9 个条款及 1 个附件组成。主要条款包括:产品范围,关税和其他费用,技术性贸易壁垒,政府指示的采购、强制分包合同和引诱性条件,贸易限制,政府支持、出口信贷和航空器销售,区域和地方政府,监督、审查、磋商和争端解决及最后条款等。

《民用航空器贸易协议》认为民用航空器部门是成员方经济和产业政策的一个特别重要的组成部分,具有不可忽视的经济和贸易利益。制定协议的目的在于通过取消关税和非关税壁垒来实现民用航空器、设备及其零部件贸易的最大限度的自由化。

《民用航空器贸易协议》的产品范围包括除军用航空器以外的一切民用航空器的发动机、零部件、配件和地面飞行模拟机及其零部件。协议的内容主要有:①缔约方应取消对上述产品进口所征收的一切关税和其他费用;②《技术性贸易壁垒协议》和《补贴与反补贴措施协议》的各项规定适用于民用航空器贸易;③民用航空器购买者根据商业和技术因素,在竞争性价格、质量和交货条件的基础上可以自由选择供应者;④各参加方不得用与《GATT》相抵触的方式限制民用航空器的进口。

该协议规定成立由各成员方代表组成的民用航空器贸易委员会,其任务是监督协议的执行情况,编制上一年的工作概况报告以及向协议参加方通报民用航空器市场状况。该协议开放状况也与《国际奶制品协议》相同。

本章小结

（1）货物贸易就其发展的状况来看,虽然期间有所波动但是总体上呈上升的趋势。

（2）世界各国为了维护共同的贸易利益，通过协商而签订的 GATT 对货物贸易提出的约束规则，为世界经济的发展带来了巨大的保障。

（3）关税是 WTO 允许其成员使用的保护国内产业的重要政策工具。从 GATT 到 WTO 都一直致力于削减关税。经过多边贸易体制下的八轮谈判，全球关税水平逐步得到较大幅度的降低，从战后初期平均 45% 左右降到了目前的 5% 左右，大大提高了市场准入程度。

（4）约束非关税壁垒的规则主要包括海关估价规则、装运前检验规则、进口许可证规则、技术性贸易壁垒规则、原产地规则、动植物卫生检疫措施规则。这些规则对世界货物贸易在诸多方面都给予了原则上的规定。

（5）"贸易补救措施"这部分对反倾销规则进行了阐述，具体说明了倾销构成的要件和进行反倾销的主要程序。《反倾销协议》构成了贸易补救措施规则的主要部分。此外，这部分中还对反补贴规则、保障措施规则进行了介绍。

（6）特定产品贸易协议主要涉及农产品贸易、纺织品和服装贸易、信息技术贸易、政府采购、国际奶制品贸易、国际肉制品贸易和航空器材贸易等。这部分是对整个货物贸易规则的重要补充，使货物贸易规则更加完整，涵盖的内容更加丰富。

本章案例

案例一：挪威、丹麦与比利时关于国内税收规定的纠纷

一、案件的基本过程

1951 年 9 月 19 日，挪威和丹麦向 GATT 申诉，要求就比利时的国内税收规定做出裁决。比利时对政府机关购买进口产品征收特别税（一种国内税），但有一个例外，即当该产品在其生产国实行了与比利时相同的家庭补贴计划时可免征特别税。这一规定是在比利时加入 GATT 前制定的，瑞士享受了这一免征特别税的待遇，但其实际原因不是瑞士实行了所谓"家庭补贴计划"，而是瑞士向比利时提供了某些贸易优惠。这一做法当时并未引起争议直到比利时加入 GATT。

挪威和丹麦提起申诉时认为，比利时给某些成员免税，不给其他成员免税的做法违反了《GATT 1947》第 1 条，也不符合"临时议定书"对已有法律保留的条件。

1952 年 10 月，大会把问题提交给了专家组解决。专家组的意见是：

第一，比利时的税收是国内税，应当适用《GATT 1947》第 3 条；但《GATT 1947》第 1 条所说的最惠国待遇也适用于第 3 条提到的措施，其中就包括禁止歧视性税收。

第二，"临时议定书"提到的法律保留不适用于歧视性国内税收，只适用于一国加入 GATT 前强制性的立法，而比利时的上述规定不是强制性的法律。

比利时政府的做法不符合 GATT 最惠国待遇条款及原则。

二、法律分析

本案主要涉及两个法律问题，即"临时议定书"中有关法律保留的适用范围及 GATT 最惠国待遇原则的无条件性如何体现。

本案中最惠国待遇的适用对象瑞士、丹麦和挪威都是 GATT 成员，理应享受同等的非歧视的税收待遇，但实际情况是比利时以丹麦、挪威未给予比利时贸易优惠作为前提条件，拒绝向后两个国家施惠，这有违总协定"无条件"最惠国待遇的初衷。

案例二：中美轮胎特保案——针对中国最大的特保案

一、案情简介

2009 年 4 月 20 日，依照美国《1974 年贸易法》"第 421 条款"，美国钢铁工人协会向美国国际贸易委员会提出了针对中国输美商用轮胎的特殊保障措施案申请。

2009 年 6 月 29 日美国国际贸易委员会(ITC)以中国轮胎扰乱美国市场为由，建议美国在现行进口关税(3.4%～4.0%)的基础上，对中国输美乘用车与轻型卡车轮胎连续三年分别加征 55%、45% 和 35% 的从价特别关税。根据程序，2009 年 9 月 11 日，美国总统巴拉克·奥巴马决定针对中国轮胎特保案，实施限制关税，为期三年。美国总统奥巴马在北京时间 2009 年 9 月 12 日宣布，对从中国进口的所有小轿车和轻型卡车轮胎实施为期三年的惩罚性关税。白宫发言人罗伯特吉布斯说，对从中国进口轮胎实施的惩罚性关税税率第一年为 35%，第二年为 30%，第三年为 25%。

二、裁定结果

2010 年 12 月 13 日，WTO 驳回中国提出的美国对其销美轮胎征收反倾销惩罚性关税的申诉，仲裁小组表示美国在 2009 年 9 月对中国销美轮胎采取"过渡性质保护措施"征收惩罚性关税未违反 WTO 规定。2011 年 9 月 5 日，WTO 裁定中国败诉。

"特定产品过渡性保障机制"和"特殊保障措施"，因中国产品出口至

WTO 成员且严重损害其相关产业时,可单独针对中国使用。从中国入世开始实施,有效期为 12 年,至 2013 年 12 月 11 日结束。

三、各方观点

根据这种情况,中国也作出了果断的回应。中华人民共和国商务部 2009 年 9 月 13 日毅然做出决定,对美国部分进口汽车产品和肉鸡产品启动反倾销和反补贴立案审查程序。中国政府 2009 年 9 月 14 日正式就美国限制中国轮胎进口的特殊保障措施启动了 WTO 争端解决程序。

商务部新闻发言人姚坚在 2009 年 9 月 12 日就此发表谈话时指出:"美国的做法是严重的贸易保护主义行为,此举不但违反了 WTO 规则,也违背了美在 G20 金融峰会上的有关承诺,中方将保留包括诉诸 WTO 在内的一切正当权利。"

外交部发言人姜瑜表示:"美方不顾中方严正立场,决定对中国输美乘用车轮胎产品采取特保措施,我们对此表示强烈不满和坚决反对。美方这一做法违反了其在 20 国集团金融峰会上作出的有关承诺,是对贸易救济措施的滥用,是严重的贸易保护主义行为,将给中美经贸合作造成损害,也不利于推动世界经济早日复苏。"

美国轮胎工业协会执行主席罗伊利特菲尔德表示,这一决定不会促进美国就业,只会让轮胎生产商将厂房转移到其他低成本的国家。美国贸易组织副总干事哈拉在接受一家中国媒体采访时表示,美国政府的举动可以说是一项限制性的措施。对中国进口轮胎加征关税,对问题的解决毫无帮助,对贸易往来也没有什么益处。美国罗格斯大学经济学教授托马斯·普吕萨对新华社记者说,美国借助轮胎特保措施每保住一个就业岗位,结果将会损失 25 个就业岗位,美国总计将因此损失 2.5 万个就业岗位,这种保护主义行为对当前失业率居高不下的美国劳动力市场是雪上加霜。美国康奈尔大学贸易政策教授埃斯瓦尔·普拉萨德说,奥巴马这一带有保护主义色彩的举措是一个"危险的策略",奥巴马为了让几个工会组织满意,却将中美关系推到争端加剧的危险阶段。普拉萨德指出,如果中美间的贸易摩擦升级,就有可能破坏全球贸易体系,并使全球经济刚开始出现的脆弱复苏夭折。

案例三:奥康鞋业反倾销案

一、案情简介

2004 年 12 月,意大利制鞋协会正式向欧委会提出申诉,要求针对中国出口到欧盟的所有鞋类产品进行反倾销调查。

　　2005 年,欧盟委员会参照巴西皮鞋生产成本,由于当时中国的制鞋成本明显低于巴西,认定从中国进口的皮鞋形成倾销,决定对此征收反倾销税。2006 年 10 月 7 日,欧盟正式启动对原产于中国的皮鞋产品征收为期两年 16.5％的反倾销税,中国涉案企业总数达到 1 200 多家。

　　面对欧盟对华最大的反倾销案例,在大多数企业沉默之时,奥康等中国民营制鞋企业在沉默中爆发,宣布联合起诉,积极应对这场反倾销案,2006 年 12 月 28 日,奥康鞋业等企业的上诉材料,被正式递交至位于布鲁塞尔的欧盟法院。欧盟法院也正式受理了中国鞋企的诉讼请求,欧盟对中国发起诉讼调查后,有 150 多家企业应诉,欧盟委员会启动了 WTO 法和欧盟法都承认的抽样调查程序,抽查了出口量排在前 13 名的企业。

　　抽样调查的含义是,欧委会对这 13 家企业的调查结果适用于其他被调查企业,反倾销税的计算依据为抽样企业的倾销幅度的加权平均值。后欧委会选择了第三方参照国巴西的三家企业的数据作为"正常价值"。《欧盟反倾销条例》关于抽样的第 17 条规定是一个比较笼统的条款,欧盟在第三方的选择上有了很大的主观性。而根据关于市场经济地位的第二条规定,要求对每一家企业的"市场经济地位"问题都要做出审核。欧盟只抽取 13 家,既做倾销调查又做"市场经济地位"调查,这种做法是不合理的。在程序上,欧委会要求所有当事人提供市场经济地位证明,但是在调查立案时,欧盟委员会对递交了资料的 140 多家企业没有任何说法,而且在整个调查程序中也没有向奥康或者其他任何非抽样企业作出过关于"不审核市场经济地位"的书面解释。

二、一审结果

　　当地时间 2009 年 11 月 19 日上午,欧委会就是否对中国皮鞋继续延长 15 个月的反倾销税,向成员国征求意见。参与讨论的 27 个成员国中,15 个国家反对延长反倾销税的计划,10 个国家支持,2 个国家弃权。这意味着该提案已被否决。但是,不久,欧盟部长理事会议不顾多数成员国的反对,决定对中国和越南产皮鞋所征反倾销税再延长 15 个月,最迟将在 2010 年 1 月 3 日公布实施。

三、奥康积极应对

　　2010 年 5 月,一审败诉,在其他四家鞋企全部宣布放弃上诉的情况下,唯有奥康毅然决定上诉至欧盟高院。奥康在上诉书中称,欧盟《反倾销法》关于市场经济地位的条款和关于抽样的条款之间没有衔接,而欧盟委员会将这两个条款合并运用有不完善的地方,法院应该有一个明确的解释。

这一次,高等法院支持了奥康的主张,其主要依据有两点：第一个依据是,反倾销法第2(7)条只是一条关于"正常价值"如何确定的法律,而反倾销法第17条是一条关于使用抽样方法确定倾销幅度的法律,两条法律在内容和目的上均不同。此案中,显然欧委会没有回复来自个别企业的单独MET(市场经济待遇)申请,而是直接根据相关法条采用了抽样方法。第二个依据,来自欧盟普通法院对一个同类案件作出的不同判决。2012年2月2日,在香港Brosmann鞋业等与欧盟的一桩诉讼案中,普通法院在其判决书中写道：根据相关法条,欧委会有义务对一位贸易商的MET(市场经济待遇)申请进行审核。"该义务与倾销幅度以何种方法进行计算无关",且必须在调查启动的3个月内执行。

基于上述理由,2012年11月15日,高等法院判决普通法院2010年3月的一审判决是错误的,须驳回;取消相关反倾销税,令欧委会承担双方的诉讼费用。

案例四：土耳其对纺织品与服装的限制争端案

一、案件过程

根据土耳其与欧盟订立的关税同盟协议,土耳其在纺织品与服装产品上与欧盟实行"大体相同"的贸易政策。欧盟根据《纺织品与服装协议》(ATC)对包括印度在内的部分国家的纺织品及服装产品实施了进口数量限制。作为与欧盟建立关税同盟,在纺织品与服装上实行与欧盟"大体相同"政策的结果,土耳其对印度的19个种类的纺织品与服装实行了数量限制。印度因此向DSB申诉土耳其,请求成立专家小组来调查此案。

二、双方陈述理由

印度认为,土耳其实施的数量限制违背了《GATT 1994》第11条"普遍取消数量限制原则"、第13条"非歧视数量限制原则"和《纺织品与服装协议》第2条第4款的规定。土耳其则争辩说,它在成立关税同盟时实施的数量限制符合《GATT 1994》第24条的规定。

三、专家组裁定结果

专家小组经过调查后,在分发的报告中裁定土耳其对印度纺织品与服装实施的数量限制不符合《GATT 1994》第11条"普遍取消数量限制原则"、第13条"非歧视数量限制原则"和《纺织品与服装协议》第2条第4款的规定。专家小组否决了土耳其关于《GATT 1994》第24条令它在与欧盟成立关税同盟后可以违背《GATT 1994》及《纺织品与服装协议》有关规定实行数量限制的辩护。

四、上诉情况

土耳其通知 DSB,对专家小组在法律解释上存在的问题提出上诉。

上诉机构维持专家小组的裁定:在此案中,不能根据《GATT 1994》第 24 条来判定土耳其的数量限制措施是合理的。然而,上诉机构推翻了专家小组对《GATT 1994》第 24 条作出的解释。

辩护方可以根据《GATT 1994》第 24 条认定限制措施是合理的,但必须满足两个条件:

第一,在关税同盟成立时,这样的限制措施必须完全符合第 24 条的规定,特别是符合该条第 5 款及第 8 款的规定;第二,成员必须证明如果成员没有被允许实施这一措施,关税同盟的成立已经受到阻碍。

练习与思考

1. 货物贸易的特点有哪些?
2. 货物贸易发展的主要原因是什么?
3. 货物贸易规则有哪些?
4. 关税应如何分类?

第九章　WTO 的服务贸易规则

本章提要

　　服务贸易的产生与发展都晚于货物贸易,并且是伴随着货物贸易的发展而发展起来的。随着科学技术的不断进步,服务贸易在世界各国都有了突飞猛进的发展。其对各国经济乃至世界经济的发展都起到了至关重要的推动作用。随着世界分工的不断细化,服务贸易的展现形式也变得多种多样。WTO 对服务贸易的规则进行了界定,其中 GATS 就是规定服务贸易规则的主要条款。本章主要介绍了服务贸易的发展现状及 GATS 产生的过程,并介绍了服务贸易的主要规则。

本章结构图

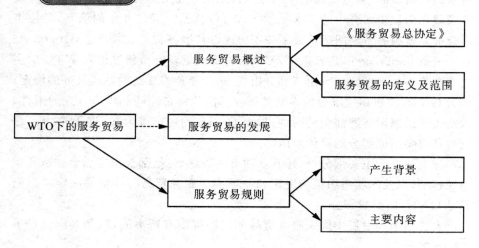

- 了解服务贸易的定义。
- 了解 GATS 产生的背景和过程及其主要组成部分。
- 了解服务贸易的发展现状。
- 重点掌握服务贸易规则的主要内容。

第一节　服务贸易概述

一、GATS 的产生

服务贸易是一国产业发展的标志,当今社会服务贸易的发展是影响一个国家和地区经济发展的重要因素。而服务贸易作为货物贸易的辅助项目,很长时间没有能够形成一个独立的商业领域。直到第二次世界大战后,随着社会经济特别是科学技术的发展,服务贸易日益崭露头角,开始在经济生活中发挥重要的作用,成为与货物贸易并重的国际贸易不可或缺的部分。随着服务贸易的迅猛发展,多边贸易的谈判重点也正从货物贸易转向服务贸易,服务贸易领域在乌拉圭回合中第一次被纳入 WTO 体系。经过 8 年的谈判,乌拉圭回合最终就服务贸易问题达成了一项协议,即《服务贸易总协定》(General Agreement on Trade in Service,GATS),将这一重要贸易领域纳入 WTO 的多边规则管辖之下。GATS 由三部分组成:适用于所有成员的基本义务的协定;作为 GATS 有机组成部分的涉及各服务部门的特定问题和供应方式的附件,以及关于最惠国待遇豁免的附件;根据 GATS 的规定应附在 GATS 之后,并成为其重要组成部分的具体承诺。

除上述 3 个主要部分外,还有 9 项有关决议,包括部长决定和金融服务承诺谅解书,以及四项组织机构决定和一项关于服务贸易与环境的决定。它们都是 GATS 的组成部分。

发达国家和发展中国家服务贸易的发展程度有所不同,但是共同促进了 GATS 的产生。

(一)美国等发达国家积极倡导服务贸易自由化

在经历 1979—1982 年经济危机后,美国在国际货物贸易中赤字日增而在服务贸易领域却占据明显优势,连年顺差。作为世界最大的服务贸易出口国,美国急切地希望打开其他国家的服务贸易市场,通过大量的服务贸易出口来弥补货物贸易逆差,推动经济增长;而各国对服务贸易的不同程度的限制,成为美国利益最大的障碍。因此,美国积极倡导全球服务贸易自由化。

(二)发展中国家逐步参与到关于服务贸易规则的谈判中来

服务贸易中的许多部门都是一些资本和知识密集型行业,发展中国家的这些部门发展尚未成熟,在国际竞争中往往处于劣势;有的服务行业还涉及国家主权、机密和安全。因而,发展中国家在政治经济发展均不成熟的时候自然不愿意支持服务贸易的自由化。但是随着发达国家在服务贸易谈判问题上的认识逐步统一,发展中国家坚决抵制服务贸易自由化的立场也有了改变。

一些新兴的发展中国家和地区某些服务业取得了相当的优势,它们希望通过谈判扩大本国或本地区优势服务的出口。另外一些发展中国家一方面受到来自发达国家的压力,另一方面认为如果不参与到对服务贸易的谈判中,将形成由发达国家单方面制定服务贸易规则的局面,而自身由于实力的差距将只能成为政策的被动接受者,其利益将会受到更大的损害,因此也不得不加入到对服务贸易规则的谈判中来。1986 年 9 月,埃斯特角部长宣言中将服务贸易作为三项新议题之一列入乌拉圭回合多边贸易谈判议程,拉开了服务贸易首次多边谈判的序幕。

(三)乌拉圭回合关于服务贸易的谈判

乌拉圭回合服务贸易谈判大体可分为三个阶段:

第一阶段从 1986 年 10 月 27 日正式开始,到 1988 年 12 月中期审议前为止。谈判的主要内容包括:服务贸易定义;适用服务贸易的一般原则、规则;服务贸易协定的范围;现行国际规则、协定的规定;服务贸易的发展及壁垒等。这一阶段各国的分歧很大,主要集中在对国际服务贸易如何界定的问题上,发展中国家要求对国际服务贸易做比较狭窄的定义,而美国等发达国家主张较为广泛的定义。多边谈判最终基本采取了欧共体的折中意见,即不预先确定谈判的范围,根据谈判需要对国际服务贸易采取不同定义。

第二阶段从中期审议至 1990 年 6 月为止。在加拿大蒙特利尔举行的中期审议会上,谈判的重点集中在透明度、逐步自由化、国民待遇、最惠国待遇、市场准入、发展中国家更多参与、保障条款和例外等服务贸易的基本原则上,此后的工作主要集中于通信、建筑、交通运输、旅游、金融和专业服务各具体部门的谈判。1990 年 5 月 4 日,中国、印度、喀麦隆、埃及、肯尼亚、尼日利亚和坦桑尼亚几个亚非国家向服务贸易谈判组联合提交了"服务贸易多边框架原则与规则"提案。后来,GATS 的文本结构采纳了"亚非提案"的主张,承认成员方发展水平的差异,对发展中国家作出了很多保留和例外规定,这在相当程度上反映了发展中国家的利益和要求。

第三阶段从 1990 年 7 月至 1993 年 12 月。这一阶段主要是从 GATS 框架内容的基本明朗到最终达成 GATS。1990 年 12 月的布鲁塞尔部长级会议上,服务贸易谈判组修订了"服务贸易总协定多边框架协议草案"文本,经过进一步谈判,在 1991 年年底形成了 GATS 草案,规定了最惠国待遇、透明度、发展中国家更多参与、市场准入、国民待遇、争端解决等重要条款,基本上确定了协定的结构框架。经过各方的继续磋商谈判,协议草案根据各方的要求进一步修改,1993 年 12 月 5 日,贸易谈判委员会在搁置了数项一时难以解决的具体服务部门谈判后,最终通过了 GATS。

1994 年 4 月 15 日,各成员方在马拉喀什正式签署 GATS,它于 1995 年 1 月 1 日和 WTO 同时生效。至此,长达 8 年的乌拉圭回合谈判终于宣告结束,虽然有几个具体服务部门的协议尚待进一步磋商谈判,但 GATS 作为多边贸易体制下规范国际服务贸易的框架性法律文件,它的出现是服务贸易自由化进程中的一个里程碑。

(四)GATS 内容概括

GATS 本身条款由序言和六个部分 29 条组成。前 28 条为框架协议,规定了服务贸易自由化的原则和规则,第 29 条为附件(共有 8 个附件)。主要内容包括:范围和定义、一般义务和纪律、具体承诺、逐步自由化、机构条款、最后条款等,其核心是最惠国待遇、国民待遇、市场准入、透明度及支付的款项和转拨的资金的自由流动。GATS 适用于各成员采取的影响服务贸易的各项政策措施,包括中央政府、地区或地方政府和当局及其授权行使权力的非政府机构所采取的政策措施。

GATS 的宗旨是在透明度和逐步自由化的条件下,扩大全球服务贸易,并促进各成员的经济增长和发展中国家成员服务业的发展。协定考虑到各成员服务贸易发展的不平衡,允许各成员对服务贸易进行必要的管理,鼓励发展中国家成员通过提高其国内服务能力、效率和竞争力,更多地参与世界服务贸易。

二、服务贸易的定义及其范围

(一)服务贸易的定义

1. 传统定义:从传统的进口角度对服务贸易的定义

一国(地区)的劳动力向另一国(地区)的消费者(法人或自然人)提供服

务,并相应获得外汇收入的全过程,便构成服务的出口。与此相对应,一国(地区)消费者购买他国(地区)劳动力提供服务的过程,便形成服务的进口。各国的服务进出口活动,便构成国际服务贸易。其贸易额为服务总出口额或总进口额。

在国际经济学的文献中出现"国际服务贸易"的概念只是最近 20 多年的事情。有关"无形贸易项目"的观念也是到了 20 世纪 60 年代才开始引起人们重视。所以,国际服务贸易在国际经贸关系中的地位迅速提升应该说就是最近二三十年的事情。到 70 年代末 80 年代初,国际经贸关系中这一迅速崛起的领域才开始真正引起国际工商界和政治家们的高度重视,从而推动学术界对这个新的国际经济领域的问题进行探讨。

从历史发展的角度看,最初国际服务贸易是从属于国际货物贸易的,越是古老的国际服务贸易项目就越是同国际货物贸易紧密关联。比如国际运输服务就贯穿了整个国际服务贸易的历史,并且直到现在也仍然是国际服务贸易中最主要的项目之一。其他如进出口商品的国际结算、运输机械的跨国维修和保养等,都是古老的直接由于货物贸易而产生的国际服务贸易项目。在逻辑上,这些原始的直接由于货物贸易而产生的国际服务贸易,是现代各类国际服务贸易的历史起点,它们伴随国际货物贸易额的增长而增长。

相对独立于货物贸易的国际服务贸易项目是近几十年来服务贸易额大幅增长的主要领域。这种发展的主要推动力来源于国际投资。这可以从三个方面来考虑:其一,在产业结构的层次上,国际投资带动了各国相关服务业的发展,从而扩展了国际服务贸易的范围和内容。如由传统的直接投资发展到各种形式的国际间接投资,必然要求各国的金融服务业有较快和较完善的发展。国际投资的发展还要求信息、咨询、租赁、劳务输出与输入等各种相关的服务项目有高效率的发展。其二,跨国投资加强了各国经济间的依存度,相互对方服务产业的需求也增加了。其三,国际投资(直接投资和间接投资)所形成的净收益本身构成广义服务的一项内容(资本要素服务)。根据 1986 年各方决定推动服务贸易多边谈判时国际货币基金组织的统计,当年该组织成员国的国际服务贸易额达 4049 亿特别提款权,相当于当年世界贸易总额的 25%,而资本报酬(各投资的净收益)约占其中的 11.7%。把国际服务贸易的发展放在货物贸易和国际投资的历史发展背景中来考察,我们能够看到这样一幅清晰的历史发展图卷,即在国际经贸关系发展的历史进程中,最先出现并充分发展的是货物贸易,接着产生和发展起来的是国际直接投资,而国际间接投资和国际服务贸易则是在最近这几十年伴随着新科技革命和世界经济飞跃发展而迅速崛起的，它们代表着世界经贸关系的新趋势。

2.《美国和加拿大自由贸易协定》对服务贸易的定义

该协定是世界上第一个在国家间贸易协议上正式定义服务贸易的法律文件。根据该协定，服务贸易是指由或代表缔约方的人员，在另一缔约方境内或进入另一缔约方提供协定涵盖的一项服务。

3.GATS 对服务贸易的定义

1994 年 4 月 15 日达成的 GATS 对服务贸易的定义有别于 GATT 对商品贸易的定义。GATS 将服务贸易定义为以下四种模式：跨境交付、境外消费、商业存在和自然人流动。

跨境交付(cross-border supply)：即从一成员境内向另一成员境内的消费者提供服务。这种服务不会引起人员、资金等的跨境流动。这种服务提供方式特别强调买方和卖方在地理上的界限，但跨越边界的只是服务本身，而不是服务提供者或接受者。如国际电信服务、信息服务、金融服务等。

境外消费(consumption abroad)：即一成员方的服务消费者在另一成员方境内接受服务。这种服务提供方式的主要特点是消费者到境外去享用服务提供者提供的服务。如旅游、境外就医、留学等。

商业存在(commercial presence)：即一成员方的服务提供者到另一成员方境内建立经营企业或专业机构提供服务，例如，一国某公司到外国开饭店或零售商店等。这种服务提供方式的特点是：服务的提供者和消费者在同一成员方境内；服务提供者到消费者所在地采取了设立商业机构或专业机构的方式。例如在国外设立零售商店、饭店、律师事务所，以及银行和保险公司分支机构来提供服务，都属"商业存在"。商业存在是四种服务提供方式中最为重要的方式。商业存在可以完全由在当地雇佣的人员组成，也可以有外国人参与，这些外国人以自然人流动方式提供服务。关于"商业存在"的规则与GATT 及其他边境措施有很大不同。GATT 只是在补贴和技术标准等领域才涉及敏感的国内政策问题。而 GATS 却是从一开始就不得处理外国服务提供者商业存在的并业权等国内政策问题。

自然人流动(movement of personnel)：它是指一成员的服务提供者以自然人身份进入另一成员境内提供服务。如国外演出、讲学和行医等，再如一国电信服务营销专家受聘于国外从事电信服务营销等。

在以上四种服务提供方式中，"商业存在"和"自然人流动"是有密切联系的，两者的共向点是：服务提供者到消费者所在国的领土内提供服务；不同点是：以自然人流动方式提供服务，服务提供者没有在消费者所在国的领土内设立商业机构或专业机构。

《服务贸易总协议》对服务贸易的定义可以归结为图 9-1。

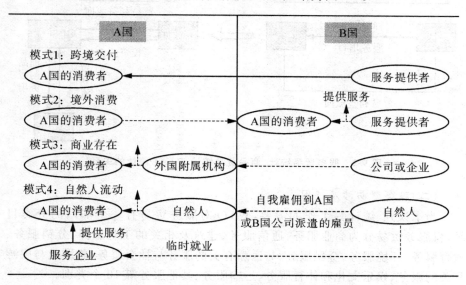

图 9-1 GATS 中定义的服务贸易的四种模式

资料来源：Manual on Statistics of International Trade in Services,2002,p23。

在图 9-1 中,"服务提供"包括任何部门的任何服务,但实施政府职能活动所需的服务提供除外,包括任何生产、分销、营销、销售和传递服务。"服务提供者"指该缔约方提供服务的任何自然人或法人。"服务消费者"指该缔约方接受或使用服务的任何自然人或法人。通过图 9-1 我们可以清楚地看到四种贸易模式的异同点。

小知识 9-1

○——○

国际经济统计三形式

国际经济统计有三种形式：①服务贸易统计；②商品贸易统计,以记录跨境商品交易为特征；③外国附属机构贸易（foreign affiliates trade）统计即 FAT 统计,与国际投资活动有关,具有非跨境交易特征。服务贸易统计、商品贸易统计与 FAT 统计的关系见图 9-2。

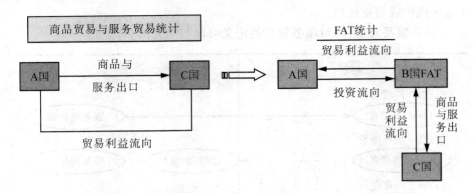

图 9-2　服务贸易统计、商品贸易统计与 FAT 统计的关系

（二）服务贸易涉及范围

为了谈判、统计等工作的需要，WTO 对服务贸易有一个部门的分类目录，将服务贸易分为商业服务、通信服务、建筑及相关的工程服务、分销服务、教育服务、环境服务、金融服务、与医疗有关的服务与社会服务、旅游及与旅游有关的服务、娱乐文化和体育服务、运输服务、其他服务等 12 个类别。

另根据《服务贸易总协议》的四条标准归类划分，服务贸易涉及以下 20 多个领域：（1）国际运输，包括卫星发射服务；（2）跨国银行和国际性融资投资机构的服务及其他金融服务；（3）国际保险与再保险；（4）国际信息处理和传递；（5）国际咨询服务；（6）海外工程承包和劳务输出入；（7）国际电讯服务；（8）跨国广告和设计；（9）国际租赁；（10）售后维修、保养和技术指导等服务；（11）国际视听服务；（12）国际会计师、律师的服务；（13）文教卫生的国际交往服务；（14）国际旅游；（15）跨国商业批发和零售服务；（16）专门技术和技能的跨国培训；（17）长期和临时性国际展览与国际会议会务服务；（18）国际仓储和包装服务；（19）跨国房地产建筑销售和物业管理服务；（20）其他官方或民间提供的服务，如新闻、广播、影视等。

第二节 WTO 服务贸易规则

一、服务贸易发展现状

(一)发展速度快

第二次世界大战以后,随着第三次科技革命的产生与发展,跨国公司的大量出现及金融、信息技术革命的全球化发展,世界服务贸易迅速发展。尤其是科技革命的产生促进了生产的发展和收入的提高,使服务贸易对象迅速扩大,促进了国际资本流动,促使服务行业独立化,从而促进服务贸易的发展。2001年以来货物贸易与服务贸易的发展状况见图 9-3。

单位:十亿美元

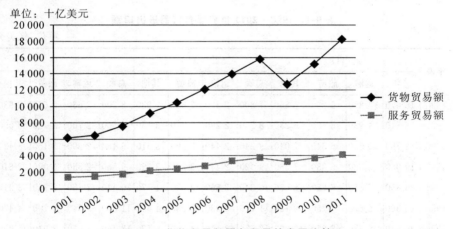

图 9-3 货物贸易与服务贸易的发展比较

资料来源:WTO 秘书处及 http://www.malaysiaeconomy.net/并整理得。

由图 9-3 可以看出,服务贸易与货物贸易是伴随而发展的,但与货物贸易相比,服务贸易发展速度较慢。但是随着世界经济结构的不断改善,服务贸易所占比重正在不断上升。

1.服务贸易占国际贸易的比重不断提高

随着经济全球化和区域一体化的发展,各国政府对服务贸易的限制逐步放宽,企业和个人对服务的需求更加强烈。服务的国际流动逐步兴起,国际服务贸易保持着快速增长的势头,成为新的贸易增长点。据 WTO 的统计,全球服务贸易总体上仍在增长,1970 年,国际服务贸易的出口额仅有 710 亿美元,1980 年为 3 800 亿美元,1990 年为 7 804 亿美元,2002 年则上升到 15 964 亿美元。1995 年至 2002 年全球服务出口的年均增长率均为正,且逐年上升。其中,2002 年的年平均增长速度达 7％,超过了同期货物贸易 5％的增长速度。2003 年世界服务贸易又有新的发展,出口额达到了 1.67 万亿美元。2004 年超过 2 万亿美元,达到 2.13 万亿美元,约是 1970 年的 30 倍。2005 年,世界服务贸易额又增加到2.4 万亿美元,增长 11％,占世界贸易的19.3％。服务贸易在整个世界贸易中所占的比重,在 20 世纪 80 年代不足五分之一,进入 90 年代后逐步增至约五分之一。① 服务贸易占国际贸易的比重不断提高(见表 9-1)。

从表 9-1 可以看出,1990—2011 年之间世界服务贸易进出口总额逐年上升。其中运输业和旅游业始终是服务贸易中所占比重较大的行业,它们的进出口总额呈逐年上升的趋势。

表 9-1　1990—2011 世界服务贸易进出口额

单位:亿美元

年份	进出口				出　口				进　口			
	总额	运输	旅游	其他	总额	运输	旅游	其他	总额	运输	旅游	其他
1990	16 070	4 870	5 290	5 850	7 800	2 230	2 650	2 930	8 200	2 630	2 640	2 930
1991	16 810	4 980	5 490	6 280	8 250	2 290	2 770	3 150	8 500	2 700	2 720	3 090
1992	18 780	5 320	6 340	7 040	9 240	2 440	3 190	3 610	9 460	2 890	3 150	3 430
1993	19 080	5 320	6 330	7 360	9 420	2 440	3 230	3 750	9 580	2 880	3 090	3 610
1994	20 850	5 810	6 880	8 070	10 340	2 660	3 520	4 170	10 430	3 150	3 360	3 910
1995	23 590	6 670	7 750	9 120	11 720	3 030	4 050	4 650	11 810	3 640	3 700	4 470
1996	25 080	6 750	8 250	10 030	12 570	3 100	4 350	5 120	12 460	3 650	3 910	4 900
1997	25 950	6 880	8 310	10 690	13 070	3 100	4 370	5 540	12 810	3 720	3 940	5 150
1998	26 570	6 800	8 390	11 340	13 410	3 140	4 400	5 880	13 120	3 670	4 000	5 460
1999	27 610	7 010	8 700	11 900	13 950	3 250	4 550	6 150	13 950	3 760	4 100	5 750
2000	29 430	7 650	9 040	12 670	14 820	3 480	4 780	6 610	14 550	4 180	4 310	6 060
2001	29 650	7 560	8 880	13 140	14 880	4 640	6 770		14 710	4 240	63 780	
2002	31 640	7 780	9 350	14 430	15 960	3 600	4 850	7 510	15 590	4 130	4 500	6 920

---

① 数据来源:李存才.国际贸易增速趋缓,服务贸易渐成焦点[N].中国财经报,2009年 9 月 17 日。

续表

年份	进出口				出口				进口			
	总额	运输	旅游	其他	总额	运输	旅游	其他	总额	运输	旅游	其他
2003	36 200	8 890	10 360	16 880	18 330	4 090	5 350	8 890	17 800	4 800	5 010	7 990
2004	43 610	11 100	12 210	20 100	22 200	5 090	6 360	10 750	21 210	6 000	5 850	9 350
2005	48 620	12 600	13 270	22 550	24 830	5 770	6 880	12 190	23 590	6 840	6 390	10 360
2006	54 780	14 070	14 450	26 040	28 180	6 440	7 540	14 190	26 370	7 620	6 910	11 840
2007	65 510	16 750	16 710	31 610	33 810	7 730	8 700	17 390	31 270	9 020	8 020	14 230
2008	74 230	19 480	18 330	35 580	38 040	8 950	9 630	19 460	35 350	10 540	8 700	16 120
2009	65 990	15 310	16 340	32 610	33 120	7 040	8 540	17 540	31 150	8 270	7 800	15 070
2010	72 490	17 600	18 020	36 830	37 470	7 890	9 490	20 080	35 010	16 750	9 720	8 530
2011	80 180	19 470	20070	40 590	41 500	8 560	10 640	22 280	38 680	18 310	10 910	9 430

数据来源：WTO 国际贸易统计数据库(International Trade Statistics Database)；中国商务部。

根据图 9-4 可知，世界服务贸易的发展总体呈现上升趋势。虽说与货物贸易相比还有一定的差距，但是各国都纷纷开始加大对本国服务贸易的发展力度，并拓展了新型服务贸易，服务贸易在世界经济中的地位正在逐步提高。

单位：十亿美元

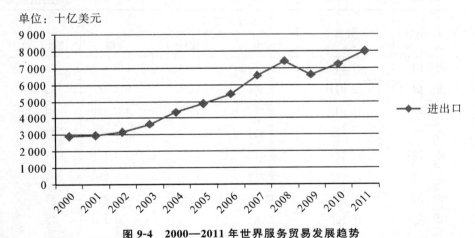

图 9-4　2000—2011 年世界服务贸易发展趋势

数据来源：中国商务部。

2.服务业在各国经济中的比重越来越大

服务业是服务贸易的基础，服务业的发展快慢决定着服务贸易的发展速度。据统计，目前服务业产值占国民生产总值或国内生产总值的比重，发达国家达65％以上,中等收入国家为50％以上,低收入的发展中国家也在30％～50％之间。例如,2000年服务业(第三产业)产值在国内生产总值中所占的份额:美国为73.5％,日本为66.8％,德国为67.3％,新加坡为65.2％,韩国为52.9％,泰国为49.3％,墨西哥为68.0％,巴西为64.3％,印度为48.2％,中国为33.4％(2005年为40.3％)。[①] 服务业就业人数占就业总人口的比重,据国际劳工组织的报告,1999年在北半球的富裕国家已达70％,在南半球的发展中国家也达到40％以上。因此服务贸易不论是在发达国家还是在发展中国家都占有较大的比重,且服务贸易对各国尤其是发展中国家解决劳动力就业问题也起到了很大的作用。

(二)在世界范围内发展不平衡

1.服务贸易与货物贸易相比发展滞后

服务贸易是随货物贸易的发展而发展起来的,在全球范围内,在第二次世界大战之后服务贸易有了较快的发展,甚至其增长的速度快于货物贸易的增长速度。但是在整个世界经济发展中,服务贸易的绝对量与货物贸易相比还存在很大的差距(详见表9-2)。

表9-2 2011年世界主要国家(地区)服务贸易与货物贸易占比情况

单位:亿美元

国家/地区	对外贸易总额	服务贸易		货物贸易	
		金额	占比(%)	金额	占比(%)
美　　国	47 146	9 685	20.5	374 610	79.5
德　　国	32 644	5 365	16.4	272 780	83.6
日　　本	19 846	3 077	15.5	167 690	84.5
英　　国	15 548	4 452	28.6	110 960	71.4
法　　国	16 134	3 016	18.7	131 180	81.3
意大利	13 010	2 212	17.0	107 990	83.0
中　　国	40 611	4 191	10.3	364 210	89.7
印　　度	10 260	2 784	27.1	74 750	72.9
欧　　盟	155 115	32 418	20.9	1 226 970	79.1
世　　界	446 155	80 175	18.0	3 659 800	82.0

数据来源:WTO国际贸易统计数据库(International Trade Statistics Database)。

---

① 数据来源:WTO官方网站。

表 9-2 中,2011 年世界主要国家货物贸易额均比服务贸易额高,且所占的比重也均比服务贸易大,货物贸易所占比重处于绝对领先的地位。其中美国的服务贸易额最大,其次是德国、英国等,可见发达国家在服务贸易上的发展速度较快。我国的服务贸易也具有相当大的规模,这主要归结于我国坚定不移地实行改革开放,并且随着我国经济水平的不断提高,货物贸易的发展也对服务贸易起到了一定的带动作用,此外,产业结构的升级也使服务贸易在我国经济中的地位有所提高。

2. 服务贸易发展在地区上的不平衡

由于各国服务贸易的发展是以各国服务业的发展为基础的,而各国资源禀赋迥异,经济结构不同,所处的经济发展阶段存在差异,这就造成了世界服务贸易发展的不平衡性。发达国家与地区的服务贸易发展迅速并且占据明显的优势,而发展中国家则处于从属地位。当然值得肯定的是,发展中国家在国际服务贸易中所占的比重不断上升,尤其是亚洲地区的发展中国家服务贸易发展很快,拉美及亚洲国家国际服务贸易的年均增长速度高于世界平均增长速度,国际服务贸易有逐步向发展中国家转移的趋势。

(1)发达国家在国际服务贸易中居于主导地位

2008 年,在全球近 200 个国家和地区中,在国际服务贸易中居前 20 名的国家和地区主要是发达国家,而且发达国家在服务贸易上对发展中国家存在高额顺差。从国家分布的情况看,美国、英国、法国、意大利、比利时等国长期以来都是服务贸易的净出口国。其服务贸易出口额已占各自国家国民生产总值的 10% 以上。需要指出的是,丹麦、奥地利、荷兰三国此项产值占国民生产总值的 20% 以上。美国是当今世界上最大、最主要的服务贸易国,2008 年其服务贸易出口额达到了 3 193 亿美元,进口额达到了 2 590 亿美元,顺差为603 亿美元。2009 年全球服务贸易进口和出口排名前三十位的国家,大部分仍然是发达国家,尤其是以欧洲国家为主。而美国凭借领先的科学技术及高度发达的服务业在服务贸易中独占鳌头。1981 年以来其占世界服务业出口份额始终保持在 15% 左右,近年来服务贸易出口约占其全部出口总值的近1/3;服务出口与国内服务业发展形成良性互动,支撑着国内经济增长,扩大了国内就业,较大程度上弥补了商品贸易逆差。美国服务贸易之所以取得巨大成功,既得益于美国自身在知识、技术和资本密集型服务业创造和积累的比较优势,又得益于经济全球化的迅猛发展和以信息技术为代表的新技术革命的发展这一机遇;既得益于美国企业市场扩张的努力,又与美国政府政策的推动和"护航"分不开。①

发达国家在世界服务贸易中占支配地位,其强有力的贸易地位是基于发达的服务产业,尤其是在海外投资、保险、银行业务、租赁、工程咨询、专利与许可证贸易等方面,多数发达国家长期以来都是服务贸易的净出口国。由于西方发达国家在服务出口方面拥有巨大优势,因此力主服务贸易自由化。但为了本国的国家安全、文化及价值观传统,以美国为代表的西方国家在服务市场准入方面也存在着大量的壁垒和不公平做法。

(2)发展中国家的服务贸易还很不发达,与发达国家有较大差距

从服务贸易商品结构来看,发展中国家在普通劳动力输出、建筑工程承包、部分旅游服务业等领域占有较大的优势,如马来西亚、泰国等发展中国家的国际航空公司在世界优秀航空企业排名表上常常名列前茅;不少发展中国家的旅游资源十分丰富,旅游人数和旅游收入有了较大的增长;一些技术、经济实力较强的发展中国家也开始发展技术层次较高的服务贸易,如印度、印度尼西亚、菲律宾、墨西哥等国正着力推进通讯业、信息业的建设,泰国正努力将曼谷变为区域性金融中心等。然而,与工业发达国家相比,发展中国家的服务业和服务贸易的规模仍较小,大部分发展中国家和地区服务业不发达,尤其是现代服务项目不具有竞争优势。

但比较乐观的是发展中国家和地区在国际服务贸易中的地位逐渐上升。广大发展中国家正在抓住新一轮国际产业转移的机遇,大力发展本国服务业和服务贸易。一些经济、技术实力较强的发展中国家在通讯、计算机和信息服务方面加大投入,发掘区位优势、人力资源优势和政策优势,积极承接发达国家的外包业务。其中中国、印度、菲律宾、墨西哥、巴西等国已经逐步成为区域性或全球性服务外包中心。相应于此,发展中国家的服务贸易出口竞争力正在增强(详见表9-3)。表9-3中,中国作为发展中国家具有代表性的一员,其在运输和旅游等服务行业保持优势的同时,保险、金融、计算机与信息服务、广告和影视等服务行业也稳步发展。这说明发展中国家的服务贸易不仅在数量上有较大增长,在范围上也有所扩展。这为发展中国家的经济发展提供了有力的保障。

---

① 王敬云.当代国际服务贸易的特点、现状和地理格局[J].世界地理研究,1997,(02).

表 9-3　2001—2011 年中国服务贸易出口分项目表

单位:亿美元

年份		运输	旅游	通讯	建筑	保险	金融	计算机和信息服务	咨询	广告、宣传	电影、音像	其他
2001	金额	46.4	177.9	2.7	8.3	2.3	1.0	4.6	8.9	2.8	0.3	72.8
	占比(%)	14.1	54.1	0.8	2.5	0.7	0.3	1.4	2.7	0.8	0.1	22.1
2002	金额	57.2	203.9	5.5	12.5	2.1	0.5	6.4	12.8	3.7	0.3	87.6
	占比(%)	14.5	51.8	1.4	3.2	0.5	0.1	1.6	3.3	0.9	0.1	22.2
2003	金额	79.1	174.1	6.4	12.9	3.1	1.5	11.0	18.8	4.9	0.3	150.6
	占比(%)	17.0	37.5	1.4	2.8	0.7	0.3	2.4	4.1	1.0	0.1	32.5
2004	金额	120.7	257.4	4.4	14.7	3.8	0.9	16.4	31.5	8.5	0.3	159.5
	占比(%)	19.4	41.5	0.7	13.8	0.6	0.2	2.6	5.1	1.4	0.1	25.7
2005	金额	154.3	293.0	4.9	25.9	5.5	1.5	18.4	53.2	10.8	1.3	168.8
	占比(%)	20.9	39.6	0.7	3.5	0.7	0.2	2.5	7.2	1.5	0.2	22.8
2006	金额	210.2	339.5	7.4	27.5	5.5	1.5	29.6	78.3	14.5	1.4	196.9
	占比(%)	23.0	37.1	0.8	3.0	0.6	0.2	3.2	8.6	1.6	0.1	21.5
2007	金额	313.2	372.3	11.7	53.8	9.0	2.3	43.4	115.6	19.1	3.2	269.1
	占比(%)	25.7	30.6	1.0	4.4	0.7	0.2	3.6	9.5	1.6	0.3	22.1
2008	金额	384.2	408.4	15.7	103.3	13.8	3.2	62.5	181.4	22.0	4.2	260.1
	占比(%)	26.2	27.9	1.1	7.1	0.9	0.2	4.3	12.4	1.5	0.3	17.8
2009	金额	235.7	396.8	12.0	94.6	16.0	4.4	65.1	186.2	23.1	1.0	246.9
	占比(%)	18.3	30.9	0.9	7.4	1.2	0.3	5.1	14.5	1.8	0.1	19.2
2010	金额	342.1	458.1	12.2	144.9	17.3	13.3	92.6	227.7	28.9	1.2	355.9
	占比(%)	20.1	26.9	0.7	8.5	1.0	0.8	5.4	13.4	1.7	0.1	20.9
2011	金额	355.7	484.6	17.3	147.2	30.2	8.5	121.8	283.9	40.2	1.2	322.8
	占比(%)	19.5	26.6	0.9	8.1	1.7	0.5	6.7	15.6	2.2	0.1	17.7

注:遵循 WTO 有关服务贸易的定义,中国服务进出口数据不含政府服务。

数据来源:中国商务部。

(三)范围不断扩展,结构进一步完善

1.结构不断优化

随着科学技术的发展,知识活动方式呈现出计算机化和网络化。低成本的通信设备、数字化网络与先进的集成软件系统等,正在使原来难以或不能进行贸易的服务成为可交换的对象,并促使服务贸易结构进一步调整。随着全球科技产业化浪潮的不断发展,国际服务贸易的内容越来越丰富,一些新兴的服务行业迅速崛起并快速进入服务贸易领域。近年来金融、保险、通讯、数据处理、咨询、广告等项目的服务贸易迅速发展,增长速度远远快于传统项目的服务贸易。正是由于这些新兴服务业的兴起,世界服务贸易结构进一步得到调整。其结构不断优化,技术、知识密集化趋势较为明显。

有关数据显示,自 1990 年以来,一直占世界服务贸易额 60％左右的传统服务部门(如运输、旅游等)地位有所下降,新兴服务部门(如通讯、计算机和信息服务、金融、保险、专利许可和其他商业服务等)则增长较快,所占比重不断上升。运输服务在世界服务贸易中所占比重不断下降,从 1990 年的 33.8％下降到 2005 年的 22.6％,旅游服务占比从 33.9％下降到 28.9％,而新兴服务部门占比则从 37.5％逐步增长到 47.8％。由此可见,世界服务贸易的部门结构已从以自然资源或劳动密集型的传统服务行业(如旅游、销售服务等)为主逐步转向以资本密集型的服务行业(如运输、电讯、金融等)和知识技术密集型的服务行业(如专业服务、计算机软件、数据处理等)为主。服务贸易结构正不断优化。

目前,国际高科技领域发展最快的是以计算机、通信技术为代表的信息技术产业。以新兴服务贸易部门为主的其他服务蓬勃发展,充分反映了信息技术革命对新兴服务贸易的推动作用。服务贸易结构日益向知识技术密集型方向转变。运输服务和旅游服务在世界服务贸易中的比重呈下降趋势,以电子信息技术为主和以高科技为先导的一系列新兴服务将成为未来各国国民经济发展的主要支柱和强大动力。全球信息技术革命的不断发展增强了服务活动及其过程的可贸易性,通讯、计算机和信息服务、金融、咨询等新兴服务行业不断扩张。由于世界服务贸易以高新技术为载体,所以服务产业与高新技术产业在当今世界经济中的作用越来越重要。

2.涉及的领域日趋扩大化

国际服务贸易涉及的领域正在不断扩大,目前国际服务贸易涉及的领域主要包括:①国际运输(海运、陆运和空运);②国际旅游;③国际金融服务(包括保险);④国际信息处理和软件资料服务;⑤国际咨询服务(包括会计、律师);⑥建筑和工程承包等劳务输出;⑦国际电讯服务;⑧广告、设计等项目服务;⑨国际租赁服务;⑩商品的维修、保养、技术指导等售后服务;等等。伴随着以信息高速公路和计算机互联网络为标志的世界信息经济时代的到来,生产性服务业已经成为国际服务贸易中最主要的一类服务,以资本密集、技术密集和知识密集为特征的新兴服务贸易逐渐发展壮大。

3.国际服务贸易市场呈多元化发展

随着世界经济的发展,近年来国际服务贸易的需求及范围日益扩大,地理分布也日趋广泛。20 世纪 70 年代以前,西方国家是最主要的劳务输入市场。70 年代后期,中东和北非几个主要产油国,每年都需要大量的外籍工人,日益成为劳务输入的主要市场。80 年代以来,亚洲、非洲、拉美地区一些国家的经济迅速增长,对境外服务的需求增加。进入 90 年代,亚洲地区已成为世界经济增长的热点,特别是普遍的开放性政策带来了大量的境外服务进口。此外,在服务出口市场方面也呈现多元化态势。为了扩大服务市场份额,发达国家之间、发达国家与发展中国家之间、发展中国家之间都进行着激烈的竞争。尽管总体上发达国家占有优势,但是这种状况正在逐渐被打破。

(四)国际服务贸易自由化与贸易壁垒并存

国际服务贸易壁垒是指一国政府对国外生产的服务销售所设置的有阻碍作用的政策措施。该定义中的国际服务贸易壁垒仅仅增加国外的服务生产者的负担。

服务贸易壁垒以增加国外服务生产者的成本达到限制贸易扩大的目的。这种壁垒可以是通过对进口的服务征收歧视性关税的形式,也可以是通过法规的形式使国外的服务生产者增加不必要的费用。但是,并不是一切限制服务进口的法规都是服务贸易壁垒。比如,一国政府对本国生产者和外国生产者采取不同的规章制度,进行区别管理来实现其某些国内经济目标。在这种情况下,政府对外国和本国的企业采取不同的规章,但其不是为了歧视,而是为了达到国内政治经济目标所必须做的。所以,这种措施尽管限制了服务进入,仍不应视为服务贸易壁垒。

1994 年签订的 GATS,第一次为服务贸易自由化提供了体制上的安排与保障。为顺应近年来经济全球化的潮流,WTO 继续努力推动有关服务贸易自由化的进程。今天,服务贸易自由化的趋势遍及各个传统服务部门和新兴服务行业,从商业、旅游、运输、工程承包和劳务输出,到信息、金融、保险、法律、咨询、会计、通信等各种专业服务,都成为各国谈判和扩大市场准入的对象。与此同时,随着服务贸易的迅速发展,该领域竞争加剧,保护主义盛行。为了保护本国的服务业,各国纷纷采取诸如入境限制、技术标准、外汇管制等非关税壁垒措施。一些敏感性领域,如金融、保险、通信以及航空运输等,往往关系到服务贸易输入国的主权和国家安全,各国尤其对其进口进行限制。

（五）服务贸易政策的二重性

由于国际服务贸易不同于货物贸易的特殊性,政府的经济政策及双边和多边贸易协议对服务贸易的发展有着重要影响。加之服务贸易还涉及一国的经济安全和社会稳定,所以服务贸易的自由化程度会受到多种因素的影响。以国内立法、各种非关税壁垒的形式出现的贸易保护主义将成为服务贸易政策的主流。与此同时,国际服务贸易竞争的直接结果还表现为国际服务贸易的自由化进程。20世纪以来,服务贸易自由化趋势首先表现为多边性国际公约或协定的签署。如1978年汉堡《联合国1978年海上货物运输公约》以及伦敦《1978年海员培训、发证和值班标准国际公约》等;此外还有1982年内罗毕《国际电信公约》以及1979年日内瓦《商标注册用商品和服务国际分类尼斯协定》等非运输领域的公约。这些公约和协定为国际服务贸易的自由化发展奠定了基础。

第二次世界大战以来,世界经济贸易中区域一体化和贸易集团化的趋势加强,一些区域集团协议相继达成,如1957年《罗马条约》、1973年《关于建立加勒比共同市场条约》、1975年《关于西非国家经济共同体条约》、1983年《关于建立中非国家经济共同体条约》以及1992年《北美自由贸易协定》等,这使得各区域在服务一体化方面产生突破性进展。1995年随着WTO的成立和GATS的签署,服务贸易自由化发展到了一个新的阶段。WTO成员在服务贸易方面做出的承诺,为国际服务贸易的发展奠定了基础,使其自由化程度显著提高。

在多边贸易体制的推动下,服务贸易壁垒逐步降低,各贸易参加国为顺应这一趋势不断调整国内经济政策。一方面,积极推动服务贸易自由化,率先削减本国服务贸易壁垒。如在具有竞争优势的电信领域,美国已允许100％的外国股权,欧盟也开放了基本电话服务市场,对雇佣人员的本地化要求也降低了。一些新兴的工业化国家和地区在某些服务行业也取得了一定的优势,如新加坡的航空运输业、韩国的建筑承包业、泰国的国际旅游业等,它们有能力降低部分服务部门的壁垒,以引进一定数量的外国服务和服务提供者,为其新兴服务业提供发展所必需的资金和技术支持。但另一方面,国际服务贸易的保护程度实际上也在变相提高。各国通过国内立法或非关税壁垒的形式,对服务贸易设置障碍,影响国际服务贸易的发展。

二、服务贸易规则

（一）服务贸易规则产生的背景

战后，随着第三次科学技术革命的兴起，各国尤其是发达国家产业结构不断变化，第三产业急剧发展，加上资本国际化与国际分工的扩展和深化，国际服务贸易急剧发展，国际服务贸易额从 1970 年的 700 亿美元猛增到 1998 年的 12 900 亿美元，翻了 4 番。1999 年服务业占世界国民生产总值的比重平均水平为 61％，其中低收入国家的平均水平为 43％，中等收入国家为 55％，高收入国家为 64％。

事实证明服务业已成为各国经济的重要组成部分，而且越是经济发达的国家，服务业也就越发达。早在 1973 年开始的"东京回合"期间，美国就积极推动服务贸易的谈判。1982 年 GATT 部长级会议通过方案，鼓励对服务贸易有兴趣的缔约方就这一问题进行研究并相互交换信息，并将其研究成果及相关的资料和意见提交 1984 年的 GATT 第四十届缔约方大会审议。关于服务贸易问题的专门工作组于 1984 年 11 月在 GATT 第四十届缔约方大会成立。同时埃斯特角部长级会议筹备委员会也将服务贸易问题纳入讨论范围，并于 1986 年 9 月决定将服务贸易与货物贸易分开谈判，平行进行。服务贸易谈判在乌拉圭回合取得了富有实质性的成效。经各方磋商，在广泛吸收各方意见的基础上拟定了"服务贸易多边框架协议草案"。1990 年 12 月，在布鲁塞尔召开的关税贸易总协定部长级会议上将该草案易名为 GATS。在此基础上各方就部门承诺展开深入谈判，并对具体条款加以调整，与乌拉圭回合的其他领域谈判协调一致。1993 年 12 月 15 日最终成功地约束了长达整整 7 年的乌拉圭回合多边贸易谈判，并于 1994 年 4 月 15 日在摩洛哥的马拉喀什由 111 个国家和地区签署了《最后文件》。GATS 是这一回合中一项重要的谈判成果。服务贸易由此被正式纳入了多边贸易体制的管辖范围。GATS 分为 6 个部分，由 32 个条款组成。该协定主要包括管辖范围、一般义务和纪律、具体承诺、逐步自由化、机构条款和最后条款等。该协定还有 8 个附件。

（二）服务贸易规则主要内容

1. 一般义务和纪律

所谓一般义务和纪律，是与具体承诺相对应的。在第二部分中规定的义务与纪律，不需要成员明示承诺，除非有例外规定或豁免授权，否则各成员方均应该予以遵守。所以，对于一般义务与纪律来说，我们把它们称为"自上而下"的"否定清单"义务。

(1)最惠国待遇与例外

GATS 第 2 条对最惠国待遇作了规定:有关本协议的任何措施,每一成员方给予任何其他成员方的服务或服务提供者的待遇,应立即无条件地以不低于前述待遇给予其他任何成员方相同的服务或服务提供者。但是本条规定不适用国际司法援助或行政援助以及边境贸易中的服务输出入。

与《GATT 1994》不同的是,作为 GATT 一般义务的公平待遇原则是由最惠国待遇和国民待遇共同构成的,而在 GATS 中,国民待遇并非一般义务,只有最惠国待遇才是一般义务。与此同时,GATS 规定了最惠国待遇义务的豁免和一些例外。

①在第 2 条第 2 款中,服务贸易总协定允许 WTO 各成员对在起始阶段难以给予最惠国待遇的特定措施,可以列入《关于第二条豁免的附件》以豁免最惠国待遇义务。但这些豁免应该在五年后进行复审,并且不得超过十年,而且无论情况如何,此类例外应纳入今后的贸易自由化谈判中。但是,如果在 GATS 生效之后,或在新成员加入之后,某成员仍然希望得到新的豁免,它就必须根据《建立 WTO 的协定》第 9 条的程序,获得四分之三的成员同意,才能得到豁免。

②GATS 第 2 条第 3 款规定,对于毗邻的边境地区进行当地生产和消费的服务的交换,可以作为例外。

③第 5 条和第 5 条(附)规定,基于经济一体化或劳动市场一体化的原因,在一定条件下,各成员可以获得例外。

④第 12 条规定,为保障国际收支平衡,各成员可获得一定的例外。

⑤第 13 条规定,政府采购尚不受第二条的约束。

⑥第 14 条和第 14 条(附)规定了一般例外和安全例外,特别强调基于避免双重征税协议产生的义务是最惠国待遇义务的例外。

(2)透明度原则

GATS 前言指出:本协议各成员认识到服务贸易对世界经济增长和发展的重要性日益加强,希望在透明度和逐步自由化的条件下,建立一个服务贸易原则和规则的多边框架,并以此为手段促进所有贸易伙伴的经济增长和发展中国家的发展。该协议第 3 条透明度原则规定,除紧急情况外,每一成员均应迅速公布有关或影响 GATS 实施的所有普遍适用的措施,最迟应在此类措施生效之时公布。以一成员为签署方的有关或影响服务贸易的国际协定也应予以公布。每位成员均应迅速并至少每年向服务贸易理事会通知对 GATS 项下具体承诺所涵盖的服务贸易有重大影响的任何新的法律、法规、行政准则或现有法律、法规、行政准则的变更。GATS 不要求任何成员提供一经披露即妨碍执法或违背公共利益或损害特定公私企业合法商业利益的机密信息。

从以上规定看,服务贸易透明度原则与货物贸易透明度原则的要求基本一致。此外,总协定要求,各成员应设立各自的服务贸易咨询点,以满足其他成员就上述问题索取信息的需要。此类咨询点应在《建立 WTO 协定》生效之日起 2 年内设立。对于个别发展中国家成员,可同意在设立咨询点的时限方面给予适当的灵活性。同时总协定呼吁发达国家成员和具备条件的其他成员设立联系点,以方便发展中成员的政府和服务提供者可以获得有关的商业和技术资料,以及有关专业资格要求等方面的信息。

(3)关于国内法规的规定

每一国家为维护本国的服务业秩序,都会根据自己的国情和政策制定各种管理其境内服务贸易的法律和规章,为确保服务贸易总协定的目标得以实现,协定为成员方的国内规章规定了一般纪律:

第一,成员方应以合理、客观、公正的方式对已经做出具体承诺的部门实施影响服务贸易的所有措施,成员方还应提供司法或其他程序,以便服务提供者就影响其贸易利益的行政决定提出申请,进行复议。

第二,各成员方应尽可能维持或建立司法、仲裁或行政法庭或程序,在受影响的服务提供者的请求下,对影响服务贸易的行政决定作出迅速审查,并在请求被证明合理时,为服务提供者提供公正、适当的补偿。

第三,当一项具体承诺中的服务供应需经授权时,成员方如认为服务提供者的申请符合国内法律或规章,应在合理的期间内,将其决定通知申请者。应申请者的请求,成员方主管机构应就有关申请的状况及时通知申请者,而不应有不适当的延误。

第四,服务贸易理事会应制定必要的纪律,确保成员方有关资料的要求和程序、技术标准及许可要求的措施不致构成不必要的服务贸易壁垒。这些纪律要求成员方应:①基于客观和透明的标准(如服务供应的能力);②以保证服务质量所必需为限;③如是许可证程序,则其本身不应成为服务贸易的限制。一旦上述纪律生效,成员方在其作出具体承诺的领域不应采用损害这些纪律的执照发放和资格审查的各种措施。WTO 在断定某一成员是否遵守上述纪律时,应考虑该成员方所适用的有关国际组织的国际标准。

第五,各成员方在已作出具体承诺的服务部门,应制定核实任何其他成员方职业人员能力的适当程序。

GATS 敦促成员方承认其他成员方服务提供者所具有的学历或其他资

格,鼓励各成员之间就资格的相互承认进行谈判,同时给予其他具有类似标准的成员参与谈判的机会。资格要求应尽可能地以国际公认标准为基础,不能在成员之间造成歧视,也不能对服务贸易构成隐蔽限制。

GATS 第 6 条(国内法规)在对成员实施 GATS 提出国内法律和体制上安排要求的同时,又要求尊重一成员的宪法、法律和司法制度。

(4)对提供服务所需资格的相互承认

为使服务提供者获得授权、许可或其他证明得以实施服务,GATS 敦促成员方承认在特定国家已获得的学历或其他资格,鼓励各成员间就资格的相互承认进行谈判,同时强调这种相互承认的体系是开放的,应为具有类似标准的成员参与谈判提供充分的机会。总协定敦促各成员就相互承认体系达成双边或多边安排,在适当的情况下,各成员应与有关政府组织或非政府组织合作,以制定和采用共同的国际标准和准则,不能在成员间造成歧视,或构成对服务贸易的变相限制。

(5)关于垄断、专营服务提供和限制性商业惯例的规则

每一成员应保证在其境内的任何垄断服务提供者在向有关市场提供垄断服务时,不能违背该成员最惠国待遇义务和已作出的具体承诺。如一成员对其具体承诺所涵盖的服务授予服务提供者垄断权,则该成员应在所给予的垄断权预定实施前 3 个月通知服务贸易理事会,并通过谈判对其损害作出相应补偿。总协定承认服务提供者的某些商业惯例会抑制竞争,从而限制服务贸易。一旦出现此种性质的问题,应其他成员请求,成员方应就此问题进行磋商和必要的信息交流,以最终取消这种商业惯例。

(6)促进经济一体化

GATS 对如何促进全球服务贸易一体化发展作出了具体规定:

①对一体化协定的要求。GATS 允许成员方参加双边或多边服务贸易自由化协议,但所参加的协议必须符合两个条件:第一,从服务部门的数量、涉及的贸易总量及服务提供方式衡量,这类协议必须适用于众多的服务部门,并不得事先规定排除某一提供方式;第二,在市场准入与国民待遇方面实质性取消歧视,包括现行的任何歧视措施,并禁止采用新的歧视措施,但如果这类措施是根据协定"支付和转让"、"对保障收支平衡的限制"和"一般例外"及附则"安全例外"作出的,则可以允许。

②经济一体化组织的成员对外负有一定义务。该义务包括对于一体化组织之外的 GATS 成员方的义务和对于服务贸易理事会的义务。前者主要指在各服务部门对协定外成员的壁垒总水平不得高于协定前的水平,即对经济

一体化组织外的任何成员设置的服务贸易壁垒，不应比组建一体化组织之前高。同时，经济一体化协议的参加方对其他成员从此项协议中可增获的贸易利益不得谋求补偿。这一规定十分重要，反映出各成员对区域一体化应促进而不是阻碍多边自由化的希望。

经济一体化组织的参加方对服务贸易理事会的义务主要是通知与报告义务。在乌拉圭回合最终协议条款中，通知条款是最基本的要求之一，要求各成员将各类法律、条例、规则通知相关委员会或理事会，以接受多方监督。在促进经济一体化方面，GATS 的通知要求包括：当一方在达成、扩充上述协定的过程中，准备撤销或修改某一具体承诺，则应至少在撤销或修改之前 90 天作出通知；对于上述协定所作出的任何扩充或重大修改，该协定的成员必须立即通知服务贸易理事会，并且在理事会的要求下提供相关资料；如果上述协定是一个在时间框架的基础上实施的协定，其成员就应依据这一时间框架，定期向服务贸易理事会通报实施状况。

此外，成员方之间也可以在服务贸易总协定之外缔结劳务市场一体化协定。这种协定必须是实现劳务市场的完全一体化，即规定各成员方的公民有进入另一成员方就业市场的自由，并包括工资标准和其他有关就业与社会福利的规定。劳务市场一体化协定应免除成员方公民关于居住和工作许可的各种要求。成员方应将劳务市场一体化协定通知服务贸易理事会。

(7)发展中国家更多参与

GATS 的序言指出"希望有助于发展中国家在服务贸易中更多的参与和扩大服务贸易的出口，特别是通过提高其国内服务的能力、效率和竞争力"。为此专门规定，各成员方要通过谈判具体承诺的方式来促进发展中国家的更多参与，承诺的内容应涉及以下这些：①着重通过商业基础上的技术准入方式提高发展中国家的国内服务能力、效率和竞争力；②改进发展中国家的销售渠道和信息网络；③对于发展中国家具有出口利益的各部门和供给方式给予市场准入的自由化。发达成员方在 WTO 协定生效后两年内，应建立向发展中成员方的服务提供者提供信息的联络点，其他成员方在可能的范围内亦应如此。联络点的业务应包括：有关提供商业和技术方面的服务资料；有关登记、认可和获得服务业专业资格方面；获得服务技术的可能性。

总协定专门为最不发达的成员方参与服务贸易规定了优惠条件。在实施上述两款时，应特别优先考虑到不发达国家成员方，应根据它们的特殊经济状况与在发展经济、贸易和财政上的需要，对这些国家在接受各种谈判的具体承诺中的严重困难给予特殊考虑。

(8)对限制性竞争行为的约束

服务贸易市场往往存在高度的垄断,某些服务部门的专营性和限制性商业惯例的使用都会产生限制竞争的作用。因此,GATS 在"垄断及专营服务提供者"和"商业惯例"这两条中对这些限制竞争的行为作出了约束。对垄断及专营服务的规范包括以下内容:①各成员方应确保在其境内的垄断和专营服务提供者在有关市场提供垄断和专营服务时,不得背离其根据最惠国待遇条款及其具体承诺所承担的义务。如果一成员对提供某种服务做出具体承诺后,又对提供该种服务授予垄断经营权,从而损害了其已有承诺,则该成员应通过谈判做出补偿。②成员方应确保其境内的垄断和专营服务提供者在从事其垄断权范围之外而又界于该成员方具体承诺之内的竞争性服务时,不滥用其垄断和专营地位而进行与该成员方特定义务承诺不一致的活动。③成员方应确保垄断和专营服务的透明度,即通知和报告义务。GATS 虽然对"商业惯例"专门进行了规范,但对如何消除这种惯例未作强制性规定,只要求成员方对限制性商业惯例进行双边或多边磋商来加以解决。

在反垄断、反限制性竞争行为的立法和司法实践方面,发达国家和发展中国家存在较大差距。发达国家已有很长的规范历史,而发展中国家大多在近年来才刚刚开始这方面的工作,如果在 GATS 中对限制竞争行为进行严格规定,发展中国家目前很难接受。今后,随着多边贸易谈判的不断开展,这方面的国际规范会不断增强,发展中国家应密切关注这方面的动态,因为谈判的结果将会在很大程度上影响其贸易利益。

(9)关于保障措施和补贴纪律

保障措施是服务贸易小组讨论最深入的问题之一。GATS 规定有关紧急保障措施的谈判应在非歧视原则基础上进行,并应在《建立 WTO 协定》生效之日起 3 年内完成。在此之前,成员方对已作出的具体承诺在 3 年内不能改变,除非该成员方能够向服务贸易理事会说明进行修改或撤销某一具体承诺的必要理由。

在补贴问题上,各成员认识到在某些情况下补贴可对服务贸易产生扭曲作用。各成员应进行谈判,以期制定必要的多边纪律,以避免此类贸易扭曲。同时认识到补贴在发展中国家的作用,并考虑到各成员、特别是发展中国家成员在该领域需要一定的灵活性。但任何成员如认为受到另一成员补贴的不利影响,可请求与该成员就此事项进行磋商。对此类请求,有关成员方应给予积极考虑。

(10)区别于货物贸易的逐步自由化原则

服务贸易的逐步自由化原则与货物贸易的全面自由化要求显然有所不同,这是发展中国家争取的结果。一是应将服务贸易谈判与货物贸易谈判分开,形成独立的服务贸易总协议;二是应明确给予发展中国家在承担服务贸易义务上的差别待遇,以促进发展中国家服务贸易的发展,这点经讨价还价最后也基本被接受;三是作为让步,发展中国家应接受"服务贸易逐步自由化"。

(11)服务提供申请获准原则

在 GATS 的第六条国内规定中,规定了服务提供者对一缔约方已具体承担义务的服务部门提出服务提供申请的条件和应受到的非歧视性待遇以及行政主管部门的审查批准义务。如在该条第 3 款规定:"当已经作出具体承担义务的服务提供者要求批准时,一缔约方有管理权的当局应在接受申请后的合理期限内,根据国内法律及规定全面考虑,并把考虑的结果通知申请人。"该条还对管理部门审查批准时所考虑的申请人资格、能力和许可证程序等方面,作了合理、客观、公正和透明度方面的规定。

(12)关于例外的规定

GATS 规定,如成员方发生严重国际收支问题或受到国际收支困难威胁,则可对其已作出具体承诺的服务贸易,包括与此类承诺有关的交易的支付和转移,采取限制性措施。各方认识到,由于发展中成员或经济处于转型过程中的成员为保证其经济发展或经济转型计划而在国际收支方面面临的特殊压力,允许其采取限制性措施。但是,这些措施不得在各成员之间造成歧视,应避免对任何其他成员的商业、经济和财政利益造成不必要的损害,也不得超过必需的限度。同时这些限制性措施应是暂时的,并应随情况的改善而逐步取消。

在采取或维持这些限制措施时,各成员可优先考虑对其经济或发展计划具有重要意义的服务部门,但是不得为保护特定服务部门而采取或维持此类限制。采取限制性措施的成员应与其他成员和国际收支委员会进行定期磋商。另外,除非因国际收支平衡原因,并获得 WTO 的允许,否则任何成员均不得对与其具体承诺有关的经常性交易实施国际支付和转移方面的限制。

GATS 规定,各成员方政府机构为政府目的购买的服务可以不适用最惠国待遇原则、市场准入和国民待遇的承诺。有关服务贸易政府采购谈判应于《世界贸易总协定》生效之日起 2 年内进行,以便为服务贸易领域的政府采购制定多边纪律。

成员方有权援引一般例外和安全例外条款采取相应措施,但不得在情形类似的成员方之间构成不合理的歧视或构成对服务贸易的变相限制。GATS 列举了一些关于一般例外的情况,如保护公共道德或维护公共秩序,保护人类、动物或植物的生命或健康,防止欺骗和欺诈行为,保护与个人信息处理和传播有关的个人隐私及保护个人记录相关账户的机密性,公平或有效地课征税收等。

GATS 不要求成员披露会违背其根本安全利益的任何信息,也不阻止成员为保护其根本安全利益而采取必要行动。这些行动可以是与直接或间接为军事机关提供给养的服务有关的行动,也可以是与裂变、聚变物质或衍生此类物质的物质有关的行动;可以是在战时或国际关系紧急情况下采取的行动,也可以是为履行其在《联合国宪章》项下的维护国际和平与安全的义务而采取的任何行动。

2.具体承诺与其他规定

具体承诺是指成员方开放特定服务贸易市场的承诺。具体承诺是作为谈判成果相互交换成立的,但是成员方也可以对不属于承诺表的措施做出承诺,即所谓附加承诺。对市场准入和国民待遇的具体承诺是 GATS 制度下各成员方的特定义务,根据总协定的规定,市场准入和国民待遇不是自动适用于各服务部门的,而是要通过谈判由各成员方具体确定其适用的服务部门,各成员方有权决定在其承诺表中列入哪些服务部门及维持哪些条件和限制。协定将市场准入和国民待遇的概念划分开来,各成员方的承诺表分为两个单独栏目,将能够开放的部门、分部门及给予国民待遇的资格、条件等分别列出。GATS 规定,成员方应最迟于 2000 年 1 月开始新一回合谈判,以实现更高水平的服务贸易自由化。服务贸易理事会应给予个别发展中国家和最不发达国家一定的灵活性。

(1)市场准入

GATS 并没有明确定义服务贸易市场准入的概念,但是 GATS 规定,每个成员给予其他任何成员的服务和服务提供者的待遇,不得低于其承诺表中所同意和明确规定的。当一成员根据这一规定承担市场准入义务时,除非在承诺表中明确规定,否则在作出市场准入承诺的部门中,不得维持以下六种市场准入限制(见表 9-4)。

表 9-4 六种市场准入限制

①	以数量配额、垄断和专营服务提供者的方式,或者以要求经济需要调查的方式,限制服务提供者的数量;
②	以数量配额或要求经济需求调查的方式,限制服务交易或资产的总金额;
③	以数量配额或要求经济调查的方式,限制服务业的总量或以指定的数量单位表示的服务提供的总产出量;
④	以数量配额或要求经济需求调查的方式,限制某一特定服务部门或服务提供者为提供某一特定服务而需要雇用自然人的总数;
⑤	限制或要求一服务提供者通过待定的法人实体或合营企业才可提供服务;
⑥	通过对外国持股的最高比例或单个或总体外国投资总额的限制来限制外国资本的参与。

（2）国民待遇

该协议规定,关于国民待遇,在列入其承诺表的部门中,在遵照其中所列条件和资格的前提下,第一,每个成员方在实施影响服务提供的各种措施时,对满足减让表所列条件和要求的其他成员的服务或服务提供者,应给予不低于本国服务或服务提供者的待遇,当然,这种国民待遇只适用于成员方已经做出承诺的服务部门;第二,这种待遇可以形式上相同,也可以形式上不同,只要实施的结果相同就可以了;第三,当该缔约方修改服务的竞争条件以有利于本国的服务和服务提供者时,这种形式相同或不同的待遇应被认为对其他缔约方的服务和服务提供者不利,此时可通过双边或多边的磋商消除这种不利影响。

在附加承诺(第十八条)中,各国一般就有关资格认可、技术标准、许可规定等事项作出承诺。

与货物贸易领域的国民待遇制度不同,服务贸易领域的国民待遇不是一般义务,而是一项特定义务,各成员方只在自己承诺开放的服务部门中给予外国服务和服务提供者国民待遇。列明的承诺是义务,没有列明的部门则没有国民待遇义务。

此外,总协定就国民待遇的规定还涉及本国服务提供者与外国服务提供者的公平竞争机会问题,但这一概念十分宽泛,发达国家往往借此将触角伸入发展中国家的国内政策领域。例如,许多发展中国家对外国银行在其境内提供银行服务往往有业务范围和地域的限制,而发达国家则认为在发展中国家营业的该国银行与当地银行处于不公平的竞争地位,因而认为没有得到国民待遇。另外,发展中国家实行的外汇管制措施也常被发达国家认为对外国银行参与公平竞争的机会造成了潜在的损害。

（3）具体承诺表的制定与修改

各成员对本国服务贸易的开放承诺主要是通过具体承诺表得以实施的。具体服务贸易承诺表类似于《GATT 1994》下的关税减让表。GATS 规定,各成员方应根据总协定第三部分制定各自的具体承诺表。在已作出承诺的部门,承诺表应具体包括以下内容:①有关市场准入的内容限制和条件;②有关国民待遇的条件和要求;③有关其他具体承诺的履行;④各项承诺实施的时间框架;⑤各项承诺生效的日期。根据规定,不符合市场准入和国民待遇的各项措施应有专门栏目注明。各成员方的具体承诺表应作为总协定的附件并成为总协定的组成部分。

在具体承诺表中,各成员承诺的义务分为两部分。一部分叫作普遍承诺(horizontal commitments)。一部分叫作具体承诺(sector-specific commitments)。整个表格同时又分为四列。第一列是部门或分部门名称,第二列是市场准入的限制,第三列是国民待遇的限制,第四列是附加承诺。普遍承诺涉及所有在具体承诺表中列出的部门,其中作出的市场准入限制、国民待遇限制和附加承诺,对这些部门都有效。在普遍承诺中,各成员经常针对商业存在和自然人流动这两种方式作出一些限制。在具体部门承诺中,各成员按照统一的服务贸易分类目录的顺序,对自己开放的部门逐一列出。同时分别四种不同的服务提供方式,对有关市场准入和国民待遇的限制以及附加承诺,也一一列出。有时,有关承诺的时间表也逐一列出。

总协定为具体承诺表的修改作出了规定:

一成员方在减让表中的具体承诺生效的 3 年内不得修改或撤销。3 年后可在任何时间修改或撤销。如果要修改或撤回某具体承诺,修改成员方应至少在实施修改或撤销前 3 个月将此意向通知服务贸易理事会。

受此修改或撤销影响的成员方可请求修改成员方给予必要的补偿调整,而修改成员方应就此举行谈判;在此谈判和协商中,有关成员方应努力使互利义务的总体水平不低于谈判前具体承诺表中所规定的标准;各项具体的补偿调整措施应以最惠国待遇为基础。

如果成员方就补偿问题在谈判规定的期限结束之前未能达成协议,受影响的成员方可将此事项提交仲裁。如果未提交仲裁,修改成员方可自主实施其修改和撤销措施。如果仲裁认定应给予补偿,则有关成员在补偿前不得改变原有承诺;如果成员方对原有承诺做了不符合仲裁结果的改变,受影响的一方有权采取报复措施,撤回与仲裁结果实质上相等的承诺,而无须顾及最惠国待遇义务。此时,受影响方承诺的撤回仅对改变承诺的那一方实施。

(4)具体承诺的谈判和减让表

GATS 规定,为逐步实现更高水平的贸易自由化,各成员应在《建立WTO 协定》生效后的 5 年之内(即 2000 年 1 月 1 日)开始,并在此后定期进行连续回合的谈判。该谈判应针对减少或取消对服务贸易产生不利影响的措施,并以此作为提供有效市场准入的手段。同时应适当尊重各成员的政策目标及其总体和各部门的发展水平。允许个别发展中国家成员具有适当的灵活性,以符合其发展状况的方式逐步扩大市场准入,并给予最不发达国家特殊的优先考虑。此进程应当在互利基础上促进所有参加方的利益,并保证权利和义务的总体平衡。总之,各谈判回合均应提高各成员在总协定项下所作具体承诺的水平,逐步推进服务贸易自由化的进程。

关于具体承诺的减让表,应列明:市场准入的条款、限制和条件;国民待遇的条件和资格;与附加承诺有关的承诺;在适当时,实施此类承诺的时限;以及此类承诺生效的日期。该表格式如表 9-5 所示。

表 9-5 服务贸易承诺减让表的格式

承诺	交付方式	市场准入的条件	国民待遇的条件与资格
总体承诺 (即适用于所有部门)	跨境交付	无	除导致 R&D 服务之不同待遇的税收措施外,无。
	境外消费	无	补贴、税收鼓励和税收信贷没有限制。
	商业存在(FDI)	外资股份最高比为 49%	补贴没有限制。根据 X 法律,外资股份在 25% 以上以及新投资超过 Y 百万时需审批。
	自然人的临时入境	除下述外的没有限制:高级经理和主管人员的公司内部调整;逗留 1 年以下的专业人员;逗留超过 1 年以上的专业人员;逗留 3 个月以下的服务销售者(推销员)	除市场准入一栏所述各类自然人外,没有限制。
具体承诺:建筑服务	跨境交付	仅限商业存在	没有限制
	境外消费	无	无
	商业存在(FDI)	高级管理人员中 25% 应为本国人	没有限制
	自然人的临时入境	除总体承诺已注明者外,没有限制	除总体承诺已注明者外,没有限制。

(5)关于机构条款和最后条款

GATS 的机构条款对争端解决和执行、服务贸易理事会的设置、技术合作、与其他国际组织的关系等作了规定。最后条款允许成员方不把有关服务贸易的具体承诺,给予来自非成员方的服务或服务提供者。最后条款还对 GATS 使用的一些关键术语,如"措施"、"服务的提供"、"商业存在"等作出了定义。

3.有关附件

GATS 的 8 个附件是:《关于第二条例外的附件》、《关于本协定中提供服务的自然人流动的附件》、《关于空运服务的附件》、《关于金融服务的附件》、《关于金融服务的第二附件》、《关于电信服务的附件》、《关于基础电信谈判的附件》、《关于海运服务谈判的附件》。

这些附件是 GATS 的组成部分,对服务贸易规则和服务贸易谈判有着重要影响。其中,长期适用的附件有《关于第二条例外的附件》、《关于本协定中提供服务的自然人流动的附件》、《关于空运服务的附件》、《关于金融服务的附件》和《关于电信服务的附件》。

服务贸易规则为世界服务贸易的开展提供规范,使服务贸易能够得到更好的保障。除此之外,与贸易有关的知识产权保护规则同样对整个世界经济的发展至关重要,对货物贸易及服务贸易的发展也有促进作用。

本章小结

(1)服务贸易的发展对世界各国经济的发展都起着重要的推动作用。各国政府也都在努力发展本国的服务贸易。

(2)从本章所列数据中也可以看出服务贸易发展的现状及其中存在的一些问题。服务贸易在发达国家和发展中国家发展不平衡。服务贸易的发展大多数都依赖于科学技术的发展,而发展中国家因为其经济实力较弱,在科学技术上的发展也不及发达国家,因而其服务贸易的发展也落后于发达国家。而WTO 在平衡国际竞争中发挥着重要的作用,其制定了一系列的服务贸易发展规则,并大力支持发展中国家经济的发展。

(3)服务贸易在世界范围内的发展正在逐步赶上和超过货物贸易的发展。而且服务贸易与货物贸易的发展是相辅相成的,货物贸易的发展带动服务贸易的发展,服务贸易的快速增长也促进货物贸易的发展。

(4)本章的重点就是服务贸易的规则,主要包括各参与方的一般义务和具体承诺。对发展中国家而言,在进行国际服务贸易的同时要充分利用服务贸易规则中对发展中国家的保护政策。通过熟悉服务贸易规则,也可以帮助我国在发展国际服务贸易之路上走得更好。

本章案例

案例一：VISA 投诉中国银联案

一、背景资料

VISA 又译为维萨、维信，是一个信用卡品牌，由位于美国加利福尼亚州圣弗朗西斯科市的 VISA 国际组织负责经营和管理。VISA 卡于 1976 年开始发行，它的前身是由美洲银行所发行的 Bank Americard。VISA 国际组织是目前世界上最大的信用卡国际组织，是一个由全世界银行参与的非营利的国际性组织，会员由银行等金融机构组成，建立起一个全球的支付和金融服务的网络。国际上主要有维萨国际组织（VISA International）及万事达卡国际组织（MasterCard International）两大组织。如果卡上带有 VISA 标志，就证明这个信用卡加入了 VISA 组织，可以在它的网络下的银行系统使用。

中国银联，全称中国银联股份有限公司（英文名称：China UnionPay Co.，Ltd.），于 2002 年 3 月 26 日成立，总部设在上海，是经中国人民银行批准的、由八十多家国内金融机构共同发起设立的股份制金融机构。公司采用先进的信息技术与现代公司经营机制，建立和运营全国银行卡跨行信息交换网络，实现银行卡在全国范围内的联网通用，推动我国银行卡产业的迅速发展，实现"一卡在手，走遍神州"，乃至"走遍世界"的目标。2011 年，全球银联卡发卡量超过 23 亿张，银联网络遍布中国城乡，并已延伸至亚洲、欧洲、美洲、大洋洲、非洲等全球 90 多个国家和地区。中国银联已经与全球近 400 家金融机构展开广泛合作。

★2010 年 6 月

VISA 向全球会员银行发函，要求从 2010 年 8 月 1 日起，凡是在境外受理带 VISA 标识的双币种信用卡时都不得走中国银联的清算通道，否则 VISA 将重罚收单银行。

★2010 年 9 月 15 日

WTO 在网站上公布了美国贸易代表署投诉中国银联垄断一案的具体内容，该投诉称中国对希望在华提供电子支付服务的他国供应商设置了市场准入限制。在呈递给 WTO 的文件中，美国贸易代表署认为，中国违背了其在 GATS 中所做出的关于市场准入和国民待遇方面的承诺，因此美国按照《关于争端解决规则与程序的谅解》提起了这一投诉。

美方称,目前针对在中国境内以人民币进行交易的支付卡,只有中国银联被允许提供电子支付服务,而其他成员的服务提供商则只能为以外币交易的支付卡提供服务。投诉还认为,中国要求所有商家的支付卡处理设备需与中国银联的系统相一致,此举使得其他国家的支付服务提供商不得不和商家谈判以获取接入途径。同时,中国要求包括双币卡在内的所有在中国境内发行的人民币支付卡必须具有银联标识,而美方认为以上这些要求实际上是对中国供应商和外国供应商实行差别对待。

此外,美国称中国人民银行自2001年以来发布了多项限制措施,使人民币支付卡交易由中国银联垄断,对外国供应商造成歧视,违反了中国开放服务业市场的承诺,美方诉诸WTO争端解决机制,向中方提出磋商请求。

对此,我国商务部的书面表态为,"中方认为,我有关银行卡电子支付的措施是符合我WTO承诺的。中方将仔细研究美方提起的两项磋商请求,并根据WTO争端解决程序进行妥善处理"。

★2011年2月11日

美方正式向WTO申请启动针对中国银联垄断的争端解决机制。

★2011年7月4日

由WTO总干事拉米指定的专家组正式开始审理此案。

在历时一年多的专家组审理过程中,中国向专家组充分阐明了中国关于有关金融服务承诺范围的立场,并详尽地向专家组介绍了中国的银行卡体系、历史沿革以及与银行卡联网通用有关的措施。

★2012年7月17日

WTO争端解决机构正式发布专家组报告,驳回美方关于中国银联垄断地位的指控,但支持美方有关中国开放电子支付服务市场的主张。

WTO专家组报告部分要点如下:

(1)驳回美方关于中国银联在所有人民币计价的支付卡清算交易中存在垄断的指控。

(2)外国服务提供商在中国设立商业存在须满足中方服务贸易减让表的有关设立要求。

(3)银联在某些类型的人民币计价的支付卡清算交易中确实存在垄断。

(4)对于已经在中国提供服务的电子支付提供商,中国应该履行向其开放市场的义务。

按照WTO的相关程序,在专家组报告发布后,一个月内要审议通过该报告,在此期间中方可提出上诉。

★2012 年 8 月 31 日

结果：中方接受裁决，但对某些裁决"持保留意见"。

商务部条约法律司负责人就此事发表谈话称，专家组报告驳回了美方部分主张（未完全支持美方关于中国银联垄断的指责），支持了中方有序开放支付服务市场的观点。但对于专家组同时裁定"涉案电子支付服务属于中方加入 WTO 时承诺开放的'所有支付和汇划服务'，部分涉案措施违反了国民待遇承诺"的说法，中方对服务归类的裁决持保留意见，认为应在今后的案件中进一步澄清这一体制性问题。

二、案例分析

人民币支付卡业务在中国入世议定书附件 9《服务贸易具体承诺减让表第 2 条最惠国豁免清单》中是划入"银行及其他金融服务"项目下的，列举的是对外资金融机构实施的额外限制，即中国对内资金融机构管制内容较少，对外资金融机构管制内容较多。美方大概是看到该清单没有列举中国银联垄断人民币支付卡业务的内容，就认为 VISA 可以谋求垄断地位，中方则不可以。或者，对该清单中没有列举出来的规则和限制，VISA 就认为外资机构不须遵守而中资机构必须遵守。但是很显然，中国并未承诺给予外方超国民待遇。一个向中国这样的大国必须有一个关键性的中心发卡机构——中方做法并没有违背加入 WTO 时的承诺。

同时，VISA 关于中国银联实行垄断经营的投诉，有贼喊捉贼的嫌疑。在当前的国际电子支付市场中居于垄断地位的不是中国银联，而是 VISA、万事达、运通、大莱和 JCB 这五大发卡机构，其中前四家均为美国机构。可以说，美国的发卡机构已在全球获得了绝对的垄断地位，在许多国家，甚至包括英国、法国、德国、西班牙等发达国家在内，美国的 VISA 和万事达都居主导甚至垄断地位。

在中国台湾地区，本地"梅花卡"1989 年前后曾经占据近八成信用卡市场，一度形成"梅花独放"的局面。但开放市场后，"梅花卡"品牌迅速萎缩，到2001 年，梅花卡市场份额仅剩 0.53%。同期，VISA、万事达的合计市场份额升至 95%。纵观历史，VISA 投诉中国银联案可谓别有用心。

但是中国银联拒绝接受美国信用卡巨头的全球垄断。中国银联 2011 年已拥有近 400 家境内外成员机构，银联卡受理网络已经延伸至境外 90 个国家和地区。与此同时，银联还积极推动境外发卡，目前已有 10 多个国家和地区的金融机构正式在境外发行了当地货币的银联标准卡。在国内，银联的地位更是难以撼动。截至 2010 年年底，中国境内联网商户达到 157 万户，联网

POS 机达到 241 万台,联网 ATM 机 21.5 万台。即使暂时不具备大规模进攻全球五大发卡机构传统势力范围的实力,也不会被轻易征服,让出自己的地盘。

中国应毫不犹豫地建立自己的独立清算系统,更应逐步在全世界范围内力推银联卡。目前全世界各个国家的主要清算系统都由 VISA 和万事达两家垄断。清算系统掌握着所有的交易数据,是金融交易最本质和核心的部分,拥有了自己的清算系统,发卡机构才拥有了自己的核心竞争力。中国银联在技术、社会影响力等方面已经拥有了足够的资源。中国居于全球第二并在高速扩张的经济规模,居于全球第一的外汇储备都是中国银联的资本。

VISA 以网络技术见长,万事达以发卡为主业。两大机构可能一打一拉,意在扩大在中国信用卡市场的份额,但也可能存在不同利益取向。VISA 希望把自身的清算系统王国延伸到中国,万事达希望与中方合作扩大信用卡发行量。

案例二:香蕉进口、销售和批发案

一、案情简介

1989 年 12 月 15 日,欧共体与 70 个非洲、加勒比海和太平洋地区发展中国家("非加太国家")签订了含有有关香蕉议定书的第四洛美协定①。1993年,欧共体理事会 404/93 规章建立了香蕉共同市场组织,取代各成员的香蕉进口体制。规章中提出了三类香蕉进口方案:

(1)从 12 个作为传统供应者的非加太国家的进口,规定进口总量,在该数量内进口免税,并且其数量不受欧共体减让表的约束。

(2)从传统非加太国家超过规定进口总量的进口,或者从非传统非加太国家的进口,规定一定数量的免税,配额外的进口收取关税。

(3)从非加太地区以外国家的进口,按欧共体减让表的规定限量限税,超过限量的在此基础上加收关税。

1994 年 10 月 10 日,欧共体与非加太地区的其他国家向 GATT 全体缔约方申请豁免根据 GATT 1947 第 1 条第 1 款的普遍最惠国待遇的义务,缔约方全体于 1994 年 12 月 9 日给予豁免。1995 年 2 月 5 日,厄瓜多尔、危地马

---

① 1975 年 2 月 28 日,非洲、加勒比海和太平洋地区 46 个发展中国家(简称非加太地区国家)和欧洲经济共同体 9 国在多哥首都洛美开会,签订贸易和经济协定,全称为《欧洲经济共同体—非洲、加勒比和太平洋地区(国家)洛美协定》,简称"洛美协定"或"洛美公约"。

拉、洪都拉斯、墨西哥和美国(申诉人)联合并分别要求与欧共体(被诉人)就欧共体香蕉体制进行磋商。1996 年 4 月 11 日,申诉方要求设立专家组,根据GATT 1994、进口许可程序协议、农产品协议、GATS 和 TRIMs 进行审查。由于申诉方和被诉人都不满意专家组报告中的法律解释,都提出上诉,成立上诉机构。上诉机构维持了专家组的大部分裁定。

二、专家组的分析与裁定

申诉方指控欧共体香蕉体制与 GATS 第 2 条最惠国待遇义务和第 17 条国民待遇不符,对拉美和非传统非加太国家香蕉经销商进行歧视。欧共体否认申诉方根据 GATS 提出的申诉,认为申诉方申诉的措施与货物贸易直接相关,不涉及服务贸易,故在 GATS 意义上不能视为"影响服务贸易的措施"。GATS 的目标是调整服务贸易本身,不涉及与货物贸易相关的措施对服务贸易的间接影响。一项措施不能既为 GATT 包括又为 GATS 包括,因为两项协定的范围是相互排斥的。

根据《维也纳条约法公约》第 31 条规定,专家组注意到,GATS 第 1 条第 1 款中"影响"一词的通常含义不含有将 GATS 的范围限于某几类措施或某一管理领域的意思。相反,GATS 根据影响效果来提到措施,意味着措施可能是任何类型,或与任何管理领域相关。专家组认为,起草者希望扩大 GATS 使用范围的另一表现是对于服务贸易使用了"供应"(supply),而非"提供"(delivery)一词,与"提供"相比,"供应"涉及更广的活动范围。所以,专家组裁定,GATS 的用语就是旨在保证 GATS 的纪律能够包括任何与服务供应中的竞争条件相关的措施,无论该项措施是直接涉及服务供应还是间接影响服务供应。

对于欧共体提出的 GATS 与 GATT 不能重叠的主张,专家组注意到,这两项协定中都没有反映这种观点。另外,如果两项协定的范围是相互排斥的,即一项措施不能同时属于两项协定的范围,则成员承担的义务和作出的承诺的价值就会受到削弱,两项协定的目标和宗旨就会落空。通过采取某一协定项下的对另一协议项下的贸易有间接影响却不能获得法律救济的措施,可以规避承担的义务。专家组最后裁定,欧共体预先将其香蕉体制从 GATS 的适用范围中排除出去是没有法律依据的。

GATS 第 1 条第 2 款规定,服务供应包括四种方式:越境供应、境外消费、商业存在和自然人流动。申诉方指控欧共体的香蕉体制影响它们通过商业存在供应的批发贸易服务。这种影响与欧共体减让表中不受限制的国民待遇义务和最惠国待遇义务不符。

专家组认为,对于通过商业存在提供服务,成员方根据 GATS 所承担的义务包括对服务和服务供应商的待遇。GATS 第 2 条要求一成员对另一成员的服务和服务供应商,提供不低于其授予任何其他成员的服务和服务供应商的待遇。GATS 第 17 条要求成员除减让表另有限制外,对其他成员的服务和服务供应商,提供不低于其授予自己的同类服务和服务供应商的待遇。所以,专家组裁定,欧共体的义务和承诺应包括给予在欧共体区域内的批发贸易服务供应商的待遇。

与货物贸易规则以及与贸易有关的知识产权协定相比,GATS 只是一项框架性协定。从争端看,一方面,这一类的争端数量不多;另一方面,争端主要涉及最惠国待遇和国民待遇问题。由于服务贸易的范围和性质原因,这方面的规则制定相对困难一些,不同的国家之间,尤其是发达国家与发展中国家之间,还存在很大的分歧。服务贸易方面的规则和义务正处在不断发展之中。

练习与思考

1. 服务贸易在世界范围内得到快速发展的原因有哪些?

2. 服务贸易与货物贸易相比较有哪些特点?

3. 在未来世界经济发展过程中,服务贸易的发展趋势会是怎样的?

4. 服务贸易的规则对发展中国家将有怎样的影响?

第十章　与贸易有关的知识
产权保护规则

本章提要

　　《与贸易有关的知识产权协定》(Agreement on Trade-Related Aspects of Intellectual Property Right,简称 TRIPS 协定)是 1994 年 4 月 15 日在摩洛哥马拉喀什签署的《建立 WTO 协定》中的附件 1C。其宗旨为满足各成员渴望减少国际贸易中的扭曲现象、为知识产权提供有效且充分的保护之需要。此外,协定还应确保其在实行中的措施和程序本身不构成合法贸易中的新型问题。

本章结构图

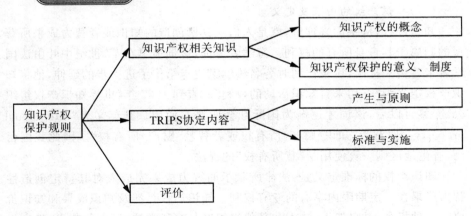

学习目标

　　•了解知识产权的定义、特点。重点掌握不同类型的知识产权的范围及特点。
　　•认识知识产权保护制度。了解世界范围内的知识产权保护组织与协议。
　　•认识 TRIPS 协议的历史演变过程。掌握 TRIPS 协议的目标、基本原则和知识产权保护的范围、效力、使用标准。
　　•正确评价 TRIPS 协议的影响,能够比较 TRIPS 协议与其他知识产权保护组织和协议的不同点。
　　•认识我国在知识产权保护领域的情况,分析典型的 WTO 中的知识产权案例。

第一节　知识产权的相关知识

一、知识产权的概念

(一)知识产权的由来及定义

　　知识产权,从字面来理解,就是人们从其所创造的知识或者智力成果所获得的归属于其自身所有的权利。有学者考证,该词最早在 17 世纪中叶由法国学者卡普佐夫提出,后来比利时著名法学家皮卡第作了进一步的延伸,他将知识产权定义为"一切来自知识活动的权利"。直到 1967 年《世界知识产权组织公约》签订以后,该词才逐渐为国际社会所普遍使用。其英文为"intellectual property",原意为"知识(财产)所有权或者智慧(财产)所有权"。因此我国台湾、香港地区则一直使用"智慧所有权"的提法。

　　知识产权的标准定义是:法律所赋予的智力成果完成人对其特定创造性智力成果在一定期限内享有的专有权利。知识产权是涉及知识成果和知识价值的一种权利,是自然人、法人和其他组织对其在科学技术、文化艺术、工商经贸等领域里创造的精神财富所依法享有的专有权。虽然对于知识产权,TRIPS 协定没有进行准确的定义,但是在其序言中仍然强调了知识产权作为一种所有权的特点,就是知识产权属于私有权。

当然,知识产权作为一种不同于一般所有权利的所有权,其还有以下特点:

1. 知识产权的国家授予性

知识产权与有形财产所有权不同。后者根据一定的法律事实即可设定和取得,不需要每次都由国家机关认可或核准,而知识产权则具有国家授予的特点,也就是说知识产权需要由主管机关依法授予、确认而产生。

2. 知识产权的专有性

由知识产权的定义,我们不难理解其所具有的专有性。可以说知识产权也正是由于其专有性才更具有价值。所谓专有性,是指知识产权权利人对其拥有的成果享有垄断权,或者称为独占性、排他性。其专有性主要表现在以下两个方面:(1)知识产权为权利人所独占,并受到严格保护,未经权利人许可,任何人均不得使用权利人的智力成果。(2)对同一项智力成果,不允许有两个或两个以上同一属性的知识产权并存。举一个简单的例子,同样的一项智力成果,根据法律规定只能将专利权授予其中的一个。而以后的类似智力成果,与已有的成果相比,如无突出的实质性特点和显著的进步,也不能取得相应的权利。

3. 知识产权的地域性

所谓地域性是指,由于知识产权是由各国按照自己的法律进行申请和审批的,因而只在本国地域范围内发生法律效力,只受本国法律保护。若本国与其他国家或国际组织缔结知识产权保护方面的协议,则该项知识产权才可以在协议的成员范围内获得保护。

4. 知识产权的时间性

知识产权的时间性,是指知识产权只在法律规定的期限内受到法律保护,一旦超过了法律规定的有效期限,这一权利就自行消失,或者转移。知识产权所有人对其智力成果享有的知识产权在时间上的效力并不是永久的,要受到法定有效期的限制。知识产权的时间性特征,是它与有形财产权的一个主要区别。知识产权在时间上的限制性,是世界各国知识产权立法以及有关知识产权国际公约普遍采用的原则。另外,不同类型的知识产权,时间限制也不同,这也是在 TRIPS 协定中"关于知识产权的范围、效力和使用标准"重点做出解释的。

5. 知识产权的无形性

从知识产权的定义可知,其保护的是一种智力成果,是人们的一种无形的创造性的想法。这一特点造成了知识产权在转让交易中,不管是转让人还是受让人都难以实际控制的问题。一方面,转让后,容易脱离产权所有人的控制;另一方面,即使在其全部权利转让后,所有人仍有利用其创造的智力成果获利的可能性,换句话说,受让人支付费用之后,不能完全获得该项产权。

(二)知识产权的不同分类

知识产权,作为一种人们在使用中逐渐进行系统化的概念,其本身就没有特别具体的界定。对于其分类也是多种多样,有广义与狭义分类之分。

如果按照广义的角度来看,可泛指人类所创造的一切智力成果。从全世界范围内来看,广义分类方法主要依据的是《建立世界知识产权组织公约》。其中《建立世界知识产权组织公约》的分类如下:(1)关于文学、艺术和科学作品的权利;(2)关于表演艺术家的演出、录像和广播的权利;(3)关于人们努力在一切领域发明的权利;(4)关于科学发现的权利;(5)关于商标、服务商标、厂商名称和标记的权利;(6)关于工业品外观设计的权利;(7)关于制止不正当竞争的权利;(8)在工业、科学、文学和艺术领域里的其他一切来自知识活动的权利。

而《与贸易有关的知识产权协议》中对知识产权的分类则偏向于狭义的分类,即按照传统的分类方法,将知识产权分为两大类:一类是工业知识产权,包括专利权、商标权、地理标志权、厂商名称权和商业秘密等;另一类是著作权,包括作者权(在西方英美法系中称为版权)和邻接权。需要注意的是,在TRIPS中除了沿用这种传统的分类方法外,还另外添加了知识产权领域里的一些新的概念。这里我们先简单介绍传统分类方法中几项产权的含义。

1.著作权及邻接权(copyright and neighboring right)

著作权又称版权,是指文学、艺术和科学作品的作者对其创作的作品依法享有的民事权利即作品创作者的权利。邻接权指与著作权有关的权利。对表演者、录音制作者和广播组织等的传播行为所产生的权利,主要包括表演者权、录制者权、广播组织者权、出版者权等。

2.商标权(trademarks)

商标是自然人、法人或其他组织所生产、制造、加工、拣选、经销的商品或提供的服务项目的标志,包括注册商标和非注册商标。只有经商标局注册核准的商标才受法律保护。

3.地理标志权(geographical indications)

地理标志权是指为国内法或国际条约所确认的或规定的由地理标志保护的相关权利。在法律层面上对地理标志予以保护不仅仅是对地理标志的一种技术上的鉴别和判断,更主要的是注重对地理标志进行法律保护的终极目标,明确附着在地理标志上的权利特点和权利内容,从而最终指导立法的方向。

地理标志权,源于产品地理标志保护制度,是通过地理标志对地方特色农产品、工艺品等以产地命名的权利进行保护,以保护它们的竞争力和消费者的权益。地理标志权,如原产地产品标志,从其所涉及的内容来看,主要集中在酒类(尤其是葡萄酒)和农畜产品上。

小知识 10-1

地理标志权

这种地理标志保护制度,是由原产地保护衍生而来的。原产地这种概念起源于法国的葡萄酒酿造业,后来逐渐成为一种与地理标志相关的产权保护制度,为世界各国及 WTO 所认可。根据世界知识产权组织的定义,地理标志指"用于商品上的一种具有特殊地理来源并拥有因该来源地点而获得的品质或声誉的标记"。WTO 的《与贸易有关的知识产权协定》(TRIPS 协定)第 22条至第 24 条明确提出了地理标志保护,并对葡萄酒和酒精类饮料提供了特殊规格的保护。

4.专利权

专利权简称为"专利",其英文为 patent right,是发明创造人或其权利受让人对特定的发明创造在一定期限内依法享有的独占实施权,是知识产权的一种。我国于 1984 年公布专利法,1985 年公布该法的实施细则,对有关事项作了具体规定。专利一般按照其成果呈现的形式分为发明、实用新型、外观设计。其中发明是指对产品、方法或者其改进所提出的新的技术方案。实用新型,是指对产品的形状、构造或者其结合所提出的实用的新的技术方案。外观设计,又称为工业产品外观设计,是指对产品的形状、图案或者其结合以及色彩与形状、图案相结合所作出的富有美感并适于工业上应用的新设计。这三类专利是知识产权保护领域较为常见的。而且它们受保护的期限是不同的,如发明专利的受保护期限为 20 年,而实用新型和外观设计的受保护期限则为10 年。

5.厂商名称权

厂商名称权,又称为商号权,是企业对自己使用或注册的营业区别标志依法享有的专利权。其具有的法律意义在于:在他人使用相同或类似名称时,权利人可以要求停止使用,以避免发生混同;在他人非法侵权而造成损失时,权利人可以要求赔偿损失。

厂商名称权被纳入知识产权,是从《保护工业产权巴黎公约》开始的。在这一公约中将厂商名称纳入工业产权的保护范围。厂商名称权具有知识产权的某种特性,例如客体的非物质性、权利的专有性、地域性等。当然厂商名称权也有其自身特点:(1)相对的排他效力。厂商名称权为工业产权的一种,仅在其有效登记的范围内有排他效力,即只有在其所属的同一行政区域、同一行业内享有排他性的专有权。(2)无期限的存续效力。厂商名称权具有一般人格权的某种属性,只要企业存在,其厂商名称权就得以继续存在。

二、知识产权保护的意义

知识产权不是自然拥有的,是由人们在实际生产中的需要所产生的。但是我们却不能由此而说,知识产权重要性低。相反,我们要充分认识知识产权的重要性。当前,知识的作用完全可以与人类历史上的其他具有划时代意义的生产要素诸如蒸汽、电力、科技等相媲美。那么,在这样的社会里,保护知识产权的意义究竟何在呢?

首先,对于个人而言,对人们不同于别人的智力成果进行保护,能够鼓励那些乐于创作和勤于钻研的人进一步努力,有利于调动人们从事科技研究和文艺创作的积极性。知识产权保护制度致力于保护权利人在科技和文化领域的智力成果。只有对权利人的智力成果及其合法权利给予及时全面的保护,才能调动人们的创造主动性,促进社会资源的优化配置。

其次,对于企业而言,如果知识产权归属于企业所有或者授权企业内个人所有,那么其将会为企业带来巨大的经济利益,增强经济实力。知识产权的专有性决定了企业只有拥有自主知识产权,才能在市场上立于不败之地。越来越多的企业开始意识到技术、品牌、商业秘密等无形资产的巨大作用,而如何让这些无形资产逐步增值,有赖于对知识产权的合理保护。

再次,从更为宏观的层次上来讲,对于整个国家而言,知识产权领域的强大将会直接提升其在整个世界范围内的地位和形象。如果拥有较多的自主知识产权,则会有利于促进本国的对外贸易及引进外商投资。对于我国而言,我国已于2001年12月1日加入WTO,履行《与贸易有关的知识产权协议》,保护国内外自然人、法人或者其他组织的知识产权,已经成为我们必须履行的责任和义务。

三、知识产权保护制度

（一）对国内知识产权保护的认识

从前述讲解中,我们知道知识产权是指部分人对其所创造的智力成果享有的所有权。从其概念层面,可以看出这种权利仅仅产权所有人知道是不够的,还需要社会、政府从全局利益出发,对这种权利加以所有化,进而采取一定的保护措施。知识产权本身所带来的是利益,仅仅依靠社会公德的约束力对其进行保护是远远不够的,最为直接和有力的保护措施当属法律手段。

通过法律手段进行保护,必须有一个系统的法律体系。从世界范围来看,各个国家及国际组织主要是通过制定知识产权保护制度对其实施保护的。知识产权保护制度是关于专有权授予或权利确立的一系列法律程序,以及有关政府、有关职能机构制定的调整有关知识产权权利确定、权利归属、权利人权利和义务、侵权与反侵权等关系的法律规范。例如我国就有由《著作权法》、《专利权法》、《商标权法》等一系列法律构成的知识产权法律体系。下面就以我国为例,来介绍一套完整的知识产权制度的构成。

1. 一系列的知识产权保护法律

为了能够切实保护知识产权所有者的利益,应该颁布一系列行之有效的法律。知识产权法是指在调整知识产权的归属、行使、管理和保护等活动中产生的社会关系的法律规范的总称。从中国的立法现状看,知识产权法仅是一个学科概念,并不是一部具体的法律。知识产权法律制度主要由著作权法、专利法、商标法、反不正当竞争法等若干法律,行政法规或规章,司法解释,以及相关国际条约等共同构成。

2. 统一的知识产权管理机构

我国的知识产权管理机构是中华人民共和国国家知识产权局,原名是中华人民共和国专利局。国家知识产权局是国务院主管专利工作和统筹协调涉外知识产权事宜的直属机构。其主要职责是受国务院委托,对专利法和专利法实施细则提出修订方案,并负责解释专利法实施细则,且参与制定相关的知识产权法规;依法受理、审查专利申请,对符合专利法规定的发明创造授予专利权,对复审、撤销和专利权无效宣告申请进行审查并作出决定等与知识产权有关的事项。

小知识 10-2

国家知识产权局

国家知识产权局局徽如图 10-1 所示。局徽由五星和英文字母 IP 组成。标志的左半部分是由一颗大星和四颗小星构成的红五星图案,象征国家知识产权局的国家性和权威性。标志的右半部分由英文字母 IP 演变而来,IP 是英文 Intellectual Property（知识产权）的字母缩写,体现知识产权领域的工作范畴和性质,加强了运用于国际范畴时的可识别性。标志采用红蓝两色相配,红色代表中国,蓝色表示知识和信息。标志的整体造型稳重、向上,并充满现代感和动感,体现了国家知识产权局作为国家级的知识产权保护机构,代表国家行使权力,保护知识产权,为国家的科技进步和经济发展做出更大的贡献。同时,稳重向上的感觉,又喻示着国家知识产权局的事业蓬勃发展,蒸蒸日上。

图 10-1　国家知识产权局局徽

3. 完善的知识产权申请和保护原则、程序

智力成果创造者在取得这些成果后,应当及时到相关机构办理申请保护的手续。在我国,专利的申请原则是:对于同一个发明只能授予一个专利权。当出现两个以上的人就同一发明分别提出专利申请的情况时,有两种处理的原则,一个是先发明原则,一个是先申请原则。一项发明创造完成后,当事人不可能自然而然地获得专利权,只有向国家知识产权局提出专利申请,经国家知识产权局审查后认为符合专利法规定的,才能被授予专利权。

申请专利应提交下列文件:(1)请求书。请求书是申请人向国家知识产权局表达请求授予专利权的愿望的一种书面文件。(2)说明书。说明书是申请人向国家知识产权局提交的公开其发明或者实用新型的文件。要获得专利权,申请人应当向国家知识产权局继而向社会公众提供为理解和实施其发明创造所必需的技术信息。(3)说明书附图。为了说明发明或者实用新型的技术内容,说明书可以辅以附图。对于有附图的说明书来说,附图是其重要的组成部分之一。(4)说明书摘要。摘要是说明书的概括和提要,其作用是使公众通过阅读简短的文字,就能够快捷地获知发明创造的基本内容,从而决定是否需要查阅全文。(5)权利要求书。为了确保专利制度的正常运作,一方面需要为专利权人提供切实有效的法律保护,另一方面需要确保公众享有使用已知技术的自由。权利要求书就是为上述目的而规定的一种特殊的法律文件。

小知识 10-3

先发明原则与先申请原则

先发明原则是指同一发明如有两个以上的人分别提出专利申请,应把专利权授予最先作出此项发明的人,而不问其提出专利申请时间的早晚。但由于在采取此项原则时,在确定谁是最先发明人的问题上往往会遇到很多实际困难,因此,目前在世界上只有美国、加拿大和菲律宾等少数国家采用这种原则。

先申请原则,是指当两个以上的人就同一发明分别提出申请时,不问其作出该项发明的时间的先后,而以提出专利申请时间的先后为准,即把专利权授予最先提出申请的人,中国和世界上大多数国家都采用这一原则。

(二)对国外知识产权保护的认识

相对于世界其他各国尤其是发达国家,中国的知识产权保护起步较晚。早在 1474 年 3 月 19 日,威尼斯共和国就颁布了世界上第一部专利法,其正式名称是《发明人法规》(Inventor Bylaws),这是世界上最早的专利成文法,也是最早的知识产权保护法律。目前,有关国际知识产权的公约或协议按工业产权、版权及其他类别标准来划分已经有 30 多个,其中我国加入的主要有如下公约。

1. 世界知识产权组织(WIPO)及其《建立世界知识产权组织公约》

《建立世界知识产权组织公约》1967 年 7 月 14 日于斯德哥尔摩签订,1970 年 4 月 26 日生效,到 2008 年已有 183 个成员。它是一个致力于促进人类智力作品的使用和保护的国际组织。世界知识产权组织的宗旨是:(1)通过国家之间的合作,必要时通过与其他国际组织的协作,促进全世界对知识产权的保护;(2)确保各知识产权联盟之间的行政合作。该组织管理着一系列知识产权条约,其中包括《保护文学和艺术作品伯尔尼公约》、《保护录音制品制作者防止未经许可复制其录音制品公约》等条约。中国于 1980 年 6 月 3 日加入该组织,成为它的第 90 个成员国。

2.《保护文学和艺术作品伯尼尔公约》(简称《伯尼尔公约》)

《伯尼尔公约》是关于著作权保护的国际条约,1886 年制定于瑞士伯尔尼。截至 2012 年 3 月 14 日,缔约方共有 165 个,1992 年 10 月 15 日中国成为该公约成员。《伯尔尼公约》的产生,标志着国际版权保护体系的初步形成。公约保护的作品范围是缔约国国民的或在缔约国内首次发表的一切文学和艺术作品。

3.《保护工业产权的巴黎公约》(简称《巴黎公约》)

《巴黎公约》于 1883 年 3 月 20 日在巴黎签订,1884 年 7 月 7 日生效。巴黎公约的调整对象即保护范围是工业产权,包括发明专利权、实用新型、工业品外观设计、商标权、服务标记、厂商名称、产地标记或原产地名称以及制止不正当竞争等。巴黎公约的基本目的是保证一个成员国的工业产权在所有其他成员国都得到保护。1985 年 3 月 19 日中国成为该公约成员国。

除以上国际组织、公约外,我国还加入了《集成电路知识产权条约》、《商标国际注册马德里协定有关议定书》、《世界版权公约》、WTO 的《与贸易有关的知识产权协定》(TRIPS)、《专利合作条约》、《保护录音制品制作者防止未经许可复制其录音制品公约》等。在这些知识产权保护公约中,最重要的是《伯尼尔公约》、《巴黎公约》、《与贸易有关的知识产权协定》、《世界版权公约》以及《保护录音制品制作者防止未经许可复制其录音制品公约》。其中除 TRIPS 由 WTO 管理外,其余都由世界知识产权组织管理。

第二节　TRIPS 协定的主要内容

一、TRIPS 协定的产生及其目标

(一)产生背景

20 世纪 70 年代的石油危机和经济萧条席卷全球。以美国、欧共体国家为代表的发达国家回首检视其日益衰退的国际竞争力和现存资本,发觉知识产权正是其尚未动用的资源。而发展中国家正处于利用欧美的知识产权以创造其经济财富的转折点上。这些发达国家对知识产权组织渐生抱怨。于是在乌拉圭回合谈判中,美国在 1987 年 10 月提出,不能把世界知识产权组织的各项协定作为知识产权保护的唯一基础,还应通过乌拉圭回合谈判在确立更有效而统一的原则方面达成一致。美国代表甚至还提出"如果不把知识产权等

问题作为新议题纳入,美国代表将拒绝参加第八轮谈判"。虽然多数发展中国家对美国提出的原则立场表示不能接受,但出于政治上的考虑以及从发展本国经济、利用外资、引进技术、改善本国对外经济技术合作的长期利益目标出发,许多发展中国家终于转向支持美国。1991 年 12 月,谈判各方初步达成了总体上有利于发达国家的《与贸易有关的知识产权协定》。1995 年 1 月 1 日 WTO 正式运作,标志着知识产权的国际保护已纳入多边贸易体制。

（二）目标

TRIPS 协定第一次把知识产权与国际贸易问题联系在一起,同时又规定了一些强制措施。这个知识产权协议的影响面大于以往任何一个协议。它丰富了传统的国际贸易理论,使国际贸易格局发生了新的变化。国际贸易的"知识化"与知识产权的"国际化"在 TRIPS 协议中得到了集中体现。在乌拉圭回合中,各个成员达成协议签署这一协定,以期达到以下目标:

1. 减少国际贸易中的扭曲和障碍

贸易扭曲是指在国际贸易中存在大量的假冒商品和仿制商品,以致贸易方向变成由假冒者或者仿制者流向消费者,从而大大地损害了商品原设计者或发明者的经济利益。贸易障碍是指因各国知识产权规定的不同、保护水平的差异,知识产权的贸易摩擦不断增加,使得知识产权贸易不能顺利进行。TRIPS 协定能够规范成员在处理贸易中涉及知识产权问题时的行为,打击利用假冒商品和仿制商品进行贸易的行为,有助于阻止这些侵犯知识产权的商品在世界范围内的流通,减少侵犯知识产权的行为。有效而统一的知识产权保护协定,为各国进行知识产权方面的产品的贸易,提供了法律规范,减少由于各国知识产权法律的差异而造成的贸易摩擦。

2. 有效和充分保护知识产权

长期以来,知识经济较发达国家的与知识产权有关的贸易在世界贸易中的比重逐年增长,但在相对落后的国家,其知识产权没有受到有力的保护,与贸易有关的知识产权侵权变得日益严重,全球因知识产权侵权所造成的损失每年达 800 亿美元,侵权货物贸易占世界贸易总量的 5％～8％。TRIPS 协定的签订对促进与知识产权有关的贸易量的增加有积极的作用。它鼓励使用正当知识产权的产品的交易,抑制非法使用他人知识产权生产的产品的贸易行为。这两方面的作用必定会促进知识产权贸易的增长。

3. 确保知识产权保护的实施和程序不对合法贸易构成壁垒

TRIPS 协定不仅对各国知识产权的实体法提出最低标准,而且在第三部分有关知识产权国内执法程序中对程序也提出了原则要求。公平合理程序的具体要求是:不应收费过高;不应包含不合理的时间限制;不应导致无保障的拖延;书面通知有关当事人;保护当事人的商业秘密;等等。TRIPS 协定签订的宗旨,不是通过保护知识产权为其他国家设立非关税壁垒,而是保护那些贸易中容易被侵犯的知识产权。

二、TRIPS 协定的总则和基本原则

(一)总则

协定在第 1 条"缔约方义务的性质及范围"及第 2 条"知识产权公约"中陈述了协定的总则。总结如下:

1.协定对知识产权保护的程度为最低保护

在第 1 条第 1 款中指出,TRIPS 协定规定的知识产权的保护水平是最低标准。由此,各缔约方的国内立法不得低于本协定保护水平。各缔约方应采取措施使本协定中保护知识产权的规定生效。可通过在各自的法律和实践中确定能实施该协定规定的适当方式,这些方式的保护水平可以高于上述水平,但没有一定要高于这一水平的义务。

2.关于本协定中"知识产权"一词的界定

本协定中,"知识产权"是指在第二部分中所包括的 7 种类别的知识产权。即本协定对知识产权的定义,是通过列举的方法进行的。

3.协定规定与其他国际公约的关系

在第 2 条中指出,协定的第 1~4 部分的所有规定,均不得有损于成员依据《巴黎公约》、《伯尔尼公约》、《罗马公约》及《集成电路知识产权条约》已经承担的现有义务。另外,关于第 2、第 3 及第 4 部分的内容,全体成员均应符合巴黎公约的相关规定。

(二)基本原则

1.国民待遇原则

TRIPS 协定在第 3 条中对国民待遇原则作出如下规定:"每一缔约方向其他缔约方的国民就知识产权的保护提供的待遇不得低于其给予本国国民的待遇。"这一原则与 GATT 1994 第 3 条"国民待遇原则"、GATS 第 17 条"国民待遇原则"是一致的。

关于国民待遇原则,应注意以下几点:

(1)关于"国民"的解释。鉴于 WTO 成员可以是主权国家,也可以是单独关税区,TRIPS 第 1 条第 3 款专门对该协议有关"国民"(nationals)的特指含义加以注释。该注释指出:"本协议中所称'国民'一词,在 WTO 成员是一个

单独关税区的情况下,应被认为系指在那里有住所或有实际和有效的工业或商业营业场所的自然人或法人。"当 WTO 成员是主权国家时,TRIPS 规定"就相关知识产权而言,其他成员的国民应理解为符合《巴黎公约》、《伯尔尼公约》、《罗马公约》和《关于集成电路知识产权条约》所规定的能够享受保护的自然人或法人,是那些条约成员与 WTO 所有成员的国民"。

(2)就表演者、录音制品制作者及广播组织而言,该义务仅适用于本协议所提供的权利。

(3)在司法与行政方面,包括在某成员司法管辖范围内,服务地址的确定或代理人的指定,成员均可自行适用"国民待遇原则"的例外情况。只要能够保证这些例外不与本协定的规定发生法律法规上的抵触,且这些做法的实施不会对贸易构成变相限制即可。

2.最惠国待遇原则

TRIPS 协定第 4 条对最惠国待遇原则作出的规定如下:在知识产权保护上,某一成员提供给另一成员国民的任何利益、优惠、特权或豁免,均应立即无条件地适用于全体其他成员之国民。但 TRIPS 协定也规定在下述情况下可以不实行最惠国待遇原则。

(1)由一般性司法协助及法律实施的国际协定引申出且并非专为保护知识产权的。也就是说原先已经签订司法协助双边或多边国际协议,而且该协议并非专为保护知识产权签订,则这些协议中所提供的优惠,可以不适用于其他成员。

(2)《伯尼尔公约》1971 年文本或《罗马公约》所允许的不按国民待遇而按互惠原则提供的。

(3)本协议中未加规定的表演者权、录音制品制作者权及广播组织权。就是说知识产权协定中未列入的一部分表演者、录音者及广播组织权,即使承认这些权利的成员之间互相予以保护,也可以不沿用到未加保护的其他成员。

(4)《建立 WTO 协定》生效之前就已经生效的知识产权保护国际协议中产生的,且已将该协议通知与贸易有关的知识产权理事会,并且对其他成员之国民不构成随意的或不公平的歧视。这一情况是针对那些在知识产权协议对其生效之前,已经与其他成员特别签订的协定中产生出的优惠或特权。

由此可见,TRIPS 协定中的最惠国待遇原则的使用范围与 GATT 相比要小得多。

3. 透明度原则

TRIPS 协定第 63 条关于透明度的要求总体上与 GATT 的透明度原则一致。WTO 成员方对关于知识产权的效力、范围、获得、实施和防止知识产权滥用方面的法律、法规和普遍适用的司法终局裁决或行政裁定都应公布。除此以外，缔约方还应将其有关知识产权保护的法律、法规通知 TRIPS 理事会。而任何缔约方认为其他成员的司法或行政行为影响了其应享有的权利时，均有权要求相关缔约方对之作出详细说明。值得指出的是，TRIPS 协定还就各成员执行协议下的义务规定了相当具体的程序和标准。

4. 权利用尽原则

TRIPS 协定对权利用尽原则的规定如下：在符合第 3 条和第 4 条的前提下（即符合国民待遇原则和最惠国待遇原则的前提下），在依照本协议而进行的争端解决中，不得借本协议任何条款，去涉及知识产权用尽问题。换言之，TRIPS 协定把权利是否用尽的问题留给各国国内法做规定，TRIPS 协定不做统一规定。"权利用尽原则"的提出是为了避免本来差距就很大的各成员立法，在有关争端解决中产生更多的矛盾。另外需要说明的是，"权利用尽原则"在任何国家均仅仅适用于合法制作的制品或复制品。至于非法制作的制品（如盗版制品等），不存在"权利用尽"问题，权利人有权追究任何一环的发行者。

小知识 10-4

权利用尽原则

权利用尽原则（Exhaustion Doctrine）又称权利耗尽、权利穷竭原则，是知识产权法上一个特有的原则。该原则是指知识产权所有人或许可使用人一旦将知识产品合法置于流通以后，原知识产权权利人所有的一些或全部排他权因此而用尽。权利穷竭原则只适用于知识产权，并因适用对象的不同而各有差异。并且它只适用于排他性的知识产权，如专利、商标、著作权等，而不适用于同为知识产权范畴的反不正当竞争。

5. 公共利益原则

为防止滥用知识产权保护措施，TRIPS 协定专门提出了公共利益原则，其内容如下：

（1）缔约方可在其国内法律及条例的制定或修订中，采取必要措施以保护公众的健康与发展，以增加对其社会经济与技术发展至关紧要之领域中的公益,只要该措施与本协议的规定一致。即知识产权保护的程度及范围,不能有害社会公众利益。

(2)可采取适当措施防止权利持有人滥用知识产权,防止借助国际技术转让不合理限制贸易的行为或有消极影响的行为,只要该措施与本协定的规定一致。即权利人在行使权利时,不能采取"限制贸易行为"。

关于协定的基本原则,我们不能说上述五项即为其最为标准的划分。只能说,协定在其各项条款间隐喻各种类型的原则,只是体现程度不同。这里列举这五项原则,旨在让读者能借助原则的贯穿,更好地对下述协定的各项具体内容进行理解和领悟。读者在此之外,可视情况接受将最低保护标准、争端解决等作为其原则的提法。

三、有关知识产权的效力、范围和利用的标准

对于知识产权的定义,一般有两种表达方法,即列举法和定义法。在TRIPS 协定中所用的方法是列举法,即列举知识产权主要内容的方法。在这一部分中,我们就来认识 TRIPS 协定中 7 种类型的知识产权。这 7 种类型的知识产权分别是著作权和邻接权、商标、地理标志、工业品外观设计、专利、集成电路布图设计(拓扑图)、未披露信息。

(一)著作权和邻接权

著作权,也称为版权,是指作者以及其他智力成果创作人对其所创作的智力成果诸如文字、艺术和科学类作品所依法享有的独占性的所有权。这些权利包括对其署名、发表、出版、获得报酬、转与他人使用等权利。因此,文学艺术和科学作品是著作权产生的前提和基础。邻接权,从字面意思来看,即与著作权邻近的权利,是指在作品被传播的过程中对其附加创造性劳动,使得经传播后的作品亦受法律保护而产生的权利。邻接权在 TRIPS 协定中定义为,表演者、录音者和传媒许可或禁止对其作品进行复制的权利。

1.保护的范围

关于著作权和邻接权的保护范围,TRIPS 协定采取了列举的形式,在第 9 条、第 10 条、第 11 条和第 14 条中进行详细说明。

(1)与《伯尔尼公约》的关系。根据 TRIPS 协定第 9 条第 1 款规定,各成员均应遵守《伯尔尼公约》1971 年文本第 1～21 条及公约附录。但是《伯尔尼公约》第 6 条第 2 款除外。而协定要求成员遵守《伯尔尼公约》中规定的权利包括翻译权、复制权、公开表演广播权、朗诵权、改编权、录制权、制片权。所排除的权利为包括发表权、修改权、作品完整权等在内的作者的精神权利。

(2)保护表达而不保护思想。第 9 条第 2 款规定："著作权保护应延及表达,而不延及思想、工艺、操作方法或数学概念本身。"即协定对著作权的保护仅限于表达思想的形式,为不保护思想本身。

(3)对计算机程序的保护。协定第 10 条中规定了对计算机程序的保护,这是 TRIPS 协定对《伯尔尼公约》的延伸,在公约中未涉及对计算机程序的保护,TRIPS 协定扩大了知识产权保护的范围。协定规定:"无论其是源代码还是目标代码,都应作为《伯尔尼公约(1971)》所指的文字作品给予保护。另外,数据或其他资料的汇编,无论采用机器可读形式还是其他形式,只要其内容的选取或编排构成了智力创作,即应予以保护。"

(4)邻接权。协定第 14 条规定了关于邻接权的保护。其一,对于将表演者的表演复制于录音制品的情况,表演者可以制止未经其许可的下列行为,如对其尚未复制的表演加以复制,复制已经复制的内容,以及以无线电方式向公众广播其现场表演等。除此以外,录音制品制作者应享有许可或禁止对其作品进行直接或间接复制的权利。其二,广播组织有权禁止下列行为:将其广播以无线电方式重播,将其广播复制,将已复制的内容复制等。其三,关于计算机程序的权利规定原则上适用录音制品制作者的规定。

2. 保护期限

对于著作权的保护期限,除摄影作品或实用艺术作品外,只要某一作品的保护期限不是基于自然人的生命进行计算的,保护期限就不得少于 50 年。而 50 年期限的计算方法又视作品是否被出版而有所不同,如果已经出版,则自经许可出版之年年终起算 50 年;如果未经出版,则自作品完成之年年终起算 50 年。关于邻接权的保护期限,表演者和录音制品制作者的作品其保护期限为至少 50 年,广播组织者权利的保护期限为至少 20 年。

(二)商标

协定对商标的明确定义为,商标是指能够将一个企业的商品或服务与其他企业的商品或服务区分开的符号或符号的组合。这类符号或符号的组合包括人名、字母、数字、图形要素和色彩组合以及上述内容的组合。TRIPS 协定中所保护的商标既包括传统的商品商标,又包含了服务商标。

1. 商标注册原则

协定中规定"各缔约方可以将使用作为可注册的依据,但不能将商标的实际使用作为提交注册的条件"。即协定承认的是,商标注册所采用的原则为"注册在先"。因此,一缔约方对其他缔约方的商标履行保护义务的条件是,被保护的商标为注册商标。

小知识 10-5

商标权原则

世界各国在商标权的取得上一般采用三种原则：

（1）使用原则。它是指按使用商标的先后顺序来确定商标权的归属，因此，商标权由先使用者拥有。如美国早期的商标法即采用这种方法。这种方法存在诸如举证困难的缺陷，因此有些国家已改用注册原则。

（2）注册原则。它是指按申请注册的先后顺序来确定商标权的归属，即先申请者拥有商标权。

（3）混合原则。它是前述使用原则和注册原则的折中，此种原则下，商标权原则上属于先申请者，但商标的先使用者可以在法定期限内提出异议，请求撤销已注册商标。

2.商标权的范围

（1）注册商标所有人的权利。协定第 16 条规定，注册商标的权利人享有商标的专有权。即所有人享有专有权，从而可以防止任何第三方未经其许可而在贸易活动中，使用与注册商标相同或近似的符号去标记相同或类似的商品或服务，以防造成混淆。另外，为尊重各缔约方国内法在商标保护方面的差异，第 16 条还规定，注册商标权利人上述权利的行使不得损害任何在先的权利，也不得影响缔约方在使用的基础上而授予的商标权利的可能性。

（2）驰名商标的保护。TRIPS 协定对驰名商标的保护可以总结为：协定在《巴黎公约》对驰名商标的保护的基础上，将驰名商标的保护扩大至服务商标；保护范围方面，还扩大到禁止在不类似的商品或服务上使用与驰名商标相同或近似的标识；还对如何认定驰名商标确定了简单的规则，即确认某商标是否系驰名商标，应考虑有关公众对其知晓程度，包括在该缔约方地域内因宣传该商标而使公众知晓的程度。

3.保护期限

根据 TRIPS 协定第 18 条的规定，商标的首次注册及每次注册续展的有效期限均不应低于 7 年。商标的续展次数没有限制。商标续展，是指在注册商标保护期届满后，权利人要求对其商标继续给予注册保护，从而延长该商标的保护期限。

4.许可和转让

协定对于商标权的许可和转让，主要有两条规定：（1）缔约方可以根据自己的情况确定商标的许可与转让条件，但该条件不能采用强制许可的形式。

（2）商标权利人在转让商标时，可根据自愿原则，将商标连同商标所属的经营一起转让，也可以不一起转让。

（三）地理标志

地理标志，根据第 22 条的规定，是指确定某一商品源自某一成员的管辖地域内或该地域内某一地区或地点的标识，该商品所拥有的质量、声誉或者特点，主要与该地理来源相关联。如法国香水、中国东北大米、景德镇瓷器等。

1. 地理标志的保护

主要是禁止以下三种对地理标志的不正当使用：（1）在商品的称谓上或者表达上，明示或暗示有关商品来源于某地（而该地并非其真正来源地），且足以使公众对该商品产生误解。如将一般地方瓷器说明为景德镇瓷器。（2）根据《巴黎公约》1967 年文本第 10 条的规定，构成不正当竞争行为的。（3）商品并非来源于其所标志的地区。

2. 对酒类地理标志的特殊保护

由于酒类商品是利润较高的商品，而酒类商品本身的特征、质量等又往往与其产地关系密切，如法国干邑白兰地、苏格兰威士忌等。因此，协定作出 3 点重要规定：首先，即使在酒类产品的名称中，使用了"类似于"的一些词，来表明酒类产品的真实产地，仍能构成对利益方的侵权，如"法国干邑风格的白兰地"，就会使公众联想到真正的法国干邑白兰地，因此而侵权。其次，针对有些葡萄酒产地重名的现象，协定规定，应对这些产地分别予以保护，且采取措施以防止误导消费者。再次，为加强对葡萄酒地理标识的保护，与贸易有关的知识产权理事会应就建立多边的声明和注册体系进行谈判，使加入这一体系的成员的地理标识能够受到保护。

3. 例外

TRIPS 协定第 24 条对于地理标志的保护规定了 6 种例外情况：（1）在先使用和善意使用。也就是说，非恶意使用了其他成员的地理标志，为善意使用；在先使用，则是指在 1994 年 4 月 15 日之前，已经使用了其他成员的地理标志，且达到 10 年以上。凡符合以上两个条件之一的，即可继续使用。（2）在先权利。如果某成员为使用本协定所做的过渡安排设定的日期以前，或地理标志在起源国获得保护以前，某一商标已善意地获得注册，或已经善意使用而获得保护，则该项注册不应该因为实施本协定的目的而遭受任何损害，影响到其注册商标的效力。（3）通常用语。通常用语是指在一个国家公有领域中的用语。如果因为它与某个受保护的地理标识相同，就禁止一般人使用，会显得不合理。最明显的例子是"China"一词的小写是"瓷器"的意思，不能因为是中国的名称就不允许使用。(4)名称权。人们在贸易活动中有权使用自己的姓名或自己继承下来的企业名称,即使其可能与某个地理标志相冲突,仍可使用。但前提是必须在地理标志受保护之前就已经使用。(5)来源国不保护或已停止保护。即原先受保护的地理标志在该成员国内不再受保护,则该地理标志在协定中,可不受保护。如 1992 年前的列宁格勒。(6)葡萄酒品种的例外,即在 1995 年 1 月 1 日前,已经作为某个或某些成员的葡萄酒品种的"惯用名称"使用的文字,如果与其他成员的葡萄酒产品来源地的地理标志相同,则该"惯用名称"仍可继续使用。

(四)工业品外观设计

工业品外观设计,是指对产品的形状、图案、色彩或者其结合所作出的富有美感并适于工业上应用的新设计。需要注意的是,在 TRIPS 协定中,只是把"工业品外观设计"单独提出来作为一节,却没有专门提到"实用新型"。这是因为,虽然我国专利法把发明专利、工业品外观设计与实用新型同时放在一部法中统称为"专利",但是并不是多数国家都为实用新型专门提供保护。大多数国家都保护工业品外观设计。

1. 对工业品外观设计的保护

(1)根据 TRIPS 协定第 25 条第 1 款的规定,各成员均应保护独立创作的、具有新颖性或原创性的工业品外观设计。且各成员可不保护技术或功能方面的设计。

(2)协定第 25 条第 2 款中,对纺织品设计给予了特别的要求。这是由于这类设计本身具有周期短、数量大、易复制的特点。为此,各成员有权选择用工业品外观设计法或用著作权法来履行本款义务。

(3)受到保护的工业品外观设计的权利所有者应有权禁止为了商业目的而制造、出售或进口具有或采用了与受到保护的外观设计相同或基本上相同的外观设计的物品。

2. 例外

第 26 条第 2 款规定,各成员对于工业品外观设计的保护,可规定优先的例外,只要此类例外不与受保护工业品外观设计的正常应用发生不合理的冲突,而且没有对受保护工业品外观设计所有权人的正当权益产生不合理的损害,并顾及了第三方的正当权益。

3. 保护期限

根据第 26 条第 3 款之规定,工业品外观设计的保护期限应不少于 10 年。

（五）专利

专利是指对发明创造所授予的专有权,这些发明创造的产品或方法具有新颖性、创造性和实用性。专利权的授予应是非歧视性的。在 TRIPS 协定中是这样规定的:一切技术领域中的人和发明,不管是产品发明还是方法发明,只要其具备了新颖性,具备了创造性的步骤,具备了产业中的可应用性,均可获得专利。专利的获得以及专利权的享有,都不得因其发明地点、技术涉及的领域或产品是进口还是当地生产的而受到歧视。

1.可授予专利的客体

关于一些发明或方法不能被授予专利,TRIPS 协定作出了如下规定。根据第 2 款,在维护公共秩序或社会公德所必需时,包括为保护人类、动物和植物的生命与健康或者防止环境被严重损害所必需时,各成员可拒绝对某些发明授予专利。根据第 3 款,各成员可拒绝对以下内容授予专利权:人或动物的疾病诊断、治疗或外科手术方法;除微生物之外的植物和动物,以及本质上属于非生物方法和微生物方法之外的生产植物和动物的生物学方法。

2.专利权的内容

根据第 28 条的规定,专利所有人享有如下权利:(1)对于产品专利,专利所有人有权制止未经许可的第三方制造、使用、销售或为上述目的而进口该产品;(2)对于方法专利,专利所有人有权制止未经许可的第三方使用该方法,以及使用、销售或为上述目的进口依该方法直接获得的产品;(3)专利所有人还拥有转让或以继承方式转移专利的权利,以及订立专利许可合同的权利。

3.专利的保护期限

第 33 条规定,专利的保护期限不应少于 20 年。

（六）集成电路布图设计(拓扑图)

集成电路布图设计,是知识产权保护的新领域。根据我国《集成电路布图设计保护条例》,集成电路,是指半导体集成电路,即以半导体材料为基片,将至少有一个是有源元件的两个以上元件和部分或者全部互联线路集成在基片之中或者基片之上,以执行某种电子功能的中间产品或者最终产品。而布图设计则指,集成电路至少有一个是有源元件的两个以上元件和部分或者全部互连线路的三维配置,或者为制造集成电路而准备的上述三维配置。

1.与《集成电路知识产权条约》的关系

TRIPS 协定第 35 条说明了本协定与《IPIC 条约》(集成电路知识产权条约)的关系:各成员同意,依照《集成电路知识产权条约》第 2 条至第 7 条(其中

第 6 条第 3 款除外)、第 12 条及第 16 条第 3 款,为集成电路布图设计(即拓扑图,以下简称布图设计)提供保护。TRIPS 协定作出这样的规定,其实就是明确:协定是不允许对集成电路专有权进行强制许可的;协定不采用《有关集成电路知识产权条约》的争端解决的程序性条款;协定所规定的保护期限应不少于 10 年。

2. 保护范围和例外

协定对于集成电路布图设计的保护范围作出了以下规定。各成员方有权禁止下列非法授权的行为:进口、销售或为商业目的分售受保护的外观设计、含有受保护设计的集成电路或仅在继续含有非法复制的外观设计的范围内含有这种集成电路的产品。但是,也有例外情况,如从事上述行为的人如果不知道所销售的物品包含了非法复制的集成电路布图设计,则不应视为侵权。因此,该行为人在被告知这种物品含有非法复制的集成电路布图设计时,在其向权利人支付报酬的前提下,仍可以继续经营、销售、进口该物品。

(七)未披露信息

未披露信息,是指具有以下特征的信息:(1)属于秘密,未被公开过;(2)因其属于秘密而具备商业价值;(3)对其进行合法控制的主体已经为保密而采取了措施。

对未披露信息的保护,TRIPS 协定作出规定:该信息的合法控制人,有权防止他人未经许可而以违背诚实商业行为的方式,披露、获得或使用该信息;为获得药品或农业化学物品的营销许可而向政府提交的机密数据,也应该受到保护,以防止不正当的商业用途。此外,除非是为了保护公共利益所必需,否则不应披露这类信息。

(八)关于限制性竞争行为的控制

这一部分内容,是为了防止知识产权权利人在缔结合同的谈判中滥用其专有权,而这种滥用会限制竞争,会对贸易产生扭曲效果,阻碍技术转让和传播。各成员有权在其国内立法中具体规定哪些许可条件可能构成知识产权的滥用,特别是要通过国内相关立法防止或控制诸如排他性返授条件、强制性一揽子许可和禁止对知识产权有效性提出疑问之类的行为。

如果一成员确信另一成员拥有某项知识产权的自然人或有居所的人正在进行限制竞争许可的做法,则该成员可以请求另一成员就此事进行磋商。后者对此应给予同情的考虑,并为磋商提供充分的机会,还要提供有关的非秘密信息进行合作。

若一成员的国民在另一成员境内涉嫌违反后者根据第 40 条内容指定的法律和规章而受到起诉,则该成员应根据请求,为后一成员提供进行磋商的机会。

值得说明的是,TRIPS 协定对滥用知识产权所作出的规定,不仅仅体现在本条规定中,在协定的许多条款中均可见到。如协定第 31 条对不经权利人授权的使用情况的规定,在一定程度上与这一条的规定有关系。

小知识 10-6

排他性返授条件、"一揽子"许可、禁止对知识产权有效性提出疑问

排他性返授条件,是指技术转让方要求受让方将其改进技术的使用权只授予转让方,而不得转让给第三方。

"一揽子"许可,是指技术的转让方强迫受让方同时接受几项专利技术或非专利技术,属于技术转让中的限制性行为。

禁止对有关知识产权的有效性提出疑问,是指禁止许可技术的受让人对有关知识产权的有效性提出异议。

四、知识产权保护的实施

TRIPS 协定第三部分规定了实施知识产权保护的相关问题即知识产权法的内容,包括成员方应当遵守的基本义务、民事和行政程序及救济、临时措施、与边境措施相关的特殊要求以及刑事程序。

(一)成员方应当遵守的基本义务

TRIPS 协定第 41 条规定了成员方应当遵守的基本义务:(1)各成员方应保证本国的国内法中包含本协定规定的执法程序,以便对任何侵犯本协定所保护的知识产权的行为采取有效行动。但是,在知识产权的保护中,不能阻碍合法贸易,同时要采取措施防止有关程序的滥用。(2)知识产权的执法程序应公平、公正、合理,应避免使当事人承担不必要的烦琐要求或费用,时间方面要避免不合理的期限或拖延。(3)就各案的是非做出的判决,最好采取书面形式,并应说明判决的理由。有关判决至少应及时送达诉讼当事各方。判决只能根据证据作出,且应向当事各方就该证据提供陈述机会。(4)对一项行政最终裁决或司法最初裁决,应提供司法复审机会。(5)TRIPS 协定并不要求各成员建立一套不同于一般执法体系的知识产权执法体系,也不影响各成员执行其国内法的能力。在知识产权执法与一般执法的资源配置方面,该协定未设定任何义务。

（二）民事程序及相关措施

协定对民事程序，是从公平合理的程序、证据、禁令、救济措施等方面进行说明的。协定对于公平合理的程序作出了以下规定。协定要求成员按本协定规定，建立公平、合理的民事司法程序。具体要求如下：（1）被告有权获得及时的书面通知，这些通知的内容必须是充分的，包含请求权的依据。（2）允许被告聘请独立的法律顾问担当其代理人。（3）不应提出过分要求以强制当事人本人出庭，以免增加负担。（4）赋予程序中各方当事人证明其权利主张的权利。（5）在不违背现行宪法规定的前提下，这些程序要提供措施以便识别和保护秘密。

为保证公平合理的民事程序的有效实施，协定规定，司法部门应采取积极措施以保证合理证据的提供和责令一方当事人停止侵权行为。此外，协定还规定 4 种方法，即禁令、赔偿金、销毁侵权产品或工具、获得侵权信息，作为对知识产权当事人的民事救济措施。作为对民事程序的补充，协定允许成员方通过行政程序来解决相关的知识产权案件，且可以采取法律救济，这些救济要大致符合协定中民事程序规定的原则。

（三）临时措施

采取临时性措施是为防止在民事程序开始前，权利人可能会受到的损害或证据的销毁。对此，TRIPS 协定第 50 条作出了相关规定。

根据执行临时性措施的目的，临时性措施分为两类：（1）为防止发生任何侵权行为，特别是阻止侵权货物进入商业渠道的措施；（2）为防止销毁可以证明其侵权的有关证据的措施。

为保证临时性措施的有效实施，司法机关可以采取不事先通知的临时措施，特别是在如果延迟可能对权利人产生不可补救的损害或重要证据可能被销毁的情况下。但是，在采取这类措施后，司法机关应立即通知受影响的各方。同时，在被告提出请求的前提下，可以对临时措施进行复审。在采取这些临时措施时，司法机关有权要求申请人提供任何可合理获得的证据及其他必要信息。

若在临时措施实施后的一段合理时间内，仍未能审理案件，则被告可以提出撤销临时措施或临时措施自动失效。协定规定的合理期限为，在司法机关没有明确规定的情况下，不得超过 20 个工作日或 31 个日历日，以时间较长者为准。

此外，TRIPS 协定在保护知识产权的同时，为防止原告权利的滥用，要求成员方的司法机关应判定原告因其滥用诉讼权而进行赔偿。

（四）与边境措施相关的特殊要求

鉴于国际贸易中货物的进出口必然要经过一国的边境，因此知识产权的执法措施大部分要由海关当局来执行。这一部分即讲述海关当局对侵权商品的进出关境所采取的控制措施。

WTO各成员应按有关规定制定相关程序，且在下列情况下中止放行：有正当理由怀疑假冒商标的商品或盗版商品；其他侵犯知识产权的活动；意图从其地域内出口的侵权产品。而对于旅行者个人行李中所携带或托运的数量较少的非商业性货物则可以不适用边境措施。在申请人被通知暂停放行货物后的10个工作日内，如果海关未收到相关通知，则在满足有关进口或出口的所有条件时，该货物应予放行。

如果权利人要求海关当局对侵犯其知识产权的货物中止放行，则应提出书面申请，申请的内容必须包括：（1）提供适当的证据，以向海关当局证明侵权已经确实存在；（2）有关商品的足够详细的说明，以便海关当局能识别侵权商品。此外，权利人还应提交保证金。海关当局则应在一定期限内通知申请人是否接受申请。如果接受申请，还要通知何时采取中止放行的措施，在确实采取中止放行的措施后，还要通知申请人和进口商。

如果因行动给另一方造成了损失，一般应由该主管当局给予补偿；只有在主管当局是基于善意采取有关行动，而且损失仍不可避免时，成员才可以免除主管当局及其官员的赔偿责任。除此以外，协定还规定了救济措施。

（五）刑事程序

TRIPS协定作为第一个引入刑事程序的知识产权保护国际公约，其刑事程序对成员方国内的知识产权保护刑事立法提出了最低要求。根据协定规定，各成员至少对于以商业规模假冒商标或盗版案件采取刑事措施，这类刑事措施包括监禁、罚金、没收和销毁侵权货物以及制造该货物的原材料和工具等。除此以外，各成员可以规定适用于其他知识产权侵权行为的刑事程序和处罚措施。

五、知识产权的取得和维持及有关当事人之间的程序

TRIPS协定第62条介绍了知识产权的取得和维持及有关当事人之间的程序。具体规定如下：（1）首先，各成员可以提出要求，任何成员方想要获得或维持前述第二部分所指的知识产权，其条件之一就是履行符合该协定规定的合理程序和手续。（2）其次，各成员应保证，有关知识产权如符合获得权利的实质性条件，则应在合理期限内授予或注册，以避免无端地缩短保护期限。

（3）《巴黎公约》中关于商标注册的规定，也适用于服务标记。（4）获得或维持知识产权的有关程序，以及成员法律中行政撤销和当事人之间有关异议、撤销与注销等程序，应遵循 TRIPS 协定中"知识产权执法"所规定的一般原则。（5）通常情况下，根据上述任何程序做出的行政终局裁决，应受司法或准司法机构的审议。但在异议或行政撤销不成立的情况下，只要行使这种程序的理由可依照无效诉讼的程序处理，成员方则无义务提供机会对这种行政裁决进行复议。

六、争端的防止与解决

争端的防止与解决是 TRIPS 协定与其他知识产权保护国际公约相区别的地方。争端的防止，主要体现在协定关于透明度原则的规定上。有关透明度职责的内容，我们在前文介绍协定的基本原则时曾作出说明。其宗旨在于通过规定各成员对相关法律、法规、普遍适用的司法终审判决和行政终局裁决等均应以书面形式呈现，来防止争端的出现。

协定规定了有关知识产权争端解决的法律适用问题，即根据《与贸易有关的知识产权协定》和《关税与贸易总协定 1994》文本解释总协定相关条款中达成的争端解决规则程序的谅解协定。WTO 是通过一套争端解决机制来解决知识产权争端的，且其所处理的争端是成员方之间的，而非权利人之间的。这是 TRIPS 协定不同于其他国际公约的地方。

关于争端解决机制的内容，知识产权的保护与其他商品的保护是相同的，即：（1）提交争端解决委员会；（2）调节或磋商等；（3）成立专家小组并提出报告；（4）依照专家小组的报告作出裁决；（5）当事各方执行裁决，否则开始多边制裁。

七、过渡性安排

过渡性条款，一般是指一些新制定的或者经过修订的法律、条约与现有的法律或条约相比，有较大的变动时，为了使新的法律、条约更好地适用，需要规定一些过渡性条款，以便做好新旧法律、条约的衔接与协调。但是，有时也为了帮助适用该法律或条约的成员逐步过渡才指定一些过渡性条款，如 TRIPS 协定的过渡性条款。

TRIPS 协定的过渡性条款表现在三个层面，即对所有 WTO 成员、对发展中国家成员和转型经济体成员及对最不发达国家成员的条款。（1）任何成员在《建立 WTO 协定》生效之日起 1 年的一般期限期满前均无责任履行本协定的规定。（2）发展中国家成员和转型经济体成员，以及正在进行知识产权制度结构改革并在制定和实施知识产权法律和法规方面面临特殊困难的成员，有权将实施日期再推迟 4 年。鉴于最不发达国家成员的特殊需要和要求，其经济、财政和管理的局限性，以及其为创立可行的技术基础所需的灵活性，其实施日期可再推迟 10 年。（3）为促进本协定的实施，发达国家成员应发展中国家成员和最不发达国家成员的请求，并按双方同意的条款和条件，应提供有利于发展中国家成员和最不发达国家成员的技术和资金支持，从而协助它们制定有关知识产权保护、执法以及防止其被滥用的法律和法规，还应包括建立健全与此有关的国内官方及代理机构以及人员培训。

八、机构安排与最后条款

协定的最后一部分内容可以说是对前述所有内容的补充，且不可划入其他部分。这一部分内容涉及与贸易有关的知识产权理事会、国际合作、对已有客体的保护、审查与修订、保留、属于保证安全的例外。

与贸易有关的知识产权理事会的职责是：（1）监督《与贸易有关的知识产权协定》的实施，特别是监督全体成员对协定规定义务的履行；（2）为各成员提供机会，协商与贸易有关的知识产权问题；（3）完成各成员指定的任务，特别在争端解决程序方面向各成员提供援助；（4）在履行职责过程中，理事会可以同它认为合适的任何方面协商或向其求得信息。理事会还可以通过与世界知识产权组织的协商，寻求建立与该组织的机构合作的恰当安排。

第三节　对 TRIPS 协定的评价

一、对与贸易有关的知识产权协定的评价

TRIPS 协定自 1994 年签署以来，就对世界范围内的知识产权保护产生了深远影响，使国际知识产权保护制度向前迈进了一大步。从世界范围内的知识产权保护制度来看，TRIPS 协定的签订使得知识产权保护格局发生了变化，不再以世界知识产权组织为重心。当然，与贸易有关的知识产权协定签署的最为现实的意义在于，其有力地推动了与知识产权有关的国际贸易"量"与"质"的提高，加强了对知识产权权利人利益的维护，减少了与知识产权有关的贸易纠纷。从更为宏观的层次分析，这些改善，一方面会对世界经济产生重要

影响,另一方面对于技术、发明的产生有积极作用。下面,我们对该协定的特点及不足之处作较为详尽的分析。

（一）知识产权的保护领域和保护标准

从协定所涵盖的知识产权领域来说,TRIPS协定几乎涉及已有知识产权的各个方面,从传统领域,如著作权、商标权、专利权、地理标志、工业品外观设计、集成电路布图设计等,扩大到未披露信息、不正当竞争行为等相对新颖的领域。就细节来说,在对知识产权保护的客体进行扩充的同时,针对每一个保护对象,也都基本拓宽了客体的保护范围,诸如对驰名商标的保护要比其他国际公约像《巴黎公约》更全面一些。

从保护标准的角度看,协定在其第二部分为所有类型知识产权的保护都规定了程序与制度上的标准。这些标准明确而详细地说明了协定的基本要求,从而使各成员在引用协定时具有统一性与规范性。但是,我们更应该看到它在保护标准上存在的弊端:由于协定所规定的知识产权保护水平,仅仅是它要求成员达到的最低标准,而这一最低要求已经在多方面超过现有国际公约对知识产权的保护水平,对一些国内知识产权保护水平偏低的国家来说,其保护标准可以说是一道无形的"槛"。总结来说,协定通过扩大保护范围及制定统一、规范的标准,使得知识产权的保护趋于"统一化"、"规范化"、"加强化",但其标准又过高。

（二）将知识产权保护与国际贸易相联系

TRIPS协定由WTO为寻求减少国际贸易的扭曲及加强对知识产权的保护而产生。从其宗旨及协定的主要内容可以看出,协定对知识产权的保护是建立在有利于国际贸易的基础之上的。这也是协定的创新之处,它将知识产权国际保护与国际贸易联系在一起,这样就实现跨行业的保护,将对知识产权的保护放到现实的大环境下,从而使得知识产权保护与国际贸易互为依托、相互促进。

（三）将一些有形商品贸易的原则直接用到知识产权保护方面

协定引入最惠国待遇原则和国民待遇原则,这在知识产权保护领域是第一次,可以说是一个质的变化。这一变化的作用在于,它一方面为各成员确立了一项基本的知识产权国际保护义务,另一方面,在众多成员间适用这一原则,使得享受最惠国待遇和国民待遇的主体范围及知识产权的国际保护范围空前扩大。

（四）协定的程序规则与法律规则

从前面我们所讲述的内容来看,协定就知识产权的保护形成了一套完整的体系,即以实体法"知识产权的效力、标准和范围"为核心,以程序法"知识产权的执法"和"争端的防止与解决"为保障的体系。它不仅规定了成员知识产权保护的范围与标准,而且在具体实施方面规定了一般程序和法律的实施,这才使得知识产权的权利体系更完整、权利更有保障。

（五）协定的不平等性

作为一份协调各方利益的协定,我们不能说 TRIPS 协定是一个能平等协调各方利益的协定,尤其是对发展中国家及最不发达国家来说。前面在介绍协定的签订背景时,我们曾提及当初是美国等国家首先提出的,而且大多数发展中国家起初是不同意的,但后来为促进谈判它们不得已同意了协定的签署。协定虽然已经签署且实施多年,我们仍应看到其一些不平等性。

它的不平等性总结起来主要有以下三个原因:(1)从谈判实力及影响来看,以美国为首的发达国家拥有更多的知识产权,特别是高新技术领域和其他关键技术领域的知识产权,而发展中国家由于经济实力的原因,整体技术基础十分薄弱。又由于美国等国家在谈判中持强硬态度,使得它们的意图大多能实现,这必然会使其他国家深受其害。(2)在协定的具体实施过程中,虽然考虑了发展中国家在按照协定标准建立和调整本国知识产权保护体系中可能会遇到的困难,但所做考虑仍不能起到实质性的解决其困难的作用。特别是协定所规定的统一标准,如在翻译与复制权、商标权、专利权的强制许可等方面,使得这些国家失去以往的优惠,对其经济文化会产生负面影响。(3)在给予发展中国家优惠方面,一般不会起到实质性保障作用。特别是在一些过渡期安排上没有考虑它们的实际情况做具体调整。

二、比较 TRIPS 协定与其他相关的知识产权国际公约

TRIPS 协定不是第一个有关知识产权保护的国际性条约,在其之前就有《巴黎公约》、《伯尔尼公约》等国际公约,它们中的大多数是由世界知识产权组织制定的。事实上,TRIPS 协定本身就可看做一项知识产权作品,它是在众多不同类别的国际公约的基础上,进行总结和创新而成的。协定不仅强调了知识产权与国际贸易的紧密联系,而且在其内容中就明确了它与其他 4 个知识产权国际公约的关系。我们首先通过表 10-1 来看一下世界主要知识产权条约的情况。

表 10-1　世界主要知识产权条约

条约名称	内容要点	管理机构
《与贸易有关的知识产权协定》(TRIPS 协定)(1995 年 7 月 1 日生效)(147 个签字方)	知识产权的范围与标准、知识产权的执法、知识产权的争端解决	WTO
《巴黎公约》(1883 年签订,1967 年修订)(129 个签字方)	保护专利权、商标和服务商标权、工业设计、地理标志、制止不公平竞争、允许强制许可	世界知识产权组织
《伯尔尼公约》(1886 年签订,1979 年修订)(111 个签字方)	主要保护著作权	世界知识产权组织
《马德里协定》(1891 年签订)(31 个签字方)	规定了商标国际注册的申请、效力、续展、收费等事项	世界知识产权组织
《世界版权公约》(1952 年签订)(57 个签字方)	该公约是一个著作权公约,其保护的作品版权主要包括文学、艺术和学术作品。	联合国教科文组织
《里斯本协定》(1958 年签订)(17 个签字方)	主要是保护原产地名称	世界知识产权组织
《罗马公约》(1961 年签订)(47 个签字方)	主要是保护表演者、录音制品制作者和广播组织的权利	世界知识产权组织、国际劳工组织和联合国教科文组织
《日内瓦公约》(1971 年签订)(52 个签字方)	主要是保护表演者、录音制品制作者和广播组织的权利	世界知识产权组织、国际劳工组织和联合国教科文组织
《集成电路条约》(1989 年签订,至今仍未生效,但具有影响力)	主要是保护集成电路的知识产权	世界知识产权组织

协定在第 2 条中对它与《巴黎公约》等 4 个知识产权公约的关系进行了规定。条约规定:(1)就本协议的第二、三、四部分(有关知识产权的效力、范围和利用的标准、知识产权执法及知识产权的获得、维持及有关当事人之间的关系)而言,全体成员均应遵守《巴黎公约》1967 年文本的规定。(2)本协定的第一到第四部分的所有规定,均不得有损于成员依照《巴黎公约》、《伯尔尼公约》、《罗马公约》及《集成电路知识产权条约》已经承担的现有义务。对此,我们的理解如下:本协定的主要部分均与这四个公约相符合,例如它直接采纳《巴黎公约》1967 年文本的一些规定。这样我们可以知道,TRIPS 协定的所有

成员不管是不是上述国际公约成员,都将被动地遵守它们的规定。另外,TRIPS协定虽然继承其他协定的规定,但更为重要的是它进行了改进和创新,如争端解决机制,虽然在《巴黎公约》中也有出现,但是却只有在TRIPS协定中才将争端解决机制变成实质性的措施。

TRIPS协定在世界范围内有关知识产权保护的国际公约中占有举足轻重的地位。接下来,我们来比较一下TRIPS协定与其他相关的知识产权保护国际公约。

（一）从其涵盖的成员范围来看

一般来说,主权国家可以自主决定是否加入或适用一项国际公约,而且实际上,许多国际公约的成员至多是涵盖大部分而非全部国家和地区。对于有关知识产权保护的国际公约而言,由于其所规定的内容对各国的适用程度,取决于各国的知识产权保护水平,因此世界各国知识产权保护水平的不同,使得其加入的国际公约有很大的差异。因此,虽然世界知识产权组织致力于保护知识产权,但迫于上述原因,其成员方数量增长有限。相比之下,TRIPS协定是由WTO来组织签订的,所以所有的WTO成员都要接受其一揽子协议,这使得协定自1994年以来,已对WTO的159个成员生效,成员还要由于适用协定的规定而不得不承担其原本没有加入的国际条约所确立的保护义务。这使得国际知识产权的保护力度被加强了。

（二）从其原则体系来看

TRIPS协定不像《巴黎公约》、《伯尔尼公约》等是由专门的保护知识产权的组织制定的,它是作为WTO众多协议中的一个而签订的,它也必然像其他协议诸如《与贸易有关的投资措施协议》一样适用WTO基本原则体系中的大部分。前文曾提到,TRIPS协定援引了WTO的原则,包括最惠国待遇原则、国民待遇原则、透明度原则。其中特别是最惠国待遇原则的适用,使得成员之间知识产权的保护范围更为广泛,国民待遇原则则使得成员给予其本国国民的优惠适用于协定其他成员,这两个方面的规定是TRIPS协定与其他保护知识产权的国际公约最大的不同。

（三）从协定保护的知识产权的范围来看

TRIPS协定规定,其保护的知识产权范围基本涵盖了现有的知识产权的所有方面,包括:著作权及邻接权、商标权、地理标志权、工业品外观设计、专利权、集成电路布图设计（拓扑图）、未披露信息。TRIPS协定通过规定最低保护要求的方式,扩大了知识产权的保护范围。这些相对于其他国际公约,丰富了知识产权的保护内容。比如,《巴黎公约》作为一个较为有影响力的国际公约,其保护范围仅限于工业知识产权领域。因此,TRIPS 协定广泛的保护范围适应了现代知识产权应用领域不断拓宽的潮流。

(四)从协定的程序性规定和保障方面来看

TRIPS 协定在第三部分中,规定了保护知识产权的过程中需要的民事程序、行政程序、刑事程序、临时措施和边境措施等。相对于其他国际公约,这是首次通过规定相关的执法保护措施以加强对知识产权的保护。此外在协定的第四部分中还为此专门规定了有关知识产权的获得和维持及有关当事人之间的程序,要求经任何程序作出终局行政决定,均应接受相关司法审查。从以上规定可以看出,TRIPS 协定更具科学性、说服力和法律规范性。

(五)从其对过渡性安排的规定来看

TRIPS 协定在第八部分中对过渡性安排作出了规定。协定对知识产权制度尚不完善的国家做出了优惠性的过渡安排,即发展中国家和经济转型国家可在协定生效起五年内不适用本协定,而最不发达国家可以在十一年内请求不适用本协定。TRIPS 协定对过渡性安排的规定,相对于其他国际公约,具有更现实的意义。其针对各国保护水平差异而做出差别性规定,给那些较困难的国家一定的对协定的适应期,这就使协定的适用具有更广泛的约束性与机动性。

通过以上对比可以看出,TRIPS 协定无论是在形式上还是内容上,都有较大的突破。TRIPS 协定广泛的内容,以及依托于 WTO 的较强执行力,使得它对知识产权的保护更具有现实意义。

三、我国知识产权保护应有的危机意识及对策

(一)与 TRIPS 协定相比,我国知识产权保护应有的危机意识

在知识越来越重要,各国对知识产权的重视程度不断提高的大背景下,以TRIPS 协定为标杆,我国应在以下方面树立危机意识:

1. 我国自身的知识产权发展水平不高

我国的知识产权领域,缺乏具有自主权的“核心技术”,整体创新能力不高。我国在中低端技术领域虽然有所突破,但与世界知识产权创新能力较高的国家相比,仍有较大差距;在高端技术领域缺乏独特、有实质性的产权,从而需要吸收和借鉴国外的、已有的产权。在“引进来”的过程中,还存在非法、不合理使用的现象,造成众多侵权案件的出现。

2. 政府和企业保护知识产权的战略意识不足

尽管近年来政府加大了对知识产权的重视程度,但是所采取的保护知识产权的措施,仍不能适应国际知识产权保护力度日益提高的局面。而我国的

企业由于其发展方式的限制,大部分未能意识到知识产权的重要性,存在创新水平不高,知识产权利用不合理,侵犯他人、他国的知识产权的现象。这就造成我国在国际经济活动中,面临众多有关知识产权诉讼的局面。在与知识产权有关的国际贸易中,遭遇他国的知识产权壁垒,损害了我国的贸易利益。

3.知识产权相关立法不足和不合理

与 TRIPS 协定相比,我国的知识产权立法主要存在以下问题:(1)知识产权保护的客体不够全面。我国立法保护的客体主要是著作权和邻接权、商标、专利、计算机软件、未披露信息,但是不保护集成电路布图设计、地理标志。(2)我国知识产权法的救济措施不够完善。例如,没有规定司法可以采取的临时措施等。(3)保护力度不够。例如著作权侵权行为人对权利人提供的民事赔偿,不足以弥补其损失。

(二)准确跟进 TRIPS 协定的要求,努力完善我国的知识产权制度

我国知识产权保护水平与国际知识产权保护水平的差距,特别是与TRIPS 协定的差距,可能会影响到我国国际贸易在涉及知识产权的领域的权益。因此,我国应积极在以下几个方面做出改进:

首先,由于我国知识产权本身存在的问题,知识产权的保护对于我们而言,更多地意味着义务,而不是权利。因此,我国在制定和完善知识产权保护制度时,既要符合协定的基本要求,又要尽可能地与我们的经济发展水平相适应。TRIPS 协定规定了知识产权保护的最低标准,同时也鼓励成员适用高于最低标准的、更严格的制度,对此,我们必须有清楚的认识。在制度的设计上,很多方面宜"就低不就高",切忌脱离实际,盲目追求高标准。

其次,因为 WTO 不产生具有跨国效力的知识产权,知识产权的地域性和独立性决定了国际知识产权的获得、维持、利用和保护需要高昂的成本,必须有充足的经费作保证。高昂的费用对于我国广大中小企业而言,是一笔较大的开支。这使得很多企业只能放弃获得国际保护的权利。因此,从国家角度,在鼓励企业开展自主创新,掌握自主知识产权的同时,在知识产权的国际保护上,也要有配套的制度和措施。要建立规范的筛选评审机制,对那些确能影响产业竞争力的知识产权要给予经费、税收等方面的扶持,使其能够在国际竞争中得到充分和必要的保护。

再次,对比我国法律与 TRIPS 协定,我们可以看到,TRIPS 协定的规定可执行性更强。我国的知识产权保护普遍采用的是行政执法,其规范性、程序性不足,透明度不高,对某些行政裁决还缺乏必要的司法审查措施。因此,从我国知识产权立法的角度来看,第一,要严格我国的知识产权执法制度,从规

范行政执法入手；理顺知识产权管理体系，完善行政执法制度，提高行政执法队伍素质，增强公开性。第二，要扩大我国知识产权保护的范围。第三，要强化知识产权的司法保护和救济，健全审判机构，提高业务水平。

总之，加强我国知识产权的保护，改善我国知识产权保护的大环境，需要整个社会提高创新能力，提高我国知识产权的拥有率。政府对企业在知识产权的创新和国际竞争方面也应提供足够的资金和政策支持。最重要的是，要以 TRIPS 协定的内容为依据，提高我国的知识产权立法水平，只有这样我国才能通过知识产权保护的进步，提升国际竞争力。

本章小结

在本章中，我们主要讲解了与贸易有关的知识产权协定的内容。首先，介绍了知识产权的相关内容，主要包括知识产权的定义、特点以及知识产权保护制度，要求读者能够掌握一般的知识产权保护的范围及各类知识产权的特点。其次，专门讲述了 TRIPS 协定的主要内容，重点讲述"有关知识产权的效力、范围和利用的标准"、"知识产权的实施"和"争端的防止与解决"，这三部分是 TRIPS 协定的重要内容，也是读者需要重点掌握的内容。再次，对 TRIPS 协定作出评价，通过比较它与其他知识产权保护国际公约，深层次地剖析协定的特点，并指出我国的知识产权保护应有的危机意识，据此提出对策，希望能够有助于提高我国的知识产权保护水平。

本章案例

案例：思科公司起诉华为知识产权案

美国思科公司起诉华为案件是知识产权的经典案例。下面依时间顺序讲解整个案例的过程：

2003 年 1 月 23 日，思科正式起诉中国华为公司及华为美国分公司，要求停止侵犯思科的知识产权。

2003 年 1 月 24 日，华为公司回应，一贯尊重他人知识产权，并注重保护自己的知识产权。

2003 年 2 月 7 日，华为公司宣布停止部分被指侵权产品在美国市场上的销售。

2003 年 3 月 14 日,思科拒绝对华为公司涉嫌窃取其商业机密研发类似产品进行进一步刑事调查。

2003 年 3 月 18 日,华为一名前雇员周一在递交联邦法庭的文件中声称,华为抄袭思科,连瑕疵都一样。

2003 年 3 月 19 日,华为否认剽窃思科的知识产权,并指控思科出于垄断市场的目的诋毁该公司的形象。

2003 年 3 月 20 日,华为公司与美国 3COM 公司联合宣布,双方将组建合资企业,即华为—3COM 公司。

2003 年 3 月 25 日,3COM 公司 CEO 为华为作证,称华为没有侵权行为。

2003 年 3 月 26 日,思科坚持要求美国地方法院下令禁售华为产品。

2003 年 4 月 14 日,华为回应思科指责,声称早已采取有效步骤从美国市场上撤回了那些产品。

2003 年 6 月 7 日,美地方法院判华为停止使用有争议的代码,但认为思科没足够证据证明华为抄袭。

2003 年 6 月 10 日,思科、华为互不相让,分别称将继续寻求法律手段解决和保护公司正常权益。

2003 年 6 月 11 日,3COM 公司要求法官裁决与华为合资生产产品没有侵权。

2003 年 10 月 1 日,两公司达成初步协议,同意在独立专家完成审核的过程中暂停 6 个月诉讼。

2004 年 4 月 6 日,思科向美地方法院提交申请,请求法院继续延期审理该公司同华为的专利纠纷 6 个月。

2004 年 7 月 28 日,思科与华为最终达成和解,美国当地法院鉴于华为、思科以及 3COM 公司已经分别提交终止诉讼申请,终止了思科公司对华为公司的诉讼,并宣布思科公司今后不得再就此案或相同事由向华为公司提起诉讼。

以上就是思科公司诉华为公司案例的详情。最终,双方达成和解,各自支付自己的法院和律师费用,全部解决了该起知识产权案件的争议。本案给我国涉外企业的一个重要启示就是,当企业在涉外经济活动中卷入与知识产权有关的案件时,如果坚持强硬的态度,坚持走完整个诉讼程序,对企业可能没有好处,在适当的时候,要学会通过灵活的手段处理相关案件,缓和矛盾,集中力量做更重要的事情。

案例来源:刘宪、王霖.国际经贸案例分析[M].清华大学出版社,2012.

练习与思考

1.试述一般的知识产权的不同类型。对比 TRIPS 协定保护的知识产权与一般知识产权有哪些异同。

2.试分析 TRIPS 协定在知识产权保护的实施中提出了哪些有关知识产权的救济性措施。

3.简述 TRIPS 协定的原则体系,分析其与 WTO 的原则体系有哪些联系。

4.分析对比 TRIPS 协定与相关的知识产权国际公约,简述 TRIPS 协定的特点。

5.根据 TRIPS 协定的内容,指出我国在知识产权保护方面存在哪些不足。为此,我们应给出怎样的对策?

第十一章 与贸易有关的
投资措施规则

本章提要

    作为 WTO 协定附件 1 多边货物贸易协定一部分的《与贸易有关的投资措施协定》(Agreement on Trade-Related Investment Measures,简称 TRIMs 协议)是全球历史上首次将投资问题纳入世界多边贸易体制之中,对于完善全球多边贸易法律体制,推动国际投资法的发展,遏制贸易保护主义以及促进贸易与投资自由化,将具有划时代的深远意义。本章主要介绍 TRIMs 协议的产生过程、协议具体内容、对协议的评价以及协议与中国的关系。

本章结构图

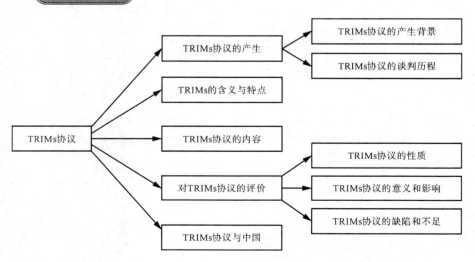

学习目标

- 重点掌握 TRIMs 协议的意义和影响，以及与中国的关系。
- 掌握 TRIMs 协议的具体内容。
- 了解 TRIMs 协议产生的背景与过程。
- 了解对 TRIMs 协议的适当评价。

第一节　TRIMs 协议的产生

一、TRIMs 协议产生的背景

1. GATT 时期

二战后，尤其是 20 世纪 70 年代以来，国际直接投资日趋频繁，特别是跨国公司的直接投资，取得了长足的发展。国际直接投资对各国经济和国际贸易的发展，产生了重要影响。如 1995 年全世界货物贸易和服务贸易 6 万多亿美元总额的三分之一来自公司内部的贸易，例如位于不同国家的子公司之间的贸易，或者子公司与母公司之间的贸易。

与此同时，投资国与东道国之间以及东道国与投资者之间围绕着直接投资的矛盾和纠纷也在不断增加。为了促进国际投资活动的健康发展，国际社会曾做过多方面的努力，起草或制定了许多规则与协议。这些规则和协议有的在一定范围内得到实施，但绝大部分并未付诸实施。

乌拉圭回合谈判开始之前，在 GATT 的框架之内，贸易与投资的关系没有受到多少关注。在 1948 年制定的《国际贸易组织宪章》经济发展一章中，包含了一些有关外资待遇的条款。但是，宪章没有被批准生效，只有宪章中的一些有关商业政策的条款被 GATT 吸收和继承。1955 年，GATT 缔约方通过了一项国际投资与经济发展的决议，该决议要求各国通过缔结双边协议为外国投资提供保护。

2. 美国与加拿大"外国投资审查法"争端

加拿大于 1973 年制定《外国投资审查法》，该法要求外国投资必须对加拿大经济发展有重大贡献，而重大贡献的审查标准之一是"经营要求（performance requirements）"，如当地购买、制造要求和出口业绩等。这些经营业绩由投资者自愿承诺,但承诺一旦作出就产生约束力,政府可申请法院强制执行。美国为此申诉,认为"业绩要求"使外国产品受到歧视待遇,抵消和损伤了其他缔约方所享利益,因而违背了 GATT 第 3 条(国民待遇)和第 11 条(普遍取消数量限制),应予取消。专家组裁决认为:(1)投资者的自愿承诺虽为个案形式,但因其具有强制力,构成第 2 条所言"要求";(2)当地购买要求使进口产品受到歧视待遇,违背"国民待遇"原则。

3. 乌拉圭回合谈判

此后,在 GATT 内部有关投资措施对贸易的扭曲与限制作用的争论开始成为新一轮多边贸易谈判的焦点之一。在美国及其他一些主要资本输出国的压力下,1986 年 10 月,GATT 将 TRIMs 列入了乌拉圭回合谈判的三个新议题(另两项新议题为服务贸易和与贸易有关的知识产权)并将 TRIMs 定义为"对贸易起限制和扭曲作用的任何对投资的鼓励或非鼓励措施"。其中,鼓励措施指阻碍贸易活动正常进行的投资措施,非鼓励措施则指改变贸易正常流向的投资措施。谈判中,发达国家和广大发展中国家对于投资措施的范围、法律水平、发展中国家的特殊待遇与限制性商业惯例等问题的认识产生了很大分歧。

以美国为首的发达国家希望最大限度地适用 GATT 原有的原则和规则,同时制定新的规则,尽可能地把任何限制出口、直接或间接剥夺缔约方根据 GATT 应享有的利益,或限制、扭曲贸易的措施都包括在约束范围内,它们列出的应予禁止的投资措施有:出口实绩要求、当地含量要求、贸易平衡要求、产品指令要求、国内销售要求、生产限制、技术转让和许可要求、外汇限制、当地股权要求、投资鼓励要求。

发展中国家则主张,确定与贸易有关的投资措施范围,应充分考虑到外国投资与东道国经济贸易发展的一致性,如果这些投资限制措施是为保持这种一致性所必需的就不应禁止,谈判必须限制在那些对贸易有直接和明显负作用的投资措施上,应给予发展中国家特殊和差别待遇。

二、TRIMs 协议的谈判历程

关于建立直接投资的国际规范的努力,最早可以追溯到第二次世界大战后拟议的国际贸易组织。在《国际贸易组织宪章》(即《哈瓦那宪章》)中,就列有专门部分来处理国际直接投资问题。但此宪章因未能获得通过而最终没有生效。之后,临时适用的 GATT 不涉足国际直接投资,只是《哈瓦那宪章》中关于商业政策的一些条款都被 GATT 所吸收。1955 年,GATT 缔约方大会通过了一项决议,其中特别要求缔约方达成双边协定来为外国投资提供保护。

GATT 东京回合结束以后,美国、日本和欧盟就开始着手将投资措施纳入 GATT 的管辖范围。也许,在乌拉圭回合谈判以前,关于投资问题的最重要发展是美国与加拿大关于加拿大《外国投资审查法》的争端解决。1982 年,美国将此项争端提交 GATT 争端解决小组并获得批准。许多国家认为GATT 无权处理此类争端,GATT 则称其不只是投资争端,还涉及国际贸易的发展。因此,这一事件标志着与贸易有关的投资措施被正式纳入到 GATT的框架之内,从而开了 GATT 管辖投资措施的先河。

在乌拉圭回合谈判的准备阶段,美国于 1986 年 6 月向谈判筹备委员会要求将削减和消除与贸易有关的投资措施列入谈判议程,并递交了一份与贸易有关的投资措施的清单。1986 年 9 月 15 日,GATT 在乌拉圭埃斯特角城召开了缔约方部长级特别会议。会后发表的《关于乌拉圭回合部长级会议宣言》(即《埃斯特角宣言》)中写道:"投资措施限制并扭曲了贸易流向,必须审查与这些投资措施相关的 GATT 条款,并通过谈判制定合理的规定,以消除此类消极影响。"根据此项授权,与贸易有关的投资措施被正式列为乌拉圭回合的谈判内容。

经过艰苦的努力,于 1991 年 1 月 20 日达成了《与贸易有关的投资措施协议》(TRIMs 协议)。该协议与乌拉圭回合的其他协议一样,也是各方妥协的产物。协议中关于 TRIMs 的范围采纳了发达国家的观点,以概括式与列举式相结合的方法,原则上将所有与贸易有关的投资措施都包括在内;而列举的明确予以禁止的投资措施,其范围比发达国家提出的小了很多,规定了广泛的例外,从而充分地考虑了发展中国家的利益。

在乌拉圭回合与贸易有关的投资措施的谈判中,发达国家成员的基本立场就是要建立一个取消发展中国家成员的与贸易有关的投资措施并保障跨国公司既得利益的国际投资体制;而发展中国家成员的基本立场则是主张从一成员经济与社会发展目标出发,来对待与贸易有关的投资措施。为此,包括中国在内的一些发展中国家在其联合声明中指出,为实现经济发展目标而对外国投资采取措施是符合 GATT 基本宗旨的。在谈判中,分歧主要表现在与贸易有关的投资措施的鉴别与处理、限制性商业惯例以及发展中国家缔约方的免费与例外优惠等各个方面。在 1990 年 7 月,谈判组向 GATT 提交了 3 套方案。1991 年 12 月,在此基础上形成了《与贸易有关的投资措施协议》草案。1993 年 3 月底,《与贸易有关的投资措施协议》正式获得通过。

第二节 TRIMs 的含义与特点

一、TRIMs 的含义

TRIMs 是乌拉圭回合多边贸易谈判的新议题之一，TRIMs 协议是迄今为止国际社会制定的第一个具有全球性的、要求 WTO 成员方必须无保留地接受并要求所有成员方与之有关的国内法必须与之一致的有关国际直接投资措施方面的协议。

投资措施(investment measures)有狭义和广义之分。狭义的投资措施是指资本输入国(东道国)政府为贯彻本国的外资政策，针对外国直接投资的项目或企业所采取的各种法律和行政措施。而广义的投资还包括资本输出国(投资母国)为了保护本国投资的安全和利益而采取的各种投资保险措施。本章所说的投资措施仅限于狭义的投资措施，即东道国政府对外国直接投资所采取的措施。

对于"与贸易有关的投资措施"(trade-related investment measures，简称 TRIMs)，国际上尚无普遍接受的定义。有的国家认为 TRIMs 是指东道国采取的与贸易有关的要求或鼓励投资者作出特定行为的措施。一些发展中国家则建议还应包括那些可被认为是 TRIMs 的母国措施和公司行为(practice)。

TRIMs 也有广义和狭义之分。

从广义上看，TRIMs 可分为四大类：投资鼓励(investment incentives)、履行要求(performance requirement)、母国措施(home country measures，HCMs)、公司行为/限制性商业行为(corporate measures/ restrictive business practice)。

投资鼓励是指那些旨在影响投资决定的鼓励措施，这些措施通常包括税收减免、关税减让、财政补贴、投资津贴、财政鼓励、境内税收的减免、按优惠条件提供土地和其他方面的服务、贷款补贴等方式。

履行要求是指基于东道国的经济发展需要对投资者施加的条件限制，以促使投资者做出有关购买、销售或制造方面的决定。例如，政府可能要求投资者从国内来源购买一定数量的商品，即所谓的"当地含量"要求。

HCMs 是指影响 FDI 输出的国家法律、法规和政策的总称。世界各国，特别是发达国家，为促进本国 FDI 无不积极采取相应的 HCMs 以维护本国投资者的利益。纵观发达国家所采取的 HCMs,主要有信息支持、经济支援、投资保险、税务措施以及技术转让等形式。

限制性商业行为是指在国际贸易中,通过滥用或谋取滥用市场力量的支配地位,限制进入市场或以其他方式不适当地限制竞争,对国际贸易,特别是发展中国家的国际贸易及其经济发展造成或可能造成不利影响,或者是通过企业之间的正式或非正式的、书面的或非书面的协议以及其他安排造成了同样影响的一切做法或行为。

小知识 11-1

◦～～～～～～～～～～～～～～～～～～～～～～～～～～～～～～◦

FDI

FDI 为 foreign direct investment 的缩写形式,即对外直接投资,是一国的投资者(自然人或法人)跨国境投入资本或其他生产要素,以获取或控制相应的企业经营管理权为核心,以获得利润或稀缺生产要素为目的的投资活动。

从狭义上看,所谓的 TRIMs 是指东道国政府要求或鼓励私人投资者作出特定行为的措施,而这些措施对国际贸易的流向又会产生重要影响。它们主要包括投资鼓励和履行要求。目前,这两类措施是国际规制的重点。乌拉圭回合谈判中曾列举了部分 TRIMs(均为准入后措施),实际上这些措施即属于投资鼓励与履行要求。

投资措施种类繁多,大体可以分为鼓励措施和限制措施两大类。缔约成员政府经常根据自己境内的发展规划,如优先发展领域计划等,为境外投资者提供优惠条件(尤其是发展中国家成员为利用外资发展民族经济而吸引外方直接投资),以鼓励其在自己境内的投资。为了使外来投资方向与缔约成员的经济发展目标相一致,各成员政府纷纷制定了限制和鼓励措施。

二、TRIMs 的特点

TRIMs 具有以下特点:投资措施必须是针对贸易流向及贸易本身的;投资措施引起了对贸易的限制或损害作用;投资措施引起的上述后果与 GATT 的有关规定不符;投资措施的实施方法可以是抑制性的,也可以是引导性的;其实施根据是东道国政府发布的普遍适用的或适合于某种特定情况的法律、行政规定、法院裁决和政策。

在《TRIMs 协议》产生之前,各国实施的投资措施涉及纷繁复杂的法律问题,投资措施的种类也非常多。由于篇幅的限制,此处我们仅以履行要求和投资鼓励为研究对象进行简单介绍。各国实施的履行要求主要包括以下 12 种投资限制措施：(1)当地含金量要求(local content requirements,简称 LCRs)，即要求在生产中使用一定价值的当地投入；(2)贸易平衡要求(trade balancing requirements)，即要求进口要与一定比例的出口相当；(3)外汇平衡要求(foreign exchange balancing requirements)，即要求进口所需外汇来自进口商一定比例的出口及其他来源的外汇收入；(4)进口限制(import limitation)，即限制投资者对进口零部件的使用，或以当地产品替代进口产品的使用；(5)外汇管制(exchange restrictions)，即限制使用外汇，以限制进口；(6)国内销售要求(domestic sales requirements)，即要求生产商在当地销售一定比例的产品，其价值相当于出口限制的水平；(7)生产限制(manufacturing limitation)，即对投资者在本方境内生产特定产品或建立生产线的行为进行限制；(8)当地股份要求(local equity requirements)，即要求投资企业股份的一定比例应当由当地投资者持有；(9)技术转让(technology transfer requirements)，即要求非商业性地转让规定的技术或在当地进行一定水平或类似的研究与开发活动；(10)出口实绩要求(export performance requirements)，即要求外国投资企业有一定数量或百分比的产品用于出口；(11)许可要求(licensing requirements)，即要求外国投资者向东道国转让专利许可；(12)汇款限制(remittance restrictions)，即限制从东道国向外汇款的数目，以防转移资金。

缔约成员所使用的有关投资方面的限制措施在国际贸易中往往产生与关税保护相似的效果，进而影响国际贸易的发展。那些对贸易产生扭曲或限制性影响的投资措施就是与贸易相关的投资措施。

这里的"贸易扭曲"是指改变贸易的正常流向；"贸易限制"是指阻碍贸易活动的开展。这里的"贸易"仅仅指货物贸易，不涉及服务贸易等其他形式的贸易。

第二次世界大战后，跨国公司飞速发展壮大起来。跨国公司对境内外的投资速度也相应加快。20 世纪 90 年代以来，跨国公司的国际直接投资数额和直接投资累积存量不断扩大。这种直接投资对国际经济和贸易都产生了十分重要的影响。各国也因此纷纷制定自己的法律和法规，对这种外来投资加以规范和引导，以使得这种投资对自己境内经济的发展有利。发展中国家成员由于需要吸引外资发展民族经济，对外资的引进和外来投资的方向进行规范就更显得必要。也正因为如此，投资者与东道国之间的投资纠纷不断发生：东道国为了保护境内产业和民族经济，对境外投资所采取的歧视甚至排斥的做法，阻碍了国际资源的自由流动和有效配置。

　　与贸易有关的投资措施问题与国际直接投资的大规模发展有着直接的关系。由于国际直接投资在世界经济中的作用不断增强,对东道国的影响也在不断地加深,因而促使各东道国政府制定出一系列的鼓励与限制措施,其中就包括许多与贸易有关的投资措施。东道国政府实施与贸易有关的投资措施,其目的在于实现其国内的经济目标。在国际直接投资发展的初期,各国政府大都对其采取自由放任的政策。但是,随着国际直接投资的重要性增强,出于东道国经济发展和产业结构调整的需要,东道国政府便开始着手引导或限制外国直接投资的发展,这一阶段主要着眼于维持就业水平和确保经济增长。而后,当外国直接投资影响到东道国的产业布局与地区发展格局时,东道国政府又开始着手制定全面规范外国直接投资的制度,以有效地执行产业政策,促进产业结构的优化,确保国民经济的增长。同时,国际直接投资与国际贸易是相互影响和相互渗透的,两者有着密不可分的关系。对外国直接投资的引导与规范,势必对贸易产生各种影响,尤其是实施与贸易有关的投资措施,更是会对贸易产生直接而重大的影响。因此,一国在贯彻其包括贸易政策在内的经济政策时,也必然要求通过与贸易有关的投资措施的实施来与之相配套。

　　与贸易有关的投资措施存在于发展中国家成员,也存在于发达国家成员。在发展中国家成员中使用更普遍,而发达国家成员往往采取比较隐秘的形式。从具体措施而言,发展中国家成员较多地采用当地成分要求、出口实绩要求、当地股权比例要求和汇兑限制等做法,发达国家成员则比较强调当地股权的参与。另外,尽管许多成员与贸易有关的投资措施名义上适用于所有行业,但实际上主要集中在汽车、石化、计算机和信息等产业,其中汽车行业受到的影响最大。在某些行业中,较为集中地使用了一种或是几种与贸易有关的投资措施。例如,在汽车行业,当地成分要求较多;在计算机和信息产业中,出口实绩要求较普遍;而在石化行业则一般对当地成分与出口实绩都有要求。

　　这些与贸易有关的投资措施的行业实施情况,往往与这一成员该行业的国际竞争力有着直接的关系:竞争力强的行业一般较少实施与贸易有关的投资措施,倾向于开放;而竞争力弱的行业则往往较多实施与贸易有关的投资措施,倾向于较少开放或是暂不开放。

　　同时,许多与贸易有关的投资措施,在实践中也都是根据具体的投资项目逐项进行商谈,即使在同一行业中的不同公司也有可能获得不同的甚至差别很大的待遇。并且,在具体执行过程中往往按照行政程序进行,东道国政府将实施权委托给投资审议机构。这样,东道国就可以灵活地让外国投资者做出有关的承诺或业务,而对其实行差别待遇。

第三节　TRIMs 协议的内容

TRIMs 协议由序言、9 条正文及 1 个附件组成。其条款主要有：适用范围、国民待遇和数量限制、例外、发展中国家成员、通知和过渡安排、透明度、与贸易有关的投资措施委员会、磋商与争端解决、货物贸易理事会的审议等。

一、序言部分

《TRIMs 协议》的序言部分首先宣告了其订立的法律根据——埃斯特角部长宣言的授权，并阐明了该协议的宗旨：①避免和取消那些可能引起贸易限制和扭曲作用的投资措施；②促进世界贸易的扩大和逐步自由化，并便利国际投资，以确保自由竞争，实现所有国家，特别是发展中国家的经济增长；③考虑发展中国家尤其是最不发达国家在贸易、发展和财政方面的特殊需要。

二、正文部分

《TRIMs 协议》的正文部分包括 9 个条文，规定了以下内容：

1. 适用范围

《TRIMs 协议》第 1 条规定："本协定仅适用于与贸易有关部门的投资措施。"协议并未规定何为与贸易有关的投资措施。但该协议第 1 条的规定似乎说明了，它仅适用于与货物贸易有关的投资措施，不适用于与服务贸易和技术贸易有关的投资措施。同时，该协议也未区分对外国企业所采取的措施和那些影响国内企业的措施，规则对两者都适用。该协议也未区分影响现有投资的措施和适用于新投资的措施。

2. 国民待遇和数量限制

《TRIMs 协议》第 2 条是该协议最重要的条款，其第 1 款对该协议所规范的与贸易有关的投资措施作了概括性的规定：在不损害 GATT 1994 项下的其他权利与义务的前提下，任一成员方不得实施与 GATT 1994 第 3 条（国民待遇）或第 11 条（取消数量限制）规定不相符的任何与贸易有关的投资措施。该条第 2 款则与附录相呼应，进一步说明第 1 款所指的与贸易有关的投资措施列于附录解释性清单内。

GATT 1994 第 3 条为国民待遇条款。它禁止成员方在制造、销售、运输、分配或使用等方面实施背离国民待遇原则的国内税收、费用、法律、条例及要求。其第 4 款规定:"一成员方领土产品输入到另一成员方领土时,在关于产品的国内销售、推销、购买、运输、分配或使用的全部法令、条例和规定方面,所享受的待遇应不低于相同的本国产品所享受的待遇。"因此,当一成员方某种投资措施使进口产品在其境内的待遇低于当地产品时,这种投资措施即应被禁止。

小知识 11-2

现代国家国内法中最早确立国民待遇原则的是 1804 年《法国民法典》。该法典第 1 章第 11 条列明:"外国人在法国享有与其本国根据条约给予法国人的同样的民事权利"。

GATT 1994 第 11 条是有关取消数量限制的规定,其第 1 款要求"任何成员方除征收税收或其他费用以外,不得设立或维持配额、进出口许可证或其他措施以限制或禁止其他缔约方产品的输入,或向其他缔约方输出或销售出口产品"。据此,任何成员方都不得采取能够产生限制或禁止从其他成员方进口产品或向其他成员方出口产品的效果的投资措施。

3. 例外规定

《TRIMs 协议》第 3 条为"例外条款",规定 GATT 1994 项下的所有例外均应适用于本协议的规定。这些例外包括诸如幼稚工业的建立与发展、国家政治稳定与安全、保障人类及动植物的生命或健康需要、边境贸易优惠以及为保障国际收支而实施的数量限制等。这些例外措施是 GATT 灵活性的体现,将它们适用于《TRIMs 协议》,使该协议易为众多成员接受,并在实践上更加可行。

4. 发展中国家

《TRIMs 协议》第 4 条规定,发展中国家根据 GATT 1994 第 18 条(关于维持国际收支平衡)、《GATT 1994 关于收支平衡条款的谅解》以及 1979 年 11 月 28 日采纳的《关于收支平衡的贸易措施的 1979 年宣言(BISD265/205－209)》规定的范围和方式,有权暂时背离《TRIMs 协议》第 2 条所规定的义务。

GATT 1994 第 18 条是关于发展中国家特别待遇的条款,它承认"各成员方,特别是那些只能维持低生活水平,处于发展初期阶段的缔约方经济的逐步增长,将有助于实现本协定的宗旨"。为此,它将发展中国家分成两类国家,并规定了不同的特殊待遇。

第一类是"只能维持低生活水平,经济处于发展初期阶段的成员方",这一类国家与地区有权遵照 GATT 1994 第 18 条第 1 节、第 2 节和第 3 节的规定。这三节的内容分别为:①为加速某一特定工业的建立以提高人民的一般生活水平,修改或撤销关税减让表中的某项减让;②在面临国际收支困难时,为了保护对外金融地位和保证有一定水平的储备以满足实施经济发展计划的需要,采取数量限制方法来控制进口水平;③为了提高人民的一般生活水平,有必要对某一特定工业的加速建立提供政府援助。根据以上 2、3 节的规定,这些国家可以实施贸易平衡要求、进口用汇限制、国内销售要求、进口替代要求等投资措施,而无需经成员方全体批准,只需按第 18 条规定履行一定的通知和协商程序。

第二类是经济处于发展阶段,但又不属于第一类范围的成员方,它们可经成员方全体批准后实施以上第 3 节所规定的投资措施。

《GATT 1994 关于收支平衡条款的谅解》与 GATT 1994 第 12 条和第 18 条有关,其中第 3 节为成员方提供了取消数量限制的例外,即当国际收支衡出现严重情况时,成员可以有条件地采取新的数量限制措施。

5. 通知与过渡性安排

《TRIMs 协议》第 5 条共 5 款,规定了各成方取消与贸易有关的投资措施的具体期限、步骤和方法。第 1 款规定,在《建立 WTO 协定》生效后的 90 天内,各成员方应向货物贸易理事会通知其所有正在实施但与本协议规定不符的与贸易有关的投资措施。在通知此类普遍或特定适用的与贸易有关的投资措施时,应随同告知其主要特征。

第 2 款规定,发达国家成员方应在《建立 WTO 协定》生效后 2 年内取消这类与贸易有关的投资措施。发展中国家成员方的期限为 5 年,最不发达国家成员方的期限为 7 年。第 3 款规定货物贸易理事会应发展中国家成员方的请求,可以延长其过渡期限,但要求成员方证明执行该协议时的特殊困难。

为了防止某些成员方在本协议生效前或在过渡期间加紧或强化实施与贸易有关的投资措施,该条款第 4 款特地规定了一个"冻结点"(stand still),即在过渡期间,任一成员方均不得加强其所通知的与贸易有关的投资措施,使得它们与本协议要求的差距加大,同时还规定,在《建立 WTO 协定》生效前 180 天之内开始实施且与《TRIMs 协议》不符的与贸易有关的投资措施不享受过渡期,应立即取消。

为了不使已有的企业和在 WTO 协定生效之后建立的新企业因在与贸易有关的投资措施方面待遇不同而处在不公平的竞争地位,第 5 款最后规定成员方在过渡期对新的投资仍可适用已有企业所适用的同样与贸易有关的投资措施,但必须具备两项条件:①这种投资的产品与已建立企业的产品同类;②为避免扭曲新投资与已建立企业之间的竞争条件所必需。同时该款还规定,在以上两种情况下采取的投资措施,应当向货物贸易委员会通报,并且要求对已建企业实施的投资措施在同一时间终止。

6. 透明度要求

《TRIMs 协议》第 6 条规定:有关各成员方应重申其在 GATT 1994 第 10 条(贸易条例的公布与实施)项下承诺的透明度和通知义务,并遵守 1979 年 11 月 28 日实施的"关于通知、协商、争议解决与监督协议"以及"通知程序部长决议"中所包含的"通知"义务。各成员方还应向 WTO 秘书处通告可以找到 TRIMs 的出版物,包括各级地方与区域性政府所使用的相关出版物。

若其他成员方因有关本协议的任何事项而要求一成员方提供相关资讯,该成员方应对此要求予以合理考虑,并应为对方提供充分的磋商机会。但根据 GATT 1994 第 10 条的规定,各成员方可以不公开有碍法律实施并对公共利益及特定企业的合法商业利益造成损害的信息。

7. 建立与贸易有关的投资措施委员会

《TRIMs 协议》第 7 条规定,应设立一个对 WTO 所有成员方开放的"与贸易有关的投资措施委员会",以强化该协议的执行。该委员会应选举自己的主席、副主席,每年至少集会一次,或根据任一成员方的请求随时召开会议。该委员会的职责是:执行货物贸易理事会分配的任务,并向成员方提供咨询机会与服务,以磋商与本协议的运行和执行相关的任何事宜;负责监督与贸易有关的投资措施协议的运行和执行,并每年向货物贸易理事会汇报这方面的情况。

8. 磋商与争端解决

《TRIMs 协议》第 8 条规定:GATT 1994 第 22、23 条,以及 WTO《关于争端解决规则与程序的谅解》详细阐述的规则,应适用于本协议项下的磋商和争端解决。

9. 货物贸易理事会的审查

《TRIMs 协议》第 9 条规定:在《建立 WTO 协定》生效后 5 年内,货物贸易理事会应审查本协议的运行情况,并在适当的时候向部长会议提交文本的修改建议。在审查中,货物贸易理事会应考虑是否需要对有关投资政策和竞争政策作补充规定,这实际上为日后《TRIMs 协议》全面扩大到适用于投资和竞争领域埋下了伏笔。

三、附录部分

《TRIMs 协议》的附录为解释性清单(illustrative list),采用概括性与列举性相结合的方法,列举了与 GATT 1994 第 3 条第 4 款和第 11 条第 1 款不符的五项与贸易有关的投资措施。这五项为协议所明确禁止,不管采取这些措施是否造成损害,也不管外国投资者是否接受了这些措施,都不允许成员方实行。这五项措施的具体内容如下。(1)要求企业购买或使用本国产品或来源于任何国内渠道的产品,具体形式有:规定有关国产品的具体名称,即具体产品类别;规定有关国产品数量或金额;规定企业生产中必须使用国产品的最低比例。(2)要求企业购买或使用的进口产品限制在一个与其出口的当地产品的数量或价值相关的水平。(3)普遍限制企业进口其产品所使用的或与其生产有关的产品,或将进口量限于企业出口其产品的数量或价值的水平。(4)通过对使用外汇的控制,限制企业进口其生产所使用的或与其生产有关的产品,即将企业用汇额度限定在其出口净得的外汇之内。(5)限制企业出口其产品或为出口销售其产品,不论是具体规定产品的特定数量或价值,还是规定其在当地生产的数量或价值的比重。

在上述五项 TRIMs 中,前两项属于 GATT 1994 第 3 条第 4 款规定的与国民待遇义务不相符的 TRIMs,后三项属于与 GATT 1994 第 11 条第 1 款规定的普遍取消数量限制义务不符的 TRIMs。在列举上述五项 TRIMs 时,该解释性清单还指出该协议禁止使用这些措施,不仅是因为它们涉及法律上的问题或政府的行政裁决,而且还因为它们是"获得某项好处而必须遵守"(compliance with which is necessary to obtain an advantage)的条件。该协议没有说明这种好处是什么,但一个明显的例子是,为修建一座新工厂而提供补贴,而工厂的产品要受制于 TRIMs。

从上文可以清楚地看出,协议完全禁止当地含量要求,但没有禁止出口义务。协议还禁止对任何原材料或中间产品的进口加以具体限制的外汇平衡要求。但是,成员方政府可以规定,一公司在规定时期内的外汇收入至少要与该公司在同期内的外汇支付持平。

四、与贸易有关的投资措施委员会

与贸易有关的投资措施委员会是货物贸易理事会下设的一个负责与贸易有关投资措施实施的专门委员会,它依据 TRIMs 协定第 7 条设立,履行货物贸易理事会所指定的职责,并每年向其报告工作。

该委员会对所有成员开放,根据规定,它应选举自己的主席和副主席,每年应至少召开一次会议,或在任何成员请求下召开会议;委员会应履行货物贸易理事会所指定的职责,并为各成员就与 TRIMs 协定运用和执行有关的任何事项进行磋商提供机会;委员会监督 TRIMs 协定的运用和执行,并每年就此向货物贸易理事会报告。

第四节　对 TRIMs 协议的评价

一、TRIMs 协议的性质

尽管 TRIMs 协议将特定范围的投资规范纳入多边贸易体制之中,并被视为当今最具广泛意义的国际投资法典,但严格地说,它并不是一部纯粹的投资协议,其性质介于投资与贸易之间。TRIMs 协议是在 GATT 机制下产生的。它是为完善 GATT 而制定的,目的是要让各成员货物在某成员境内不因采取某种投资措施而受到歧视,它最终关心的是不使货物贸易受到扭曲。因此,TRIMs 协议首先是一项货物贸易协议。这也是 TRIMs 协议与一般的双边或区域投资协定的重要区别(如国民待遇义务的内涵不同)。

TRIMs 协议的序言也规定,该协议的宗旨是"期望促进世界贸易的扩展和逐步自由化,并便利跨国投资"。TRIMs 协议所适用的范围仅限于与贸易有关的特定投资措施,相当一部分投资领域的重大法律问题并未涉及。TRIMs 协议虽然直接援用国民待遇、禁止数量限制、透明度等处理国际贸易关系的法律原则管制 TRIMs,但这些原则和其在 GATT 中一样,仍然只是货物贸易基本原则,而非完全是有关外资待遇的法律原则。此外,TRIMs 协议项下的磋商和争端解决直接适用 GATT 第 22 条、第 23 条与《争端解决规则与程序谅解》的有关规定。在《建立 WTO 协定》生效后 5 年内,有关 TRIMs 协议的运行情况也由 WTO 下属的货物贸易理事会审查。

TRIMs 协议兼具投资协定的性质。因为,TRIMs 协议调整的贸易行为的范围非常有限。即它仅调整由外国投资者在投资经营活动中进行的国际贸易活动。最终享受协议权利,承担协议义务的是作为货物进口或出口方的外国投资者,这种货物进出口活动本身是其投资权利的一部分。而且,TRIMs 协议所禁止的投资措施往往是东道国外资立法内容的一部分,WTO 的许多成员将不得不因 TRIMs 协议的制定与生效而在协议规定期限内修改、删除其外资法中与 TRIMs 协议不相符合的条款。

二、TRIMs 协议的意义和影响

(一)促进了世界多边贸易法律体制的完善

TRIMs 协议成功地突破了多边贸易体制局限于货物贸易的缺陷,第一次将投资问题纳入世界多边贸易法律体制,打破了国际贸易法律体系与国际投资法律体系的隔阂,从而揭示了国际贸易与国际投资之间的密切联系。它拓宽了该法律体制的管辖范围,并扩大了《WTO 协定》本身的影响和作用,同时也使多边贸易组织第一次具备了规范国际投资的职能。

(二)实现了投资领域国际立法的重大突破

国际投资领域的国际立法长期以来步履艰难,世界性的投资法典虽经长期酝酿却未有实质成就。一些国家或区域贸易集团虽然制定了一些协定、行动守则,但其适用范围狭窄,更不具有法律的强制性。而《解决国家与他国国民之间投资争议的公约》(《1965 年华盛顿公约》)与《多边投资担保机构公约》(《1985 年汉城公约》)虽然涉及的缔约方较多,但仅限于解决投资争议、投资担保等个别领域的特定法律问题。TRIMs 协议是第一部世界范围内有约束力的实体性投资协定,其诞生在国际投资法的发展史上具有重要意义。

TRIMs 协议作为《WTO 协定》附录中所列的重要文件,以《WTO 协定》作为其载体,成为《WTO 协定》不可分割的一部分,这就使 TRIMs 协议具有与《WTO 协定》一样的世界性和广泛的法律约束力,成为具有前所未有的国际影响力的真正意义上的国际投资协议。借助 GATT 以及 WTO 的一套行之有效的程序机制,TRIMs 协议的效力是其他任何一次世界性投资立法努力都无法比拟的。此外,正如前面所提到的,TRIMs 协议将"国民待遇"、"取消数量限制"、"透明度"等一系列运用于国际贸易关系的法律原则引入国际投资法领域,从而丰富了国际投资法的内容,使传统的国际投资法发生了深刻的变革。

(三)促进了各国外资立法的统一性、公开性

TRIMs 协议为各缔约方管制 TRIMs 提供了一套统一的国际准则,并以此约束各缔约方的外资立法,要求限期取消有关的 TRIMs。这就使以各种鼓励、限制措施作为外资法主要内容的国家(尤其是发展中国家)的外资立法面临严峻的挑战,为使本国的外资立法、政策与 TRIMs 协议接轨,国际社会出现了按 TRIMs 协议的原则重塑外资立法的浪潮。

(四)加快了贸易与投资自由化的进程

TRIMs 协议在消除影响跨国投资及与贸易有关的投资障碍方面迈出了

一大步,从而有效地遏制了以投资措施取代关税措施的新贸易保护主义的蔓延,使国际投资与贸易自由化的范围不断扩大,程度不断加深。

（五）完善了解决国际投资争端的法律机制

按照 TRIMs 协议的规定,GATT 第 22 条、第 23 条以及《关于争端解决规则与程序的谅解》的相关规定适用于该协议项下的磋商和争端解决,这就为解决各缔约方之间因享有协议规定的权利、承担相关义务而引发的争端提供了法律途径,从而弥补了"解决投资争议中心"（ICSID）只解决投资者与东道国之间的投资争议,无法解决主权国家之间投资争议的缺陷,使解决国际投资争端的法律机制趋于完善。

三、《TRIMs 协议》的缺陷

（一）调整范围过于狭窄

《TRIMs 协议》的调整范围仅限于与货物贸易有关的特定 TRIMs,未涉及与服务贸易有关的投资措施,更未触及对贸易产生重大扭曲作用的限制性商业惯例。这表明《TRIMs 协议》在限制 TRIMs 方面只迈出了第一步,与成为全面调整国际投资与国际贸易关系的多边条约还有相当遥远的距离。

（二）存在较多的灰色区域

《TRIMs 协议》在规定国民待遇、取消数量限制及透明度要求等原则的同时,又制定了较多的"例外规定",使《TRIMs 协议》中存在较多的"灰色区域",这将为一些缔约方滥用这些"例外规定"宽容自己,限制别国,逃避履行协议义务提供可乘之机。TRIMs 协议的这一缺陷使其最初的目标与实际功效存在较大的差距。

（三）在实践中缺乏必要的可操作性

《TRIMs 协议》的许多规定含义模糊,缺乏必要的解释,且在实践中缺乏必要的可操作性。首先,该协议对 TRIMs 没有一个明确的定义,容易导致适用上的歧义理解。协议第 2 条规定"在无损于 GATT 1994 规定的其他各项权利与义务的情况下,任何成员不得实行不符合 GATT 1994 第 3 条或第 11 条规定的与贸易有关的投资措施"。这说明,有些与贸易有关的投资措施可能会出现违反其他条款的情况,但对此却未规定任何处理规则,起码在理论上是如此。其不符合 GATT 1994 第 3 条第 4 款规定的国民待遇义务和 GATT 1994 第 11 条普遍取消数量限制义务的与贸易有关的投资措施,列在《TRIMs 协议》附件《解释性清单》里。《解释性清单》将不符合 GATT 第 3 条第 4 款规定的投资措施,按其约束力分成两种:一种具有强制性,是投资者必须遵守的,另一种是带有自愿承诺性质的,"为获取某种好处,而有必要遵守的"。但是,对于这里的"好处",《TRIMs 协议》并没有做明确的解释。这自然会引起对"好处"做很宽的解释,很容易产生矛盾。另外,除《解释性清单》点明的当地含量和贸易平衡外,《TRIMs 协议》并未再制定鉴别各种投资措施是否违法的客观标准,因此,哪些措施属于第 5 条所指的"不符合本协定规定"的投资措施则全靠各成员方自行判断了。这样,在以后的实践中分歧难免产生。例如:其显然并非禁止"出口表现要求",除非补贴违反了《补贴或反补贴措施规定》,而这种"出口表现要求"现在绝大多数发展中国家都在使用。在 WTO 的文件中,像《TRIMs 协议》这样做笼统的规定是少见的,这不是制定者的疏忽,而是各国在国际投资问题上分歧太大的必然结果。

(四)《TRIMs 协议》虽条文简短,但弹性较大

《TRIMs 协议》第 2 条规定:在不损害由《GATT 1994》所规定的其他权利和义务的前提下,各成员方不得实施任何与《GATT 1994》第 3 条或第 11 条规定不相符的投资措施。这一规定表明,如果妨碍了"由《GATT 1994》所规定的其他权利和义务",成员方得以"实施与《GATT 1994》第 3 条或第 11 条各项规定不相符的投资措施"。但是,"由《GATT 1994》所规定的其他权利和义务"具体所指为何,协议本身并未作出明确解答。在 GATT 专家组审理美、加关于《外国投资审查法》的争端案时,加拿大引用《GATT 1947》第 20 条(d)项,该项规定,"为保证遵守与本协定条款不相抵触的法律或规章所必需"的措施可构成 GATT 的一般例外。加拿大认为《外国投资审查法》为与GATT 不相抵触的法律,而"当地购买要求"为执行该法所必需的措施,因而可以构成一般例外情形。专家组认为,加拿大的解释并未能充分证明采用与国民待遇相违背的措施为有效执行《外国投资审查法》所必需,因而不能接受加拿大的观点。但加拿大如能证明其措施为执行该法所必需是否就一定能胜诉,其实也是未知数。《TRIMs 协议》的关键内容之一"解释性清单"同样令人费解。该清单第 1 段规定:"与《GATT 1994》第 3 条第 4 款规定的国民待遇不相符的投资措施包括那些在国内法或行政命令下强制或可强制执行的措施,或为取得某种好处而必须遵守的措施,以及有下列要求的措施……",第 2段针对第 11 条第 2 款作了类似的规定。"解释性清单"中的"好处"一词可做或宽或窄的解释,宽泛的解释自然可包括《补贴与反补贴措施协定》中的"补贴",但这正是发展中国家在乌拉圭回合中所坚决反对的。但协定前言中"对贸易产生限制和扭曲影响"的不明确,为这种扩大解释提供了条件。在 1998 年 WTO 争端解决机构通过的"印度尼西亚汽车工业措施案"专家组报告中就采用了扩大解

释的做法,该报告指出:印尼政府为促进本国汽车业发展采取税收和关税优惠措施,属于协定"解释性清单"中的"好处",因而被认为违背了协定第2条。

(五)《TRIMs协议》加剧了投资领域国际立法的不平衡性

《TRIMs协议》是发达国家和发展中国家相互妥协的产物,但发达国家的观点略占上风,发展中国家利益受到损害,其加剧了投资领域国际立法的不平衡性。在乌拉圭回合谈判中,以美、日为代表的发达国家提出应制定一部全面的国际投资法典。既然与贸易有关的投资措施对贸易有消极影响,就应采用GATT的一般原则和纪律加以约束。它们列出的东道国约束性经营要求包含当地含量、出口业绩、贸易平衡、国内销售、制造要求、产品指令、汇出限制、技术转让、许可证和当地股权要求等,这些措施从本质上均被认为有贸易扭曲和限制效果。东道国的投资激励措施扭曲了国际贸易流向,也应被包括在内。发展中国家从维护经济主权、保持外资管理政策的灵活性出发,主张谈判应局限在对贸易有直接和重大消极影响的投资措施,而且不能事先主观断定某些投资措施对贸易具有扭曲与限制效果,应采用个案方式以足够证据说明某项投资措施对贸易有直接和重大消极影响。发展中国家还特别强调:虽然外国直接投资对它们的经济发展必不可少,但通过投资措施引导外资流向对实现国家经济和社会发展目标至关重要;在缺少有效的全球性跨国公司行为守则的情况下,投资措施还可用以抵消跨国公司排挤竞争的限制性商业措施。

最后达成的《TRIMs协议》体现了发达国家和发展中国家立场的微妙平衡。协议将其适用范围局限在与贸易有关的投资措施,采取概括式和列举式相结合的做法对应予禁止的投资措施作出规定,附录的解释性清单列举了明令禁止的五项投资措施。

附录中的五种投资措施显然与发达国家的初衷有相当大的差距:不仅列举的经营要求数目有限,而且投资激励未在禁止之列。此外,协议为发展中国家规定了较长的过渡期,并允许其按照《GATT 1994》第18条、《国际收支协定》及1979年11月28日采纳的"为国际收支所采取的贸易措施宣言"的规定,暂时背离该协议第2条的规定。协议第9条规定的"货物贸易理事会应考虑是否应以关于投资政策和竞争政策的补充规定来加以补充",为今后规范跨国公司的限制性商业措施埋下了伏笔。这些内容在一定程度上考虑到了发展中国家的利益。

但总的来说,发达国家将投资措施纳入WTO体制取得了初步胜利,经过谈判可逐步增加受限的投资措施的种类,以实现《TRIMs协议》序言中的"为跨国投资提供便利"目标。成员方的透明度与通知义务,监督协定执行的与贸易有关的投资措施委员会的设立,以及 WTO 争端机制的运用,都对发展中成员方外资管理的经济主权施加了限制。未明令禁止的其他投资措施,将来可能通过争端解决机制被限制。

经过乌拉圭回合的交锋,发达国家的利益和主张已得到初步实现。发展中国家只是获得时间性和软性的照顾,最终屈从于发达国家的压力。事实上,为了换得发达国家在纺织品和农产品等方面的让步,发展中国家在投资措施和服务贸易等领域作出了牺牲。

第五节　TRIMs 协议与中国

一、我国对外资立法的修改与完善

为了适应加入 WTO 的需要,我国对 3 部外商投资企业法做了许多修改和完善,以符合 TRIMs 协议的相关规定,九届全国人大常委会第 18 次会议于 2000 年 10 月 31 日通过了《关于修改〈中华人民共和国中外合作经营企业法〉的决定》、《关于修改〈中华人民共和国外资企业法〉的决定》,并重新公布了修改后的《中华人民共和国中外合作经营企业法》和《中华人民共和国外资企业法》。此外,又对《中华人民共和国外资企业法实施细则》和《中华人民共和国中外合资经营企业法实施细则》进行了修改,这是我国为适应入世需要而采取的重大举措。

对外资立法的修改和完善使我国外资立法取得了前所未有的进展,对吸引外资发挥了积极的作用。到目前为止,我国制定有关外商投资法律、法规达200 多项;签订双边或多边国际条约达 100 多项;各省、市、自治区、经济特区也制定大量涉及外商投资的地方性法规。这些法律法规相互联系,形成了我国特有的外商投资法律体系。

《中国加入 WTO 议定书》第 7 条第 3 款规定,自加入时起,中国应遵守TRIMs 协议,但不援用 TRIMs 协议第 5 条的规定(给予发展中国家 5 年甚至更长的过渡期)。中国应取消并停止执行通过法律、法规或其他措施实施的贸易平衡要求、外汇平衡要求、当地含量要求和出口实绩要求。

我国对外资立法所做的修改与完善主要包括以下几个方面。

(一)取消了当地成分要求

按照《TRIMs 协议》附件的规定,所谓当地成分要求,是指东道国要求外国投资者在其生产过程中，必须运用一定比例、一定数量或价值的当地产品。在我国原有的外商投资立法中，具有当地成分要求的规定较多。原《中外合资经营企业法》第9条第2款规定："合营企业所需原材料、燃料、配套件等，应尽先在中国购买，也可由合营企业自筹外汇，直接在国际市场上购买。"《中外合资经营企业法实施条例》第57条规定："合营企业所需的机器设备、原材料、燃料、配套件、运输工具和办公用品等（以下简称物资），有权自行决定在中国购买或向国外购买，但在同等条件下，应尽先在中国购买。"此外，原《外资企业法》第15条也有类似规定。

鉴于当地成分要求属于《TRIMs协议》附件中规定的禁止实施的TRIMs，因此，有必要取消含有当地成分要求的法律或政策措施，以适应《TRIMs协议》的要求。因此，新的《外资企业法》对此条做了修订："外资企业在批准的经营范围内所需的原材料、燃料等物资，按照公平、合理的原则，可以在国内市场或者在国际市场购买。"《中外合资经营企业法》第10条第1款也将原第9条的规定"合营企业所需原材料、燃料、配套件等，应尽先在中国购买，也可由合营企业自筹外汇，直接在国际市场上购买"修改为"合营企业在批准的经营范围内所需的原材料、燃料等物资，按照公平、合理的原则，可以在国内市场或者在国际市场购买"。《中外合资经营企业法实施条例》第51条也删除了原第57条中规定的"但在同等条件下，应尽先在中国购买"。显然，此次修改取消了尽先在中国购买的规定，进一步扩大了外商投资企业的自主购买权。在社会主义市场经济条件下，外商投资企业同国内其他各类企业一样，完全有权根据市场情况自主决定原材料、燃料等物资的购买。为保护国内某些行业，在我国加入WTO后，可以援引幼稚工业保护条款，取得美国等发达国家的普惠制待遇，对其进行特殊保护。

（二）取消了贸易平衡要求

我国原有的外商投资立法中，有外商投资企业应实现外汇收支平衡的规定。《外资企业法》第18条第3款规定："外资企业应当自行解决外汇收支平衡。"《中外合资经营企业法实施条例》第75条规定："合营企业的外汇收支一般应保持平衡。"《中外合作经营企业法》第20条也规定："合作企业应当自行解决外汇收支平衡……"贸易平衡要求是《TRIMs协议》附件中规定的禁止实施的TRIMs，因此，我们应取消此项要求。随着我国资本项目下人民币自由兑换的最终实现，我国也必将取消违反《TRIMs协议》的法律规定。

取消外汇平衡要求，将有利于我国扩大引进外资，并不会对我国的国际收支带来较大冲击。为了适应入世需要，修订后的《外资企业法》与《中外合作经营企业法》分别取消了第 18 条第 3 款及第 20 条的规定。关于中外合资经营企业的外汇收支平衡问题则是规定在《中外合资经营企业法实施条例》中,该条例修订后也删除了第 75 条"外汇收支平衡"的规定。目前,我们还可以援引《国际货币基金组织协定》与 WTO 关于国际收支平衡的条款,暂时地在资本项目下实行一定的外汇管制。

(三)取消出口实绩要求

我国原有外商投资企业法兼用限制性与优惠指导方法对外商投资企业提出出口实绩要求。原《外资企业法》第 3 条规定:"……设立外资企业,必须有利于中国国民经济的发展,并且采用先进的技术和设备,或者产品全部出口或者大部分出口。"《中华人民共和国外资企业法实施细则》第 3 条规定:"设立外资企业,必须有利于中国国民经济的发展,能够取得显著的经济效益,并应当至少符合下列一项条件:①采用先进技术设备,从事新产品开发,节约能源和原材料,实现产品升级换代,可以替代进口的;②年出口产品的产值达到当年全部产品产值 50% 以上,实现外汇收支平衡或者有余的。"

由此可见,我国原有外资法把外资企业的产品是否具有一定比例的出口作为审批机关的审批条件(作为其成立要件之一)。此次修改则将外资企业的出口义务修改为国家鼓励出口。新《外资企业法》规定:"设立外资企业,必须有利于中国国民经济的发展。国家鼓励举办产品出口或者技术先进的外资企业。"此外,1986 年 10 月 11 日,国务院发布的《关于鼓励外商投资的规定》,更是将外商投资企业的产品出口与税收优惠挂起钩来。产品主要用于出口,年度外汇总收入额减除年度生产经营外汇支出额和外国投资者汇出分得利润所需外汇额以后,外汇有结余的生产型企业,称为产品出口型企业。产品出口型企业享有更为优惠的税收减免待遇。优惠条件是吸引外资的必要条件,但对此应做恰当估价。《关于鼓励外商投资的规定》所形成的有差别的优惠政策,对改善外资投向发挥了积极的作用。但各地随之竞相公布的优惠条件却一降再降税收及各项费用,有的海外学者将之戏称为"大出血式的优惠风",这种违反商品经济等价交换原则的做法,反而达不到预期的效果。对于外国投资者来说,只要能赚取利润,依法纳税和支付合理费用并不会构成投资障碍。因此,与其竞相放宽优惠条件,不如在建立公正、完善的法律体系、高效运转的政府系统及完善的社会服务系统上下功夫,以此进一步完善我国的投资环境,吸引更多的、著名的跨国公司来我国投资。

我国外资法中规定的有关国内销售要求,以及有些主管部门甚至要求外商投资企业以低于国际市场价格向国内销售产品的做法均会扭曲国际贸易,因而应取消上述规定。但由于我国是发展中国家,可以利用《WTO协定》的例外条款及保障条款,对有些规定延缓修改。例如我们可以保留一定的配额许可证管理的商品,但应逐渐减少。

(四)进一步扩大了外商投资企业的经营自主权

外商投资企业自成立之时,即在人、财、物等方面享有自主权,但原有的外商投资企业法律却在一定程度上影响了企业的生产经营。如原《外资企业法》第11条第1款规定:"外资企业的生产经营计划应当报其主管部门备案。"《中外合资经营企业法》第9条第1款也规定:"合营企业生产经营计划,应报主管部门备案,并通过经济合同方式执行。"为了保证外商投资企业在社会主义市场经济条件下,能够享有充分的经营自主权,新修订的《外资企业法》取消了第11条第1款规定。《中外合资经营企业法》也将原第9条第1款予以删除。

二、进一步努力的方向

进一步完善外商投资企业法律体系,对促进我国经济发展有重要的现实意义。今后我们可以从以下方面加以努力:

(一)制定统一的《外国投资法》,增强法律透明度

在兼具现实性和操作性的基础上,将《中外合资经营企业法》、《中外合作经营企业法》、《外商独资企业法》以及相关的配套法律予以归纳、统一、完善,全面系统地规定外资的定义,投资范围,投资比例,审批原则、机构、程序,对外资的鼓励、保护、限制,以及投资争议的解决等问题。各地方、各部门制定有关的地方性法规、部门规章或司法解释均应严格依照《外国投资法》确定的原则、精神进行。

各有关主管部门,尤其是地方主管机构,应努力加大宣传力度,及时将新的法律、法规、规章在各相应等级的刊物上公布,还可与各民间组织开展合作,针对外国投资者的需要开展多方位、多渠道的信息供给服务。

(二)充分利用《TRIMs协议》的例外条款

作为一个发展中国家,与发达国家相比,我国的总体经济实力仍相对落后。因此,即使在我国已成功加入WTO,成为其正式成员后,我国也只应承担与本国经济发展水平相适应的义务。因此,我国应结合具体国情,对于《TRIMs协议》所禁止的措施,在某些情况下,可以援引该协议所规定的例外条款。在涉及国家安全、社会公共利益、传统民族工业、特殊自然资源、幼稚产业保护、维护国际收支平衡等例外情况下,我国可以采取一些限制措施而不会被认为违反了《TRIMs协议》。

本章小结

(1) 投资措施 (investment measures) 有狭义和广义之分。狭义的投资措施是指资本输入国 (东道国) 政府为贯彻本国的外资政策,针对外国直接投资的项目或企业所采取的各种法律和行政措施。而广义的投资还包括资本输出国 (投资母国) 为了保护本国投资的安全和利益而采取的各种投资保险措施。本章所说的投资措施仅限于狭义的投资措施,即东道国政府对外国直接投资所采取的措施。

(2) 对于"与贸易有关的投资措施"(trade-related investment measures, TRIMs),国际上尚无普遍接受的定义。有的国家认为 TRIMs 是指东道国采取的与贸易有关的要求或鼓励投资者作出特定行为的措施。一些发展中国家则建议还应包括那些可被认为是 TRIMs 的母国措施和公司行为 (practice)。

(3) TRIMs 协议由序言、9 个条款及 1 个附件组成。序言明确指出了协议的宗旨是禁止东道国政府颁布国内法律、法规实施对贸易产生限制和扭曲作用的投资措施,以取消投资障碍,进而促进国际直接投资的发展。协议的主要内容涉及适用范围、国民待遇和数量限制、例外、发展中国家成员、通知和过渡安排、透明度、与贸易有关的投资措施委员会、磋商与争端解决、货物贸易理事会的审议等条款。

(4) TRIMs 协议的适用范围:协议第 1 条明确规定,协定仅适用于与服务贸易有关的投资措施,而不适用于技术贸易和服务贸易。

(5) 作为乌拉圭回合的三项新议题之一,与贸易有关的投资措施谈判既对东道国不利于贸易开展与扩大的各种投资措施予以限制与约束,以此促进国际直接投资与贸易的发展,同时又基于发展中成员方和最不发达成员方的现实及需要,对它们的经济利益进行了一定的保护。因此,总的来说,TRIMs 协议是符合 WTO 基本原则和宗旨的。

本章案例

案例:我国在国际贸易中关于《TRIMs 协议》的实践

我国自从加入 WTO 后,受到 WTO 各种规则的约束,在 WTO 内也进行了许多的纠纷解决。涉及《TRIMs 协议》的案件其实不多,我国于 2005 年 11

月开始的与欧盟、美国和加拿大关于影响汽车进口措施的纠纷是其中一例。

中国政府颁布的与贸易有关的措施有：生效于 2004 年 5 月 21 日的对发展汽车工业的政策（国家发展和改革委员会第 8 号令）（简称为"政策第 8 号令"）；对进口汽车零部件定性为完整车辆的行政规则（中华人民共和国第 125 号法令）（简称"第 125 号令"），生效于 2005 年 4 月 1 日；将进口汽车零部件定性为完整车辆核查的规则（中华人民共和国海关总署 2005 第 4 号公告）（简称"公告 4"），生效于 2005 年 4 月 1 日。

欧盟和美国、加拿大于 2006 年 4 月 13 日，要求就中国的强制措施与中国磋商，声称这些措施对欧盟、美国和加拿大出口到中国的零部件产生了不利的影响。

欧盟认为，这些措施违反了以下协议：GATT1994 第 2 条第 1 款（a）及（b），第 3 条第 2、第 4 及第 5 款以及原则性的规定，第 3 条第 1 款；《TRIMs 协议》的第 2 条第 1 款和第 2 条第 2 款以及附于该协定的说明性清单的第 1 款（a）和第 2 款（a）；SCM 协议第 3 条。

美国认为，这些措施违反了下列规定：《TRIMs 协议》第 2 条；GATT1994 第 2 条（包括第 1 段在内）以及第 3 条（包括第 2、第 4 及第 5 段在内）；SCM 第 3 条（包括第 1、第 2 段在内）；中国加入 WTO 的议定书（WT/L/432）（包括计划的 I.1.2 和 I.7.3 部分，以及第 93、第 203 工作组报告）。

加拿大认为，这些措施违反了：中国加入 WTO 的议定书（WT/L/432）（包括计划的 I.1.2 和 I.7.3 部分，以及第 93、第 203 工作组报告）；GATT 1994 第 2 条（包括第 1 段在内）以及第 3 条（包括第 2、第 4 及第 5 段在内）；《TRIMs 协议》第 2 条；《原产地规则协议》第 2 条，特别是（b）、（c）和（d）；SCM 第 3 条。

2008 年 10 月 26 日，专家小组公布本案的裁决报告。专家小组的结论如下。

关于中国对一般汽车零部件进口的措施，专家小组的结论是："政策法令 8"，"法令 125"和"公告 4"不符合 GATT 1994 第 3 条第 2 款的规定，任何缔约方的产品进口至任何其他缔约方领土时，不得对其直接或间接征收超过对同类国内产品直接或间接征收的国内税或其他国内费用；"政策法令 8"、"法令 125"和"公告 4"不符合 GATT 1994 第 3 条第 4 款的有关规定；"政策法令 8"、"法令 125"和"公告 4"没有理由根据 GATT 1994 第 20 条（d）的规定得到适用。

在替代措施上，专家小组的结论是："政策法令 8"、"法令 125"和"公告 4"不符合 GATT 1994 第 2 条第 2 款（a）和第 11 条第 1 款（b）的规定；"政策法令 8"、"法令 125"和"公告 4"没有理由根据 GATT 1994 第 20 条（d）所规定的得到适用。

关于 CKD 和 SKD kits[①] 进口措施的问题，专家小组的结论为："政策法令 8"、"法令 125"和"公告 4"不符合 GATT 1994 第 2 条第 1 款(b)的规定。

本案中，有争议的措施被分为三类，即一般零部件进口的措施、替代措施和汽车零件以 CKD 和 SKD kits 方式进口的措施，对这些措施是否违反《TRIMs 协议》第 2 条的规定，专家小组还是首先检验这些措施是否违反 GATT 1994 的相关规定。

在对中国对一般零部件进口的措施的验证中，专家小组认为，中国在"政策法令 8"、"法令 125"和"公告 4"中的对一般零部件的进口，如果其价格总和达到该车型整车总价格的 60％ 及以上的，按照整车标准征收关税的措施，违反了 GATT 1994 第 3 条"国民待遇"中关于国内税费的规定。其第 2 款规定"任何缔约方领土的产品进口至任何其他缔约方领土时，不得对其直接或间接征收超过对同类国内产品直接或间接征收的任何种类的国内税或其他国内费用"，而我国的对超过整车总价 60％ 的一般零部件征收整车关税的措施正好落入这一款的规定当中，当然就违反了 GATT 1994 第 3 条的规定。

其实在双方争论的过程中，起诉方就曾提到过，我国实施的政策是与贸易有关的投资措施，并且措施直接违反 GATT 1994 第 3 条的规定，所以就可以认定它违反《TRIMs 协议》第 2 条的规定。

在这起纠纷中，中国经历了磋商、专家小组直到上诉，最终败诉。我国虽然在这次纠纷中败诉，但是积累了在 WTO 体制内解决纠纷的经验，以后再卷入类似纠纷就会以此为鉴，争取取得胜诉。此外，本次纠纷的最终审理结果，对我国未来避免违反 WTO 相关规定也起到了重要作用。

资料来源：马琼.我国在国际贸易中关于《TRIMS 协议》实践案例的浅析[J].商场现代化,2012 年 20 期.

练习与思考

1.什么是投资措施？投资措施可分为哪两大类？

2.什么是与贸易有关的投资措施？

3.试述 TRIMs 协议附件列举的各项与贸易有关的投资措施。

4.TRIMs 协议的适用遵循什么原则？适用哪些例外规定？

5.TRIMs 协议对发展中成员方有何特殊安排？

6.请简要评价 TRIMs 协议。

---

① 指全散件组装和半散件组装。

第十二章　WTO 的新发展

本章提要

　　WTO 是当代最重要的国际经济组织之一,目前拥有 159 个成员,成员贸易总额达到全球的 97%,有"经济联合国"之称。1995 年 1 月 1 日正式取代 GATT 开始运作,该组织负责管理世界经济和贸易秩序,总部设在瑞士日内瓦莱蒙湖畔。其基本原则是通过实施市场开放、非歧视和公平贸易等原则,来实现世界贸易自由化的目标。WTO 建立至今,经历了巨大的发展。

本章结构图

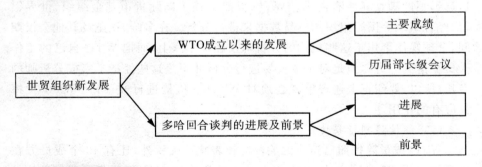

学习目标

- 了解 WTO 产生和发展的历程。
- 了解 WTO 八届部长级会议的过程。
- 掌握 WTO 成立以来取得的成绩。
- 浅论 WTO 的发展前景。

第一节　WTO 成立以来的发展

一、WTO 成立以来的主要成绩

1995 年 1 月 1 日，WTO 向全世界宣告了它的成立。一年以后，WTO 肩负着推进全球贸易自由化的重任，开始独立、正式地履行其应有的职责。在其指导下，世界经济迅速稳定增长。

（一）组织机构建设

WTO 的目标是建立一个完整的、更具有活力的和永久性的多边贸易体制。其包括部长级会议、总理事会、各专门委员会、秘书处与总干事四个机构及 27 个法律部门，健全的组织机构保证了其机制运行的有效性，并增强了可预见性，促进多边贸易发挥其应有的作用。WTO 新创设的贸易评审制度，对于推动各成员履行规定义务、定期公开发布贸易政策与措施起到了十分积极的监督、促进作用。

但与此同时，许多成员曾经指责 WTO 的组织机构，如部分成员指责 WTO 目前的组织结构过于"原始"。WTO 每年的预算只有几亿美元左右，而这远远不能满足其所有需求。WTO 只能依赖于国际货币基金组织、世界银行、经合组织等国际组织的贸易数据来进行分析。在多哈、坎昆及其他会议期间，全球媒体聚焦于这些机构的分析师及经济学家上，而把 WTO 自己的工作人员冷落到一旁。但是对全球贸易进行分析并不是这些经济学家或分析师的专长，所以，要纠正上述现象就必须对 WTO 的机构进行改革，让 WTO 发挥其应有的作用。

（二）继续谈判框架协定

WTO 成员除按照已达成的关税减让表减让关税外，还有 43 个成员方在 1997 年 3 月 26 日同意从 1997 年 7 月 1 日开始到 2000 年逐步取消信息技术产品的关税，它们涉及的贸易额约为 6000 亿美元。七国集团和欧盟同意对 465 种药品实施零关税待遇。

WTO 谈判还涉及农产品、服务贸易这两个关键领域。各方通过谈判已达成 4 个重要的协议：(1)1995 年 7 月 28 日自然人流动协议；(2)1997 年 2 月 15 日 69 国达成基础电信服务协议，并于 1998 年 2 月 15 日生效；(3)1997 年 3 月 26 日 43 个国家达成减让信息技术产品关税协议；(4)1997 年 12 月 12 日，

70 个国家达成一项多边金融协议,同意开放各自的金融服务业,它包括 95%
以上的有关银行、保险、证券和金融信息等方面的贸易,该协议于 1999 年 3 月
1 日生效。

WTO 成立以来,已经启动了有关电子商务、服务贸易、农产品、与贸易有
关的知识产权、政府采购透明度、贸易便利化等多个系列的议题谈判,并且在
服务贸易的四个重要问题、与贸易有关的知识产权问题等方面取得了一定的
突破和进展。例如《信息技术协定》、《与贸易有关的知识产权协议与公共健康
宣言》、《香港宣言》等谈判成果的达成,表明 WTO 在多边贸易格局方面做出
了建设性的贡献。再如 2004 年 7 月 31 日,经过两周的密集磋商和 30 日起连
续四十个小时的昼夜谈判,WTO 成员终于就多哈发展议程的主要议题达成
框架协议。框架协议内容涉及农业、非农产品市场准入、服务贸易、贸易便利
化和发展等领域。在谈判的核心领域——农业的框架协议中,发达国家承诺
最终取消出口补贴,大幅度削减国内支持,实质性改进市场准入条件。

(三)解决成员之间的贸易争端

WTO 的争端解决机制由 WTO 所有成员委派的代表组成,隶属于部长
级会议,有自己的主席、工作人员和工作程序,实际上是总理事会在争端解决
活动时的称谓。该机制在保障 WTO 各项协议实施以及解决成员间贸易争端
方面发挥了重要的作用,并为国际贸易顺利发展创造了稳定的环境。从许多
方面讲,争端解决机制是多边贸易体制的主要支柱,是 WTO 对全球经济稳定
做出的最独特的贡献。如果不提及争端解决机制,任何对 WTO 的评论都是
不完整的。

到 1996 年 11 月,WTO 受理的贸易争端已达 62 起,两年内受理的贸易
争端就相当于原 GATT50 年受理的贸易争端的 1/4 以上。而且,在 62 起贸
易争端中,发展中成员方作为申诉方的有 20 起,占 32.29%,作为被控方的有
24 起,占 38.7%。而在 GATT 受理的 238 起贸易争端中,发展中缔约方作为
申诉方和被控方总共才占 25.6%。至 2000 年,WTO 争端解决机制就各成员
围绕 WTO 协议中权利与义务的实施所产生的摩擦或纠纷进行了调解和仲
裁,共处理 168 起国际贸易纠纷,成为 WTO 的最高仲裁机构。

(四)促进最不发达国家及发展中国家贸易发展

1997 年 10 月,WTO、联合国贸易与发展会议、国际货币基金组织、联合
国开发计划署和世界银行就最不发达国家的贸易发展举行高层会议,探讨帮
助解决最不发达国家的市场准入、与贸易有关的技术援助、训练和智力建设等
问题。9 个 WTO 成员宣布主动改进从最不发达国家进口的市场准入措施,

如削减产品进口限制,拓展已有的关税减让表,重点放在纺织品和农产品领域,以及要大量简化附加条件等等。WTO其他成员也表示要采取相应的行动。WTO所设立的基本原则、运行机制不但从根本上构筑了发达国家同发展中国家平等对话的基础,而且通过对发展中国家提供一些特殊的优惠安排,为发展中国家成员提高整体竞争力、影响力提供了崭新的平台。例如,2012年6月29日,WTO公布的一份文件指出,其商定了新的最不发达国家加入WTO的标准,降低了阿富汗、埃塞俄比亚和苏丹等国家入世的条件。根据新的规则,希望加入的最不发达国家将不被要求削减农产品的平均"约束关税"(一旦入世关税的法定最高限额)到50%以下。对于非农产品,希望加入的最不发达国家将被允许在35%的平均约束关税基础上保持95%的关税;且在某些情况下,允许其拥有比WTO的正常规定更长的过渡期,同时将在"具体情况具体分析的基础上(对其进行)积极考虑"。在服务贸易领域,WTO成员将认真考虑最不发达国家在该领域作出承诺的"严重困难",允许其开放较少的领域,较少的交易类型以及仅根据其经济发展状况开放它们的市场。

(五)解决多边贸易体制发展中的问题

WTO确立了比较完整的国际贸易法律框架,其规则被世界上绝大多数国家和地区接受,成为世界各国从事国际贸易所不得不遵守的国际规则,是各国制定相关法律、法规和政策措施的最基本的参考依据。经济全球化不断发展的今天,即使不是WTO成员的国家,只要从事国际贸易活动,也不得不遵守这套规则。这标志着一套比较完整的国际贸易法律体系的确立,也可以说形成了国际贸易统一法。

WTO扩大和拓宽了多边贸易体制的协调领域和范围,不仅调整与进出口贸易有关的关税与非关税边境措施,还涉及各成员的宏观调控措施,从传统商品领域发展到高新技术产品和电子商务以及环境保护等领域,并不断向新的与国际贸易有直接或间接关系的领域拓展。

主持谈判并力求不断取得重大突破,是WTO必须履行的又一基本职能,也是GATT所授予其的历史重任。自1996年开始,WTO先后召开了6次部长级会议,为WTO各成员方发起、酝酿新一轮多边贸易谈判作出了艰苦不懈的巨大努力。例如,1997年2月,WTO促成了69国政府在乌拉圭回合的基础上就电信服务业的开放以及采取更广泛的自由化措施展开谈判,并使之达成了协议;同年,40个国家的政府也成功地完成了信息技术产品零关税贸易的谈判;2001年的第4届部长会议,还启动了"多哈发展议程",使包括农产品、服务贸易、非农产品市场准入、与贸易有关的知识产权、WTO规则(主要是反倾销和反补贴)、争端解决机制、贸易与环境、贸易与竞争政策、贸易与投资、政府采购透明度、贸易便利以及发展中国家特殊差别待遇等 10 多个领域的有关问题得以进入新一轮的实质性谈判。

随着成员方数量、规模的不断发展,尤其是发展中国家成员的快速增长,以 WTO 为基础的多边贸易体制已经形成。WTO 还继承、发展了 GATT 创设的一系列基本法律原则,确立了如最惠国待遇、无歧视、透明度、贸易自由化、公平竞争等促进世界多边贸易体制建立所必须遵守的各项基本原则。WTO 的上述努力为营造一个健康有序、积极向上的世界多边贸易体系作出了有益的贡献。

2006 年 7 月 10 日召开的 WTO 区域贸易协定谈判会议上,正式通过由主席乌拉圭大使瓦雷斯大使提出的"区域贸易协定新透明化机制"。这标志着WTO 对待区域贸易协定的方式由协调为主转向管理为主。新透明化机制将区域贸易协定对于 WTO 的透明度大大提高,根据此机制,区域贸易协定的成员需要履行的义务主要有早期通知义务、通知义务、履行透明度程序义务以及后续通知及报告义务。新机制使 WTO 及其成员可以及时掌握区域贸易协定发展的动态,新的区域贸易协定的缔约方也将较为严格地受制于更透明、更有效的审查工作。特别是机制所规定的"事实报告"制度,虽然极大地便利了其他 WTO 成员对协定的审议,但由于报告的准备需要协定缔约方提供额外信息,这就增加了各缔约方协调多边贸易谈判和区域、双边贸易谈判之间关系的难度。但它是一种临时性过渡机制,仍待成员的审议,如有必要还会继续修改,最终由一个作为多哈回合全面成果一部分而被采用的永久性机制来代替它。

从国际社会的现实来看,无论是目前还是将来,世界经济中的集团化和全球化并不是两种完全对立的趋势,而是两种趋势并存,共同发展。基于国际社会的现实,在区域贸易协议与多边贸易体制(包括 GATS)的关系上,WTO 确认了区域性贸易体制与多边贸易体制的相容性,同时确立了多边贸易体制的首要的和主导的地位,将区域贸易协议的发展置于多边贸易体制的框架之中。处理二者关系的正确途径是区域全球化而非全球区域化。如何约束区域贸易一体化,消除其负面效应,使其成为多边贸易体制的有益补充,是 WTO 面临的一大难题。

二、WTO 成立以来的部长级会议

部长级会议是 WTO 的最高决策权力机构,由所有成员主管外经贸的部长、副部长级官员或其全权代表组成,一般两年举行一次会议,讨论和决定涉及 WTO 职能的所有重要问题,并采取行动。它对 WTO 的发展具有重要作用。第一次会议于 1996 年 12 月在新加坡召开,第二次会议于 1998 年在瑞士日内瓦召开,第三次会议于 1999 年 11 月在美国西雅图召开,第四次会议于 2001 年 11 月在卡塔尔首都多哈召开,第五次会议于 2003 年 9 月在墨西哥坎昆召开,第六次会议于 2005 年 12 月在中国香港召开,第七次会议于 2009 年 11 月在瑞士日内瓦召开,第八次部长级会议于 2011 年 12 月在瑞士日内瓦召开,第九次部长级会议于 2013 年 12 月在印度尼西亚巴厘岛召开。现将这九次部长级会议简要介绍如下:

(一)第一届部长级会议(新加坡会议)

第一次部长级会议于 1996 年 12 月 9 日至 13 日在新加坡召开。会议主要审议了 WTO 成立以来的工作及上一轮多边贸易谈判即"乌拉圭回合"协议的执行情况,并决定成立贸易与投资、贸易与竞争政策、政府采购透明度 3 个工作组,同时将贸易便利化纳入了货物理事会的职责范围。会议最后通过了《新加坡部长宣言》。这次被称为多边贸易体系里程碑的部长级会议取得的主要成果是通过了《新加坡部长宣言》。宣言指出,世界经济的日益一体化为经济增长与发展和创造就业机会提供了前所未有的机遇。宣言承诺,致力于建立一个更加公平、开放,基于规则推动的自由贸易体制。在此届会议上,劳工标准成为讨论的焦点之一。宣言确定,建立由国际劳工组织(ILO)制定和处理劳工标准的机制,反对滥用劳工标准来推行变相的贸易保护主义。会议期间,以美国、日本、欧盟和加拿大为首的 28 个经济体在信息技术问题上达成了协议。

第一届部长级会议就以下方面达成了一定共识:(1)劳工标准;(2)发展中国家及最不发达国家;(3)纺织品及服装;(4)贸易与环保;(5)服务业谈判;(6)信息科技协议及药品。

(二)第二届部长级会议(日内瓦会议)

第二次部长级会议于 1998 年 5 月 18 日至 20 日在日内瓦举行。会议主要讨论了已达成的贸易协议的执行情况、既定日程和未来谈判日程等问题以及第三次部长级会议举行的时间和地点。会议的主要目的是为第三次部长级会议启动新一轮多边贸易谈判做准备。本届部长级会议通过了《日内瓦宣言》和《关于全球电子商务宣言》,并决定在 1999 年召开第三次部长级会议,以期发动新一轮全球多边贸易谈判。

第二次部长级会议主要讨论了已达成的贸易协议的执行情况、既定日程和未来谈判等问题以及第三次部长级会议举行的时间和地点。发展中国家希

望 WTO 均衡各方权益,并更多地考虑发展中国家的愿望。本届会议的突出
亮点在于提出了一项新议题——电子商务,并达成了《关于全球电子商务宣
言》这一临时协议。根据该协议的要求,所有 WTO 成员都对电子商务至少免
税一年,在之后的 18 个月内,对电子商务的关税将保持不变,这意味着在此期
间内电子商务将保持零关税的策略。至于该建议方案能否得到进一步的认可
与执行,将视全球电子商务以及与其相关的贸易发展情况而定。

《日内瓦部长宣言》除总结多边贸易体制在过去半个世界中所发挥的作用
以外,还就新一轮多边贸易谈判的有关事宜作出安排,欢迎申请加入方尽早加
入 WTO。会议决定于 1999 年年底在美国召开第三次部长级会议,选举美国
贸易代表为下届会议主席。《日内瓦部长宣言》强调指出,解决 1997 年发生的
亚洲金融危机等混乱问题的关键,是按照 WTO 的章程实施贸易自由化,坚决
反对贸易保护主义的倾向。

（三）第三届部长级会议（西雅图会议）

第三次部长级会议于 1999 年 11 月 30 日至 12 月 3 日在美国西雅图市召
开。共有 135 个成员参加,其中中国以观察员的身份出席了本次大会。会议
的议题主要有三个:一是现有协议的实施问题;二是既定议程问题;三是在新
一轮谈判中加入新议题的问题。根据乌拉圭回合协议以及各方在部长级会议
前所达成的共识,新一轮多边贸易谈判的议程包括"既定议程"和"新议题"。
"既定议程"主要是指农产品和服务贸易的进一步开放;"新议题"是指各方有
一定共识的议题,包括竞争政策、贸易便利、电子商务、政府采购透明度等。但
美国等少数西方国家却竭力企图将劳工标准等问题纳入新一轮谈判,受到了
广大发展中国家的坚决抵制,加上会议期间声势浩大的"反全球化"游行抗议
活动,使会议最终不欢而散,既没有发表部长宣言,也未实现启动"新千年回
合"的梦想。

这次会议原本要确定新一轮多边贸易回合谈判的具体议程,但这次的世
贸会议,一开始就笼罩在阴影中,强大的示威抗议行动,使会议的召开一波三
折,接着,在谈判中,与会代表在多项议题上出现重大分歧,导致会议进展缓
慢,会议最终以一事无成宣布结束。西雅图部长级会议的失败,成为 WTO 自
成立以来所遭受的最大挫折。

西雅图会议失败的直接原因是 WTO 成员之间的分歧。这些分歧主要体
现在以下几个方面:(1)新一轮谈判的举行。欧盟、美国和日本都主张,西雅图
会议的首要目标是成功发动"千禧回合"谈判。大多数发展中国家对新一轮谈
判持消极态度。印度、巴西等发展中国家认为,发达国家得到的贸易自由化的

好处远远大于发展中国家,如果进一步扩大自由化,只能使穷国愈穷,富国愈富。最不发达国家则担心被排除在多边贸易体制之外。(2)新一轮谈判的范围。美国主张严格限制谈判范围,其提出的谈判范围主要是美国具有优势的农业和服务业领域。欧盟和日本都主张全面谈判,不应仅限于既定议程。它们提出的谈判议题包括工业品市场准入、农业与渔业、技术性贸易壁垒、贸易与投资、贸易与环境、贸易与竞争、服务贸易、知识产权、电子商务等广泛领域。发展中国家对乌拉圭回合协议的实施表示失望,认为其中关于给予发展中国家特殊待遇的条款未得到落实,因此新一轮谈判的主要议题是实施乌拉圭回合协议,而非各种与贸易无关的问题。(3)谈判方式和谈判时间。各成员共提出 3 种谈判方式:一揽子方式、部门谈判方式及构组谈判方式。(4)新一轮谈判的命名。欧盟主张新一轮谈判应命名为"千禧年回合";美国主张命名为"克林顿回合";WTO 总干事穆尔提出,应命名为"发展回合";大多数国家认为应按惯例命名为"西雅图回合"。

尽管如此,西雅图会议所拟定的谈判议题仍具有积极的意义,因为这些议题代表了 WTO 未来的自由化方向。这些议题分别是:农业问题、服务贸易、电子商务、劳工标准、工矿业产品关税、投资规则、贸易与竞争、贸易与环境、贸易与便利化、反倾销问题、知识产权规则制定的主导权问题。

本次部长级会议专门成立了农业小组、执行及规则小组、市场准入小组、新议题小组及劳工小组等来商讨上述议题,并且这些内容后来基本被转入"多哈发展协议"。

(四)第四届部长级会议(多哈会议)

WTO 的第四次部长级会议于 2001 年 11 月 10—14 日在卡塔尔的首都多哈举行。其主要任务之一仍是讨论启动新一轮多边贸易谈判问题。会议召开之际,全球经济普遍不景气,特别是美国、日本和欧盟等经济体的经济更是持续下滑。WTO 成员希望会议能通过决定,启动新一轮多边贸易谈判,号召各方共同努力振兴经济。同时,WTO 也从西雅图会议的失败中汲取教训,在筹备会议过程中做了大量的先期准备工作。因此,与西雅图会议相比,多哈会议有着较好的谈判基础,但是,许多发达国家成员和发展中国家成员之间仍然存在着巨大分歧。尽管在会前各成员方已在不少问题上取得了基本共识,但在关键性的领域还存在严重的分歧。许多矛盾需要反复磋商和协调,致使会议闭幕比原定时间推迟了一天。经过有关各方的努力,会议于 2001 年 11 月 14 日最终通过了《部长宣言》等文件,与会的 144 个成员一致同意启动新一轮多边贸易谈判。

　　多哈会议《部长宣言》又称"多哈发展议程",明确了新一轮多边贸易谈判的主要内容。新一轮谈判主要涉及农产品、服务贸易、非农产品市场准入、与贸易相关的知识产权、WTO 规则、争端解决机制、贸易与环境、贸易与竞争政策、贸易与投资、政府采购透明度、贸易便利以及对发展中国家的特殊待遇等十多个领域。所有谈判在 2005 年 1 月 1 日前结束。2003 年 9 月在墨西哥坎昆举行第五次部长级会议,,将审议谈判的进展并作出必要的决定。

　　多哈会议《部长宣言》规划了谈判的议程,也为应对多边贸易体系面临的挑战而作出了其他一些重要决定。会议通过了《关于乌拉圭回合协议执行问题的决定》、《知识产权与公共健康宣言》等文件。根据这些文件,WTO 成员将继续就诸多议题举行谈判。WTO 将成立一个特别机构与 WTO 的其他机构一起负责乌拉圭回合协议执行的谈判工作。WTO 同意对农业问题进行全面谈判,在重视与贸易有关的知识产权协议的情况下,就现行的 WTO 条款与多边环境协议中有关条款的关系举行谈判;各成员方同意在下一届部长会议上讨论是否在跨境投资、贸易便利化以及竞争性政策领域发起谈判,在此以前作一些基础性准备工作。上述协议文件的达成是各方妥协的结果。如面对来自农产品出口国和发展中国家的压力,欧盟最终同意就开放农产品市场和取消出口补贴进行谈判,而发展中国家也以同意将环境保护列入谈判议题作为交换;发展中国家虽然同意对多边环境体系下的具体义务关系进行审议,但经过斗争将该审议局限于对现行的多边环境协议适用性的审查;发展中国家虽然对有关的新议题进行讨论,但明确表明新一轮谈判要到 2003 年第五次部长级会议上各方进一步达成一致意见后才开始,并使会议声明注重对发展中国家在贸易和环境领域的技术支持。

　　在多哈会议上,由于各方在一些关键性领域的分歧仍未消除,矛盾与冲突在谈判中也是在所难免的。分歧主要集中在农产品补贴、知识产权、乌拉圭回合协定的执行与实施、环境与贸易、投资规则、竞争政策和反倾销等问题上。关于原有协议的执行和新议题的加入问题,发展中国家成员方强烈要求发达国家成员方完全履行已经作出的市场准入承诺,特别是在纺织品贸易方面。而欧盟等发达经济体则要求新一轮谈判涉及一些新领域,主要是竞争政策、投资规则以及环境与贸易问题。广大发展中国家成员则坚持,在实施原有协议以前,不同意发动新一轮谈判,更不同意涉及它们所不熟悉的新议题。

　　(五)第五届部长级会议(坎昆会议)

　　2003 年 9 月 10 日至 14 日,WTO 第五次部长级会议在墨西哥城市坎昆举行。

WTO主要成员希望通过这次坎昆会议挽救陷入僵局的多哈回合谈判,并且为多哈回合下半程的谈判制订一些计划。然而,由于发达成员和发展中成员在农产品贸易和启动"新加坡议题"等问题上意见分歧严重,坎昆会议并没有达成任何协议。

此前,为了对最有争议的问题寻求解决方案,本次会议分别成立工作小组并负责商讨农业、发展"新加坡议题"、非农产品市场准入及其他事项。虽然坎昆会议共设定了六大谈判议题,但其核心焦点是农产品贸易的自由化,即主要涉及国内支持、出口补贴和市场准入这三个方面内容。由于在这一议题上美欧已经达成了妥协,争议由美国与欧盟之间的对立转为发达国家与发展中国家的对立。以中国、印度、巴西为主的"21国集团"坚决反对美欧的农产品自由化方案,并且获得了大部分发展中国家的支持。此外,在坎昆会议后期,以欧盟、日本为首的发达成员又提出了正式启动"新加坡议题"谈判方案,并作为一篮子谈判的前提。由此再度遭到大部分发展中国家的反对,此问题成为坎昆会议最终失败的导火线。

坎昆会议的失败是发展中国家与发达国家矛盾无法协调的结果,坎昆会议的失败不仅打断了多哈回合的谈判进程,而且给全球多边贸易体制的前途投下了阴影。

(六)第六届部长级会议(香港会议)

2005年12月13日至18日,WTO第六次部长级会议在中国香港召开。来自WTO的149个成员的5800多名代表和2000多名非政府组织代表参加了为期六天的香港会议。各成员希望在香港部长级会议上就多哈发展议程达成最终的框架协议,以便在2006年年底终结多哈发展议程谈判。2001年11月的WTO第四届部长级会议确定了多哈发展议程的主要议题,并就相关协议的执行问题进行了磋商。

关于农产品和非农产品市场准入问题,主要议题是:农业补贴削减幅度和上千种农产品的关税削减幅度。此外,服务贸易谈判、发展问题谈判、贸易规则问题谈判等均进入关键阶段。

大会通过的《部长宣言》,在农产品贸易、非农产品市场准入、服务业和发展议题等方面均取得实质性成果,为发展中国家,特别是最不发达国家提供了发展方案。发达成员将在2013年全面取消所有形式的农产品出口补贴,发达成员和部分发展中成员自2008年起向最不发达国家所有产品提供免关税、免配额的市场准入;发达成员2006年取消棉花的出口补贴;各方还在大幅度降低农产品国内支持方面取得共识。

在第六届部长级会议上,各成员及组织同意就农业谈判问题制定详细的发展模式,同时也为非农产品市场准入的谈判定下了具体方向。例如,各成员同意采用较为激进的"瑞士模式",以达到较大幅度削减关税的目标;同意农业和非农业产品市场准入的开放幅度应该大致相当。在服务业方面,各成员同意在 2006 年 7 月 31 日前提交第二轮修订承诺建议,并在 10 月 30 日前提交承诺减让表的终稿。世贸成员还在宣言中重申,决心在 2006 年全面完成多哈回合的谈判。

WTO 总干事拉米高度评价香港会议。他说,会议在贸易等各方面都取得了实质进展,并朝着发展的目标前进,会议的成功举办为谈判注入了新的能量和新的平衡点。

（七）第七届部长级会议（日内瓦会议）

WTO 于 2009 年 11 月 30 日至 12 月 2 日在瑞士日内瓦举行了第七届部长级会议,本届会议的主题是"WTO、多边贸易体系和当前全球经济形势"。这是自 2005 年香港部长级会议之后 WTO 所有成员的最高贸易官员四年来的首次聚会,共有来自 153 个成员和 56 个观察员的近 3 000 名代表出席。除全体会议外,本次会议期间还于 12 月 1 日举行了两场工作会议,会议主旨分别为"审议 WTO 工作,包括多哈回合工作"和"WTO 对经济复苏、增长和发展的贡献"。

此次会议遵循六条原则:第一,总体原则是 FIT,即全面参与(full participation)、包容性(inclusiveness)和透明度(transparency)。第二,会议为部长级例行会议,不以多边贸易谈判为目的,而是为部长们提供机会,讨论 WTO 的所有活动。第三,会议议程不能超负荷。第四,会议准备工作不能转移在多哈发展议程上的精力和注意力。第五,成员提出的任何动议或决定需遵守协商一致的原则。第六,与前条相关,部长所作的任何动议或决定需在会前相当长的时间内达成一致。工作会议有两个分议题,分别是"审议 WTO 活动,包括多哈回合工作"以及"WTO 对经济复苏、增长和发展的贡献"。这两个分议题下不再进一步细分更小的议题。成员关注的贸易援助、最不发达国家等问题都可自然地在这两个分议题下进行讨论。部长在工作会议下的发言限时三分钟。两个会议的会场紧邻,以方便部长随时切换会议模式。

本次部长级会议的主题是"WTO、多边贸易体系和当前全球经济形势"。WTO 总干事拉米表示,与往届会议不同,此次会议不是多哈回合谈判会议,而是旨在为各成员提供一个回顾、审议 WTO 工作的平台,包括回顾、审议多哈回合的进展情况,交换意见和为未来的发展出谋划策,向世界展示 WTO 所有议题——从争端的监管到成员的加入、贸易援助、技术支持和国际治理。关于会议的实质性内容,此次部长级会议的议题共 8 项,它们是:贸易谈判委员会主席的报告;小型经济体的工作计划;《2005 年香港部长级会议宣言》的后续行动;洪都拉斯和危地马拉的通报《关贸总协定第 24 款和第 28 款相关权利的不承认》及主席声明;阿根廷和厄瓜多尔的通报《经济及金融危机和 WTO 规则》;主席声明;WTO 工作回顾和审议;其他事项。

本届部长级会议和往届不同,在审议工作和交流的前提下,并没有形成类似"宣言"的法律文件,只是形成了两项具体决定以及对具体议题的表态与声明。

1. 两项具体决定:TRIPS 协议"非违反之诉"和电子商务

在为期三天的会议中,部长们做出了两项具体的决定。

第一项是关于 WTO《与贸易有关的知识产权协定》项下的"非违反之诉"。它主要是关于可否因为违反了 WTO 知识产权规则的精神而非具体规则,即向 WTO 提出诉讼。WTO 允许就货物和服务贸易进行这类诉讼,但自 1995 年成立以来,对知识产权的类似案例予以禁止。这项禁令原定为期 5 年,但此后一直在部长级会议上予以延长。本届会议中部长们同意再次将宽限期延长,并计划于 2011 年召开的 WTO 下一届部长级会议上再次就此进行讨论。在此之前,他们同意不提出任何 TRIPS 项下的此类诉讼。

第二项正式决定是 WTO 成员同意延长另外一个宽限期,即不对可以在网络上下载并销售的歌曲、电影等产品征税。自 1998 年第二届部长级会议以来,该项禁令就被制定,当时部长们同意"不对电子传输征收关税"。本届会议中,部长们再次同意延长该禁令至 2011 年的部长级会议。

2. 第一轮:审议 WTO 工作,包括多哈回合工作——说漂亮话的日子结束了吗

在这个工作会议中,部长们还讨论了区域贸易协定、贸易援助、有关国家和地区加入 WTO 的谈判以及其他一些议题。部长们在 12 月 1 日指出,多哈回合应当尽快结束,部分部长还要求各国做出"政治推动"以便 2010 年年底可以完成谈判。

一些部长,如澳大利亚和巴基斯坦部长认为部长们在下一年应当更多地参与到谈判中,而非仅仅是观察局势。为此,部长们应当实实在在地消除在某些重要政治问题上的分歧。另一些部长则指出要为将来的工作制定"路线图"。他们认为这个"路线图"应当在 12 月 14 日这周的高级官员会议上达成。但有些部长,如印度部长就指出如果会议仅仅讨论技术性问题,则无法推动谈判的实际进程。

印度呼吁对"标题"议题,如棉花、农业国内支持和服务模式(自然人流动)加以关注。新加坡指出拉米最近关注的 7 个存在政治困难的议题应当被解决,包括发展中国家的农业特别保障措施、解决有关热带产品和在富国市场现行享受优惠的产品的冲突性提案、棉花、在 NAMA(即非农产品市场准入)中有关各种灵活性规定的影响的双边测试等等。

(1)关于区域贸易协定

与会者普遍赞同双边或区域贸易协定是多边贸易体制的重点。成员应当确保这两种形式能继续推动贸易自由化进程,并且使彼此形成互补。

(2)关于新成员的加入

与会代表表示他们希望看到与想要加入 WTO 的国家的谈判,特别是与最不发达国家的谈判。5 个观察员或等待谈判的国家苏丹、伊朗、埃塞俄比亚和黑山共和国等也迫切地希望尽快完成加入谈判。

(3)关于贸易援助

与会者承认仅向发展中国家和最不发达国家提供市场准入是不够的,贸易援助对解决供应问题和其他障碍都十分重要。对此,拉米提出"在如今公共财富遭受到危机,私有资产都用于建造交通或能源等公共设施之时,我们如何确保未来的贸易援助资金可以到位"的问题。

(4)多哈回合的政治推动力

虽然这届部长级会议不是一次谈判的会议,但是几乎所有的部长都表示他们希望多哈回合可以尽快达成协定,大部分部长期望在 2010 年之前结束。拉米会后也表示了部长们尽快结束多哈回合的愿望和提供政治推动力的意愿。

3. 第二轮:WTO 对经济复苏、增长和发展的贡献

该工作会议的其他议题包括:贸易和社会问题;加强争端中第三方的权利;增强 WTO 在贸易增值方面的分析能力;非关税壁垒;解决私营部门的标准问题,诸如"食物里程"和"碳里程"的标准;区域贸易协定;技术转移;贸易金融;加强平等;投资和竞争政策;加速成员间谈判和增加透明度;等等。

许多发言人都对 WTO 秘书处的"政府贸易措施监管报告"表示欢迎,特别是金融危机爆发之后。一些发言人认为这是 WTO 一个新的和有效的发展,它有助于信息的提供和国家之间互施压力以避免由经济危机引发的贸易保护主义。有些发言人也将多哈回合谈判描述为刺激经济发展的一个关键点和对抗贸易保护主义的政策保证。一些部长认为应尽快结束多哈回合有另一个原因,即 WTO 应当尽快开始对新议题的讨论,如气候变化等。另一些部长

呼吁更有效的贸易援助和帮助发展中国家调整经济环境的有关活动。这些都依赖于多哈回合的谈判成果。

总体而言,在本次部长级会议上,与会者对贸易和多哈回合在经济复苏和发展中国家减少贫穷中的重要性存在普遍强烈的共识。发展应当仍然是多哈回合的重中之重,发展中国家的问题也应当被特别关注。部长们重申了在2010年前结束多哈回合的必要性,以及在下一年第一季度对已有谈判成果进行盘点的愿望。这就需要高级官员的投入和对具体问题的参与。

在各个具体议题上,与会部长们有如下表示:(1)农业和非农市场准入议题,应当被优先考虑,其他议题也应当尽早放入议程,包括服务、规则和贸易便利化谈判。(2)最不发达国家议题,包括免税、免配额市场准入,棉花和最不发达国家服务豁免应当受到特别关注,弱小经济体也应当受到重视。(3)关于促进贸易开放议题,双边和区域贸易协定与多边贸易应当是互补的关系,但区域贸易是否可以使所有成员都从中获益,对此,成员之间也有不同意见。区域贸易协定的透明度机制有改进的空间。(4)关于加入议题,部长们认为WTO应当提供和加强对最不发达国家的技术协助,许多部长认为应当继续"2002年最不发达国家指导原则"。部长们广泛支持在成员间,尤其是新加入的成员间分享经验。(5)关于市场准入议题,部长们普遍承认,发展中国家和最不发达国家在这个问题上没有足够的自主权。"能力建设"被认为是解决供给限制的关键要素。贸易援助,包括增强一体化组织的关键作用反复被部长们强调。(6)WTO机构的有效性也是本次部长级会议的重要议题。WTO的监管和分析工作对抵制本次经济危机所引发的贸易保护主义有重要的贡献。通知、数据收集、分析和发布应当予以加强。透明度、包容性以及争端解决机制也被部长们提及。(7)WTO目前和将要应对的问题受到广泛关注。气候变化就是其中之一。WTO对消除有关环境的货物和服务贸易壁垒的贡献被普遍认同。但也存在"绿色保护主义"的警告。食品安全和能源安全同样也是关注焦点。

此次WTO会议在一些方面取得了重大进展,并朝着既定的目标出发,取得了巨大进展。

首先,"务虚不务实"是本届部长级会议的主基调。本届部长级会议的定调和出发点是"审议工作会议",而非对于多哈回合的谈判。部长们在这次会议中不涉及农业、非农市场准入等核心和敏感议题,而仅仅对在2010年年底前完成多哈回合予以表态。事实上,在部长级会议召开之前,这个基调就已经被确定。

总干事拉米在告记者公开信中说道:

　　部长级会议是 WTO 的最高决策机构，它总是会引发大规模的变动，吸引众多的代表团、记者和非政府组织。部长级会议中最引人关注的是"谈判"，发起新贸易回合和加速原有贸易回合的"谈判"。毋庸置疑，谈判是 WTO 至关重要的一项工作，153 个成员加强多边贸易体制，共同应对经济危机的举动会促成多哈发展回合取得最终成果。

　　然而，WTO 的工作绝不止于谈判，与会部长们将讨论如何让 WTO 更加有活力和有效。作为二战后多边贸易体制的守护者，60 年来，WTO 对促进全球经济繁荣和地缘政治稳定做出了重要的贡献。二战后，多边贸易体制的创建者力图设计可以鼓励政府开放经济的规则，以便在国家间构筑桥梁而非屏障。这些规则将贸易量提高了 30 倍以上，也使得数以万计的人脱离贫困。

　　当下的经济危机更突显规则导向体系的重要性。贸易保护主义抬头、成员们采取贸易抵制措施，但这些举动至多对全球贸易造成不超过 1% 的影响。这就是 WTO 规则作为安全阀作用的体现。如果任由成员滥用贸易限制措施，那这次的经济危机将越走越远。

　　其次，避重就轻实属无奈之举。本届日内瓦部长级会议距离上届香港会议有 4 年之久，远超出《建立 WTO 协定》规定的"每 2 年一次"，究其原因，根本还在于多哈发展回合仍陷在僵局之中。不论是拉米在会前的告记者公开信中，还是 5 月 26 日总理事会主席的发言都反复强调了本届部长级会议"不以谈判和达成部长宣言为目标"。虽然根据《建立 WTO 协定》第 4 条的规定，部长级会议应当是"定期"的，而非与谈判会议画上等号，但纵观前六届部长级会议，虽然有几届会议没有达成实质性成果，但全部都是以讨论核心议题为主要内容的。而且，部长级会议作为 WTO 最高级别的会议，不以讨论核心议题为主，反而鼓励与会部长们以口头表态，似乎不符合《建立 WTO 协定》设立部长级会议的意图，也大大削弱了 WTO 部长级会议的影响力和权威性。

　　拉米以及总理事会做出如此决定也是颇为无奈的。多哈回合的核心议题，农业、服务业、非农产品市场准入、规则和知识产权等，仍然有待进一步谈判。但陷入经济危机漩涡的多哈回合，在贸易保护主义频频抬头的情势下，如果无外力的推动，是无法在短期内完成的。但本应 2 年一次的部长级会议已经拖延了 4 年，如果再不召开，不仅有总干事和总理事会办事不力之负面影响，更重要的是，对多哈发展回合顺利结束的信心是一个重创。所以，在这种情况下，WTO 避重就轻地将本届部长级会议的主旨确定为审议工作而非谈判就不是那么出人意料了。

　　正如拉米在其多次演讲中不停呼吁的，"多边贸易体制面临压力考验，结束多哈回合需要政治推动"。本届部长级会议是为了呼吁各国给予"政治推动"而召开的一次温和而渐进的会议。

最后,会议低调落幕,为2010年年底完成多哈回合提供了祥和的氛围。本届日内瓦部长级会议在一片祥和的氛围中结束,对WTO的工作,成员们纷纷表示满意,在会议期间,也与前几届不同,在外没有激烈反对的示威者游行,在内成员部长们纷纷秉持积极温和的态度来参与会议。WTO选择这个时候召开部长级会议不可说不费尽心思。在哥本哈根会议召开之际,全世界的非政府组织和媒体记者都将目光聚集到了气候变化这一话题上,而无暇顾及在日内瓦召开的WTO部长级会议,这不仅可以避免因本届部长级会议没有产生任何实质成果而引发口诛笔伐,也能够为会议召开本身提供温和而宽容的氛围,更有利于多哈回合谈判时间表的达成。

本届部长级会议中,与会部长们对在2010年年底前完成多哈回合谈判均表示了赞同,但这一愿望能否实现仅仅靠部长们口号式的表态是不够的,在尚未完成的谈判中,农产品、服务、知识产权等老的"硬骨头"还需要具体进行谈判,由气候变化带来的"绿色贸易保护主义"又成为WTO一个崭新的议题。所以,多哈回合究竟何时能够完成还是一个大大的问号。

(八)第八届部长级会议(日内瓦会议)

第八届部长级会议于2011年12月15日至17日在瑞士日内瓦召开。此次部长级会议分两部分进行:一是全体会议,由各成员方部长发言、成员表决通过各项决议;二是工作会议,就具体议题为部长们提供交流的机会。此次工作会议探讨的议题有三个,分别为:多边贸易体制与WTO的重要性、贸易与发展以及多哈发展议程。下面以全体会议通过的各项决议为基础,结合WTO秘书处的归纳,对此次会议的成果予以概述。

1.服务贸易:与最不发达国家有关的最惠国待遇豁免

此次部长级会议决议允许WTO成员暂时和有条件地背离GATS最惠国待遇原则,为来自最不发达国家的服务或服务提供者提供更加优惠的市场准入机会等。

此项"豁免决议"的特点可归纳如下。其一,程序要求。根据"豁免决议"第1段,成员方可予以最不发达国家服务和服务提供者更优惠的市场准入条件或其他优惠待遇,但在程序上有所差别:GATS第16条(即市场准入)下所列的措施只需履行通报义务;而GATS第16条以外的措施则需事先得到服务贸易理事会的通过。其二,对所有最不发达国家必须一视同仁。其三,此豁免决议的有效期为15年。

"豁免决议"只是在法律上对成员为最不发达国家提供优惠待遇提供了可能，但实质效应则有待进一步考察。

其一，对于最不发达国家而言，模式 4 自然人流动是它们参与世界服务贸易最重要的方式。从开放程度来看，模式 4 下因涉移民政策等敏感地带，不仅在 GATS 下的承诺水平较低，现行实际开放程度也不高，因此有很大的政策空间予以优惠待遇；从服务贸易国内监管角度而言，模式 4 是最容易按照国别管理准入的模式（其他模式如模式 3 商业存在往往取决于一国的总体投资政策，在形式上和实施上都很难区别国别），因此此项优惠待遇是可行的。但有一点需要注意。以模式 4 方式提供服务的服务行业大多对服务提供者有资质认证要求，这里有两个问题：一是有关资质认证规则的谈判仍在进行之中；二是是否有相应的技术援助提高最不发达国家服务提供者的能力，帮助其达到资质认证的要求。授人以鱼，不如授之以渔。这需要在更大范围内整合和优化技术援助资源，使最不发达国家能真正有能力从这项豁免决议中受益。

其二，一旦涉及差别待遇就有类似货物贸易的"原产地规则"。"豁免决议"照搬了 GATS 第 28 条有关"另一成员"的服务或服务提供者的定义。根据这一定义，"最不发达国家"的服务提供者的定义是极其宽泛的，在法律上存在投机的空间，但实际运作中由于授予优惠待遇的主动权在其他成员手中，其实际影响可能还有限，但学术上的讨论对于服务贸易、投资等其他领域的研究依然是有意义的。

其三，优惠待遇的谈判是在多边框架之外的双边行为，优惠授予方有主动权，最不发达国家能在多大程度上受益有很大的不确定性。因此要彻底执行 GATS 第 4 条对最不发达国家的关切依然离不开多边市场准入谈判并辅以切实的技术援助。

2. 电子商务

电子商务飞速发展，而 WTO 下的讨论却明显滞后。2009 年 12 月的第七届部长级会议上，成员方希望强化电子商务工作项目的工作，要求总理事会定期审查工作项目的进展，并在 2011 年的部长级会议上达成有关决议。尽管此后成员在服务贸易理事会下就电子商务有关的问题展开了深入讨论，但此次部长级会议所通过的决议基本是对 2009 年决议的延续。

其一，根据现有授权、指导原则和成员方提案，继续在电子商务工作项目下探讨有关问题，如与发展有关的问题、贸易待遇问题等。决议要求坚持 WTO 的基本原则（如非歧视、可预见性以及透明度等），为电子商务发展之需要，加强网络互联和对所有信息的获取、促进远程通信技术和公共因特网建设。决议还要求工作项目研究货物贸易和服务贸易中中小企业对电子商务的运用。

其二,指示总理事会加强工作项目下与发展有关的讨论,特别是通过贸易与发展委员会研究和跟踪与发展有关的议题,如技术援助、能力建设、促进中小企业利用电子商务等。

其三,指示总理事会继续定期审查工作项目的工作。

其四,延续以往决议,成员对电子交易暂不征收关税。

尽管此项决议没有实质性内容,但有几点还是值得关注的。

其一,决议重申的指导原则中强调了加强网络互连和对所有信息的获取。忆及 2011 年美国根据 GATS 第 3 条透明度条款要求中国对其网络政策提供进一步信息以及 2011 年 7 月美国与欧盟共同提出的有关促进电子商务提案,未来的讨论不仅限于对网络交易产品或服务的贸易措施,而且将更多涉足如网络监管等影响面较广的政策。

其二,电子商务技术革新必然对早先成员方做出的承诺产生影响,这些问题在决议中没有具体列出。市场准入谈判、国内规制谈判、对具体承诺的技术讨论以及有关电子商务的研究虽然各自作为独立议题开展工作,但内容彼此相关,只有相互协调、彼此联系才能真正实现成员方对进一步推进服务贸易自由化的期盼。

3. 与知识产权有关的决议

(1)延长最不发达国家过渡期

虑及最不发达国家受财力和能力所限,《与贸易有关的知识产权协定》(以下简称 TRIPS 协定)第 66.1 条授予最不发达国家 10 年过渡期。2005 年过渡期到期,成员方决定将过渡期延长至 2013 年 7 月 1 日。最不发达国家正寻求再一次延长过渡期,以有更充分的时间认识自身需求、使用援助并最终保护知识产权。鉴于此,此次部长级会议的决议建议 TRIPS 理事会充分考虑最不发达国家的合理要求,并在第九次部长级会议上就此问题予以报告。

(2)非违反之诉

根据 GATT 1994 第 23.1 条(b)款和(c)款,若成员在协定下的利益受损,可不以另一成员的措施是否违反 WTO 协定为条件,提起争端解决诉讼,即所谓的"非违反之诉"。对于非违反之诉是否适用于与保护知识产权有关的争端解决,WTO 成员一直存在分歧。TRIPS 协定第 64.2 条规定成员自 TRIPS 协定生效 5 年内暂不得提起非违反之诉。这项暂时性约束在到期后得以数次延期,此次部长级会议的决议将该规定再次延期至 2013 年下一次部长级会议。虽然美国和瑞士依然坚持 TRIPS 协定下非违反之诉的可行性,但并没有阻止决议的通过。

(3)弱小经济体工作项目

弱小经济体(small,vulnerable economies,简称 SVE)指特别容易受到经济冲击和环境变化影响的国家。WTO 成员认识到这些国家所面临的风险,在多哈宣言中授权在总理事会下成立 SVE 工作项目,为帮助小型经济体融入多边贸易体制寻求对策。工作项目由贸易与发展委员会的特别会议开展,2005 年香港部长级会议进一步要求对小型经济体在多哈回合谈判中的各种提案予以追踪。根据谈判,SVE 在多哈回合中可获得比其他发展中国家更多的灵活度。成员方通过此次部长级会议的决议再次表明对继续 SVE 工作项目的决心。

(4)最不发达国家的加入

谈判加入 WTO 是一个极其复杂的过程,往往持续数年之久,受能力和财力所限,最不发达国家在谈判过程中会遇到特殊的困难。多哈部长宣言中 WTO 成员方再次强调最不发达国家的加入是 WTO 工作的重点,应便利和加快它们的加入。最不发达国家加入的指南性决议于 2002 年 12 月得以通过。

此次部长级会议决议要求 LDC(least developed country,即最不发达国家)分委员会加强、优化和落实 2002 年指南。具体工作包括如制定货物贸易加入承诺的参照标准。该标准的制定应考虑到当前 LDC 成员的承诺水平,同时也建议对服务贸易承诺制定相应的参照标准。决议指出需提高加入谈判的透明度,以多边框架对双边谈判予以补充。成员方还将制定相应的方法评估申请加入的 LDC 的技术援助需求、加大援助实施过程的协调力度、合理运用各种援助资源。

根据决议,LDC 分委员会最迟在 2012 年 7 月完成工作并向总理事会提交相关建议。

(5)贸易政策审议机制

此次部长级会议通过的有关贸易政策审议的决议主要是将总干事自主发起的"贸易监控报告"法律化、常规化。2008 年年末随着全球金融危机的蔓延,总干事拉米开始自发地定期发布贸易发展情况报告,即所谓的"贸易监控报告"。虽然以总干事名义发布的报告有别于贸易政策审议机构(以下简称 TPRB)开展的常规报告,但这些报告的内容却在 TPRB 的会议上得到讨论。各成员在决议中承诺将继续遵循透明度规则、积极配合秘书处的工作,并建议总干事继续发布监控报告,授权 TPRB 会议讨论报告内容。

(6)政府采购

政府采购协定(GPA)各缔约方通过谈判于 2011 年 12 月 15 日就改善政府采购这一重要经济领域的规则及市场准入达成了历史性的协议。WTO 下的政府采购谈判主要有两个方面。一是有关协定文本的修订。根据修订后的文本,成员在程序承诺方面可享有更高的灵活度。协定加强了透明度和保障正当法律程序的规则,有助于抵制保护主义和腐败行为,还为新加入的发展中国家提供更多的灵活度。二是有关市场准入的谈判。纳入协定规制的实体和部门将有所增加,从而进一步推进公共采购市场的自由化程度。此次新协议将每年扩大政府采购市场准入约 800 亿~1 000 亿美元。新修订的协定还将启动新一轮的工作计划,研究协定可持续性、中小企业的参与等议题。协议还将加快新成员的加入谈判。作为诸边协议的 GPA,已有 42 个缔约方,同时,中国和其他 8 个 WTO 成员正在就加入这一自愿性协定进行谈判。

由于 WTO 成员在多哈回合遗留问题的谈判上一直无法取得突破,因此,第八届部长级会议在当初设定的希望为结束多哈回合做出贡献的目标上可谓无所建树。虽然如此,我们还是可以认为,此次会议至少在以下三个方面取得了重要成果:首先是为最不发达国家在服务贸易、知识产权、加入便利等诸多方面做出了重要决议,为最不发达国家更好地融入 WTO 多边贸易体制并推动其经济贸易发展进一步提供了必要基础。其次是在新成员的加入上取得重要成果。再次是在政府采购方面取得了新的重要成果,特别是在扩大政府采购市场准入方面获得了重要进展,虽然政府采购协定仍是只有部分 WTO 成员参加的次多边协议,但其市场潜力之大也是不言而喻的。在这方面,中国虽已谈判了数年而尚未加入,但这只是一个时间问题,一旦加入,对于中国庞大的政府采购市场来说无疑将面临重大考验,需要各利益方加以密切关注和提前应对。

第二节　多哈回合谈判的进展及前景

由于 WTO 成员无法弥合在农业和非农产品市场准入领域的严重分歧,WTO 总干事拉米被迫放弃在 2008 年年底前举行部长级会议的计划。在很大程度上,多哈回合举步维艰与 WTO 多边贸易体制的"体制内先天缺陷"有着不可分割的内在关系。在金融危机背景下,多哈回合谈判的失败,使人们对重新恢复世界经济的信心遭受重挫。但从长期来看,推动多边贸易自由化谈判仍是 WTO 成员各方共同的现实选择。当然，受制于全球金融危机的影响，推动多哈回合谈判尽快完成并最终达成互利共赢的一揽子协议并非易事。因此，无论发达成员，还是发展中成员都要在共同努力中求妥协，在利益平衡中求共同发展，在共同发展中求公平贸易。

一、多哈回合谈判多劫多难

事实上，多哈回合谈判自 2001 年年底启动以来，原本预计要在 2004 年年底完成，但由于各经济体对农业补贴、关税以及工业产品关税议题立场分歧过大，谈判进程多次受阻及延宕。而伴随着谈判最后期限屡次"拖延"，多哈回合谈判多劫多难似乎已经成为一种常态，在严重削弱多边贸易体制权威的同时，也给本已脆弱的多边贸易体制带来了巨大的负面影响。2003 年 9 月 10 日至 14 日，WTO 第五届部长级会议在墨西哥旅游胜地坎昆举行。作为多哈回合谈判的中期评审会议；此次会议肩负着将多哈回合谈判带入正轨的使命。然而，由于在农产品议题和是否启动"新加坡议题"的问题上发展中成员表现出令发达成员始料未及的坚定立场，经过五天激烈争吵，坎昆会议既没有发表任何部长宣言，也未取得任何实质性进展，重蹈了西雅图会议的覆辙。坎昆会议成为 WTO 历史上一次不欢而散、无果而终的会议，会议在场内场外争争吵吵中度过，多边贸易体制遭受了一次重大考验和挫折。

2006 年 6 月 29 日至 30 日，来自 60 多个国家的高官参加在日内瓦举行的小型部长会议。这是自 2001 年 11 月多哈回合谈判启动以来最重要的一次部长集会，会议旨在确保农业和非农产品市场准入谈判顺利达成协议。然而，事与愿违，谈判于 7 月 1 日以失败告终，使得 2006 年 4 月 30 日和 6 月 30 日这两个达成协议的最后期限均被错过。发达成员，特别是美国和欧盟拒绝在农业补贴和农产品进口关税方面做出让步是造成此次高层谈判破裂的主要根源。

2006 年 7 月 6 日，在谈判各方的委托下，拉米开始了斡旋之旅。7 月 23 日，主要谈判六方（美国、欧盟、日本、澳大利亚、巴西和印度）非正式部长会议以农业问题为中心继续谈判，目标是争取 8 月中旬就农产品和非农产品谈判达成框架协议，为 2006 年内结束谈判奠定基础。然而，各方仍然无法在多哈回合的首要议题——农业问题上达成任何共识。7 月 24 日，拉米正式建议全面中止多哈回合谈判，且不为恢复谈判设定时间表。7 月 27 日，WTO 总理事会会议批准拉米的建议，正式决定冻结谈判。这标志着多哈回合谈判完全陷入困境，被迫进入"休眠期"。

2007 年 6 月 19 日至 21 日，为挽救处于冻结期的多哈回合谈判，主要谈判四方(美国、欧盟、印度、巴西)在波茨坦召开部长会议，谈判原定于 23 日结束。然而，巴西外长阿莫林 21 日便宣布，他和印度工商部长纳特已经中途离开会场，结束了这次谈判。波茨坦谈判破裂使好不容易重新开始的谈判遭受了严重的挫折，再次给多哈回合谈判蒙上了阴影。

2008 年 7 月 21 日，来自 35 个 WTO 主要成员的代表在日内瓦举行部长级磋商，试图为 2008 年年内完成最终谈判展开"最后救援行动"。结果，谈判再次折戟沉沙，重蹈覆辙。与前四次"受挫"相比，此次小型部长会议谈判的破裂因被人们寄予了更大的厚望而引起了人们更多的关注。然而，被各方视为"最后机会"的此次会议却未能在美国大选前就多哈回合谈判中一些悬而未决的关键性问题达成妥协。拉米最终宣布"谈判失败"，并认为这对持续七年未果的多哈回合谈判是一个"沉重打击"。

二、多哈回合谈判举步维艰的"症结"

从表面上看，多哈回合谈判屡遭挫折的直接原因是各成员在农业和非农产品市场准入这两个关键领域分歧严重。然而，多哈回合历经七年谈判却一直举步维艰，与 WTO 多边贸易体制的"体制内先天缺陷"有着不可分割的内在关系。在很大程度上，正是这些"体制内先天缺陷"的存在使人们致力于建立"一个完整的、更可行的和持久的多边贸易体制"的梦想始终遥不可及。

第一，多边贸易体制管辖范围的"无节制"导致谈判性质发生变化。六十年来，多边贸易体制谈判议题不断增多，新议题大多是"贸易有关的问题"或"非贸易问题"。多边贸易谈判的范围扩大到了成员的国内规则、文化偏好、政治经济制度甚至伦理问题等领域，这些问题非常敏感，而且要比削减关税复杂得多。有些议题还越来越深入地涉及各国的主权管辖领域，即一些根本的制度性问题，涉及发达成员与发展中成员利益直接冲突的事项，并不断逼近各国经济管理的核心。多边贸易体制管辖范围的"无节制"最终使其自身负担越来越重，对各成员国内政策的涉及也使得市民社会和各类利益相关者越来越关注多边贸易体制。因此，多边贸易管辖范围和谈判性质正在发生改变，多边贸易谈判不断演进的性质构成对多边贸易体制的一大挑战。

第二，不断增多的参与者和关注者对多边谈判机制造成严峻考验。截至 2008 年年底，WTO 的正式成员已达到 153 个，此外还有俄罗斯等 30 多个国家正在进行加入 WTO 的谈判。各成员方在经济规模、发展水平、参与能力上都千差万别,多边贸易体制要在协商一致的谈判基础上达成协议,绝非轻而易举。再有,发展中成员的迅速增多和庞大的成员比例,要求实现更多的谈判利益诉求,并对传统的国际经济治理模式提出挑战。特别是,如何避免最不发达成员被边缘化,也是多边贸易谈判必须面对的问题。此外,多边贸易体制的关注者正在发生变化,除了传统的各成员政府和贸易商之外,工会、非政府组织以及其他利益相关者(称之为"市民社会")也越来越关注多边贸易谈判。但无论是制度设计还是谈判程序,多边贸易体制都没有做好准备来接纳市民社会的介入,市民社会已经成为多边贸易谈判面临的新挑战。

第三,对区域主义的放任导致成员对多边贸易谈判的兴趣下降。作为 GATT 1947 第 24 条和 GATS 第 5 条的重要例外,多边贸易体制对其成员参加区域贸易安排的放任甚至鼓励,使得 WTO 许多成员对于区域内贸易的重视远远大于对区域外的重视,这直接诱导了 WTO 成员对多边贸易谈判采取一种无所谓的机会主义态度。许多国家之所以不愿意在 WTO 成员内部达成妥协的重要原因,就是开始转向了区域贸易安排。根据世界银行统计,平均每个发展中国家参与了 5 个自由贸易区,每个拉美国家参与了 7 个,每个非洲国家参与了 4 个。一些传统上对多边贸易体制过分依赖的国家也越来越将区域贸易安排作为其商业政策的中心,还有一些国家把区域政策作为与多边贸易体制并行不悖的政策目标,连一些微型国家和小岛国都不同程度地卷入了所在地区的区域贸易协定。因此,如何在推进多边贸易谈判的进程中,加强对区域贸易安排的监督和约束,使多边贸易体制与区域贸易安排协调发展,已成为 WTO 多边贸易体制责无旁贷的重要任务。

第四,多边贸易谈判过程中的贸易与发展目标日益突显。对于发展中成员而言,发展是终极目标,贸易政策是实现这一目标的有效工具之一。多边贸易体制面临的重要挑战是如何更好地帮助发展中成员实现发展目标,使所有成员特别是发展中成员从中受益。在多哈回合谈判中,发达成员提出用横向概念的方法实行特殊和差别待遇(S&D)的目标,而发展中成员则提出 88 个具体提议,要求对乌拉圭回合以来 WTO 所采纳的 S&D 条款进行重新考虑和修订。发达成员坚持,如果不对目前多边贸易体制中的发展中成员进行分类从而明确 S&D 的针对性,它们不会同意任何具体的提议谈判;而发展中成员坚持,发达成员必须一视同仁地对所有发展中成员都给予 S&D,并且就具体的议题进行谈判。对于发展中成员的分类之争,发展中成员与发达成员势同水火,在 S&D 的谈判上,基本没有达成任何实质性的结果。多边贸易体制在 S&D 谈判上毫无进展,使得发展目标的实现也变得遥遥无期。

三、金融危机与多哈回合谈判的未来

无疑，多哈回合谈判进程中所暴露出来的种种问题表明，多边贸易体制未来的发展来到了一个生死存亡的"十字路口"。WTO成员都共同面临着一系列严峻的现实问题：我们是否还需要WTO？我们是否还需要推行多边贸易自由化？多哈回合谈判是否终将溃败？甚至更为严重的是，如果多哈回合谈判就此一蹶不振，多边贸易体制会不会寿终正寝？

一方面，多哈回合谈判面临着反全球化与新贸易保护主义的危机。美国一个非政府组织领袖说，"WTO是一个失败的模式"，世界绿色组织领导人也声称"WTO推行的全球化严重危害世界环境"。许多国家和地区为了保护本地市场，以保障人类健康、安全、卫生和保护环境为借口大量采用新贸易保护主义政策。"反全球化"思潮的兴起说明，经济全球化是一个充满矛盾和冲突的过程，由西方发达国家主导和推动的贸易自由化并没有也不可能代表全人类的利益。只有所有民族和国家站在全人类的立场，平等协商，共同参与，普遍受益，同步发展，这样的多边贸易体制才能有效解决人类所面临的各种矛盾和冲突。

另一方面，全球主要经济体都饱受金融危机对实体经济影响的困扰。各国政府焦头烂额，多哈回合并不能完全帮助它们解决这些问题，因此它们也不愿为多哈回合牺牲太多。

拉米被迫放弃在2008年年底前举行部长级会议的计划，同时也避免了在条件不成熟情况下仓促达成协议的风险。并且，通过前期密集磋商，也加强了彼此了解，弄清楚了各成员化解分歧的途径。更重要的是，2008年12月6日，WTO公布了多哈回合谈判农业和非农市场准入的最新案文，为重新启动谈判打下了基础，并对谈判各方形成新的约束。毕竟，作为WTO成立后发起的首轮回合，多哈回合谈判肩负着修复多边贸易体制信任危机和重塑权威的重任，是多边贸易体制迄今为止发动的最为雄心勃勃的多边贸易谈判，被全世界人们寄予了深切希望。《多哈部长宣言》指出："大多数WTO成员属于发展中国家。我们寻求将它们的利益和需要放在本宣言所通过的工作计划的中心位置。"因此，对于多哈回合谈判的未来，我们应拥有足够的耐心和信心，并保持理性冷静的态度，毕竟，确保建立一个"完整的、更可行的和持久的多边贸易体制"才能真正实现"提高生活水平、保证充分就业、保证实际收入和有效需求的大幅稳定增长以及扩大货物和服务的生产和贸易"的目标。

从长期来看,推动多边贸易自由化谈判仍是 WTO 成员各方共同的现实选择。其实,翻开多边贸易谈判的历史,不难发现一个共同的规律,即随着谈判议题与参与谈判成员的不断增加,谈判的难度不断加大,所用的时间也越来越长。GATT 前 4 轮谈判均在当年完成,第 5 轮狄龙回合则从 1960 年延续到 1961 年。第 6 轮肯尼迪回合则从 1964 年谈到 1967 年,共用了三年时间。第 7 轮东京回合用了六年时间,从 1973 年开始到 1979 年结束。第 8 轮乌拉圭回合从 1986 年到 1994 年用了 8 年时间才完成。多哈回合谈判根据 2001 年《多哈部长宣言》正式启动,此次 2008 年年底前举行部长级会议的计划搁浅,使谈判结束时间表再一次推迟。

当然,受制于全球金融危机的影响,推动多哈回合谈判尽快完成并最终达成互利共赢的一揽子协议并非易事。多哈回合谈判屡次受挫给我们的启示是:经济全球化的趋势不可逆转,建立在这一基础上的全球多边贸易机制的必要性也不容置疑。但维护这一机制的富有效率的运转,发展中成员有责任,发达成员更是义不容辞。作为贸易自由化的主要获益者,发达成员必须主动承担解决多边贸易体制存在和发展危机的更大责任,对不发达成员主动开放自己的市场,减免那些高负债国家的债务,更慷慨地提供发展和环境援助。

2008 年 12 月 17 日,拉米召开贸易谈判委员会会议,提出"结束多哈谈判仍是 2009 年 WTO 工作重点",建议新年伊始立即恢复农业、非农产品、规则、贸易便利化等所有议题的谈判。此外,拉米还提出展开三项工作,即 2009 年 1 月对各成员为应对金融危机采取的进出口贸易措施进行第一次集体审议,进一步推动解决贸易融资问题,以及于 2009 年中期举行第二次全球"促贸援助"审议大会。

多哈回合谈判的多劫多难并不意味着未来谈判不能取得新进展。同时,谈判的每一次"挫折"都只是意味着又一次漫长的积蓄和酝酿以及未来的又一次新的期待和轮回。无论发达成员,还是发展中成员都要在共同努力中求妥协,在利益平衡中求共同发展,在共同发展中求公平贸易。在这一过程中,WTO 自身进行适当的改革也是亟须和必要的,以更好地维护和加强 WTO 的权威性和有效性。只有建立在制度性合作基础上的互利、共赢、共存、共生理念才是全球应对金融危机和推动世界经济增长的精髓和关键,才是多边贸易体制赖以存在,并继续扮演全球贸易管理者和协调者角色的现实基础。

本章小结

通过本章的学习,应熟知 WTO 成立以来的新发展,WTO 成立以来的主要成绩是 WTO 机构建设、继续谈判框架协定、解决成员间的贸易争端、促进最不发达国家及发展中国家贸易发展、解决多边贸易体制发展中的问题等。金融风暴中的 WTO 面临巨大的考验,中国力促 WTO 多边贸易体制发展,中国也支持 WTO 抑制贸易保护主义。

本章案例

案例:WTO 的弊病与未来改革

光鲜的 WTO 却被认为远远不能担负与全球治理相关的更大责任。它的透明—监控—监测机制作用有限,需要进一步改进。即使结束多哈回合谈判也改变不了对 WTO 进行改革的需求。

(一)有关 WTO 治理范围的讨论

关于 WTO 在全球治理中的角色定位,有人认为 WTO 运行良好,无须进行体制改革,也不必把其他更广泛的议题拉进 WTO。持异议者则认为,WTO 不仅可以适应它目前所面对的非传统贸易议题,而且具有适应这些议题在未来发展的组织制度方面的灵活性,无论喜欢与否,WTO 将会持续处理与非传统贸易有关的议题,诸如人权、环境、气候变化等。发展中国家成员批评 WTO 跑得太远,发达成员则抨击 WTO 步子太小,它们寻求进一步在诸如投资、劳工标准、竞争政策和环境等领域谈判新的规则。

笔者的观点是,在管辖范围方面,WTO 应首先立足于现有协议。在更好地执行现有协议的同时,管辖范围适当扩展到与贸易关系最为密切的问题,同时要考虑到发展中国家成员的履行能力,并对它们给予更长的过渡期。

(二)推动建设"发展友好型"的 WTO

事实证明,多边主义仍然具有生命力,WTO 远不是一个完善的机构,对 WTO 的批评很多完全是合理的,但是,对于发展中成员来说,要想与欧美进行双边谈判,WTO 是一个发展中成员在其中拥有较大权力的论坛。如果联合起来,它们就能获得平等待遇;如果单独行事,它们就有可能被当作乞讨者。由于发展中国家的坚持,多哈回合议程第一次把发展问题放在一个突出的位置,因而被称为"发展回合"。

WTO 的未来发展也要充分考虑成员结构的变化,给予发展中国家成员和发展问题更多的关注。发达国家成员需要根据自己的实力主动承担更大的责任,对发展中国家成员和最不发达国家成员更多地开放自己的市场,为发展中国家成员在履行承诺过程中提供更为实际的技术援助。

(三)恰当处理多边贸易体制与区域贸易协议之间的关系

世界经济今后的发展,多边贸易体制是主流,区域贸易协议是补充,要正确处理二者之间的关系,争取在推进全球贸易自由化过程中,对区域贸易集团进行合理监督和约束,使多边贸易体制与区域贸易协议协调发展。区域贸易协议不是若干个双边贸易关系的简单组合,也不是多边贸易体制可以取代的。首先,多边贸易体制强调众多成员间的非歧视性、公平竞争、协商解决争端及对贸易政策的审议,强调规则的普遍适用;而区域经济一体化安排则更多强调利益一致基础上的共同行动,目标具体,较易实现。其次,多边贸易体制涉及的成员众多,谈判成本高,而在一定范围内就广泛议题达成协议则是区域经济一体化的优势。最后,多边贸易体制的运行机制灵活性有限,而区域经济一体化允许有更多灵活的安排或创新。当然,多边主义也是区域主义难以根本替代的。首先,较之多边贸易自由化,区域自由化仅是次优选择。事实上,区域主义的福利效应具有不确定性,加入一个区域集团并不能保证其成员福利的提高。其次,区域主义使最惠国原则成为例外而不是规则,在世界贸易中引起更多的歧视,从而危及 WTO 的根基。再次,区域经济一体化并不能从根本上解决多边贸易体制所不能解决的问题。而且,区域贸易协议在投资自由化和服务贸易自由化领域的进展也有限。大国之间鲜有成功案例,大国与小国之间或者小国之间达成的协议本身经济意义并不很大。最后,对区域主义的侧重会分散对多边的注意力,分散谈判资源。

(四)进一步改革多边贸易谈判的决策机制

WTO 内在的决策制度挑战主要集中于两个方面:协商一致的决策程序、一揽子承诺。

协商一致决策程序在 WTO 协定中有明确规定。在 WTO 成员已经超过150 个的情况下,该决策程序被认为不能正常运转,例如 1995 年以来部长级会议和总理事会通过的决议很少,多哈回合进展缓慢。也有学者认为,WTO最大的制度性挑战就在于规则制定的早期和中期缺乏一个正式的机制、缺少一个类似于国际货币基金组织或世界银行执行董事会那样的管理或执行机构。一个可能的解决途径是,像 IMF 的改革一样,使得 G20 成为 WTO 的"发动机",起到领导的作用。

一揽子接受方式在乌拉圭回合首次引入多边贸易谈判,它将所有成员完全纳入同一个多边规则体系,根本解决了东京回合谈判达成一系列诸边协定导致系统碎片化的问题。但是,这也被认为是多哈回合迟迟难以结束的症结所在。因为,主要谈判方并非在所有议题上都能达成一致,对核心议题(农业问题)的争执不休拖累了整个谈判进程。

未来的一个可能的方向,是"开放的部门主义"方式。在部分领域采取类似《信息技术协议》的谈判模式,有助于提高谈判效率。同时,采取开放的姿态,谈判的成果不仅适用于缔约成员,也适用于其他成员,从而规避封闭性和"碎片化"问题。

WTO 作为一个国际组织,其贡献是巨大的,合适的改革措施有利于其更好地发挥作用。

第十三章　中国对外贸易与 **WTO**

本章提要

　　中国对外贸易源远流长,是名副其实的贸易大国。本章主要介绍中国对外贸易的发展历程、国际地位、贸易方式以及与经济增长的关系。

本章结构图

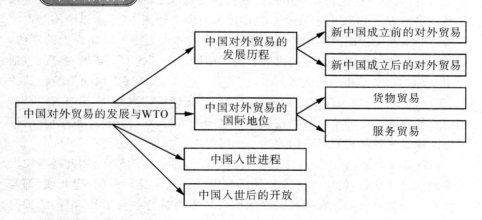

学习目标

　　•重点掌握中国对外贸易发展的现状、特点、对外贸易的方式以及与经济增长的关系。

　　•掌握中国对外贸易的国际地位。

　　•了解新中国成立前的对外贸易。

　　•了解中国入世以来取得的成就。

第一节 中国对外贸易的发展历程

一、新中国成立前的对外贸易

(一)封建社会的对外贸易

中国对外贸易起源最早可追溯至公元前5—4世纪,通常认为,中国对外贸易始于秦朝而兴于汉代。秦汉时期,随着国家的统一与经济文化的发展,对外贸易有了十分明显的发展,特别是汉朝张骞和班固连续通商西域,不仅促进了中国同西方诸国政治文化的交流,而且在经济和贸易往来方面起了巨大的推动作用。西汉时期,张骞奉命出使西域,开创了古今中外闻名的丝绸之路。中国丝织品源源不断地从今天的甘肃、新疆到达阿富汗、伊朗和叙利亚等一带。当时,古罗马帝国位于地中海商业贸易发达地域,所以中国商品被大量输入到这些地方。由于伊朗位于中国、印度与古罗马帝国之间,所以中国与古罗马帝国的贸易受伊朗商人的控制。古罗马帝国商人为摆脱伊朗商人的制约,开始探索从海上发展与东方国家的贸易。中国出口到古罗马帝国的商品包括丝织品、皮毛、铁器和其他金属制品,而古罗马帝国出口到中国的商品包括香料、药材、玻璃、织物与珠宝等。随着阿拉伯帝国经济的兴起,中国与古罗马帝国的贸易渐渐转变为中国与阿拉伯帝国之间的贸易,在公元前7世纪后,阿拉伯国家逐步代替了古罗马帝国成为与中国发展贸易最多的国家。

从汉朝末年到隋朝建立,中国社会发生了连续不断的战争,因此经济发展几乎处在停滞状态,但中国对外贸易仍有发展。从东吴到晋朝、南北朝,都与柬埔寨进行朝贡贸易。在曹魏时期中国与日本也进行朝贡贸易,中国的锦绣等纺织品进入日本。唐朝建立以后,中国出现了统一安定的局面,经济得到了前所未有的飞速发展,唐朝时期中国属于世界上经济水平最强大的国家之一。经济发展水平的提高引起了周边国家与中国发展贸易的兴趣,所以唐朝时期中国对外贸易发展水平大大超过汉代时期。唐代时期的丝织业、陶瓷业与金铜铸造业相当发达,这些产品都是出口的主要产品。唐代时期中国南方经济发展迅速,特别是造船业和航海技术发展很快,南方三大港口城市广州、潮州和扬州逐渐对外开放。在唐代时期,中国采用更为开放的政策,这扫除了国外商人与中国发展贸易的障碍,吸引了很多外国人特别是阿拉伯国家与伊朗国家的商人来中国经商,甚至长期定居中国。唐代贸易开放政策促进了中国沿海一带的经济发展,中国港口城市广州、泉州与宁波抓住了吸引外国商人发展贸易的机会,经济获得快速发展。陆地与海上对外贸易飞速发展,迫使唐朝新设两大行政机构管理中国对外贸易——一个是安西都护府与北庭都护府,管理陆地对外贸易;另一个是市舶司,管理海上对外贸易。

　　宋代时期,发达的手工业为中国发展对外贸易提供了坚实的基础。纺织品和陶瓷成为中国出口的主要产品。在宋代,海上对外贸易逐渐成为主要贸易路径。当时,同中国有贸易关系的国家东有日本、朝鲜,南有南洋各国,西有印度、阿拉伯帝国、波斯等,共有 50 多个国家。宋朝管理对外贸易的专职行政机构就是市舶司,它同时还统筹管理外交事务。其主要职能有:第一,接待外商,颁发"公凭",监督外商贸易与船舶进出活动;第二,对进口货物征收税收,一般按照货物种类分别征收不同实物税;第三,享有处置进口货物的权力,进口货物大部分由政府专买,少部分允许中外商人自由买卖。宋代管理对外贸易的机构具有现代海关的某些职能,同时又享有对进口货物的高度处置权。

　　元朝时期,中国版图跨越欧亚两大洲,陆路与海上对外贸易途径更加宽广,对促进中国对外经济交流起到了积极作用。元朝时,相继在泉州、上海、温州和宁波等地设立"市舶司",并且制定颁布了《市舶抽分则例》22 条,使中国对外贸易管理较以前更加有效。

　　明朝初期,社会还处在不稳定阶段,经济发展没有恢复。北方陆路对外贸易衰落,东南沿海地区海上对外贸易因遭受倭寇骚扰与"海禁"陷于停滞状态。随着明朝政权不断得到巩固,经济也开始复苏,纺织业、陶瓷业、漆器业、冶炼业和铸造业不断发展,客观上要求中国开展与国外的贸易。明朝逐步恢复了在宁波、泉州、广州的"市舶司",还在云南等地新设相同机构。郑和下西洋是明代中国发展对外贸易的重大事件,郑和下西洋历经 28 年,足迹遍布东南亚、南洋诸岛、阿拉伯半岛和东非一带,促使中国与 36 个国家保持和发展贸易关系,使中国成为当时世界上最大的海上贸易强国。

　　清朝初期,由于清政府害怕汉人从海外组织力量反对其统治,在 1656 年颁布了"禁海令",规定任何人不准下海,违反者处以死刑。对外贸易因此步入衰落阶段。康熙年间,清政府政权逐渐巩固,经济有了一定发展,"海禁"开始有所放松。1685 年,清政府限定广州、漳州、宁波和云台山为对外通商口岸,相应设立粤海关、闽海关、浙海关和江海关管理对外贸易。1757 年,清政府限定广州为唯一通商口岸,关闭其他三个口岸。清朝时期,海关是管理对外贸易的唯一机构,不承担经营进口产品的责任,负责经营进口货物的机构由明朝时期的"牙行"转变为行商。

总之,封建社会时期,中国对外贸易呈现下列特点:

第一,中国对外贸易规模小。中国在封建社会时期占统治地位的是自然经济,生产力水平低,商品经济不发达,所以市场交易规模很小。

第二,中国对外贸易相对主动。封建社会时期,世界工业与商业都不发达,世界贸易商品主要以农业初级产品为主。而中国农业、畜牧业、渔业相对较好,具有较强的市场竞争优势,所以中国对外贸易相对主动。

第三,中国开放程度小。虽然中国经济在上述时期总体上有一定竞争能力,但受封建统治者愚昧思想影响,中国对外开放仍然处于萌芽层次。

第四,传统贸易优势产品主要以陶瓷、茶叶、纺织品为主。陶瓷和纺织品等由于蕴含了中国的深厚文化,所以在世界各国受到了广泛欢迎。

小知识 13-1

丝绸之路与丝绸之路学

丝绸之路的含义分为宏观和微观两种。宏观定义为:丝绸之路是古代世界东西方间进行政治、经济及文化交流的大动脉。微观定义为:丝绸之路是以丝绸贸易为媒介的古代东西方间的一条商路。

作为古代东西方间的交通贸易道路,丝绸之路早已存在,但丝绸之路这一国际通用的学术名词的出现则是在 19 世纪,由德国地质学家、近代地貌学的创始人李希霍芬(F. Van. Richthafan)(1833—1905)提出,且其含义并不仅仅限于地理学范畴。李希霍芬曾于 1868—1872 年先后七次来华,1877 年出版了三卷专著《中国亲程旅行记》,该书到 1911 年共陆续出版了五卷。该书将往返于中国与河间地区(中亚的阿姆河与锡尔河之间的地带)、中国与印度之间的古代骆驼商队所走的道路称作"丝绸之路"(sill-road)。1910 年,德国东洋史学家赫尔曼(Albert. Herman)在其所著《中国与叙利亚之间的古代丝绸之路》一书中进一步扩展了这一概念。他认为应"把这一名称的含义进而一直延长到通向遥远西方叙利亚的道路上去",因为叙利亚尽管不是中国生丝的最大市场,但也是较大的市场之一。赫尔曼的观点得到西欧一些汉学家的支持和进一步阐述。19 世纪末 20 世纪初,一些西方的探险家到中国的西北地区进行考察探险,发现了中国古代与亚欧非交往的许多遗址和遗物,以实物证实和说明了丝绸之路的存在和发展,他们在其著作中广泛地使用"丝绸之路"这一名词,其含义也逐渐由贸易扩大到经济、文化诸多领域,进而涌现出一批研究丝绸之路学的著名学者。早期影响较大的有瑞典的斯文赫定、英国的斯坦因、法国的伯希和等。

李希霍芬的学生斯文赫定是丝绸之路新疆楼兰遗址的发现者,也是大量窃取中国文物的第一个西方人。楼兰是古丝绸之路上的重要城镇,汉为楼兰国。东汉一十六国时期是古鄯善国的属地,后由于塔里木河下游改道,楼兰绿洲无法灌溉,渐荒弃,到唐代已变为边远的同义词,常见于边塞诗里,如李白《塞下曲》——"五月天山雪,无花只有寒。……愿将腰下剑,直为斩楼兰"。多少年来,楼兰一直是中外考古学家憧憬的神秘之地。1900 年,斯文赫定到塔克拉玛干沙漠探险,在维吾尔族向导带领下,在罗布泊地区意外地发现了楼兰遗址。第二年进行了大规模的发掘,获得大量珍贵文物,这一发现震惊中外。此后,英国的斯坦因,法国的伯希和,日本的大谷光瑞、桔瑞超,俄国的柯兹洛夫、奥布鲁切夫,美国的亨廷顿、华尔纳等,先后到我国古丝绸之路沿线地区进行探险考察,发现了大量遗址。他们到处挖掘,获取了极其丰富的珍贵文物,由此导致中国文物大量外流,欧洲人获得研究古丝绸之路的大量第一手材料,从而导致丝绸之路学在欧洲的勃兴。

20 世纪 30—40 年代,为配合侵华战争的需要,日本政府鼓励本国学者研究中国问题,由此推动了日本丝绸之路学的研究。

丝绸之路这一名词在中国被广泛采纳相对较晚。20 世纪 30 年代中国出现了一批研究东西方交通的著名学者,如张星烺、冯承钧、向达等,他们将丝绸之路称为"东西商路"或"通往西域的道路"或"中国—罗马商路"。直到 20 世纪 50 年代齐思和在其《中国与拜占庭帝国的关系》一书中始称"丝绸之路",同时,在夏鼐及郭沫若的著作中也出现了该名词。改革开放后,国际、国内出现了丝绸之路热(学术研究及旅游),丝绸之路学的研究渐入高潮。

从陆路丝绸之路又衍生出"海上丝绸之路"、"瓷器之路"、"草原之路"、"毛皮之路"、"西南丝绸之路"等,虽然这些名称的科学性尚有待进一步探讨,但它们在中国对外贸易史上的地位则不容置疑。

(二)半殖民地半封建社会的对外贸易

1842 年,清政府与英国签订了中国历史上第一个不平等条约《中英南京条约》后,中国便陷入了半殖民地半封建社会阶段。从 1842 年到新中国成立这一百多年时间里,中国受外国势力的侵略。在 20 世纪初以前,中国与欧美、沙俄相继签订许多不平等条约,中国政府被迫割让土地,赔付金银,开放通商口岸,给予列强种种特权,最后甚至丧失关税管理权,中国对外贸易陷于被动局面。

1840 年到 1937 年,中国与外国签订了一系列不平等条约,外国势力从经济、政治等各个方面控制和影响中国,中国被它们划分为各个列强的势力范围,因此中国对外贸易发展的方向与深度受外国列强的影响。1858 年到 1880 年,中国被迫开放华北地区和长江沿岸主要港口;1880 年到 1900 年中国被迫开放了西南地区。20 世纪初,中国被迫开放东北地区。虽然中国被迫开放了很多港口,但由于中国经济发展水平很低,老百姓消费能力有限,同时深受自然经济的影响,中国对外贸易增长缓慢。

1937 年到 1949 年,中国陷于长期战争状态。1937 年日本发动侵华战争,日本对占领的中国地区实行殖民经济政策,对占领地区实行经济掠夺。日本完全控制了占领区的对外贸易关系,并对国民党政府实行外贸封锁,使中国无法从外国进口所需物资。但与此同时,中国与美国的贸易关系得到恢复与发展。自抗战结束到 1949 年,美国已经取代日本成为中国最大的贸易伙伴。8 年抗日战争使中国经济遭受重大损失,且随着国民党政府发动内战,恢复经济发展的机会又变得渺茫,中国经济陷于更严重的混乱中,工业恢复缓慢,财政赤字巨大,通货膨胀严重,外贸逆差打破历史纪录。随着国民党政府在军事上的失败与经济上的瘫痪,中国对外贸易急剧萎缩,整个社会经济体系趋于瓦解。

半殖民地半封建社会时期,中国对外贸易呈现下列特点:

第一,中国对外贸易处于被动地位。与封建社会时期相比,中国在世界经济中的地位大幅度下降。世界第一次产业革命开始后,西方国家迅速发展了工业,生产效率大幅提升,而中国仍然处在以农业为主的阶段,工业发展极其落后,所以中国在与其他国家发展贸易当中被动局面非常明显。

第二,中国没有发展对外贸易的和平环境。中国长期处在战乱状态,外有帝国主义势力侵略,内有各种军阀内耗,所以,中国对外贸易没有和平环境作基础。

第三,中国工业仍然极其落后,出口优势产品依旧很少。虽然中国发展了一些民族工业,但其相对于西方国家仍然显得落后,不仅是技术和产品落后,而且管理也极其落后。

二、新中国成立后的对外贸易

1949 年 10 月 1 日中华人民共和国正式建立。新中国成立至今,对外贸易发生了翻天覆地的变化。外贸体制由计划体制转向市场开放,外贸政策由实行保护到国际规范,外贸功能由调剂余缺到成为拉动经济增长的三驾马车之一。外贸管理政策与制度严格履行国际承诺,透明度不断提高。2012 年中国的贸易总额首次超过美国,成为世界上贸易规模最大的国家。中国已经是名副其实的贸易大国。

对外贸易的快速发展,对国民经济增长和社会发展做出了巨大贡献。对外贸易不仅能够优化资源配置和产业结构,提升产业技术水平,促进国内竞争,拓宽市场空间,增加财政收入,促进就业,改善国际收支,而且更重要的是,通过推动国际交流不断深化,引入新思想、新观念,带动了国内经济与世界经济的接轨与融合,对深化国内改革起到了极大的推动作用。

在国际上,中国从一个被排斥者,一个游离在国际市场边缘,小心翼翼地进行突破和尝试的落后发展中国家,成长为世界的加工制造基地、国际贸易中一支不可忽视的力量、多边贸易体制和区域经济合作的积极参与者,并与其他新兴市场一起,成为世界经济和国际贸易增长的重要驱动力。下面将对新中国成立后的对外贸易发展进行回顾和展望,以使读者进一步了解中国的对外贸易发展情况。

回顾历史,新中国的对外贸易发展大体经历了以下五个阶段:计划经济阶段、探索与实践阶段、转型与发展阶段、全方位和多层次的对外开放阶段、中国开放的新阶段。

(一)计划经济体制下的对外贸易(1949—1978 年)

1949 年新中国成立到实行改革开放这一时期,中国对外贸易在几经曲折中前进,为国民经济的恢复和发展做出了贡献,并为发展社会主义对外贸易积累了正反两方面的经验。1950 年,中国对外贸易总额为 11.35 亿美元,其中出口 5.52 亿美元,进口 5.83 亿美元。到 1978 年,对外贸易总额扩大到 206.38 亿美元,其中出口 97.45 亿美元,进口 108.93 亿美元,分别增长 16.7 倍和 17.7 倍,在世界贸易中居第 32 位。

这一阶段,对外贸易主要被看作社会主义扩大再生产的补充手段,局限于互通有无、调剂余缺。新中国成立初期,中国出口商品以农副产品等初级产品为主,约占出口总额的 80%,反映出中国当时的经济结构和生产水平。随着工业迅速发展,出口商品结构也发生较大变化,轻纺产品超过农副产品成为主要出口商品,重工业产品出口比重呈上升趋势。但直到 1978 年,初级产品出口占出口总额的比重仍为 53.5%。进口商品结构方面,旧中国以进口消费品、奢侈品为主的状况得以改变,生产资料在进口中占主要地位,各年大体占总进口的 80% 左右。按照"自力更生为主,争取外援为辅"的建设方针,这一阶段新中国在利用国外资金为本国经济建设服务方面也进行了一些尝试和实践。

国际环境的变化、国家关系变化和国内意识形态的变化左右着中国这一时期的对外贸易发展,中国对外贸易经历了由仅对社会主义国家的单边贸易,到"文革"期间的自我封闭,及至 70 年代末重启大门的历程。

新中国成立之初,由于西方资本主义国家对新中国采取敌视、封锁政策,中国对外贸易主要与苏联、东欧等社会主义国家开展,以记账贸易方式居多。20世纪50年代,中国与其他社会主义国家的贸易额占全国对外贸易总额的一半以上,1952年至50年代末,更达到70%以上,其中对苏联的贸易额约占50%。

20世纪50年代末至60年代前期,亚非拉越来越多的国家赢得民族独立,新中国同这些国家广泛建立、积极发展平等互利、互通有无的贸易关系,签订政府间贸易协定,开展易货贸易、边境贸易、记账贸易、现汇贸易等灵活多样的进出口贸易。同时,向这些国家及东欧社会主义国家提供贷款或无偿援助。此外,中国内地始终坚持对港澳地区长期稳定供货的贸易政策,即使在国民经济困难时期,也保证了对港澳地区的供应。同时经港澳的转口贸易也成为打破西方国家封锁的突破口。

为了补足国内必需的生产和生活资料,中国利用各种机会和途径,推动同日本、西欧等的民间贸易以至官方贸易。特别在1960年中苏关系破裂后,中国对外贸易的主要对象由苏联等社会主义国家开始转向日本、西欧等资本主义国家和地区。到1965年,中国对西方国家贸易额占全国对外贸易总额的比重上升到50%以上。

"文化大革命"中断了国民经济的正常发展,也使对外贸易遭受严重干扰而出现较大起伏。20世纪70年代初,中国恢复了在联合国的合法席位,对外关系迅速改善。中苏关系逐渐缓和,中国同日本、德国、美国等主要资本主义国家建交,对外贸易恢复和发展,西方国家在中国对外贸易中的地位迅速上升,出口商品结构进一步改善,技术引进取得了重大进展。在有利的国际环境和国内形势下,中国在70年代末进入改革开放的酝酿和准备阶段。

(二)改革开放初期的探索与实践(1978—1991年)

1978年年底中国共产党十一届三中全会召开,确立了改革开放的战略方针,对外贸易进入新的实践探索阶段。

这一阶段,对外贸的重视程度空前提高,外贸体制改革和外商直接投资极大地促进了外贸发展。1978—1991年,进出口总额由206.4亿美元增长到1 356.3亿美元,其中出口由97.5亿美元增长到718.4亿美元,进口由108.9亿美元增长到637.9亿美元,年均增速分别达到16.6%和14.6%。

为吸引资金、技术、设备,拓展国际市场渠道,创造外汇收入,同时增加就业机会,1979年经国务院文件批准,加工贸易开始在沿海地区起步。80年代中期,国际产业结构出现新一轮调整和转移的有利形势,国家进一步确立了以

"两头在外"的加工贸易为重点、扩大劳动密集型产品出口的沿海发展战略,加工贸易得到迅速发展。在当时的历史条件下,加工贸易使中国成功地承接了国际劳动密集型产业的转移,带动了国内工业发展,促进了出口商品结构的优化升级,实现了外贸出口由初级产品、资源型产品为主向以工业制成品为主的转变。1986 年,工业制成品取代初级产品成为中国主要出口商品,实现了出口结构的一次根本性转变。1991 年,工业制成品占出口总额的比重上升到77%。市场日益多元化,日本、中国香港、美国、欧共体国家和地区成为中国内地企业最主要的出口市场和贸易伙伴,而与俄罗斯和东欧国家的贸易份额则大幅下降。

1979 年开始,中国陆续建立了经济特区、沿海开放城市、开发区等特殊经济区域,在进出口管理与经营政策、外汇政策等方面试点实行更灵活、更优惠的特殊政策,这些特殊区域对全国的外贸发展以至开放型经济的发展起到了示范与辐射作用,是这一时期对外贸易发展最为活跃的区域。深圳、珠海、厦门、汕头四个经济特区在特区建立的第一年(1980 年),进出口占全国进出口总额的 1.1%,到 1991 年这一份额上升到 8.3%。

改革开放前,对外贸易一直沿袭新中国成立初期确立的由国家集中领导、统一管理的经营管理体制,国家先后成立了一批国营专业外贸公司,由这些公司统一经营全部对外贸易,国家对外贸公司实行指令性计划管理,统收统支、统负盈亏。1979 年,国家开始对外贸体制进行了一系列改革,包括调整中央外贸领导机构、成立了一批归属工业部门管理的工贸公司、简化外贸计划内容、实行汇率双轨制以提高出口竞争力、实行进出口许可证制度等。

改革开放初期,国内生产能力和出口创汇能力严重不足,外汇极度缺乏。在此背景下,中国开始招商引资,利用外部资金,扩大出口生产和创汇能力。外商投资企业被直接赋予进出口经营权。1979—1991 年,中国累计实际利用外资 250 亿美元。外商投资企业进出口规模不断扩大,在中国外贸中的作用迅速提升,1979—1991 年,占中国外贸总额的比重由 0.1%提高到 21.3%。外资对外贸发展起到了举足轻重的作用。

(三)市场经济体制确立下的转型与发展(1992—2001 年)

1992 年邓小平南方讲话和 1993 年 11 月中共十四大确立社会主义市场经济改革目标后,中国开始正式吸收西方经济贸易思想,对外贸易从"互通有无、调剂余缺"转为在市场经济条件下,充分利用国际国内两个市场、两种资源,积极参与国际分工,积极参与国际竞争与国际经济合作,发挥比较优势。中央陆续提出了市场多元化、"大经贸"、"引进来"和"走出去"相结合、以质取胜、科技兴贸、积极参与区域经济合作和多边贸易体系等战略思想。

由此,中国对外贸易进入快速发展阶段,贸易规模持续扩大。其间,1997年爆发的亚洲金融危机,严重打击了日本、韩国、东盟等周边国家和地区的经济,中国外贸经受了改革开放以来的第一次重大挫折,1998年进出口出现了负增长。但中国对外贸易很快克服了危机的影响,重新恢复活力,1999年实现11.3%的增长,2000年更是达到了27.8%的高速增长,其中出口增长31.5%。

社会主义市场经济体制的确立和发展,为进出口商品结构进一步优化提供了国内条件。工业制成品出口所占比重上升至90%以上,资本和技术密集型产品逐步替代劳动和资源密集型产品,成为最主要的出口产品。1995年,机电产品出口超过纺织产品,成为出口最大类产品,实现了出口商品结构的又一次重大转变。机电产品成为中国出口最重要的推动力,带动了对外贸易的迅速发展。同期,中国工业化进程开始加速,固定资产投入大、增长快,带来大量的资本货物需求,使机械及运输设备进口增长十分显著。

在积极吸引外资、承接产业转移、发展加工装配制造业的过程中,外商投资企业迅速发展为中国对外贸易的主力军,加工贸易成为主要贸易方式。2001年,外商投资企业进出口占中国外贸总额的比重首次超过50%,达到50.8%。1993年,加工贸易出口额达到442.3亿美元,首次超过一般贸易,1995—2007年,加工贸易出口所占比重一直在50%以上,成为中国货物出口最主要的贸易方式。

外资企业、加工贸易的发展推动了中国制造业的国际化,使相当一部分产业、企业具备了一定的国际竞争力。同时,以外资企业、加工贸易为支撑的进出口格局,也使中国外贸开始呈现顺差逐年快速扩大的趋势。1992—2001年,中国货物进出口总额由1 655.3亿美元上升到5 095.6亿美元,增长2.1倍,在国际贸易中的地位上升到第6位。同期,外贸顺差由53.5亿美元扩大到224.6亿美元,增长4.2倍。外汇储备快速累积,规模不断扩张,1996年外汇储备迈过千亿美元大关,2001年达到2 121.6亿美元。这使实施"走出去"战略具备了一定的基础和条件,同时"走出去"也是当时国民经济结构调整、充分利用国外资源、培育新的出口增长点的现实需要。1999年,国务院批转国家经贸委、外经贸部、财政部《关于鼓励企业开展境外带料加工装配业务的意见》,拉开了中国实施"走出去"战略的序幕。2000年,中国非金融类对外直接投资达到10亿美元,此后,开始了几乎平均每年翻一番的高速发展,并带动了中国技术、设备的出口,海外投资也为保障国内资源供应提供了有益补充。

在货物贸易快速发展的同时，随着中国申请恢复 GATT 地位谈判的深入，中国对服务市场开放做出初步承诺，由此推动了服务贸易的发展。1992—2001 年，服务贸易进出口总额由 182.4 亿美元扩大到 726.1 亿美元，增长了 3 倍。由于国内服务业发展水平与发达国家差距较大，其间除 1994 年呈现少量顺差外，其余年份服务贸易均为逆差，且逆差呈逐年扩大趋势。

（四）全方位、多层次的对外开放（2002—2011 年）

以 2001 年 11 月中国加入 WTO 为里程碑，中国对外贸易进入又一个新的阶段。中国加入 WTO 以来，切实履行入世承诺，积极参与多边贸易体制下的经贸合作，大力实施自由贸易区战略，推进贸易自由化和便利化；基本建立起了与市场经济要求相适应的、符合国际惯例与规则的外贸政策与体制，建立和完善贸易救济制度，维护公平贸易；建立和完善对外贸易的促进与服务体系，规范对外贸易秩序。政策体系的完善，促进了对外贸易又好又快发展。

2002 年以来，贸易规模实现跨越式发展，增长速度明显加快，中国跻身世界贸易大国之列。2007 年，货物贸易总额突破 2 万亿美元，居世界第三。2008 年，尽管下半年开始受金融危机影响，全年进出口总额仍实现 17.8% 的增长，达到 25 616 亿美元。2002—2008 年，进出口贸易年均增速达 26.7%，其中出口 27.9%，进口 25.1%。自 2001 年开始，中国外贸顺差逐年扩大，至 2008 年已达到 2 954.6 亿美元。促进进出口平衡发展成为中国外贸发展中一个新的任务。2009 年，中国货物贸易出口和进口分别居世界第 1 位和第 2 位，服务贸易出口和进口分别居世界第 4 位和第 3 位。2011 年，我国外贸进出口总值达 36 420.6 亿美元，比 2010 年同期增长 22.5%，外贸进出口总值刷新年度历史纪录。同时，贸易失衡情况得到进一步扭转，全年贸易顺差 1 551.4 亿美元，比上年净减少 263.7 亿美元，收窄 14.5%。

规模扩大的同时，进出口商品结构进一步优化（参见图 13-1）。出口商品国际竞争力显著增强，机电产品和高新技术产品成为出口的主要增长点，工业制成品出口比重达 95%，多种商品出口居世界第一，成为世界的加工制造基地。原材料、零部件、先进技术设备成为主要进口产品，受同期国际能源、原材料市场价格上升影响，石油、铁矿石、有色金属等能源资源产品进口额快速增长，带动初级产品进口份额呈再度上升趋势。

经营主体和市场分布亦有新发展。外资企业进出口占据主导地位，国有企业份额下降，其他类型企业迅速崛起。2011 年，外资企业、民营企业分别占进出口总额的 54.0% 和 25.1%，国有企业份额下降到 20.9%。欧盟成为第一大贸易伙伴，欧、美、日等传统市场仍是主要贸易伙伴，但在总额中比重有所

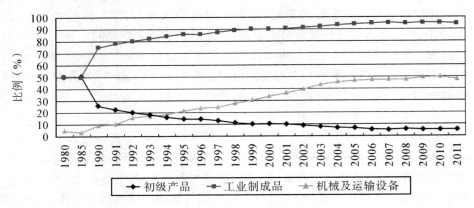

图 13-1　中国出口商品结构

下降,新兴市场份额不断扩大。2011 年,受外贸政策调整及金融危机影响,加工贸易进出口增速均显著回落,一般贸易在对外贸易中的地位上升,加工贸易在出口总额中所占比重降至 43.7%。

　　在确立货物贸易大国地位的同时,中国服务贸易也蓬勃发展。加入WTO 后,中国服务业对外开放程度进一步加大。与货物贸易一样,服务贸易发展速度超过同期世界平均增速,在世界贸易中的地位不断上升,2011 年服务贸易出口 1 820 亿美元,占世界总服务贸易出口比重为 4.4%;服务贸易进口 2 360 亿美元,占世界总服务贸易进口比重为 6.1%。出口和进口分别居世界第 4 位和第 3 位。但总体而言,中国服务贸易与货物贸易的国际地位还不相称,服务贸易出口仍以运输、旅游、商业等传统劳动密集型行业为主,技术和知识密集型的新兴服务业仍处于初级发展阶段,服务贸易有待进一步发展。

　　中国对外经济贸易已形成内容丰富、形式多样、各种对外经济交往互相融合、互相促进的格局。不仅对外贸易总额迅速增加,市场不断扩大,经营方式日趋灵活多样,同时,利用外资、对外承包工程与劳务合作、对外投资等也从无到有、从小到大不断发展,与对外贸易相互促进,共同发展。

　　(五)中国开放的新阶段:2012 年至今

　　2009 年,中国的货物出口和进口双双超越德国,成为当年世界第一大出口国和第二大进口国。2010 年、2011 年,中国、美国分别保持出口第一、进口第二和出口第二、进口第一的位置,而美国则保持着进出口总值第一的"桂冠"。

　　2012 年,在伴随着欧债危机深化、世界经济复苏明显减速的情况下,国际市场的需求持续低迷,我国的经济也面临着较大的下行压力。在党中央、国务院的正确领导下,各地区、各部门和广大外贸企业,坚持稳中求进的总基调,认真贯彻落实中央关于促进对外贸易稳定增长的一系列政策措施,使得稳定进出口增长的正能量逐步释放。我国的对外贸易继续保持稳定增长,同时在提升质量、提高效益、优化结构等方面取得了新进展。2012 年,我国外贸进出口总值达到 38 667.6 亿美元,比上年增长 6.2%。其中出口 20 498.3 亿美元,增长 7.9%;进口 18 178.3 亿美元,增长 4.3%;贸易顺差 2 311 亿美元,扩大48.1%。

本书将 2012 年开始定义为中国开放的新阶段。这个阶段,中国对外贸易战略将发生较大调整。调整将主要从三个方向展开。一是中国将从以 WTO多边开放,融入已有世界经济体系的小国开放战略,转变到以区域经济合作为主,建立以中国为主导的东亚经济体系的大国开放战略。二是将建立以中国企业、中国产品、中国标准、中国技术为主导的开放、竞争的中国市场。三是将建立以县域经济为中心的开放、竞争的区域市场。这三个方向,通过我国参与重建世界经济新体系,主导中国市场,打破国内区域封锁、降低区域市场交易成本三个层次来调整我国对外和对内的全面的开放战略,寻找新的经济增长路径。

第二节　中国对外贸易的国际地位

一、中国货物贸易

货物贸易,又称有形贸易,是指各国之间商品的交换活动,也就是人们常说的狭义国际贸易的概念。近年来,国际贸易不断发展,不可否认,货物贸易仍是国际贸易的主导。随着中国改革开放的深入和市场经济的发展,中国货物贸易每年都保持高速增长,中国已成为贸易大国,在世界贸易中扮演着重要的角色。

（一）国际货物贸易

二战以来,世界货物贸易的增长率连续超过世界生产的增长率。世界生产每增长 1%,世界贸易量在 1960—1969、1970—1979、1990—1994 年之间分别增长 1.42%、1.25%、2%。[①] 近年来,世界货物出口增长率远远超过世界

---

①　佟家栋.1996 年世界经济发展报告[M].山西经济出版社,1997.

GDP 增长率(如图 13-2)。货物贸易额增长速度非常快,1950 年仅为 607 亿美元,2008 年超过了 160 700 亿美元,到 2011 年超过了 182 000 亿美元,呈现出明显上升趋势。世界贸易的高增长率是科技进步、生产力提高、国际分工深化的结果,同时它又促进了国际生产。各国生产的扩大是以提高世界市场份额为导向的,这种世界生产对贸易的依赖在某种程度上就反映为生产的增长滞后于世界贸易的增长。

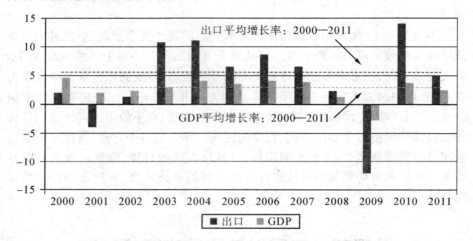

图 13-2 2000—2011 年世界出口与 GDP 增长率

资料来源:WTO《2012 世界贸易报告》。

(二)中国对外货物贸易的国际地位

改革开放以来,中国对外经济贸易发展异常迅速,国际地位大幅度上升,现已跻身世界对外贸易大国之列。但是,与世界其他对外经济贸易大国相比,中国还存在很大的差距。实现贸易大国向贸易强国的转变将是中国今后一段时期的战略目标。

1978 年,中国实行"对内搞活、对外开放"的政策之前,对外贸易规模只有206.4 亿美元,而当年世界贸易的规模已经达到 26 573 亿美元,中国对外贸易额占世界贸易额的比重仅为 0.78%,还不到 1 个百分点,名列世界第 34 位,远远落后于美国、日本和欧洲等发达国家和地区。

2008 年,中国在世界贸易中的排名位列三甲,仅次于美国和德国。美国当年进出口总额为 34 670 亿美元,德国为 26 710 亿美元,中国为 25 610 亿美元,德国仅比中国多了 1 100 亿美元。在出口方面,中国出口额仅次于德国,位居第二,占世界出口份额的 8.9%;在进口方面,中国进口额位居第三,占世界进口份额的 6.9%。

　　受 2008 年美国次贷危机进而引发的世界经济危机的影响,整个世界贸易进入衰退期。世界各国的进出口都有所下降,但中国的进出口影响较小。2009 年,中国进出口双双首次超过德国,当年出口 12 020 亿美元,超过德国出口额 11 210 亿美元,第一次成为世界最大出口国。进口方面,当年进口 10 060 亿美元,超过德国进口额 9 310 亿美元,低于美国进口额 16 040 亿美元,排名世界第二。从总量上看,2009 年美国进出口总额为 26 610 亿美元,排名世界第一;中国进出口总额为 22 080 亿美元,仅比美国低 4 530 亿美元,排名世界第二(参见表 13-1)。

表 13-1　2009 年世界货物贸易前十大出口方和进口方

名次	出口方	金额 (亿美元)	份额 (%)	增长率 (%)	名次	进口方	金额 (亿美元)	份额 (%)	增长率 (%)
1	中国	1 2020	9.6	−16	1	美国	16 040	12.7	−26
2	德国	11 210	9.0	−22	2	中国	10 060	8.0	−11
3	美国	10 570	8.5	−18	3	德国	9 310	7.4	−21
4	日本	5 810	4.7	−26	4	法国	5 510	4.4	−22
5	荷兰	4 990	4.0	−22	5	日本	5 510	4.4	−28
6	法国	4 750	3.8	−21	6	英国	4 800	3.8	−24
7	意大利	4 050	3.2	−25	7	荷兰	4 460	3.5	−23
8	比利时	3 700	3.0	−22	8	意大利	4 100	3.2	−26
9	韩国	3 640	2.9	−14	9	中国香港	3 530	2.8	−10
10	英国	3 510	2.8	−24	10	比利时	3 510	2.8	−25
前十名合计		64 250	51.5	—	前十名合计		66 830	53	—
世　界		124 610	100.0	−23	世　界		126 470	100.0	−23

资料来源:WTO《2012 世界贸易报告》。

　　2011 年,随着世界经济危机的阴影淡去,世界各国进出口贸易也开始复苏。从总量上看,2011 年中国进出口排名依然没有发生变化。中国以进出口总额 36 420 亿美元居于第二位(见表 13-2)。

表 13-2　2011 年世界货物贸易前十大出口方和进口方

名次	出口方	金额（亿美元）	份额（%）	增长率（%）	名次	进口方	金额（亿美元）	份额（%）	增长率（%）
1	中国	18 990	10.4	20	1	美国	22 650	12.3	15
2	美国	14 810	8.1	16	2	中国	17 430	9.5	25
3	德国	14 740	8.1	17	3	德国	12 540	6.8	19
4	日本	8 230	4.5	7	4	日本	8 540	4.6	23
5	荷兰	6 600	3.6	15	5	法国	7 150	3.9	17
6	法国	5 970	3.3	14	6	英国	6 360	3.5	13
7	意大利	5 550	3.0	19	7	荷兰	5 970	3.2	16
8	比利时	5 230	2.9	17	8	意大利	5 570	3.0	14
9	俄罗斯	5 220	2.9	30	9	韩国	5 240	2.9	23
10	比利时	4 760	2.6	17	10	中国香港	5 110	2.8	16
前十名合计		90 100	49.4	—	前十名合计		96 560	52.5	—
世　界		182 150	100.0	19	世　界		183 800	100.0	19

资料来源：WTO.2012 世界贸易报告.

2012 年年底，中国的贸易伙伴多达 220 多个，遍及世界上几乎每一个角落，全年货物进出口总额为 38 667.6 亿美元，比上年增长 6.2%。其中出口 20 498.3 亿美元，增长 7.9%；进口 18 178.3 亿美元，增长 4.3%；贸易顺差 2 311 亿美元，扩大 48.1%。2012 年中国的贸易总额首次超过美国，成为世界上贸易规模最大的国家。

二、中国服务贸易

20 世纪 80 年代以来，随着国际分工的深入发展，国际服务贸易异军突起，发展速度呈现超过国际货物贸易的趋势，并成为衡量一国国际竞争力的一项重要标准，在世界各国经济发展中所起的作用明显加大，越来越受到各国的重视。根据 WTO 的统计，2011 年世界服务贸易总额为 80 150 亿美元，其中出口为 41 500 亿美元，进口为 38 650 亿美元。国际服务贸易已经成为当今国际贸易的一项重要内容。可以预见，服务贸易也将成为中国参与国际经济与合作的重要领域。

（一）国际服务贸易发展

1.国际服务贸易规模不断扩大,其增长速度快于国际货物贸易增长速度

20世纪70年代以来,由于国际分工深化,产业结构不断调整,科技革命加剧以及跨国公司崛起,国际服务贸易以高于国际货物贸易的增长速度迅猛发展。1980—2000年,货物贸易年均增长率为6%左右,而服务贸易则以每年8%的速度增长。服务贸易的快速增长不仅体现在速度上,还体现在总量的增加上。2008年,全球服务贸易出口额为3.7万亿美元,同2007相比增长11%。其中,增长速度最快的是交通运输类,增长率高达16%;其次是旅游类,增长10%,其他服务类也增长了11%。包括金融服务在内的其他服务出口额占全球服务贸易出口的比重为51%,而旅游和交通运输类则各占四分之一,其中旅游类出口占比为25%,而交通运输类出口占比23%。受2008年金融危机的影响,2009年世界服务贸易出口增长率比2008年下降11%,其中交通运输下降最为严重,下降了23%(见表13-3)。2010和2011年,随着世界经济逐渐恢复,服务贸易迅速增长。

表 13-3　1990—2011 年世界服务贸易出口增长率

单位:%

年　份	服务贸易	交通运输	旅游业	其他商业服务
1990—1995	8	6	9	10
1995—2000	5	3	3	7
2000—2005	12	13	9	14
2005—2011	9	7	7	10
2009	−11	−23	−9	−7
2010	10	15	9	8
2011	11	8	12	11

资料来源:WTO.2012 世界贸易报告.

2.国际服务贸易领域不断拓宽,新兴服务贸易发展尤为迅速

信息技术的飞速发展,一方面改造着所有传统的服务业,另一方面使新的服务层出不穷。这一趋势深刻地影响着服务贸易的发展。信息技术被誉为服务革命的开路先锋,它的应用不仅带来了服务质量的明显改善,而且也增强了服务活动及其过程的可贸易性,使新的服务贸易门类不断产生,新兴服务贸易的发展速度大大超过了传统服务贸易的发展速度。

3.国际服务贸易发展不平衡,发达国家在国际服务贸易中占有绝对优势

虽然国际服务贸易发展迅速,并且呈现多元化发展趋势,然而其发展极不平衡,发达国家在国际服务贸易中一直处于绝对优势。在 2008 年服务贸易额世界排名中,居前 10 位的除中国以外,其他均为发达国家,其服务贸易额占世界服务贸易总额的近六成。美国无疑是当今世界服务贸易的超级大国,一国独占世界份额约 14%。此外,欧盟、日本等经济体也是服务贸易最重要的供应者和需求者。从贸易平衡看,发达国家在服务贸易中长期是顺差,而大部分发展中国家长期为逆差。

发达国家和发展中国家的服务贸易,不仅在发展水平上有相当的差距,而且在服务贸易结构上也不同。发达国家主要输出技术、知识和资本密集型服务,而发展中国家则主要发展劳动密集型服务,劳动力输出是其最主要的服务贸易方式。

4.国际服务贸易自由化不断推进,但其程度远不如国际货物贸易

乌拉圭回合达成的《GATS》,在很大程度上推进了世界服务贸易的自由化进程。它不仅要求成员方遵守市场开放的具体承诺,还要求成员方保证各项贸易措施具有透明度、公正性、统一性。从总体上讲,在 WTO 的框架下,世界服务贸易正在不断地向自由化迈进。但由于发达国家和发展中国家的服务业及国际服务贸易发展水平具有较大差距,加上服务市场的开放会涉及国家主权与安全、政治与文化等敏感问题,因此,国际服务贸易市场显示出很强的垄断性。由于服务业的这种垄断性、敏感性和发展的不平衡性,为了自身利益,无论是发展中国家还是发达国家都以种种理由和方法,对服务贸易实行不同程度的贸易保护主义政策和措施,使国际服务贸易领域的保护程度远远超过了国际货物贸易领域。

(二)中国服务贸易的国际地位

在确立货物贸易大国地位的同时,中国服务贸易也蓬勃发展。加入WTO 后,中国服务业对外开放程度进一步加大。与货物贸易一样,服务贸易发展速度超过同期世界平均增速,在世界贸易中的地位不断上升。

2008 年,美国服务贸易出口额为 5 220 亿美元,同 2007 年相比增长10%,位列世界第一,占世界服务贸易总额的比重为 14%。英国服务贸易出口额为 2 830 亿美元,占比 7.6%,位居世界第二。2008 年分列第三到第五位世界服务贸易出口大国的是德国、法国和日本,其中德国服务贸易出口总额为2 350 亿美元,占比 6.3%;法国出口总额为 1 530 亿美元,占比 4.1%;日本则以 1 440 亿美元的服务贸易出口额取代了西班牙,成为世界第五大服务贸易

大国,占比 3.9％。中国服务贸易出口额为 1 370 亿美元,位居世界第七,占世界服务贸易出口总额的比重为 3.7％。印度则以 1 060 亿美元的服务贸易出口额成为世界第九大服务贸易出口大国,占比 2.8％。此外,荷兰取代爱尔兰成为世界第十大服务贸易出口国。在进口方面,美国仍保持着世界第一大服务贸易进口国的地位,进口额为 3 640 亿美元,同 2007 年相比增长 7％,占全球服务贸易进口总额的比重为 10.5％。德国位居第二,进口额为 2 850 亿美元,占比 8.2％。位居第三到第五位的服务贸易进口大国分别为英国、日本和中国。其中,英国服务贸易进口额为 1 990 亿美元,占比 5.7％;日本进口 1 660 亿美元,占比 4.8％;中国进口 1 520 亿美元,占比 4.4％。2008 年世界十大服务贸易进口国排名唯一的变化是韩国取代了荷兰,成为第十大世界服务贸易进口国,荷兰则屈居第十一位。

2011 年,美国服务贸易出口额为 5 780 亿美元,同 2010 年相比增长 11％,位居世界第一,占世界服务贸易出口总额的比重为 13.9％(见表 13-4)。英国服务贸易出口额为 2 740 亿美元,占比 6.6％,位居世界第二。2011 年分列第三到第五位世界服务贸易出口大国的是德国、中国和法国,其中德国服务贸易出口总额为 2 530 亿美元,占比 6.1％;法国出口总额为 1 610 亿美元,占比 3.9％;中国则以 1 820 亿美元的服务贸易出口额取代了法国,成为世界第四大服务贸易大国,占比 4.4％。在进口方面,美国仍保持着世界第一大服务贸易进口国的地位,进口额为 3 910 亿美元,同 2010 年相比增长 6％,占全球服务贸易进口总额的比重为 10.1％。德国位居第二,进口额为 2 840 亿美元,占比 7.3％。位居第三到第五位的服务贸易进口大国分别为中国和英国、日本。其中,中国进口 2 360 亿美元,占比 6.1％,超过英国和日本,排名第三。英国服务贸易进口额为 1 710 亿美元,占比 4.47％;日本进口 1 650 亿美元,占比 4.3％。

表 13-4　2011 年世界服务贸易前十大出口国和进口国

名次	出口国	金额 (亿美元)	份额 (％)	增长率 (％)	名次	进口国	金额 (亿美元)	份额 (％)	增长率 (％)
1	美国	5 780	13.9	11	1	美国	3 910	10.1	6
2	英国	2 740	6.6	11	2	德国	2 840	7.3	8
3	德国	2 530	6.1	9	3	中国	2 360	6.1	23
4	中国	1 820	4.4	7	4	英国	1 710	4.4	7
5	法国	1 610	3.9	11	5	日本	1 650	4.3	6

续表

名次	出口国	金额 (亿美元)	份额 (%)	增长率 (%)	名次	进口国	金额 (亿美元)	份额 (%)	增长率 (%)
6	印度	1 480	3.6	20	6	法国	1 410	3.6	7
7	日本	1 430	3.4	3	7	印度	1 300	3.4	12
8	西班牙	1 410	3.4	14	8	荷兰	1 180	3.1	12
9	荷兰	1 280	3.1	11	9	意大利	1 150	3.0	5
10	新加坡	1 250	3.0	12	10	爱尔兰	1 130	2.9	6
前十大国家		21 330	51.4	—	前十大国家		18 640	48.2	—
世界		41 500	100.0	11	世界		38 650	100.0	10

资料来源:WTO.2012世界贸易报告.

2012年,在世界经济低迷,市场需求不旺的情况下,中国的服务贸易以"稳中求进"为目标,以管理、服务和促进为核心,采取积极措施,取得显著成效。一是服务贸易规模稳步扩大,外贸占比进一步提高。据国家外汇管理局统计,2012年中国服务贸易进出口总额比上年增长12%,达到4 715亿美元。服务贸易占我国对外贸易总额的比重达到10.86%,较上年提高约1.1个百分点。二是服务进口增长快于出口,贸易逆差继续扩大。2012年中国服务贸易出口额为1 910亿美元,比上年同期增长4.5%;进口达到2 805亿美元,增长17.8%。贸易逆差额高达896亿美元,比上年增长62.3%,创历史新高。三是高附加值服务出口增长较快,服务贸易结构逐步优化。2012年,金融、计算机和信息、咨询和广告等服务的出口增长迅速,四项服务贸易的出口额分别较上年增长75%、18.8%、18%和17.5%。贸易顺差有逐年增长的趋势,四项服务贸易的顺差额分别为2亿美元、107亿美元、134亿美元和20亿美元,分别比2011年增长了100%、28.9%、36.7%和66.7%。保险服务、专有权利使用费和特许费占比虽小,但出口增幅显著。四是承接服务外包持续较快增长,吸纳就业作用明显。据商务部统计,1—11月我国共签订服务外包合同12.5万份,合同金额517.9亿美元,同比增长38.2%。截至2012年11月底,中国共有服务外包企业2万多家,从业人员418万人,其中大学(含大专)以上学历284.7万人,占总数的68.1%。五是"走出去"步伐加快,出口增幅提高。2012年,中国对外承包工程业务完成营业额1 166亿美元,同比增长12.7%;新签合同额1 565.3亿美元,同比增长10%。2012年1—10月,我国核心文化产品出口212.62亿美元,同比增长42.9%。

2002—2012 年的 11 年间,中国服务贸易年均增长 20%。特别是 2005 年以后的增长速度更快。2005 年和 2008 年服务贸易的增长速度超过 30%,2007 年、2009 年和 2011 年的增长率也均超过 20%。但总体而言,中国服务贸易与货物贸易的国际地位还不相称,我国服务贸易起点低、底子薄,服务贸易出口仍以运输、旅游、商业等传统劳动密集型行业为主,技术和知识密集型的新兴服务业仍处于初级发展阶段,总体水平与发达国家相比差距较大,国际竞争力仍然较弱,服务贸易有待进一步发展。

第三节　中国对外贸易的方式

一、对外贸易方式概述

贸易方式是指国际贸易中买卖双方采用的具体做法。在对外贸易中,每一笔交易都要通过一定的贸易方式来进行。买卖双方在交易过程中根据商品的特点和各自贸易的习惯,协商确定。

当前,在国际贸易中存在各种各样的贸易方式,各种贸易方式可以单一采用,也可结合进行。随着国际贸易的发展,新的贸易方式不断涌现。在特定地点进行的贸易方式,主要有商品交易所、国际拍卖、招标与投标、国际博览会等。较为灵活的贸易方式是单纯的商品购销方式。复合购销方式是在商品购销中增加了其他条件,如代理、包销、定销、寄售、补偿贸易、易货贸易、加工贸易、租赁贸易等。由于许多发展中国家外汇支付能力不强,采取补偿贸易、易货贸易、来料加工、来件装配等日益普遍。近年来,我国为了扩大对外开放,针对不同的交易对象、不同的商品,灵活采用了国际上各种通行的贸易方式。

二、中国对外贸易方式的结构

对外贸易方式结构是指各种贸易方式在一国对外贸易方式中所占的比重(地位)及其相互联系(关系)。改革开放以来,我国对外贸易方式主要由一般贸易和加工贸易构成,其他贸易所占比重很小。加工贸易在我国对外贸易中的地位尤其重要。

(一)一般贸易和加工贸易的定义

传统意义的一般贸易指的是单纯或绝大部分使用本国资源和材料进行生产和出口的贸易方式。

加工贸易是一国通过进口原料、零件,利用本国的生产能力和技术,加工成成品后再出口,从而获取相应的利润。加工贸易是以加工为特征的再出口业务,方式多种多样,常见的加工贸易方式有:

1. 进料加工

进料加工指我国企业购入国外的原材料、零件等,利用本国的生产能力和技术,加工成成品后,销往国外市场。这类业务中,经营的企业以买主的身份与国外签订成品的出口合同,两个合同是两笔独立的交易。进料加工的企业要承担价格风险和成品的销售风险。

2. 来料加工

来料加工指国外委托方提供原料,由国内加工方按照双方商定的质量、规格、款式将原料加工为成品,交付给委托方,收取加工费。在这种加工方式中,加工方的价格风险和销售风险较小,但加工利润一般很低;如果委托方只提出式样、规格等要求,由加工方使用当地的原、辅料进行加工生产,则称为"来样加工"。

3. 装配业务

装配业务指由国外委托方提供装配成品所需设备、技术和有关零配件,由受托方装配为成品后交货。来料加工和来件装配业务也包括两部分贸易:一是进口原料,二是出口成品。但这是一笔贸易的两个方面,而不是两笔交易。原材料的提供者和成品的接受者是同一家国外企业,交易双方是委托加工关系。

4. 协作生产

协作生产指国外一方提供部分配件或主要部件,由国内企业利用本国生产的其他配件组装加工成成品出口。协作生产的成品一般由国外方销售全部或大部分,也可规定由第三方销售。

(二)中国对外贸易方式的构成

我国贸易方式的显著特点是加工贸易在对外贸易中占有很大的比重,且比重不断上升。与加工贸易相对应,一般贸易的比重不断下降,由原来的绝对主导地位变为低于加工贸易。1986 年,在我国出口贸易中,一般贸易的比重为 81.1%,而到了 2004 年该比重仅为 44.1%,相当于 1986 年的 1/2(见表 13-5)。相反,加工贸易成为我国第一大贸易方式。2010 年加工贸易占我国对外贸易的 46.9%。其他贸易方式近几年所占的比重略有上升,但是绝对量仍然很少。同期,中国的进口贸易构成和出口贸易构成大致呈现相同的趋势,即一般贸易方式所占的比重在下降,从 1986 年的 82.1% 下降到 2010 年的 55.1%。加工贸易的比重从 1986 年的 15.6% 上升到 2010 年的 29.9%。在进口贸易方式中,外商投资设备进口等其他贸易方式所占比重从 1986 年的 2.3%上升到 2010 年的 15%,但是整体上仍处于从属地位。

表 13-5 我国主要贸易方式的进出口额占总进出口额的比重

单位:%

年份 \ 类别	出 口			进 口		
	一般贸易	加工贸易	其他	一般贸易	加工贸易	其他
1986	81.1	18.6	0.3	82.1	15.6	2.3
1990	57.1	41.0	1.9	49.1	35.2	15.7
1992	51.4	46.6	2.0	41.7	39.1	19.2
1993	50.7	48.2	1.1	41.2	35.0	23.8
1994	50.9	47.1	2.0	33.2	41.4	25.4
1995	48.1	49.5	1.4	32.8	44.2	23.0
1996	41.6	55.8	1.9	28.3	44.9	26.8
1997	42.7	54.5	2.8	17.4	49.3	23.3
1998	40.4	46.8	2.8	31.2	48.9	19.9
2002	41.8	55.3	2.9	43.7	41.4	14.9
2004	44.1	55.3	0.6	44.2	39.5	16.3
2005	41.3	54.7	4.0	42.4	41.5	16.1
2006	43.0	52.7	4.3	42.1	40.6	17.3
2007	44.2	50.7	5.1	44.8	38.5	16.7
2008	46.4	47.3	6.3	50.5	33.4	16.1
2009	44.1	48.8	5.5	53.1	32.1	14.8
2010	45.7	46.9	7.4	55.1	29.9	15.0

资料来源:《中国对外经济贸易统计年鉴》(1987—2011)。

(三)中国对外加工贸易

1. 加工贸易的发展

1978 年 8 月,在广东珠海签订的第一份来料加工合同,拉开了我国开展加工贸易的序幕。加工贸易从 1996 年首次占据我国对外贸易 50%之后,这一地位已经延续至今。2007 年,加工贸易总额为 3 021.6 亿美元,其中,出口为 1 799.4 亿美元,进口为 1 222.2 亿美元。出口加工贸易占总出口额的

55.3％,而进口加工贸易占进口总额的41.4％。2010年,加工贸易总额为
11 577亿美元,其中,出口为7 403亿美元,进口为4 174亿美元。出口加工贸
易占总出口额的46.9％,而进口加工贸易占进口总额的29.9％。表13-6为
中国加工贸易占对外商品贸易的比重。

表13-6　1980—2010年中国加工贸易占对外商品贸易的比重

年份	对外商品贸易额(亿美元)	加工贸易额(亿美元)	比重(％)
1980	381.4	16.7	4.4
1981	440.2	24.8	5.6
1982	416.2	35.2	8.3
1983	436.1	42.2	9.5
1984	535.3	58.4	10.8
1985	696.0	75.4	10.7
1986	738.4	123.2	16.6
1987	826.5	191.9	23.2
1988	1 028.0	288.5	28.0
1989	1 116.8	361.6	32.3
1990	1 154.4	441.9	38.2
1991	1 356.3	574.9	42.4
1992	1 655.3	711.5	42.9
1993	1 957.1	806.2	41.1
1994	2 367.3	1 045.5	44.2
1995	2 808.5	1 320.8	47.0
1996	2 899.0	1 466.1	50.6
1997	3 251.6	1 698.1	52.3
1998	3 239.3	1 730.4	53.4
1999	3 606.5	1 844.6	51.1
2000	4 743.0	2 302.0	48.5
2001	5 096.5	2 414.1	47.4

续表

年份	对外商品贸易额(亿美元)	加工贸易额(亿美元)	比重(%)
2002	6 207.7	3 021.3	48.7
2003	8 509.9	4 047.6	47.6
2004	11 545.5	5 496.6	47.6
2005	14 219.1	6 904.8	48.6
2006	17 604.0	8 318.3	47.3
2007	21 737.3	9 860.4	45.4
2008	25 616.3	10 535.8	41.1
2009	22 072	9 093	41.2
2010	29 728	11 577	38.9

资料来源:根据历年《中国统计年鉴》和《中国对外经济贸易统计年鉴》计算。

我国改革开放初期,国民经济和进出口贸易发展水平较低,而当时发达国家将一些劳动密集型产业向发展中国家和地区转移的贸易机会很多,一些新兴工业国家通过发展加工贸易使经济起飞的成功经验,促使我国政府下决心大力发展加工贸易,经过 30 多年的稳步发展,今天加工贸易在我国经济中发挥着日益重要的作用。

2.加工贸易的积极作用

(1)推动我国经济和外贸的快速发展

外贸出口(包括加工贸易出口)是拉动中国经济快速发展的"三大马车"之一。中国从贸易小国跃升为位居世界前列的贸易大国,与我国加工贸易长足发展密不可分。

(2)发挥我国比较优势

加工贸易利用了我国具有比较优势的资源——劳动力,与国外优势资源配件、加工设备和技术相结合,加工成产品后再出口到国际市场。

(3)是利用外资的重要方式

我国政府鼓励外资从事加工贸易,并给予了政策优惠。加工贸易的投资经营主体是外商投资企业。通过接受外商投资的加工贸易,我国承接了发达国家和新兴工业化国家转移的劳动密集型产业。在进行加工贸易的过程中,我国企业学到了国外先进的管理模式,增长了管理经验,为我国企业的发展积蓄了条件。

（4）促进产业结构和贸易结构调整以及技术升级

在我国宏观产业结构调整上，加工贸易的技术转让促进了我国加工制造业的发展，有利于解决我国轻重工业发展长期失衡的问题。我国加工贸易不再局限于劳动密集型产业，开始涉及资本、技术密集型产业乃至高新技术产业。同时，也推动了出口商品结构的调整和工业制成品出口比重的上升。此外，加工贸易的技术转让推动了我国纺织、电子、机械、家电、IT 等行业的技术进步，使相关行业的技术、工艺和生产水平明显提高，在国际市场上的竞争力不断增强。

3. 加工贸易中存在的问题

（1）造成我国外贸依存度过高，使我国外贸出口潜在风险较大

当前我国外贸依存度已超过 50%，原因之一就是，我国加工贸易是典型的大进大出模式。近年来，我国较高的经济增长率中相当大的成分是由进出口数量扩张构成的，这是一种具有潜在风险的状况，在市场开放和贸易投资自由化的过程中，我国经济要保持稳定增长，就需要承受国际经济波动的冲击。

（2）不利于带动国内产业结构的升级

加工贸易是我国利用外资的重要形式，但在加工贸易，特别是来料加工中，外商投资企业完全掌握市场和销售渠道，控制关键技术，把技术和产品的开发能力大多留在境外，我国企业只参与简单的加工装配环节。此外，有些外商投资企业将技术水平低、环境污染严重的产品转移到我国生产，给我国的环境造成不利的影响。加工贸易以外商投资企业而非国内企业为经营主体的格局，造成我国原有的工业基础和技术基础不能充分发挥作用，阻碍了国内工业生产和一般贸易的升级及产业调整。

（3）存在海关监管问题

由于我国加工贸易的基本政策是对进口原料和零部件实行免税政策，在我国进口关税较高的情况下，借加工贸易的名义进口原料和零部件，加工为成品后在国内市场销售，这种做法实际上是偷逃税款，导致国家税收的大量流失，同时也对国内相关行业造成了巨大的压力，造成了不平等的市场竞争。

由于加工贸易种类繁杂，涉及众多企业，海关的监管工作量大面广。虽然海关的监管工作有了很大改进，但加工贸易方面的偷逃税事件仍然时有发生。

（4）造成虚假的贸易顺差

加工贸易加剧了我国与发达国家之间的贸易摩擦，其主要原因是我国加

工贸易的进口原料主要来自东南亚国家,出口市场主要在美国、欧洲、日本等。当成品出口到美国和欧盟时,对方将成品全部价值统计为中国出口,没有减去这些成品中的进口成分,故而在同中国的贸易中出现巨额逆差。但对中方来说,这实际是一种虚假的出口额和顺差,如果在加工贸易的成品中减去进口的原料和零部件的价值,实际出口额和顺差就没有这么大了。

另外,美欧等一些国家和地区对加工贸易产品原产地的认定规则与WTO 的原产地规则不完全一致。我国加工贸易产品出口有相当一部分是通过我国香港或其他国家和地区转到美国、欧洲等市场的,但这些国家依据本国的原产地规则,将经我国香港等地转到我国内地,在内地加工后出口的产品都算作我国的出口,夸大了我国的出口规模和顺差。

第四节 中国对外贸易与经济增长

在以开放为基本趋势和特征的当今经济社会中,对于对外贸易与经济增长之间相互关系的研究越来越成为经济学领域中一个重要的研究课题。改革开放以来,中国的经济和贸易都得到了迅速的发展,特别是 20 世纪 90 年代之后,我国国民经济保持持续较快增长,对外贸易在国民经济发展中的作用越来越重要。

一、中国对外贸易与经济增长概况

新中国成立以来,中国的经济实力有了很大的提高。1952 年,我国的国内生产总值仅为 679 亿元,到 2012 年,我国国内生产总值已达 519 322 亿元,是 1952 年的 764.8 倍,实际年平均增长速度为 13%,在这样较长的时期内保持如此之高的经济增长率,令世界各国感到震惊。随着国家经济水平的不断提高,我国居民的收入也随之提高,2012 年我国人均国内生产总值为 38 354 元,比 1952 年的 118 元提高了 325 倍,实际年均增速为 9.2%。与此同时,我国参与国际分工的程度也得到较为明显的发展。2012 年,我国外贸进出口总值 38 667.6 亿美元,比上年增长 6.2%。其中出口 20 498.3 亿美元,增长 7.9%;进口 18 178.3 亿美元,增长 4.3%;贸易顺差 2 311 亿美元,扩大 48.1%。中国进出口总额为 38 667.6 亿美元。2012 年中国的贸易总额首次超过美国,成为世界贸易规模最大的国家。

表 13-7　1990—2012 年中国对外贸易和 GDP 的增长

年份	进出口总额 （亿美元）	增长率 （%）	GDP （亿元）	GDP 增长率 （%）	人均 GDP （元）
1990	1 154.4	3.40	18 667.8	9.86	1 644
1991	1 357.0	17.55	21 781.5	16.68	1 893
1992	1 655.3	21.98	26 923.5	23.61	2 311
1993	1 957.0	18.23	35 333.9	31.24	2 998
1994	2 366.2	20.91	48 197.9	36.41	4 044
1995	2 808.6	18.70	60 793.7	26.13	5 046
1996	2 898.8	3.21	71 176.6	17.08	5 846
1997	3 251.6	12.17	78 973.0	10.95	6 420
1998	3 239.5	−0.37	84 402.3	6.87	6 796
1999	3 606.3	11.32	89 677.1	6.25	7 159
2000	4 742.9	31.52	99 214.6	10.64	7 858
2001	5 096.5	7.46	109 655.2	10.52	8 622
2002	6 207.7	21.80	120 332.7	9.74	9 398
2003	8 509.9	37.09	135 822.8	12.87	10 542
2004	11 545.5	35.67	159 878.3	17.71	12 336
2005	14 219.1	23.16	183 217.4	10.4	14 053
2006	17 604.0	23.81	211 923.5	11.6	16 165
2007	21 737.3	23.48	249 529.9	13.0	18 934
2008	25 616.0	17.80	300 670.0	9.0	22 640
2009	22 072	−13.9	335 353	8.7	25 575
2010	29 728	34.7	397 983	10.3	29 524
2011	36 418	22.5	472 115	7.7	35 181
2012	38 667	6.2	519 322	7.8	38 354

资料来源：根据《中国统计年鉴》（2012 年）及国家统计局官方网站相关数据计算。

二、中国对外贸易与经济增长的相互关系

改革开放以来，中国在经济增长、对外贸易发展等方面都取得了举世瞩目的成就，二者相互促进、相辅相成的关系，在总量变动和结构变动方面，都可得到印证。

1.从总量上来看,对外贸易是拉动经济增长的重要因素

改革开放以来,我国的对外贸易发展取得了举世瞩目的成就,对外贸易以高于国内生产总值的速度增长,成为拉动国民经济增长的主要因素之一。

中国对外贸易发展与经济增长运行轨迹的趋势基本一致。即当经济发生波动时,对外贸易也随之发生波动。经济高速增长的同时,往往伴随着对外贸易的快速发展,而当经济增长速度放缓时,对外贸易的发展也往往不景气。这一点在 GDP 与进出口总额及进口运行轨迹中表现得尤为显著。在 1978—2012 年间,国民经济与对外贸易总体上呈逐年增长趋势,显现出较为密切的依存关系。这与学术界对战后经济发展较快的韩国、新加坡、马来西亚等国经济发展的观察结果是一致的,在一国经济发展的低级阶段或经济发展的“起飞阶段”,对外贸易与国民经济依存关系的曲线是上扬的。

总之,在开放经济条件下,一国经济总量的增长离不开对外贸易。我国自改革开放以来,通过发展对外贸易,在充分利用国内、国外两种资源,改善国内资源配置,推进经济发展等方面,已取得了举世瞩目的成就,我国国内生产总值和对外贸易增长具有高度的相关性,对外贸易是经济增长的重要动力。

2.从结构上来看,对外贸易结构变化极大地促进了我国经济增长总量的扩张和质量的提高

改革开放以来,我国的对外贸易结构发生了巨大的变化,我国已逐步发展为以工业制成品为主,高新技术产品所占比重迅速上升的贸易大国,对外贸易产品结构得到了明显的优化和提升,并对提高经济增长的质量和效益发挥了显著作用。

(1)出口商品结构变化对我国经济增长的影响

表 13-8 展示了 1980—2011 年我国出口商品结构。

表 13-8 1980—2011 年中国出口商品结构

单位:%

年份	初级产品	工业制成品	机械及运输设备 (占工业制成品的比重)
1980	50.3	49.7	4.7
1985	50.6	49.4	2.8
1990	25.6	74.4	9.0
1991	22.5	77.5	9.9
1992	20.0	80.0	15.6

续表

年份	初级产品	工业制成品	机械及运输设备（占工业制成品的比重）
1993	18.2	81.8	16.7
1994	16.3	83.7	18.1
1995	14.4	85.6	21.1
1996	14.5	85.5	23.4
1997	13.1	86.9	23.9
1998	11.2	88.8	27.3
1999	10.2	89.8	30.2
2000	10.2	89.8	33.1
2001	9.9	90.1	35.7
2002	8.8	91.2	39.0
2003	7.9	92.1	42.8
2004	6.8	93.2	45.2
2005	6.4	93.6	46.2
2006	5.5	94.5	47.1
2007	5.1	94.9	47.4
2008	5.4	94.6	47.1
2009	5.3	94.7	49.1
2010	5.2	94.8	49.5
2011	5.3	94.7	47.5

资料来源：根据历年《中国统计年鉴》及国家统计局网站相关数据计算。

从表13-8可以看出，自1980年到2011年间，我国出口商品中工业制成品所占比重由49.7％上升到94.7％，上升了45个百分点。初级产品出口所占比重由50.3％下降到5.3％，我国已由一个初级产品出口与工业制成品出口并重的贸易小国发展成为一个工业制成品出口占90％以上的贸易大国。与此同时，工业制成品的内部结构也发生了很大的变化，呈日益高级化发展趋势。这可由技术密集的机械及运输设备类产品出口占对外出口总额的比重大幅上升来说明。从表13-8可以看出，我国机械及运输设备出口占工业制成品出口的比重由 1980 年的 4.7% 上升到 2011 年的 47.5%，上升了近 45 个百分点。

由以上分析可知，改革开放 30 多年来，我国的出口商品结构发生了巨大的变化，从以出口资源密集型产品为主逐渐转向以出口劳动密集型产品为主，出口商品结构不断优化。出口结构升级通过作用于生产结构以及作用于出口总量两方面，实现对经济增长的贡献。

第一，出口结构转换提升生产结构。出口结构的转换一方面是生产结构转换的结果，另一方面又是生产结构转换的外部刺激，会反过来带动生产结构的优化和调整。以我国工业为例，从 1980—2010 年间，纺织品在生产结构和贸易结构中的比重都有所下降，并且纺织品在出口结构中的比重下降快于其在生产结构中的比重下降；而钢及一般金属品、机械和运输设备等在生产结构和出口结构中的比重都呈现上升趋势，并且在出口结构中的比重上升快于在生产结构中的比重上升。这说明在经济中地位变化较剧烈的产业，无论是迅速增长、比重提高的产业，还是退化的"夕阳"产业，出口结构转换都比生产结构转换得快，可见出口结构对于生产结构的牵引作用，而生产结构的转换升级可为经济增长提供更广阔的空间。

第二，出口结构转换扩大出口总量规模。出口商品结构的优化，有利于出口总额的增加，而出口本身就是国内生产总值的组成部分，因此出口结构优化可促进经济增长。同时出口结构优化对出口总量的扩张作用，可使出口创汇增加。1978 年我国的外汇总额累计只有 1.67 亿美元，出口的快速增长，使我国外汇储备规模急剧扩大，2012 年年末，国家外汇储备余额为 33 116 亿美元，成为世界第一大外汇储备国。出口创汇有效解决了我国经济建设中资金不足的问题，弥补了资金缺口，增强了进口能力，这对解除制约我国经济增长的资源和技术瓶颈发挥着不可估量的作用，极大地促进了我国经济总量的扩张。

(2)进口商品结构变化对我国经济增长的影响

从我国进口商品结构来看，改革开放以前，在中国进口总额中，初级产品比重比较高，粮食等基本食品的进口占有很大的比重，最高时达 26% 的水平。改革开放以后，食品及主要供食用的活动物占进口总额的比重显著下降（见表13-9），非食用原料占进口总额的比重近年来保持稳定，资本品的进口已经占有较大的比重。

表 13-9　1980—2011 年中国进口商品结构

单位:%

年份	初级产品	食品及主要供实用的活动物	非食用原料	工业制成品	机械及运输设备
1980	34.8	14.6	17.8	65.2	25.6
1985	12.5	3.7	7.7	87.5	38.4
1990	18.5	6.3	7.7	81.5	31.6
1991	17.0	4.4	7.8	83.0	30.7
1992	16.4	3.9	7.2	83.6	38.9
1993	13.7	2.1	5.2	86.3	43.3
1994	14.3	2.7	6.4	85.7	44.5
1995	18.5	4.6	7.7	81.5	39.9
1996	18.3	4.1	7.7	81.7	39.4
1997	20.1	3.0	8.4	79.9	37.1
1998	16.4	2.7	7.6	83.6	40.5
1999	16.2	2.2	7.7	83.8	41.9
2000	20.8	2.1	8.9	79.2	40.8
2001	18.8	2.0	9.1	81.2	43.9
2002	16.7	1.8	7.7	83.3	46.4
2003	17.6	1.4	8.3	82.4	46.7
2004	20.9	1.6	9.9	79.1	45.0
2005	22.4	1.4	10.6	77.6	44.0
2006	23.6	1.3	10.5	76.4	45.1
2007	25.4	1.2	12.3	74.6	43.1
2008	32.0	1.2	14.7	68.0	39.0
2009	28.8	1.5	14.1	71.2	40.5
2010	31.1	1.5	15.2	68.9	39.3
2011	34.7	1.7	16.3	65.3	36.2

资料来源:根据历年《中国统计年鉴》及国家统计局网站相关数据计算。

从表 13-9 可以看出,改革开放初期,进口在很大程度上是作为弥补国内生活资料不足的一种手段,从而限制了对生产方面的作用,对经济增长的拉动作用因而也受到制约。1980 年,我国初级产品进口额为 69.59 亿美元,占进口总额的 34.8%,其中食品及主要供食用的活动物进口额为 29.27 亿美元,占进口总额的 14.6%;非食用原料进口额为 35.54 亿美元,占进口总额的 17.8%。同年我国工业制成品进口额为 130.58 亿美元,占进口总额的 65.2%,其中机械及运输设备进口额为 51.19 亿美元,占进口总额的 25.6%。

20 世纪 80 年代以来,对外贸易的地位和作用被重新认识和定位,对外贸易作为拉动我国经济增长的一支生力军,不再仅仅是调节余缺的手段。在经济高速增长过程中,资本品的进口越来越多。到 2011 年,我国工业制成品进口额为 11 392.15 亿美元,占进口总额的 65.3%,其中机械及运输设备进口额为 6 305.7 亿美元,占进口总额的 36.2%,进口额相当于 1980 年机械及运输设备进口额的 123.2 倍;同年我国初级产品进口额为 6 042.69 亿美元,仅占进口总额的 34.7%,其中食品及主要供食用的活动物进口为 287.74 亿美元,仅占进口总额的 1.7%,非食用原料进口额为 2 849.23 亿美元,占进口总额的 16.3%。资本品的进口极大地改善了我国国内的生产条件,使得生产效率大幅提高。与此同时,大量机械设备的进口不仅促进了我国工业部门的发展,也实现了对农业及其他一些传统产业的改造,促进了我国产业结构的升级换代。技术的进步和产业结构的升级换代都提高了我国经济增长的质量和效益,增加了经济增长的潜力。

另据海关统计,从 1991 年开始,我国高新技术产品进口在外贸进口中的比重不断上升。2012 年,我国高新技术产品进口总额达 5 067.5 亿美元,同比增长 9.5%。且高新技术产品进口集中在电子技术、计算机与通信技术和计算机集成制造技术领域。这些高新技术产品的进口对于改变粗放型经济增长方式,提高经济增长的质量和效益,保证经济的可持续发展,具有重要的意义。

总之,对外贸易对经济增长的影响不仅仅体现在贸易规模的扩大对经济增长的影响上,更体现在贸易结构的优化对经济增长总量的扩张以及质量的提高上。而且,从长期可持续发展的角度看,后者的影响更为深远。因此,促进对外贸易结构的进一步优化和升级,并在此基础上实现贸易规模的进一步扩大,是使对外贸易真正成为开放经济条件下促进中国经济增长的动力和催化剂的主要途径。

三、中国外贸依存度

中国对外贸易与经济增长运行轨迹的趋势基本一致,或者说是平行的。但是,日本经济学家小岛清认为,从更长时期的经济增长过程来看,如果贸易量的增加同国民经济的增长是平行的,这并不能说明贸易的扩大带动了经济增长,经济增长不一定是贸易的特殊贡献。要揭示贸易对经济增长所起的作用,把贸易量的扩大同国民经济的增长加以对比更为合适。因此,对外贸易依存度的变化趋势可以进一步揭示对外贸易与经济增长的相互关系。

（一）外贸依存度的含义

外贸依存度是指一定时期内(通常为一年)一国对外贸易总额与国内生产总值(GDP)的比值,用于衡量该国经济对国际市场依赖性的高低。外贸依存度可以分为出口依存度和进口依存度。出口依存度即外贸出口额占国内生产总值的比值。进口依存度即外贸进口额占国内生产总值的比值。

（二）外贸依存度的影响因素

一国的外贸依存度水平与以下几个因素有关:

1.经济发展规模

一国的外贸依存度与其经济发展规模存在相反关系。小国经济发展主要受外部市场和外部资金流动的影响,其外贸依存度通常较高。大国经济发展的主要动力来源于国内市场,和小国相比,其外贸依存度也较小。

2.经济发展所处的阶段

根据一国经济发展的工业化程度和经济的产业结构,目前世界各国的经济发展阶段可以分为三种不同的类型:低级阶段、中级阶段和高级阶段。经济发展处于低级阶段的国家对外经济联系较少,出口依存度较低。经济发展到中级阶段的国家,一般是重工业处于整个经济的中心地位,经济发展所需的原料、燃料大部分需要从国外进口,为了平衡进口,这些国家的出口规模相应也会增大,其出口依存度一般较高。到了经济发展的高级阶段,国家的高科技将处于中心地位,产业结构以技术密集型产业为主,通过资本、技术和管理的输出来获取利益,因此,这些国家的出口依存度较低。

3.外贸政策及外贸体制

主张贸易自由化的国家或地区强调最大限度地减少政府对外贸活动的干预,保持国际贸易的充分自由化。对于小国而言,实行自由贸易政策必将导致较高的外贸依存度;大国实行自由贸易政策时,其外贸依存度主要依赖于其他因素。实行保护贸易政策的国家,一般经济实力较弱,同时国内市场不完善,外贸依存度就较小。对于发展中国家而言,如果经济增长更多的是依靠出口推动,而不是依靠国内消费和投资的增长,外贸依存度就高,一旦世界市场发生动荡,特别是在国内出口商品价格下降幅度较大的情况下,国内的经济将会受到严重的影响。然而,如果发展中国家的经济增长过多地依靠国内投资和消费增长,而忽视了出口对经济的促进作用,则该国的经济发展相对缺少国外竞争的推动力,也会产生严重的危害,所以,外贸依存度应当控制在恰当的范围内。

(三)中国外贸依存度的实证分析

1978 年,我国的外贸依存度为 9.74%,其中,出口依存度为 4.60%,进口依存度为 5.14%。而到了 2007 年,外贸依存度为66.82%,其中,出口依存度为 37.45%,进口依存度为 29.37%。从大趋势来讲,我国的外贸依存度呈现出逐步上升的趋势,2007 年的外贸依存度为 1978 年的 7 倍,出口依存度为 9 倍,进口依存度为 7 倍。出口依存度的增长速度高于进口依存度的增长速度,说明在外贸中我国出口的作用越来越显著。

自 2008 年以来,我国外贸依存度有所下降,2012 年在 2011 年的基础上再度回落 3.1 个百分点,回到 50% 以下,为 47%;其中出口依存度为 24.9%,进口依存度为 22.1%,都有所回落(参见图 13-3)。这表明我国加快转变经济发展方式成效显著,我国经济增长正由外需拉动向内需驱动转变。

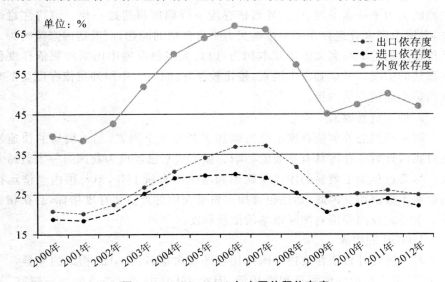

图 13-3 2000—2012 年中国外贸依存度

值得注意的是,当前我国仍处于国际产业分工体系中低端,比较优势仍主要集中在劳动密集型产品和高新技术产品的劳动密集型环节,这说明我国转变经济发展方式依然有较大的潜力空间。可以预见的是,随着我国大力推动落实科学发展观,加快调整经济结构、转变经济发展方式的步伐,我国经济将更多地依靠内需拉动,外贸依存度或将进一步降低。

从图 13-4 来看,2007 年我国的外贸依存度达到了最高值,虽然 2008 年略有下降,但总体来讲,我国外贸依存度较高。但这只是表面现象,实际上我国的外贸依存度存在一定程度的夸大成分。主要因为:

1. 人民币汇率因素

人民币汇率被低估是造成外贸依存度被高估的重要因素。20 世纪 90 年代中期汇率改革之后,人民币汇率长期处于非均衡的状态,实际被低估的人民币汇率造成中国长期的贸易顺差,而被低估的汇率也造成外贸依存度被高估。简单来看,如果人民币汇率均衡水平以购买力平价为参照调整,按采用较多的、国际货币基金组织(IMF)使用的人民币购买力平价 1 美元约等于 2 元人民币计算,以美元计算的中国 GDP(即外贸依存度的分母)将大幅度增加,中国贸易依存度将下降 3 倍。另外,如果人民币向升值方向调整,会对进出口产生影响,在人民币升值后,中国产品在国际上的竞争力将下降,贸易规模,尤其是出口也将有所减少,从而使外贸依存度的分子减少。因此,当人民币汇率调整到购买力平价水平时,中国外贸依存度下降幅度将超过 3 倍。值得注意的是,发展中国家普遍存在汇率按购买力平价低估的问题,而发达国家按购买力平价计算的汇率与名义汇率基本相当,因此大多数发展中国家外贸依存度存在高估的情况。考虑到以上因素,按比较保守的估计,中国外贸依存度受汇率低估影响而被高估一倍。

2. 加工贸易因素

研究我国的外贸依存度不能忽略加工贸易这个因素,加工贸易的快速发展对我国外贸依存度具有重要的影响。加工贸易已经成为我国第一大贸易方式。尽管近年加工贸易的国内采购率和增值率有所上升,但与国内经济运行的联系不很密切。因此,运用包含加工贸易在内的外贸依存度指标,会在相当程度上夸大我国经济对国际市场的依赖程度。

3. GDP 的构成

对一国的外贸依存度进行国际比较还要考虑各国 GDP 构成的差异。一般而言,第三产业的可贸易程度较低,因此,GDP 中第三产业的比重越高,外贸依存度可能越低。反之,GDP 中第三产业的比重越低,外贸依存度可能越高。各国 GDP 结构差异明显,例如,美国第三产业占 GDP 的比重高达 80%左右,日本为 70%左右,而我国第三产业占 GDP 的比重仅为 33%左右。如果不考虑各国 GDP 构成的差异,直接比较各国的外贸依存度,就会影响结论的正确性。

第五节　中国加入 WTO 的历程

2001 年 11 月 10 日，WTO 第四次部长级会议做出决定，接纳中国加入 WTO。这意味着历经 15 年的奋争与期待，中国终于昂首跨入了 WTO 的大门。

一、中国与 GATT 的关系回顾

（一）中国是 GATT 创始缔约方之一

中国是 1947 年 GATT 的 23 个缔约方之一。1949 年中华人民共和国成立后未能取得联合国席位，中国的社会主义计划经济体制也与 GATT 的基本原则不符，所以 GATT 的中国席位仍由台湾当局占据。1950 年，台湾当局退出了 GATT。此后 GATT 的席位一直空着。中华人民共和国政府从未承认这一退出的合法性，因此所谓"退出"的说法是非法的、无效的。不过，在此后的三十多年里，中国断绝了与 GATT 的关系。

（二）中华人民共和国建立后与 GATT 的关系

1971 年 10 月，联合国大会通过了关于恢复中华人民共和国合法席位的第 2758 号决议。决议指出：决定恢复中华人民共和国的一切权利，承认中华人民共和国政府的代表是中国在联合国的唯一合法代表，将蒋介石的代表从其非法占据的联合国及其他一切有关组织的席位中驱逐出去。GATT 按照政治上服从联合国决议的原则，于 1971 年 11 月 26 日终止了台湾当局的"观察员"地位。不久，中国于 1972 年 5 月成为联合国贸发会议和 GATT 下届机构国际贸易中心的成员，中国逐步恢复了与 GATT 的联系。

从 1980 年起，GATT 应中国政府的要求正式向中国常驻联合国日内瓦代表团提供 GATT 文件资料。同年 8 月，中华人民共和国政府官员作为唯一合法代表，出席了国际贸易组织临时委员会执行委员会会议，并履行了选举权，投票选举了该委员会的执行委员，即 GATT 的第三任总干事阿瑟·邓克尔先生。1980—1981 年，我国先后三次派员参加了 GATT 举办的商业政策讲习班，并参加了联合国贸发会议赞助的发展中国家纺织品出口国之间的合作计划，促进中国有效地参加纺织品谈判。1981 年 4 月，中国代表列席了 GATT 纺织品委员会第三个国际纺织品协议的谈判，并于当年 5 月获得了纺织品委员会观察员资格。

（三）中国以观察员身份参加多边谈判

1982 年 9 月,中国政府正式提出申请,要求获得 GATT 观察员资格。同年 11 月,在不损害缔约方利益的前提下,中国第一次派代表团以观察员身份列席了 GATT 第 38 届缔约方全体大会,并与 GATT 秘书处就中国恢复 GATT 缔约方席位等法律问题交换了意见。此后,中国政府代表列席了缔约方全体大会及特别会议。1984 年 1 月,中国正式参加了第二个《多种纤维协议》,并成为 GATT 纺织品委员会的正式成员方。同年 11 月,中国又申请并获准列席 GATT 理事会及其下属机构会议,并参加各项有关活动。

1985 年 4 月,中国成为 GATT 内发展中国家非正式磋商成员方,参加非正式磋商会议。1986 年 7 月 10 日,当时的 GATT 总干事邓克尔先生应邀来华访问,中国政府正式表示,为适应对外开放的需要,中国希望恢复自己在 GATT 中的缔约方地位,此次谈话引起国内外广泛关注。

二、中国复关的谈判历程

从谈判的进展情况看,这一历程大致可分为三个阶段:

（一）第一阶段:谈判顺利阶段（1986 年 7 月—1989 年 6 月）

1987 年 3 月 GATT 成立了中国工作组,负责审议中国的"复关"问题,从此中国复关的谈判历程便开始了。中国工作组的主要职责如下:①审议中国的外贸制度;②草拟关于中国在 GATT 中权利和义务的协定书;③安排中国与 GATT 缔约方进行市场准入谈判;④理事会就中国的 GATT 缔约方地位提出建议报告。

1987 年 10 月 22 日,中国工作组召开了第一次会议。同年 11 月 16 日,中国提交了《中国 GATT 缔约方地位工作组就备忘录所提的答复》。1989 年 2 月,中国工作组第五次会议完成了对中国外贸制度的首次评估,在同年 4 月召开的中国工作组第六次会议上,完成了最终评估。会议还决定在第七次会议上商谈中国"复关"协议书,并且实质性地讨论了中国"复关"的条件。

这一阶段的复关谈判之所以进展顺利,原因有五个方面:一是我国改革开放的进程快于苏联、东欧、波兰等;二是中国提出的改革目标是建立和完善有计划的商品经济,较之原来高度集中的计划经济体制有所改变,西方对此表示满意;三是主要缔约方认为中国的经济改革目标所提出的要价比较适中务实;四是中国与西方国家处于双边政治关系"蜜月期"的最高峰,美欧等急于把中国拉入多边贸易体制,以期为苏联和东欧国家树立一个样板;五是此阶段复关谈判只讨论货物贸易的市场准入问题,而没有涉及知识产权、投资措施和服务市场准入等更为深入复杂的问题。

这一时期,美欧等对中国复关关注的问题主要在于贸易政策的透明度、统一实施关税和非关税减让、价格改革的时间表、非歧视做法、选择性保障条款五个方面,并且认为中国在这五个方面均有突破,因而这一阶段的复关谈判进展比较顺利,可以说基本上接近完成。

(二)第二阶段:停滞阶段(1989 年 6 月—1992 年 2 月)

这一时期复关谈判处于冻结期。致使这一阶段复关谈判陷于停顿的原因主要有:①国内为配合经济治理整顿,采取了一系列行政管理措施,西方国家认为这是中国改革开放的倒退。②中美贸易纠纷不断,如市场准入、知识产权、纺织品非法转口、贸易不平衡等问题。美国仍未摆脱冷战思维,将这些问题与中国复关谈判相挂钩。③乌拉圭回合因美、欧之间农产品政府补贴问题陷入僵局,GATT 无心关注中国复关谈判。④台湾当局于 1990 年元月以"台湾、澎湖、金门、马祖单独关税地区"名义向 GATT 提出了加入申请,并获得美国支持。台湾这个敏感因素卷入了中国复关谈判之中,复关谈判趋向于政治化。⑤西方国家对中国的复关谈判采取了拖延战术和"口惠而实不至"的态度。虽然中国代表团早在 1989 年 11 月就向 GATT 提交了"关于中国外贸制度最近进展情况的说明",特别阐述了改革开放与治理整顿的问题,但西方国家反应冷淡,谈判没有取得任何进展,停滞不前。

(三)第三阶段:重新恢复谈判阶段(1992 年 2 月—1994 年 11 月)

1992 年邓小平南方谈话为中国的复关谈判提供了一个重大转机,"全方位"对外开放以及中共十四大确立了建立社会主义市场经济体制的目标,这为中国的复关谈判注入了全新的动力,从而使 1992 年 2 月到 1992 年 12 月底这一时期迅速转入实质性谈判阶段。此后召开的中国工作组会议从单纯审议外贸制度进入起草加入议定书谈判和双边关税减让谈判双轨并行阶段。

中国对于关税减让作出重大承诺,关税率平均水平由 1992 年的 42% 减至 2001 年的 15.3%(入世前),并且在 2009 年中国入世的降税承诺已基本履行完毕(见表 13-10)。

表 13-10 2002—2009 年中国关税平均水平

单位:%

年份	总体关税水平	工业品平均关税	农产品平均关税
2002 年	12.7	11.7	18.5
2003 年	11.5	10.6	17.4
2004 年	10.6	9.8	15.8
2005 年	10.1	9.3	15.5
2006 年	10.1	9.3	15.5
2007 年	10.1	10.1	10.1
2008 年	10	9.2	15.1
2009 年	9.8	8.9	15.2

资料来源:石广生.中国加入 WTO 法律文件导读[M].北京:人民出版社,2002.

尽管这一时期以美国为首的西方国家不再对中国进行制裁,中国的复关谈判也已恢复,但是西方国家特别是美国的态度却发生了明显的变化,向中国的要价不断提高,先后抛出了中国发展中国家资格问题、政策透明度问题、知识产权保护问题、服务业开放问题等,无视中国经济发展的实际情况和为"复关"所作的努力,把复关谈判作为美国对中国施压的杠杆,"复关"问题政治化倾向日趋严重。中国方面则坚决不同意将非贸易问题纳入谈判,谈判最终于1994 年 11 月 28 日破裂,中国的"复关"未能如愿。

美国对中国"复关"态度的变化,主要原因在于:①以美国为首的西方国家并没有想要恢复中国 GATT 缔约方地位的政治意愿。在一系列谈判过程中,不断出难题,并提出许多非常苛刻的要求。②随着知识产权和市场准入等问题的协商解决,美国认为"复关"谈判是最后一道栏杆,要及时加以利用。③GATT 建立的基础是市场经济体制,直到 1994 年年底,中国的市场经济体制仍不健全,仍然存在着许多不利于经济发展、与市场经济国家不协调的因素。④1994 年中国政府做出要成为 WTO 创始成员方的决定,客观上为美国等发达国家提高"复关"要价提供了心理预期。

复关谈判于 1994 年年底受挫后,在中国工作组主席以多边形式的多次敦促下,1995 年 5 月和 7 月两次启动了非正式磋商,但均未能取得实质性进展。1995 年 6 月 3 日,中国成为 WTO 的观察员。7 月 11 日,中国正式提出加入WTO 的申请,由此从"复关"转为"入世"。

三、中国入世谈判

WTO 于 1995 年 1 月 1 日正式开始运作，与 GATT 并存一年。1995 年 7 月 11 日，中国正式提出加入 WTO 的申请。1995 年 11 月，应中国政府的要求，"中国复关谈判工作组"正式更名为"中国入世工作组"。中国入世谈判全面开始。

（一）中国政府宣布入世的三原则

1. 以发展中国家身份加入

中国是一个低收入的发展中国家，以发展中国家身份"复关"和"入世"是我国的一贯原则立场。以美国为首的发达国家坚持认为我国应以发达国家身份入世，因为从我国目前的贸易总量、居民购买力等来看，WTO 专家认为中国不是低水平的发展中国家。但是如果从人均收入来看，我国仍然属于世界低收入国家，所以，我国坚持以发展中国家身份入世。而且，以发展中国家的身份入世可以使我国享受 WTO 给予发展中国家的各种特殊待遇，例如享受更长的过渡期、援引各种例外条款等。

2. 权利与义务平衡

根据权利与义务平衡的原则，中国愿意承担与自己经济发展水平相适应的义务。所谓"权利"是指一成员从其他成员遵守组织规则中所得到的利益，所谓"义务"是指一成员为获得其他成员遵守组织规则而自身也必须遵守组织规则的行为。WTO 奉行权利与义务平衡。我国要坚持的是作为一个发展中成员的权利和义务平衡，我国的承诺应与我国的经济发展水平一致，我国决不会牺牲自己的根本利益去加入 WTO。

3. 循序渐进开放市场

开放市场是加入 WTO 的必然过程。但是考虑到我国的经济发展条件，我们要坚持循序渐进的开放市场模式，一下达到发达国家市场开放的程度将对我国经济产生不利影响。中国愿意以乌拉圭回合协议为基础与 WTO 成员进行双边和多边谈判，公正合理地确定"入世"条件。

（二）中国入世谈判历程

1995 年 6 月 3 日，中国成为 WTO 观察员。1995 年 11 月，中国政府照会 WTO 总干事鲁杰罗，把中国"复关"工作组更名为中国"入世"工作组，从此开始了中国入世的进程。

1996 年 3 月，WTO 中国工作组在日内瓦举行第一次正式会议，中国首席谈判代表龙永图率团参加，并在会前会后与 WTO 成员进行磋商。1997 年 5

月，WTO 中国工作组第 4 次会议就中国加入 WTO 议定书中关于非歧视原则和司法审议两项主要条款达成协议，标志着自 1994 年 12 月以来中国"入世"谈判获得了新进展。

1999 年 11 月 15 日，经过 6 个昼夜的艰苦谈判，中美双方终于就中国加入 WTO 达成协议，签署了《中美关于中国加入 WTO 的双边协议》，消除了我国在加入 WTO 道路上的最大障碍。中国与美国达成双边协议后，又经过半年的艰苦谈判，在 2000 年 5 月 19 日，终于达成了中国与欧盟之间关于中国加入 WTO 的双边协议。2001 年 9 月 13 日，我国与墨西哥谈判的结束，标志着中国与所有 WTO 成员的双边市场准入谈判全部结束。

中国入世法律文件于 2001 年 9 月 17 日下午在日内瓦获得通过，2001 年 11 月 10 日，WTO 第四届部长级会议以全体协商一致的方式，审议并通过了中国加入 WTO 的决定。2001 年 11 月 11 日，中国政府代表签署了中国加入 WTO 议定书，并向 WTO 秘书处递交了中国加入 WTO 批准书，2001 年 12 月 11 日，中国正式成为 WTO 成员。

经过 15 年的漫长等待，中国终于成为 WTO 的正式成员方。

小知识 13-2

中国入世后的权利和义务

基本权利	相应义务
1.能使我国的产品和服务及知识产权在 135 个成员中享受无条件、多边、永久和稳定的最惠国待遇以及国民待遇；	1.在货物、服务、知识产权等方面，依 WTO 规定，给予其他成员最惠国待遇、国民待遇；
2.使我国对大多数发达国家出口的工业品及半制成品享受普惠制待遇；	2.依 WTO 相关协议规定，扩大货物、服务的市场准入程度，即具体要求降低关税和规范非关税措施，逐步扩大服务贸易市场开放；
3.享受发展中国家成员的大多数优惠或过渡期安排，有条件、有步骤地开放服务贸易领域并进行管理和审批；	3.按《知识产权协定》规定进一步规范知识产权保护；
4.享受其他 WTO 成员开放或扩大货物、服务市场准入的利益；	4.按争端解决机制与其他成员公正地解决贸易摩擦，不能搞单边报复；
5.利用 WTO 的争端解决机制，公平、客观、合理地解决与其他国家的经贸摩擦，营造良好的经贸发展环境；	5.增加贸易政策、法规的透明度；

续表

基本权利	相应义务
6.参加多边贸易体制的活动,获得国际经贸规则的决策权;	6.规范货物贸易中对外资的投资措施;
7.享受 WTO 成员利用各项规则、采取例外、保证措施等促进本国经贸发展的权利。	7.按在世界出口中所占比例缴纳一定会费。

第六节　入世后中国对外贸易的变革

一、加入 WTO 后中国对外贸易进入发展新阶段

中国自 2001 年加入 WTO 后,通过不断扩大对外开放,提高对外开放水平,积极参与经济全球化进程,抓住国际产业转移的历史性机遇,成功应对各种挑战,促进了对外贸易快速增长,入世后中国对外贸易赢得了历史上最好最快的发展时期。

第一,从 2001—2011 年,中国的平均关税水平从 15.3% 下降到 9.8%,法律法规日趋完善,贸易环境更加开放,中国成为全球最开放的市场之一,对外贸易进入一个新的发展阶段。

第二,中国对外贸易规模不断增长。从 2001 年加入 WTO 以来,中国对外贸易规模屡屡实现重大突破。目前,中国已成为日本、韩国、东盟和南非等国家和地区的第一大贸易伙伴,也是美国、欧盟的第二大贸易伙伴。

第三,外商直接投资增长较快。2001 年,中国实际利用外商直接投资额为 468.8 亿美元,2010 年上升至 1057.4 亿美元。加入 WTO 后的十年间,中国利用外资额增长了 1.26 倍,年平均增长 9.5%。

第四,对外贸易快速增长,目前中国已经成为世界第一大出口国和第二大进口国。贸易规模不断增长,也增强了中国在国际市场上的地位。

二、入世后中国对外贸易发展趋势

在中国市场更加开放的同时,国外市场对中国的开放程度也进一步提高,这将为中国对外贸易的平稳发展创造有利条件。但同时也要看到,影响对外贸易发展的因素是多方面的,国际经济贸易形势、国内经济形势和政策调整以及企业竞争力都会对今后一个时期中国的对外贸易产生直接影响。

（一）出口总体上有望实现稳定增长，但位于国际分工价值链低端的格局短期内难以根本改变

加入 WTO 后，中国获得了更加稳定、透明和可预见的贸易环境，发展空间得到进一步拓展；全面清理了涉外经济法律法规，放开了进出口经营权，把注意力转向国际市场，中国的比较优势将得到进一步发挥，中国出口有望保持稳定增长。但是长期以来中国出口商品缺乏具有自主知识产权的核心技术，附加值较低的产品仍然占较大比重，很多产品出口获得的比较利益不高，在国际分工价值链上处于低端环节。

（二）进口将继续保持较大规模，但更易受国际市场波动的影响

近年来，由于国民经济持续快速增长和经济总量的扩大，中国进口需求迅速增加，能源、原材料和关键设备进口明显增多。中国进口快速增长的态势不会改变，仍将保持较大规模。但是，随着进口依赖的加深，中国经济受国际市场波动影响的程度也在增大。作为国际能源、原材料市场上的重要买家，中国企业的进口议价能力较弱，规避价格波动风险的能力不强。

（三）农业和部分制造业的竞争力短期内难有大的提高，面临进口产品冲击的可能性增大

由于中国农业生产经营规模小，竞争力不强，将面临国外优质低价农产品的竞争压力。从汽车业看，中国汽车产业的国际竞争力与美国、日本、德国等世界主要汽车生产国相比仍有较大差距，进口汽车将在一定程度上挤占国产汽车的发展空间。从冶金、石化业看，中国生产规模已居世界前列，但技术密集型的高端产品与发达国家相比仍有较大差距。

（四）服务贸易将加快发展，但与外资企业的竞争将更加激烈

随着服务贸易领域开放的逐步扩大，外资进入中国服务业的步伐将明显加快，银行、保险、电信以及建筑、旅游、运输等服务贸易将得到进一步发展。但与此同时，中国企业在服务贸易领域与外资企业的竞争将更加激烈。以银行、保险业为例，外资银行和保险公司将在高端市场和人才方面与我国本土企业展开争夺，由于其拥有先进的管理经验和雄厚的资本、技术实力，因而具有明显的竞争优势；随着外资银行、保险公司资产比重上升，营业网点增加，中国政府对银行、保险的监管能力受到挑战。

（五）针对中国的贸易保护措施将进一步增多，应对贸易摩擦的任务艰巨

加入 WTO 以来，随着中国出口的持续快速增长，国际上针对中国的贸易摩擦范围更广，涉案金额更大，波及行业更敏感，涉及国家更多。包括主要发达国家在内的许多国家和地区还没有承认中国的市场经济地位，中国企业在

反倾销应诉中仍将面临不公正待遇。纺织品将成为贸易摩擦的新焦点。特殊保障措施、反补贴措施仍将困扰中国的外贸发展。

三、入世后对外贸易的调整与转变

（一）实现对外贸易发展战略的调整

1. 充分利用"入世"时机，对贸易政策措施进行调整，适应贸易自由化的新形势

我国将进一步降低关税，缩小名义关税与实际关税的差距，保持贸易政策透明、统一。

2. 在 WTO 框架允许的范围内，适当采取保护性措施

使既定的进口关税水平发挥最大的功能应做到以下三方面：(1)给予幼稚产业适当的进口关税保护；(2)注重有效保护率的运用；(3)加强最优关税的运用。

3. 灵活运用政府采购、反补贴、反倾销等措施

在反倾销和反补贴方面，要注意以下几点：第一，广泛宣传反倾销和反补贴条例，提高企业利用相关法规自我保护的自觉性；第二，健全行业协会，充分发挥其在反倾销、反补贴起诉及调查中的作用；第三，制定反倾销、反补贴的具体实施细则，以便于操作。

4. 全面实施市场多元化战略，规避国际贸易摩擦

开放本国市场的目的在于换取更多别国市场对我国产品的开放，以真正实现广泛的贸易自由化。进出口市场多元化，这不仅是增强贸易谈判实力的必要策略，也是经济发展战略的需要。发达国家经济结构的同构性，使我们可以采取"东方不亮西方亮"的策略，积极扩大与美国的盟国的经济往来。

5. 推进贸易体制改革

在原有基础上进一步深化贸易体制改革，以适应新的贸易自由化总体趋势，减少政府直接干预，进一步开放市场，与国际接轨。同时加强外贸企业改革，鼓励企业投身国际市场，在竞争中学习生存发展之道。

（二）实现对外贸易增长方式的转变

1. 充分利用比较优势，不断提高劳动密集型产业的技术含量

中国劳动力资源丰富，应充分利用这一比较优势，大力发展劳动密集型商品的出口，并将现代化技术渗透到产业各环节，不断提高劳动密集型产业的技术含量和附加值，从而增强其在国际市场的竞争力。

2. 实现加工贸易的双重结构调整

在大力发展加工贸易的同时,不断调整加工贸易的结构,提升加工层次,提高附加值,扩展国内企业配套能力。另外,根据中国目前地区经济发展的现状,将中低端产品或生产环节逐步向中西部转移;一些大耗能及国际贸易摩擦比较大的产品甚至向周边国家转移;在东部沿海发达地区,应鼓励和扶持加工贸易向中高端生产环节延伸和发展,积累比较优势,实现加工贸易质的提高。

3. 在一般贸易中扶持出口优势行业

适应国际贸易中高附加值、高技术含量的趋势,扩大一般贸易的出口商品比重,培育和扶持一批出口优势行业和企业,使它们形成比较优势和国际竞争力,以相对较少的出口量创造更多的外贸收益。

4. 不断实现从劳动密集型向资本密集型的转变,有重点地扶持一些孕育潜在竞争优势的资本密集型产业

一国的国际贸易模式及经济发展应该追求产业结构的升级,在次序上,由消费资料生产转向生产资料生产,或由轻工业转向重化工业,进而转向技术密集型产业,随着比较优势的优化,通过直接投资等方式在国际间出现产业转移,中国正向着资本密集型国家方向发展,为顺应这种变化,应适时地实现从劳动密集型向资本密集型的转变,有重点地扶持一些孕育潜在竞争优势的资本密集型产业。

5. 重视和发展服务贸易,努力增加出口的新产品新业务

积极推动服务业和服务贸易的发展,并把服务业作为下一轮对外开放的重点,加快国内服务业的发展,提高承接国际服务业转移的能力,使中国成为全球服务外包的重要基地。

6. 大力实施科技兴贸战略

高新技术产业化及高新技术产品出口已成为衡量一个国家经济实力和国际竞争力的重要标志。因此,中国对外贸易应该顺应世界经济发展的潮流,通过大力实施科技兴贸战略来实现对外贸易增长方式的转变,主要包括两方面:一是大力推进高新技术产品出口;二是运用高新技术改造传统出口产业,提高传统出口产品的技术含量和附加值。

本章小结

(1)中国的对外贸易源远流长,在古代就已经有了奢侈品的贸易。近代以来,中国对外贸易的开展既有自主的一面,又有被迫受冲击的一面。关税自主

是近代,特别是民国以来争取获得的主要权益。新中国成立以后,中国对外贸易有了明显的发展,但也受到多方面的封锁,产生了拾遗补阙的对外贸易模式。改革开放以后,我国的对外贸易迅速发展,出现了史无前例的贸易推动经济发展的局面。

(2)中国货物贸易每年都保持高速增长,中国已确立世界货物贸易大国地位。2012年,我国外贸进出口总值38 667.6亿美元,比上年增长6.2%。其中出口20 498.3亿美元,增长7.9%;进口18 178.3亿美元,增长4.3%;贸易顺差2 311亿美元,扩大48.1%。2012年中国的贸易总额首次超过美国,成为世界上贸易规模最大的国家。

(3)中国服务贸易获得蓬勃发展,在世界贸易中的地位不断上升。2011年中国服务贸易出口额为1 820亿美元,占世界服务贸易出口总额的比重为4.4%,居世界第四;中国服务贸易进口额为2 360亿美元,占比6.1%,超过英国和日本,排名世界第三。

(4)随着新科技革命的蓬勃发展和世界经济全球化的深入,技术贸易迅速发展,成为国际贸易的重要组成部分。

(5)我国贸易方式的显著特点是加工贸易在对外贸易中占有很大的比重,且比重不断上升。与加工贸易相对应,一般贸易的比重不断下降,由原来的绝对主导地位变为低于加工贸易比重。

(6)改革开放以来,中国的经济和贸易都得到了迅速的发展,对外贸易在国民经济发展中的作用越来越重要,二者形成了相互促进、相辅相成的关系。

(7)我国的外贸依存度在2007年达到了67%,自2008年以来,我国外贸依存度逐年下降,2012年在2011年基础上再度回落3.1个百分点,回到50%以下,为47%。这表明我国加快转变经济发展方式成效显著,我国经济增长正由外需拉动向内需驱动转变。但总体来讲,我国外贸依存度较高。

本章案例

案例一:中国远洋运输(集团)公司:助推中国对外贸易发展

【基本案情】

中远集团是以航运和物流为主业的跨国企业集团。在致力于为全球客户提供航运、物流服务的同时,还能够在船舶及海洋工程的建造和修理、码头、贸易、金融和信息技术等多个领域为客户提供优质服务。中远集团以人为本,以市场为导向,以科技为手段,以效益为中心,践行企业公民职责,坚持生产经营和资本经营双轮驱动,做强国际航运业,拓展物流码头业,发展修造船业,开发资源能源业,推进中远集团从全球航运承运人向以航运为依托的全球物流经营人和国际航运物流产业集群的领导者转变,从跨国经营向跨国公司和全球公司转变,助推中国对外贸易发展,打造百年中远,实现又好又快和可持续发展。

【公司概况】

中国远洋运输(集团)公司简称中远集团或 COSCO,是中华人民共和国中央人民政府直管的特大型中央企业之一,成立于 1961 年 4 月 27 日,成立之初是一个仅有 4 艘船舶、2.26 万载重吨的小型船运公司。发展至 2012 年,中远集团已经成为以航运、物流码头、修造船为主业的跨国企业集团,已经确立起在国际航运、物流码头和修造船领域的领先地位,稳居《财富》世界 500 强。2012 年在《财富》世界 500 强企业中排名第 384 位。

截至 2011 年,中远集团拥有和控制各类现代化商船近 800 艘,5 600 多万载重吨,年货运量超 4 亿吨,远洋航线覆盖全球 160 多个国家和地区的 1600 多个港口,船队规模稳居中国第一、世界第二。其中集装箱船队规模在中国排名第一、世界排名第六;干散货船队世界排名第一;专业杂货、多用途和特种运输船队综合实力居世界前列;油轮船队是世界超级油轮船队之一。中远集团在全球范围内投资经营着 32 个码头,总泊位达 157 个,根据 Drewry2009 年 7 月发布的最新统计资料,2008 年中远集团所属中远太平洋的集装箱码头吞吐量继续保持全球第五。

中远集团拥有丰富的物流设施资源,控制各种物流车辆超过 4 000 台,包括具有 289 个轴线、最大承载能力达 8 000 吨的大件运输车,堆场 249 万平方米,拥有和控制仓库 297 万平方米,在家电、化工、电力、融资等领域为客户提供高附加值服务,为青藏铁路、天津空客、印度电站等多个重大项目提供物流服务,创造多项业界记录。

据中远集团官网 2012 年资料显示,该集团在中国的多家船舶修造基地,拥有含 30 万吨级、50 万吨级的各类型船坞 16 座,业务涉及大型船舶和海洋工程建造、改装及修理,生产设备装配水平、生产管理水平中国领先,技术能力、生产效率及生产成本等指标居世界前列。年修理改造大型船舶 500 余艘,年造船能力 840 万吨,是中国最大的修船企业及技术最先进的造船企业。

截至 2012 年,中远集团已形成以北京为中心,以中国香港、美洲、欧洲、新加坡、日本、澳洲、韩国、西亚、非洲等九大区域公司为辐射点的全球架构,在50 多个国家和地区拥有千余家企业和分支机构,员工总数约 13 万人,其中驻外人员 400 多人,外籍员工 4 000 多人,资产总额超过 3 000 亿元人民币,海外资产和收入已超过总量的半数以上,正在形成完整的航运、物流、码头、船舶修造的全球业务链。

【案例详解】

中远集团是最早进入国际资本市场的中国企业之一,早在 1993 年中远投资就在新加坡借壳上市,目前在境内外控股和参股中国远洋、中远太平洋、中远国际、中远投资、中远航运、中集集团、招商银行等上市公司。2010 年 5 月30 日,中国远洋成功入选英国著名财经媒体《金融时报》发布的全球 500 强企业排行榜(FT Global 500),名列第 450 位,这是中国远洋自 2008 年以来连续第三年蝉联该榜单。

全球化,已成为中远集团在新时期发展的一个最显著最鲜明的特征。进入 21 世纪以来,中远集团全球化进程进一步提速,经营服务、资本运作、文化管理、合作竞争、社会责任、人力资源全球化成为重要特征。

作为一家中国的跨国公司,中远很早就注重承担广泛的"企业公民"责任。中远集团明确提出自身的使命为"逐步发展和确立在航运、物流和修造船领域的领先地位,保持与客户、员工和合作伙伴诚实互信的关系,最大限度地回报股东、社会和环境"。2001 年,中远集团建立起了包括国际环境管理体系、职业安全卫生管理体系在内的综合管理体系,成为中国首家获得三大管理体系认证的企业。2004 年,中远正式加入联合国"全球契约"计划,更加自觉和积极地践行"全球契约"十项基本原则并努力实现可持续发展。中远集团可持续发展报告连续四年被联合国全球契约评为典范报告,成为唯一连续四年登上全球契约典范报告榜的亚洲企业。

案例二:海尔集团的国际化战略

【基本案情】

海尔集团的国际化经营之路大致可以划分为四个阶段,即 1984—1990 年的国内创牌蓄势阶段、1990—1996 年的以贸易为先导开拓国际市场阶段、1996—1998 年的探索性海外投资阶段和 1999 年至今的全球化发展阶段。与此同时,经过近十几年的探索,海尔正式形成了成熟的国际市场战略,也就是"三个 1/3"的战略,即在全球销售额中国内生产国内销售占 1/3,国内生产国外销售占 1/3,国外生产国外销售占 1/3。

【公司概况】

1984年12月,海尔集团的前身青岛电冰箱总厂正式成立,经过近30年的发展,海尔集团已从当年员工不足800名,销售收入仅380万元,亏损却高达147万元的小厂,一跃成为一家集科研、生产、贸易和金融于一体的大型国际化企业集团,并且正朝着"世界500强"的目标不断奋进。现任董事局主席、首席执行官张瑞敏是海尔的主要创始人。

目前,海尔在全球建立了21个工业园,5大研发中心,19个海外贸易公司,全球员工超过8万人。2011年,海尔集团全球营业额实现1 509亿元,品牌价值962.8亿元,连续11年蝉联中国最有价值品牌榜首。海尔积极履行社会责任,援建了164所希望小学和1所希望中学,制作212集科教动画片《海尔兄弟》,是2008年北京奥运会全球唯一白电赞助商。

海尔集团在首席执行官张瑞敏确立的名牌战略指导下,先后实施名牌战略、多元化战略和国际化战略,2005年年底,海尔进入第四个战略阶段——全球化品牌战略阶段。海尔品牌旗下冰箱、空调、洗衣机、电视机、热水器、电脑、手机等19个产品被评为中国名牌,其中海尔冰箱、洗衣机还被国家质检总局评为首批中国世界名牌。2008年3月,海尔第二次入选英国《金融时报》评选的"中国十大世界级品牌"。2008年6月,在《福布斯》"全球最具声望大企业600强"评选中,海尔排名第13位,是排名最靠前的中国企业。2008年7月,在《亚洲华尔街日报》组织评选的"亚洲企业200强"中,海尔集团连续五年荣登"中国内地企业综合领导力"排行榜榜首。海尔已跻身世界级品牌行列,其影响力正随着全球市场的扩张而快速上升。

截至2011年6月份,海尔专利累计申请量达到11 315项,其中发明专利3 666项,稳居中国家电企业榜首。截至2011年6月份,集团申请专利671项,其中发明专利291项,平均每个工作日申请3项发明专利。在自主知识产权的基础上,海尔已参与23项国际标准的制定,其中无粉洗涤技术、防电墙技术等7项国际标准已经发布实施,这表明海尔自主创新技术在国际标准领域得到了认可;海尔主导和参与了283项国家标准的编制、修订,其中267项已经发布,并有10项获得了国家标准创新贡献奖;参与制定行业及其他标准447项。海尔是参与制定国际标准、国家标准、行业标准最多的家电企业。海尔是唯一一个进入国际电工委员会(IEC)管理决策层的发展中国家企业代表,2009年6月,IEC选择海尔作为全球首个"标准创新实践基地"。2011年海尔入选首批"国家技术创新示范企业"。

在创新实践中,海尔探索实施的"日事日毕,日清日高"的"OEC"(Overall

Every Control and Clear）管理模式、"市场链"管理及"人单合一"发展模式引起国际管理界高度关注。目前，已有美国哈佛大学、南加州大学、瑞士 IMD 国际管理学院、法国的欧洲管理学院、日本神户大学等专门对此进行案例研究。海尔的 30 余个管理案例被世界 12 所大学写入案例库，其中，"海尔文化激活休克鱼"管理案例被纳入哈佛大学商学院案例库，海尔"市场链"管理被纳入欧盟案例库。

【案例详解】

海尔集团海外直接投资的本地化战略，概括起来可以归纳为"三位一体"和"三融一创"战略。所谓"三位一体"，指的是在国外实现当地设计、当地生产和当地销售；所谓"三融一创"，指的是海尔集团在投资东道国当地融资、当地融智、当地融文化和创本地化名牌。

海尔集团的国际化战略中还有一个全球十大经济区投资战略，指的是将全球市场划分为十个有较大国际影响力的经济共同体，在每一个共同体内选点建设工厂，以便在这些工厂的当地化率达到 60％ 以后，将产品输送到共同体的其他成员国，争取获得关税等方面的优惠待遇，取得更快的发展。

海尔在海外投资建厂一直遵循着"先有市场，再建工厂"以及"盈亏平衡点"的海外投资策略，也就是说，海尔进行对外直接投资的程序是：发展出口→建立营销网络→树立品牌→达到盈亏平衡点→投资建厂。在这一程序中，海尔是否在当地投资建厂取决于市场是否已经接纳海尔的品牌，是否有市场。

海尔在国际化过程中还提出了"先难后易"的思想，其中比较有代表性的是其"先难后易"的出口战略。一般来说，企业进行国际化经营都是采取"先易后难"的战略，一点一点地积累经验，发展壮大。然而，海尔产品出口的战略却是"先难后易"，即首先以发达国家为目标市场，将产品出口到发达国家，争取创出名牌，然后以高屋建瓴之势打开发展中国家市场，从而实现既创品牌又占领市场的目的。这表明海尔集团并不单纯走渐进式道路，而是根据海尔的名牌战略以及自身优势，适当地进行跨越式发展。

海尔集团的国际化战略大致可以归结为以上论及的三大战略：即"三个 1/3"战略（见"基本案情"部分）、本地化战略和全球十大经济区战略。贯彻和实施本地化战略是海尔集团海外直接投资成功的关键因素之一，也是海尔集团从"国际化海尔"发展到"海尔国际"的必由之路。

案例三：中国积极参与 WTO 促贸援助活动

促贸援助（Aid for Trade）旨在帮助发展中国家特别是最不发达国家提高

参与国际贸易的能力。促贸援助本身并非是新生事物,但近年来确已成为国际社会引人关注的一个援助领域。为响应 WTO 有关倡议,中国政府 2008 年 2 月 25 日宣布,向 WTO 促贸援助活动提供 20 万美元的捐助。目前,在"多哈发展议程"有关贸易、规则和争端解决等方面的多边谈判整体陷入停滞的同时,由 WTO 主导的全球促贸援助活动则取得一定的进展。

促贸援助日益提上国际社会重要议事日程

众所周知,开放市场及增加贸易机会将推动经济增长,提高人民生活水平。然而,对于广大发展中国家特别是最不发达国家来说,对于那些仍隔离在全球贸易体系之外的国家来说,由于商品生产能力低下、基础设施落后、贸易能力欠缺,往往要为开放市场、进入全球贸易体系付出高昂的调整成本,难以享受贸易自由化的益处,难以分享多边贸易谈判的成果。WTO 的统计资料表明,尽管近年来最不发达国家的贸易取得了喜人的成绩,但 2006 年其货物出口额仅占世界出口总额的 0.9%,这还是 1980 年以来的最高水平。出口结构单一、贸易成本高等,严重限制着它们在国际市场上的竞争力,影响了贸易收入的增加。

而随着多边贸易体制的深入发展,发展中国家与发达国家间的最大差异之一就是争取贸易利益能力的差异。在对贸易规则的利用程度、对贸易机会的利用能力上,发展中国家有着"先天性"的弱势和"后天性"的障碍。其中,国内公共机构能力薄弱、政策不完善、人才缺乏等日益成为发展中国家履行 WTO 义务、有效参与多边体制活动并表达自身利益的主要障碍。有学者研究认为,中等和较高收入的发展中国家,也许有 15~20 个,比较有效地参与了国际贸易体制的活动,但还有一个庞大的国家群体(占发展中国家成员的 3/4)明显地没有融入。这些发展中国家,特别是低收入国家及最不发达国家,大都未建立起合适的制度框架和管理其贸易政策的体系,总体上缺乏有效参与国际贸易和履行 WTO 义务的能力,难以从贸易机会中获益。

针对一些发展中国家特别是最不发达国家严峻的经济状况和被边缘化的趋势,国际社会进行了多方面的合作,提出了相关解决办法或采取了一些辅助行动,以应对发展中国家参与全球贸易体系面临的挑战。而实施促贸援助的重要意义在于,帮助发展中国家特别是最不发达国家,借助相关的援助资金,提高必要的参与国际贸易的能力,使它们能够在讲求效益和效率的基础上开展贸易,进而从随之而来的新贸易机会中获益。这包括向发展中国家提供与贸易有关的技术援助,增强对外贸易谈判、实施贸易谈判成果和应对由此而引起的经济调整的能力,支持建设与贸易有关的包括道路、港口、电信在内的基础设施,提高与贸易有关的生产能力等等。

实际上,在促贸援助作为一个专有概念提出之前,在国际官方发展援助中已存在与贸易有关的计划和项目。据经济合作与发展组织(OECD)的统计,在过去几年中,官方发展援助中与贸易有关的援助额每年约为 250 亿~300亿美元,占官方发展援助额的 40% 左右,主要用于制定贸易政策和规则、生产能力建设、基础设施和弥补结构调整成本等方面。

WTO 的关注:从综合框架到促贸援助

WTO 的重要职能之一是,加强对发展中国家的技术援助及能力建设,对最不发达国家给予关注和重视。对发展中国家来说,在融入世界经济的过程中,最需要的是更专业、更具体、更贴近现实的技术支持,以全面提高和加强它们参与多边贸易体制的能力,更好地融入 WTO 体系。现行的 WTO 协议包含许多关于发达成员和有关国际机构向发展中成员提供技术援助的条款。WTO 成立以来,在其日程中各种技术援助方面的活动增多,占据了突出地位。WTO 技术援助多采取讲习班、研讨会、技术援助情况介绍会和发放文件等形式,以帮助发展中国家适应 WTO 规则、参与 WTO 活动、履行 WTO 承诺以及行使 WTO 成员权利等。

在技术援助及能力建设中,考虑到最不发达国家相对于其他发展中国家在基础设施、人力资源、经济管理等方面的不足,WTO 把大量的注意力和努力用于解决最贫困国家的特殊贸易问题,与其他国际组织联手,加强对最不发达国家的技术援助。1997 年 10 月,WTO、国际货币基金组织(IMF)、世界银行、联合国贸发会议、联合国开发计划署和国际贸易中心六个机构共同启动了"对最不发达国家提供与贸易有关的技术援助综合框架",目的是帮助最不发达国家弥补在技术和制度能力方面的不足,特别是在贸易政策、人力资源和管理体制等领域。WTO 针对最不发达国家和其他非洲国家的技术援助项目在帮助受援国提高对国际贸易体制的理解方面发挥了重要的和有效的作用。

2001 年 11 月启动的"多哈发展议程"是 WTO 成立以来举行的首轮多边贸易谈判,且将促进发展作为一个主要目标。而为实现这个目标明确了两个步骤:一是达成的协议和所做的承诺要体现出发展的进度,以保证发展中国家尤其是其中的最不发达国家能获得必要的灵活性;二是给予最不发达国家技术支持和财政援助,帮助它们发展国内贸易,并将此转变成发展的内在动力。

2005 年是 WTO 促贸援助发展的重要一年。这一年,在包括 IMF 和世界银行发展委员会在内的各种论坛上,扩大了对促贸援助问题的讨论。2 月,七国集团财长会议呼吁世界银行和 IMF 向发展中国家提供额外援助,帮助其提高利用贸易自由化的能力。4月,世界银行和IMF联合提交了题为《促贸援助:竞争力与调整》的报告。7月,八国集团峰会同意对发展中国家增加援助,以提高其贸易能力。10月,在世界银行和IMF的秋季会议上,建议进一步加强WTO的综合框架。12月,在WTO香港部长级会议上,增强的综合框架得到认可,并最终于2007年5月1日得以实施。

更为重要的是,在WTO香港部长宣言中,明确接受了促贸援助这一概念。香港部长会议宣言的第57段规定:"促贸援助旨在帮助发展中国家,特别是最不发达国家,增强它们所需要的供给能力和与贸易有关的基础设施建设,从而使这些国家有能力实施WTO各协议并从中获益以及扩大它们的贸易。促贸援助不能替代由多哈发展议程成功完成所带来的收益,它可以作为多哈发展议程的一种有益补充。"实际上,这既明确了WTO促贸援助的目的,也为启动WTO主导的全球促贸援助提供了授权。

香港会议后WTO促贸援助的新进展

根据香港会议的授权,2006年2月,WTO总干事拉米召集成立了"促贸援助特别工作组",包括了美国、欧盟、日本、加拿大、中国、印度、巴西、哥伦比亚、泰国、巴巴多斯、贝宁、赞比亚和毛里求斯等13个成员。2006年7月,特别工作组向WTO总理事会提交了如何实施援助的建议草案,建议促贸援助应包括五方面内容,分别是技术援助和能力建设(如贸易政策与规则制定)、基础设施(如运输)、生产能力(如农业领域的能力)、调整成本(如关税减损)以及其他有关的需求(如国家减贫战略)。

2007年是WTO促贸援助活动开展引人瞩目的一年。为实施特别工作组的建议,WTO成员做了有效的后续工作。9月至10月,WTO陆续在秘鲁、菲律宾、坦桑尼亚召开了三次区域性(拉美和加勒比海地区、亚太地区和非洲地区)高级别的促贸援助会议,使促贸援助的重要性获得普遍共识。与会者认为,贸易、投资和国内改革是经济发展的重要推动力,而促贸援助是提高出口能力和出口竞争力的催化剂。11月,WTO在日内瓦举行了首次促贸援助全球审议会议,WTO的150多个成员、国际及区域组织代表参加了会议。会议讨论了促贸援助的界定、资金的筹措、监督和评估机制的建立和完善等议题,就未来的工作步骤达成初步共识。

以提高与贸易有关的能力为主要目的的援助,其特点是将"贸易"与"援助"联系起来,而这种"以援助促贸易"的思路,对于解决许多发展中国家,特别是最不发达国家的现实困难有着非常重要的意义。当然,随着WTO促贸援助活动的深入,一些相互关联但难以回避的问题也突显出来,如促贸援助的定义和范围尚不够明确,"新的"促贸援助与已有的用于贸易方面的援助如何区分和协调,促贸援助怎样具体实施,如何对促贸援助进行监督与评估等。一些发展中国家也担心,发达国家可能以贸易援助替代其他援助,或以此诱使它们在开放市场等其他关键性议题上做出让步。

针对这些问题或疑问,人们正在探寻解决的思路和办法。有的发展中国家认为,贸易援助应是独立议题,应以赠款方式提供,促贸援助不能与其他发展和减贫计划争夺官方发展援助资金,如果需要更多资金帮助发展中国家建设贸易基础设施,就应该额外筹集资金。总部设在瑞士的发展中国家政策研究机构——南方中心的报告分析,贸易援助要发挥作用需要 4 个条件:可预见性和长期性;额外提供资金,而不是重新安排现有资源;根据需要制订和推进计划;最重要的是,对发展中国家的国际和国内贸易政策不施加任何条件。很多非洲国家表示,需要明确促贸援助的主要原则,即额外的,无条件的,以捐款的形式提供资源。

WTO 总干事拉米多次强调,促贸援助旨在给发展中国家提供有效的工具,以利用市场开放的机会、特别是那些可能随"多哈发展议程"谈判成功而来的机会,以期更好地驾驭贸易这一经济增长和发展的引擎。促贸援助只能是"多哈发展议程"谈判的必要补充,而不是替代品。2008 年 2 月,拉米提出了"2008 年贸促援助路线图",并得到各成员的同意。根据促贸援助全球审议会议的有关讨论,线路图明确了 2008 年 WTO 促贸援助的三个重点,即完善监督、推进实施以及加强发展中国家的主动权。

中国积极支持 WTO 开展促贸援助活动

作为发展中国家,中国对于其他发展中国家在经济发展中遇到的困难感同身受,高度重视对发展中国家的贸易援助,做了许多卓有成效的工作。中国减免了最不发达国家的大量债务,基本免除了最不发达国家对华出口产品的关税,为发展中国家援建道路、桥梁、港口等基础设施,提供技术和管理人员培训,以提高其贸易能力。

WTO 香港会议后,作为"促贸援助特别工作组"的创始成员,中国积极参与了 WTO 框架下促贸援助的启动及后续工作,在历次小组会议讨论中就促贸援助范围、方向与效果评估等提出了有益建议。在 2007 年 10 月的促贸援助非洲区域审议会上,中国政府代表阐述了我国在促贸援助问题上的立场,并提出三项建议:第一,从多边贸易体制中受益最多的发达成员应该做出表率,增加对发展中成员的能力和技术援助;第二,WTO、世界银行等国际机构和地区开发银行等区域组织应加强合作,协调立场,在促贸援助工作上发挥积极作用;第三,促贸援助不能代替多哈回合谈判的成果,发达成员应尽早在农业补贴和农业关税等方面做出让步,使发展中成员和最不发达成员早日从多边贸易体制中真正受益。

此次中国政府首次向WTO促贸援助活动提供捐款,体现了中国在追求自身经贸发展的同时,愿意提供力所能及的帮助,表达了支持其他发展中国家提高自主发展能力的良好愿望,以及坚持加强多边贸易体制的一贯立场。这一行动也表明中国政府不仅通过双边援助活动支持发展中国家的经济发展,同时也积极参与国际社会帮助发展中国家增加能力建设和技术援助投入的多边援助活动。WTO总干事拉米对此给予了高度赞扬,强调这是增强南南合作的一个重要信号。

长期以来,我国对很多发展中国家提供的援助属于发展中国家之间"南南合作"的范畴,在渠道上基本上以双边为主。近年来,在发展援助问题上,发达国家和有关国际组织增加与我国的接触,试图从各方面了解我国的对外援助情况。WTO和有关发达国家希望我国加大促贸援助的力度,甚至希望将我国既有的与贸易相关的政策措施纳入WTO促贸援助体系。

通过WTO框架下的发展趋势看,促贸援助这一多边援助已经成为永久性议题,必将长期存在。作为一个发展中大国,中国理应承担与自身地位相称的国际责任,在全球治理中发挥作用。但也必须看到,中国远未达到脱离发展中国家的水平,在总量指标的掩盖下,人口规模及地区发展的不平衡被很多国家有意或无意地忽略了,过高的期待、过重的责任无疑将增加中国的发展风险。因此,如何应对全球促贸援助活动的新变化,怎样定位中国在发展援助中的地位和作用,已是我国参与多边贸易体制所面临的一个新课题,我们要尽早对参加国际多边援助做出全局性的规划。

资料来源:http://www.caitec.org.cn/c/cr/news/2008—06/19/news_1145.html

练习与思考

1.封建社会时期中国对外贸易呈现哪些特点?

2.半殖民地半封建社会时期中国对外贸易呈现哪些特点?

3.简述新中国成立后的对外贸易发展历程。

4.简述当前国际服务贸易发展的特点。

5.什么是贸易方式?什么是一般贸易和加工贸易?

6.简述我国对外贸易方式的特点。

7. 为什么说中国的经济增长与对外贸易发展二者相互促进、相辅相成？

8. 什么是外贸依存度？结合实际,你认为中国外贸依存度是偏高还是偏低？

9. 简述中国入世的历程。

10. 简述中国入世后对外贸易战略的转变。

参考文献

著作和论文：

[1][美]康斯坦丁·米查洛普罗斯.WTO中的发展中国家[M].黄震华译,北京:中国商务出版社,2004.

[2][瑞士]理查德布莱克赫斯特.WTO履行其使命之能力,载于[美]安妮·克鲁格主编,作为国际组织的WTO[M].黄理平等译,上海:上海人民出版社,2004.

[3]薛荣久.世界贸易组织(WTO)教程[M].北京:对外经济贸易大学出版社,2003.

[4]曹建明,陈治东.国际经济法专论(第一卷)[M].北京:法律出版社,1999.

[5]曹建明、贺小勇.WTO[M].北京:法律出版社,2004.

[6]曹建明.关税与贸易总协定[M].北京:法律出版社,1994.

[7]陈泰锋.金融危机背景下多哈回合谈判的未来[J].国际经济合作,2009,(1).

[8]陈宪、程大中.国际服务贸易[M].北京,高等教育出版社,2003.

[9]邓晓雄.WTO基本原则在国际服务贸易中的运用及我国的服务贸易立法与实践,2000.

[10]丁长琴.农产品绿色贸易壁垒的影响及对策探讨[J].农业经济问题,2010,(5).

[11]对外贸易经济合作部国际经贸关系司.WTO乌拉圭回合多边贸易谈判结果法律文本[M].北京:法律出版社,2000.

[12]费驮茨·洛伊特维勒著,金星南、任泉等译.争取较好未来的贸易政策[J].国际贸易问题,1985(9).

[13]高永富.WTO新论[M].北京:北京大学出版社,2008.

[14]赫国胜、王厚双.WTO基础知识教程[M].沈阳:辽宁人民出版社,

2002.

[15]黄文俊.货物贸易领域中的公平竞争原则[J].国际商报,2003,(05).

[16]黄志瑾.WTO第七届部长级会议[J].WTO动态与研究,2010,(1).

[17]贾志永,WTO基础知识教程[M].西南交通大学出版社,2002.

[18]蒋玲.TRIPs与我国知识产权保护探析[J].宁波广播电视大学学报,2008,(02).

[19]蒋帅.WTO规则透视[M].上海:立信会计出版社,2004.

[20]康信鸿.国际金融理论与实际[M].台北:三民书局,1994.

[21]李国安.WTO服务贸易多边规则[M].北京:北京大学出版社,2006.

[22]李耀芳.WTO争端解决机制[M].北京:中国对外经济贸易出版社,2003.

[23]廖凡.构建更加公平的国际贸易体制——对WTO互惠原则的再思考[J].国际贸易,2007,(06).

[24]林灵、陈彬.试析WTO决策机制及其对多哈回合的影响[J].WTO动态与研究,2008,(02).

[25]刘辉群.中国对外贸易概论[M].厦门:厦门大学出版社,2012.

[26]刘绍坚.国际服务贸易发展趋势及动因分析[J].国际贸易问题,2005,(07).

[27]刘舒年.国际金融[M].北京:对外经济贸易大学出版社,2003.

[28]刘宪、王霖.国际经贸案例分析[M].北京:清华大学出版社,2012.

[29]刘洋.国际货币基金组织与WTO合作的法律机制[J].中北大学学报(社会科学版),2006,(5).

[30]刘振亚.试论世界银行在WTO协定实施中的作用[D].中南财经政法大学,2005.

[31]芦琦.WTO概览[M].北京:法律出版社,2004.

[32]陆燕.发挥正面影响——WTO对我国的过渡性审议机制评述[J].国际贸易,2004(3).

[33]吕西萍、秦成德、徐强.世界贸易组织[M].北京:科学出版社,2009.

[34]罗小明、赵晓晨.WTO的多边货物贸易规则及其在中国的实施[M].天津:天津大学出版社,2003.

[35]马琼.我国在国际贸易中关于《TRIMs协议》实践案例的浅析[J].商场现代化,2012,(20).

[36]潘冬、潘晴.TRIPs 协议与相关知识产权国际公约比较[J].安徽农业大学学报(社会科学版),2004,(02).

[37]曲延英,张磊,冯陆炜.WTO 贸易政策审议机制功能与运行[M].北京:法律出版社,2012.

[38]沈四宝.WTO 法教程(第 2 版)[M].北京:对外经济贸易大学出版社,2009.

[39]师玉兴.国际收支理论与实践[M].北京:对外经济贸易大学出版社,1999.

[40]石广生.世界贸易组织(WTO)知识读本[M].北京:人民出版社,2002.

[41]司杨.WTO 贸易政策审议机制研究[D].中国政法大学,2006.

[42]隋军,邢延龄.WTO 法教程[M].北京:对外经济贸易大学出版社.2011.

[43]佟志广.WTO 基础知识读本[M].北京:中国商务出版社,2002.

[44]王琛.TRIMs 协议与中国外资法的完善[J].兰州学刊.2004(2).

[45]王敬云.当代国际服务贸易的特点、现状和地理格局[J].世界地理研究,1997,(02).

[46]王茜.WTO 经济学[M].北京:法律出版社,2012.

[47]王玉结.WTO 法律规则与中国知识产权保护[M].上海:上海财经大学出版社,2000.

[48]吴小娟.浅析全球服务贸易发展现状[J].现代商业,2011,(05).

[49]徐成伦.改革 WTO 决策机制的系统思考[J].牡丹江大学学报,2011,(09).

[50]徐泉.多哈会议与新的多边贸易谈判[J].甘肃社会科学,2003,(5).

[51]薛荣久.WTO 概论[M].北京:高等教育出版社,2006.

[52]薛荣久.WTO 概论[M].北京:高等教育出版社,2010.

[53]叶京生.WTO 与贸易有关的知识产权协议(规范与承诺)/WTO 参考书系[M].合肥:黄山书社,2000.

[54]袁泉.WTO 知识产权法[M].北京:中国商务出版社,2004.

[55]战勇.WTO 规则[M].大连:东北财经大学出版社,2009.

[56]张德修.WTO 规则运行案例[M].北京:中国发展出版社,2009.

[57]张汉林,付亦重.WTO 概论[M].北京:北京师范大学出版社,2012.

[58]张军旗.WTO 监督机制的法律与实践[M].北京:人民法院出版社,

2002.

[59]张世兵、周巍,加入 WTO 后关税减让对我国产业的影响[J].经济纵横,2007,(08).

[60]张蔚蔚.WTO 第八届部长级会议成果简述——WTO 第八届部长级会议观察之二[J].WTO 动态与研究,2012,(2).

[61]张秀峰.论 WTO 协议中的互不适用条款与两岸经贸关系[D].对外经济贸易大学,2002.

[62]张严方.与贸易有关的投资措施协定解读[M].长沙:湖南科学技术出版社,2006.

[63]张意轩.中国已完成所承诺关税减让义务[J].人民日报海外版,2010,(05).

[64]张玉卿.WTO 的建立及职能[J].国际贸易,1996,(07).

[65]赵杰宏.试论国际货币基金组织(IMF)与世界贸易组织(WTO)的合作关系[J].东南亚纵横,2008,(7).

[66]郑成思.WTO 知识产权协议逐条讲解[M].北京:中国方正出版社,2001.

[67]郑创豪.WTO 贸易政策评审机制评析[D].暨南大学,2005.

[68]周一真.WTO 规则与知识产权保护[J].浙江经济,2005,(13).

[69]邹东涛,岳福斌.WTO 教程[M].北京:社会科学文献出版社,2007.

参考的重要网站:

[1]WTO:http://www.WTO.org

[2]联合国贸易发展会议:http://www.unctad.org

[3]国际货币基金组织:http://www.imf.org

[4]国际商会:http://www.iccwbo.org

[5]世界海关组织:http://www.wco.org

[6]美国经济研究局:http://www.nber.com

[7]中国商务部:http://www.mofcom.gov.cn

[8]中国自由贸易区服务网:http://fta.mofcom.gov.cn

[9]中国国家统计局:http://www.stats.gov.cn

[10]商务部国际贸易经济合作研究院:http://www.caitec.org.cn

[11]中国国家外汇管理局:http://www.safe.gov.cn

[12]中国—东盟自由贸易区:http://www.cafta.org.cn

[13]中国海关总署:http://www.customs.gov.cn

[14]亚太经合组织:http://www.apec.org

[15]经济合作与发展组织:http://www.oecd.org

图书在版编目(CIP)数据

世界贸易组织/刘辉群主编. —厦门:厦门大学出版社,2014.8
高等院校国际贸易专业精品系列教材
ISBN 978-7-5615-5156-1

Ⅰ.①世…　Ⅱ.①刘…　Ⅲ.①世界贸易组织-高等学校-教材　Ⅳ.①F743

中国版本图书馆 CIP 数据核字(2014)第 191682 号

厦门大学出版社出版发行

(地址:厦门市软件园二期望海路 39 号　邮编:361008)

http://www.xmupress.com

xmup @ xmupress.com

厦门市明亮彩印有限公司印刷

2014 年 8 月第 1 版　2014 年 8 月第 1 次印刷

开本:720×970　1/16　印张:28.5

字数:475 千字　印数:1~3 000 册

定价:46.00 元

如有印装质量问题请寄本社营销中心调换